U0139916

In
the
Name
of
Rome

以罗马之名

缔造罗马伟业的将军们

The
Men Who Won
the Roman Empire

Adrian Goldsworthy

[英] 阿德里安·戈兹沃西 著　敖子冲 译

广东旅游出版社
GUANGDONG TRAVEL & TOURISM PRESS

中国·广州

为纪念

"比尔大叔"威廉·沃克上尉（曾服役于英国皇家炮兵团）

是我的好友，也是一位真正的领导者

1933—2002

序

"唯有在此地才能习得指挥之道。"上校在牛津的军官训练团每周例行的夜间演习的结束讲话中经常强调这一点。在这些夜晚，我们先是列队接受检阅，然后在之后的几个小时里听讲座，受训练（内容包括读图、化学战争、急救、小分队作战策略、如何写信，等等。后来我加入了英国皇家炮兵团后，还接受了累人但又令人兴奋的操作轻型火炮的训练），然后我们会列队走进硕大而奢华的礼堂，礼堂（至少根据传说）是借用的超级富有的大学空军教导队的。到了这个时候，多数人已迫不及待地想被解散去食堂吃吃喝喝了，但我不喝酒，又对军事史很感兴趣，所以其实很享受这些讲座。上校看上去就像一匹身强力壮的赛马，在接下来的半个小时左右的时间里会通过讲述马尔博罗公爵、纳尔逊中将和斯利姆子爵的故事讨论优秀领导者的特质，偶尔还会讲劳伦斯上校和温盖特将军更加另类的指挥方法。有时上校会用图表和示意图向我们展示指挥所需的能力，但他还是认为，领导者从书本、培训和理论中所得的远远不及实践所得。不是说正规指导和训练没有价值，而是说仅靠这些是不够的。经验总是最好的老师，而任何训练系统实际上都只是在试图传授别人的经验和见解。

指挥者很重要，参与任何活动或项目的每个人都以或好或坏的方式影响着局势，但那些具有更大权力和职责来指挥行动的人能造成的影响也更大。我不是军人，作为一个独自生活的作家也不怎么被要求去领导或指挥别人——我是在本书的写作期间，给一组英国陆军军官讲解罗马军官的领导之道时意识到这一点的。我在牛津大学军官训练团接受过的两年训练就是我全部的军事经验。尽管这段经历令我获益匪浅、深受启发，但我并不认为它改变了我原本的平民身份。这段经历确实有助于提醒我，即使让数百人步调一致地行动也很有难度，还让我明白，即使在训练中也常常难免摩擦和矛盾——当过兵的都很熟悉"一会紧张繁忙，一会无事可做"那一套。对于当前的话题更有价值的可能是这段经历所向我展示的指挥官们的作用。最优秀的指挥官并不总是很显眼，更不总是发号施令，他们指挥的时候，似乎一切运作得都很顺畅。大学军官训练团里都是些没有经验的年轻军校生，他们身上必然少不了各种各样的才能。少数人是天生的指挥官，凭直觉就能很好地激励和指挥别人。不过绝大多数人需要循序渐进地学习指挥之道，在学习过程中不可避免地会犯错误。还有一小部分人可能永远都学不会指挥。从许多方面来说，糟糕的指挥官要比优秀的指挥官显眼得多。

　　本书写的是一些罗马最为成功的将军及其取得的胜利，主要目的是描写、求证特定的军事行动、战役和围城战的发生经过，以及重点关注指挥官们是如何履行领导、指挥自己的部队的职责的。罗马的军事将领在被任命为高级指挥官之前并没受过正式训练，此时他们具备的指挥能力都来自自身经验，或者非正式的谈话和学习。在对将军的选拔中，除了能力，家庭背景和政治关系也是同等重要，甚至更重要的考虑因素。从现代意义上看，罗马将军们都是业余军官，由此推之，他们应该缺乏指挥的本领，做不好自己的工作。本书的主题之一就是驳斥这种假设，因为罗马军事指挥官们的水平其实看起来很不错。虽然这个主题的研究对象一般都是罗马将军中最拔尖的，但我们会逐渐发现，罗马将军们的行为方式并无显著不同，只不过最优秀的将军在做同样的事时要表现得更好。罗马将军的出色能力是靠实战经验和常识炼成的，这两个因素是任何培养领导者或管理者的系统都不应忽略的。

历史是一门关于人的行为与互动的学问，因此对于历史任何方面的研究都可以揭示出一些关于人性本质的东西，从而有助于我们理解自己所处的时代。我确信，我们能通过研究罗马将军的作战活动吸取教训，但这并非本书的目的——我无意写一本"罗马式的成功经营之道"。有许多人试图制定有效领导的固定准则，但这会让人感觉他们并不具备实际进行有效领导的必要素质。一名成功将领做的很多事在白纸黑字写下来时确实看起来简单明了，同样，把"战争的原则"一条条列出来，看起来也并不比常识复杂多少，而在实战中如何践行这些原则，以及将军们自己在战场上如何把事情做好，才是难点所在。无数人可以去模仿恺撒和拿破仑的行动和风格，但都是东施效颦罢了，最后以惨败告终。

在本书后面的章节中，我不打算着笔剖析指挥官们在战争中的决策，更不想高坐在办公室里，根据自己的空想提出些"更好的"替代方案；我既不想根据能力强弱给书中所讨论的指挥官们分出伯仲，也不想把他们与其他时期的指挥官进行比较，品评其优缺点。相反，本书关注的是罗马将军究竟做了什么，他们的原因、目的、实施方法，以及实际的后果。本书旨在根据历史本身理解历史，对于历史学家来说这本身就是一个目的。完成这个目的之后，人们如果愿意的话，可将本书描述的事件汇入现有的信息储备之中，以帮助我们每个人理解人们在我们所处的世界里是如何行事的。直接的个人经验与间接经验对于领导者和他们的下属们都是有价值的，难的是把经验用好。

在此，我要感谢家人和朋友，特别是在成书的整个过程中多次阅读书稿并提出意见的伊恩·休斯。我还要感谢基思·洛以及韦登菲尔德与尼克尔森出版社的工作人员最初提出本书的构想，并确保其顺利出版。

本书主要人物简介

1. Quintus Fabius Maximus
（昆图斯·费边·马克西穆斯，约公元前 275—前 203 年）

费边在第二次布匿战争前期被委任为独裁官。他明智地判断出，与汉尼拔正面对决是危险的，不如与其周旋，慢慢消耗敌人，为此他也获得了"拖延者"的称号。在他的指挥之下，罗马逐渐渡过了难关，重新积攒起了实力和信心。

2. Marcus Claudius Marcellus
（马库斯·克劳狄乌斯·玛尔凯路斯，约公元前 271—前 208 年）

坎尼战役之后，玛尔凯路斯与费边一同担任了执政官。与费边不同的是，玛尔凯路斯更加激进，但并不鲁莽。他主动与敌军作战，甚至亲自与敌人肉搏，就像古代的英雄一样。最后，玛尔凯路斯在侦察敌情时为迦太基人所杀。

3. Publius Cornelius Scipio Africanus
（普布利乌斯·科尔内利乌斯·西庇阿·阿非利加努斯，
约公元前 236—前 184 年）

大西庇阿是第二次布匿战争后期崭露头角的年轻一代指挥官。他先是在西班牙作战，通过巧妙利用当地水文条件而攻下了新迦太基城，之后又在伊利帕会战中以少胜多，大败迦太基军队。最终，他攻入非洲，在扎马会战中打败了汉尼拔本人，赢得了"阿非利加努斯"的称号。大西庇阿扭转了罗马的命运，使其获得了第二次布匿战争的胜利，然而返回罗马后，他却在政治上一直遭到排挤，最后郁郁而终。

4. Lucius Aemilius Paullus Macedonicus
（卢基乌斯·埃米利乌斯·保卢斯·马其顿尼库斯，约公元前 228—前 160 年）

第二次布匿战争后，罗马继续扩张，与包括塞琉古、马其顿在内的希腊化国家产生了矛盾。保卢斯是第三次马其顿战争中的罗马指挥官。他治军严谨，风格有些保守。这次战争中，罗马军队在皮德纳凭借更为灵活自主这一优势决定性地打败了马其顿军队，马其顿王国灭亡。

5. Publius Cornelius Scipio Aemilianus Africanus Numantinus
（普布利乌斯·科尔内利乌斯·西庇阿·埃米利亚努斯·阿非利加努斯·努曼提努斯，公元前 185/4—前 129 年）

小西庇阿是保卢斯之子，并被西庇阿家族收养。在第三次布匿战争中，他指挥的罗马军队彻底攻陷并夷平了迦太基城。之后，他又前往西班牙作战，他整饬了这里士气低迷、战斗力不强的罗马军队，并率领他们通过围城攻陷了努曼提亚城。

6. Caius Marius
（盖乌斯·马略，公元前 157—前 86 年）

马略出身平民，他最初在小西庇阿手下服役，然后参加了朱古达战争，最后打败了迁徙而来的日耳曼部落辛布里人和条顿人。当时，罗马民众对于出身贵族的将领的不满与日俱增，因此，马略获得了极大的威望，史无前例地担任了 7 次执政官。然而，马略最大的成就是进行了军事改革，从原先征召有财产的公民，改为招募无产者作为职业士兵。

7. Quintus Sertorius
（昆图斯·塞多留，约公元前 125—前 72 年）

　　塞多留曾于马略手下服役，在对抗辛布里人的战役中崭露头角。在马略的政敌苏拉成为独裁官后，塞多留流亡西班牙。他在那里励精图治，推动罗马化，把部落战士打造成了纪律严明的部队，以极为有限的资源对抗苏拉统治下的罗马。他凭借高明的指挥、灵活的战术多次挫败了前来征讨的罗马将领，但最终被叛徒杀害。

8. Cnaeus Pompeius Magnus
（格奈乌斯·庞培·马格努斯，公元前 106—前 48 年）

　　在马略与苏拉的内战中，庞培从家乡私自招募了一支军队，支持苏拉。在苏拉麾下，他先是在阿非利加作战，然后前往西班牙征讨塞多留，并凭此两度举行凯旋式，而当时他甚至不是元老。之后，他被授予巨量资源清剿地中海的海盗，经过短暂但极为组织有序的战斗解决了问题。接下来，他率军远征东方，打败了本都国王米特里达梯六世与亚美尼亚国王提格兰，返回罗马后举行了规模空前的第三次凯旋式。为了获取更大的政治权力，他与克拉苏、恺撒结成联盟，即"前三巨头"，但当恺撒也获得了巨大的威望后，新的内战就在两人间爆发了。最终庞培落败，在埃及被托勒密的廷臣杀害。

9. Caius Julius Caesar

（盖乌斯·尤利乌斯·恺撒，公元前 100—前 44 年）

作为马略的内侄，恺撒早年作为平民派登上政治舞台。为了获取威望与财富，他发动了对高卢的战争。恺撒善于掌控军队，从不因逆境而气馁，他首先打败了迁徙而来的部落赫尔维蒂人，然后打败了日耳曼人，最后攻陷阿莱西亚城，彻底镇压了维钦托利领导的抵抗运动。然而，此时罗马的政治氛围却对他不利，因此，他拒绝解散军队，直接带兵跨越卢比孔河，开启了内战。在内战中，恺撒于底拉西乌姆受挫，但之后在法萨卢斯会战中取得决定性的胜利，并成为独裁官。虽然他一度结束了内战，却于公元前 44 年 3 月 15 日被心怀不满的元老们刺杀身亡。他的养子屋大维后来开创了元首制，成为罗马帝国的首任皇帝奥古斯都。

10. Claudius Germanicus Caesar

（克劳狄乌斯·日耳曼尼库斯·恺撒，公元前 15—公元 19 年）

在奥古斯都统治末期，瓦卢斯在条顿堡森林中惨败于阿米尼乌斯领导的日耳曼部落军。为此，提比略皇帝的侄子日耳曼尼库斯受命发动惩罚性的远征，重建罗马在这一地区的威望。他的作战基本完成了目标，但尚未取得最终的胜利，日耳曼尼库斯就被召回了罗马，然后被派往东方。不久后，这位极其受人爱戴的将军就暴病身亡，死因可疑。

11. Cnaeus Domitius Corbulo

（格奈乌斯·多米提乌斯·科尔布罗，死于公元 67 年）

元首制下，传统的元老院精英依然可以在行省领兵打仗、建功立业，但必须在皇帝的控制之下。科尔布罗是典型的元老院精英，早年于日耳曼服役，但未竟其功就被克劳狄乌斯皇帝召回。在尼禄时期，罗马与帕提亚就亚美尼亚问题爆发了战争，科尔布罗整饬了军队，通过作战和外交达成了战略目的，为罗马帝国树立了威望。然而，后来尼禄疑心科尔布罗牵连到了一起谋反事件中，将其召唤到希腊，并迫使其自杀了。

12. Titus Flavius Sabinus Vespasianus

（提图斯·弗拉维·萨宾努斯·韦帕芗，公元 41—81 年）

尼禄死后内战爆发，提图斯的父亲韦帕芗最终胜出。为了用军事成就巩固新生的政权，提图斯被派去镇压犹地亚的叛乱。这次战争中几乎没有大规模战役，而是以攻城战为主。提图斯表现得十分英勇顽强，在格外艰苦而残酷的围城后，终于攻陷了耶路撒冷。提图斯返回罗马，与父亲一起举行了凯旋式，并在韦帕芗死后成了皇帝，然而他上任两年后就因病去世了。

13. Marcus Ulpius Traianus

（马库斯·乌尔皮乌斯·图拉真，公元 56—117 年）

图拉真是"五贤帝"中的第二位，他在元老院和军队中都拥有极为崇高的威望。他是位极有天赋的指挥官，同时自己也热衷军旅生活。他征服了达契亚，将其并入罗马帝国。为此，他举行了极为盛大的凯旋式，还竖立了"图拉真柱"彰显这一成就。此后，他又发动了对帕提亚的战争。这次战争虽然在军事上非常成功，但新的领土上却爆发了叛乱。最终，图拉真在前线患病去世，他的继任者哈德良放弃了占领的帕提亚领土。

14. Flavius Claudius Julianus，"Apostate"
（"叛教者"弗拉维·克劳狄乌斯·尤利安，公元 332—363 年）

罗马帝国后期内斗严重，将军得到军队的拥护就能成为皇帝。皇帝不再信任元老作为副帅替自己领兵打仗，即便是边境的冲突，往往也需要皇帝或副帝亲自指挥。尤利安被君士坦提乌斯任命为副帝，前往高卢平定日耳曼人的入侵。尽管没得到多少资源，他还是完成了任务，并被当地军团推举为皇帝。他试图打击已成气候的基督教，但成效不大。他决定远征萨珊波斯，却遭到了失利。尤利安在前线被标枪所伤，最终不治身亡。

15. Flavius Belisarius
（弗拉维·贝利撒留，公元 505—565 年）

罗马帝国分裂成东西两部分后，西罗马帝国于公元 476 年灭亡，东罗马帝国继续存在。贝利撒留是查士丁尼皇帝麾下的将军，他在对抗萨珊波斯的达拉之战中，利用精心布置的战场取得了大捷。之后，他战胜了汪达尔人，为罗马帝国收复了北非的领土。接下来，贝利撒留受命收复意大利，但之后被另一位将军纳尔塞斯取代。从这几次战争都能明显看出，罗马将军对士兵的掌控力已大不如前，很难施行曾经那种严格的纪律了。最后，贝利撒留遭到诬陷，郁郁而终。

目　录

引　言

开端：从头领和英雄到政客和将军

> 将军的职责是骑马与士兵一同行进，让身处险境的士兵
> 看到自己，嘉奖勇敢者，威慑胆怯者，激励懒惰者，填补缺
> 口，在必要时调换部队位置，向疲劳的兵士送去援助，还要
> 预测危机及其发生时间和后果。[1]

欧纳桑德对于将军在战场上的职责的总结写于公元 1 世纪中
叶，但其作品反映的指挥风格至少持续了 700 年之久，并且带有
典型的罗马特色。将军们指挥战斗，通过使士兵们感觉自己的一
举一动都被仔细关注着来激励他们。抢眼的勇敢举动会立刻受到
表彰，扎眼的怯懦行为也同样会立刻遭到惩罚。将军的职责不是
手执利剑或长矛，身先士卒，卷入混战，与手下士兵面临同样的
危险。罗马人知道亚历山大大帝就是这样一次次率领他的马其顿
士兵取得胜利的，但罗马人从未真正期待自己的指挥官去模仿这
种英雄壮举。欧纳桑德自己是希腊人，没有军事经验，他的写作
风格成型于希腊化时期，但他在其作品《将军》一书中刻画的公
式化的指挥官形象却毋庸置疑是罗马人。他在罗马写就这本书，
将其献给了罗马元老昆图斯·维拉尼乌斯，后者死于公元 58 年在
不列颠统率军队期间。罗马人骄傲地炫耀自己效仿了许多敌国军

队的战术和军事装备，但在军队的基本结构以及指挥官所发挥的作用方面他们效仿的就少得多了。

　　本书写的是将军，具体来说是从公元前 3 世纪末期到公元 6 世纪中期的 15 位最成功的罗马指挥官，其中的一些将军至少在军事史学家中至今仍较为知名——西庇阿·阿非利加努斯、庞培和恺撒绝对可以跻身历史上能力最出众的指挥官之列，但其他将军却大多被遗忘了。可能除了尤利安，本书中其他的将军都至少是合格的指挥官，取得过重大胜利，虽然有的最终被打败了，但大多数都很有指挥天赋。本书选择描写这些将军，既是因为他们在罗马广阔的历史以及罗马战争的发展史上举足轻重，也是因为有关他们的文献足够多，让我们可以细致入微地对其进行描写。公元 2 世纪、4 世纪、6 世纪的将军本书分别只选择了一位描写，公元 3 世纪和 5 世纪则没有，这只是因为这些时期的历史文献过于稀少。基于同样的原因，本书也无法详细讨论第二次布匿战争之前的任何一位罗马指挥官的军事行动。尽管如此，本书的时间跨度仍然很长，书中描写的每一位将军也都很好地诠释了罗马军队性质的变化，以及战场上的将军与国家之间关系的变化。

　　本书不会追溯每位将军的全部生平，每一章只关注该将军在历次军事行动中的一到两个特定事件，近距离阐述将军如何与军队互动以及指挥军队的方法。本书重点关注将军在一次军事行动的各个阶段的所作所为及其对结果造成了多大程度的影响。这种带有传记色彩，通过关注将军的角色从而探讨战略战术及其执行，以及指挥之道的手法是军事史上一种非常传统的风格，因此势必具有很强的叙事性，会描写与战争、对阵战和围城战、军号和剑相关的更为戏剧性的元素。尽管这类历史很受大众读者欢迎，但在近几十年来并没得到多少学术界的尊重。相反，学者们倾向于着眼更广阔的图景，希望观察对战争的结果有着更大影响的更深层次的经济、社会和文化因素，而不是战争中单独的决策或孤立事件。另外，本书主要关于贵族，因为罗马人认为只有出身高贵、享有特权之人才有资格出任高级军官，因此本书的主题在学术界就更不多见了。就连马略这样的"新人"（novus homo）也算是贵族中的边缘人员，即使他经过一番努力才加入了元老院，且因为卑贱的出身而被其中的精英嘲笑，他也没法真正代表大众。

按现代标准，所有罗马军官本质上都是业余的军人，多数只是在军队中度过了他们职业生涯的一部分，通常远不足其成年后一半的时间。他们都没受过正规的指挥训练，被任命为军官是基于他们在政治上取得的成功，而这很大程度上得益于他们的出身和财富。即使是像贝利撒留这样基本一生都在出任军官的人，也是因为查士丁尼皇帝认为他忠心耿耿而受到提拔，并没通过任何系统的训练、选拔体系。罗马历史上的任何时期都没有过任何类似军官学院的机构来培训指挥官及其高级下属。在有些时期，军事理论著作倒很常见，但多数不过是训练手册（描述的经常是希腊化时期的方阵机动策略，这种战术几个世纪前就被淘汰了），而且过于笼统。阅读这类著作就是一些罗马将军成为高级指挥官之前所做的全部准备了，虽然这从未被看作最佳的学习途径。罗马贵族在学习如何领导军队时应该像学习怎样在政治生活中表现得当一样，通过观察别人和在初级岗位上积累经验。[2]

罗马人根据政治影响力选拔将军，认为他们在工作的过程中就会学到足够让他们胜任这一职务的本领，这在现代人看来颇为荒唐、随意，且缺乏效率。罗马将军通常会被假设为才能极为有限的人。20 世纪英国少将约翰·弗雷德里克·查尔斯·富勒评价罗马将军们没比"教官"厉害到哪去，梅瑟则称罗马将军们无一例外都是庸才。（我们此时也许应该回忆一下毛奇的评论，"在战争中，因为冲突规模巨大，因此即使平庸也是巨大的成就"。）人们常常认为，罗马军队几个世纪以来毋庸置疑的成功与罗马将军无关，并不会去想成功的原因也许正是他们。在许多评论家看来，罗马军团的战术体系似乎减轻了总指挥官的责任，而是把更多责任交给了低级军官，其中最重要的当属百夫长，他们在人们看来极为专业，因此能做好他们的工作。偶尔会出现西庇阿、恺撒这样才能远超典型贵族将军的人，不过他们的能力很大程度上来自天赋的本能，是别人无法效仿的。在这种观点下，本书的主人公们就应被看作是这样的超常之人，是罗马系统孕育出来的大批平庸甚至无能之辈当中鹤立鸡群的一小批真正有实力的指挥官。同样，18世纪和 19 世纪初期从英国买卖官职的陆军系统中除了大多诸如约翰·怀特洛克、威廉·埃尔芬斯通以及雷格兰男爵这样糟糕的指挥官，也出现了阿瑟·韦尔斯利或者约翰·摩尔这样的良将。[3]

但若是更加仔细地分析史料证据，我们就会发现，上述假设都是夸大其词，有的则更是完全错误。罗马战术体系非但没有削弱将军的权力，反而集权力于将军之手。百夫长这类低级军官固然发挥了十分重要的作用，但他们位于指挥等级的下层，军队指挥官则位于顶端，对战事的掌控更大而非更小。当然，有些指挥官的表现较他人更为出色，但西庇阿、马略或恺撒等优秀军官在战场上所做的事情本身与同时代的其他将军相比并无显著不同。在指挥、控制军队的方法上，最优秀的罗马将军与其他罗马贵族实质上也并无二致，区别主要在于他们所使用的技巧。在多数时期，尽管缺乏正式训练，但是罗马指挥官们普遍表现得不错。几个世纪以来，罗马也产生了一些无能的将军，带领军队走向不必要的灾难。可是纵观历史，所有的军队都是如此。即使是现代最严密的考录、培训高级将领的方法，也几乎不可能杜绝完全不称职的高级将领的出现。还有些人看上去具备成功的将军应有的一切特质，但最终可能受看似在其掌控之外的因素的影响而失败。许多打了胜仗的罗马将军公开炫耀称自己很幸运，承认（诚如恺撒所写的那样）运气在战争中发挥着比在其他人类活动中更为核心的作用。

　　研究作战方式和指挥官的作用可能不是一个很受欢迎的方向，但不意味着这不重要或是没有益处。战争在罗马的历史中意义重大，因为正是军事上的成功创造了，并在很长的时间里保卫了罗马帝国。更广泛的因素——对于战争的态度，以及罗马投入巨大人力和物力发动战争的能力和意愿是罗马军事行动高效率的基础，但并不是确保其成功的根本原因。在第二次布匿战争中，上述因素使罗马共和国在面对汉尼拔一系列严酷的军事打击时仍能屹立不倒，但罗马直到在战场上找到了破敌之术时才赢得了胜利。战争的结局，特别是对阵战和围城战，明显受到更为广阔的背景影响，但正如罗马人所知道的，依然很难预料。任何战役，尤其是主要以刃器作为主要武器的战役的结果永远是无法完全预知的，且受众多因素影响，其中最主要的就是士气。罗马军队只有在战场上打败敌军，才能取得战争的胜利。仅凭一些明显而确凿的因素，比如资源、意识形态，甚至装备和战术，是无法理解罗马军队胜利或失败的原因的，必须要更为广泛地评估个人和群体的表现。

　　包括军事史在内的一切历史最终都是关于人的——人的态

度、情感、行为以及彼此之间的互动。在解释历史事件发生的原因之前，应该先弄清楚发生了什么。过于关注更加广泛的因素容易模糊历史图景。过去描述战争的方法也是如此，认为战争是地图上符号之间的对决，获得胜利的一方就是最严格地应用了固定的"战争原则"的一方。指挥官若是不能使其由数千或数万名个体士兵所组成的军队在正确的时间到达正确的地点，并运用相应的战术的话，那么再有创见性的战术也毫无价值。控制、调动以及补给军队等实务占用指挥官的时间远比制定聪明的战略战术要多。在军队所有人中，将军的行为最能影响战争或战役的走势。将军做了什么或没做什么，对战局都是至关重要的，不论好坏。

文　献

目前，我们现有的、有关罗马将军职业生涯的史料证据大都来自古希腊语和拉丁语文献对他们的行动的记载。有时还有一些非文本的补充证据，比如描绘指挥官的雕塑或其他艺术作品，上面带有记录其成就的铭文，在罕见的情况下还有考古中发现的残存的攻城设施等军队作战的遗留物。这些历史文物固然珍贵，但只有文本叙述才能真正告诉我们将军们具体做过的事，以及军队行动的方式。如前所述，本书以下章节选择这些主人公的一大原因就是有足够多记录其所参与的战争的文献流传了下来。流传至今的古代文献可谓少之又少，许多书只有名字或少许过于简短因而价值不大的片段流传了下来。很幸运的是，尤利乌斯·恺撒亲自写就的《高卢战记》和《内战记》流传至今。当然，这种记叙高度突出了作者的正面形象，但其价值在于提供了作者本人在战场上的大量活动细节，为我们提供了一幅将军在战场上的画像，同时也突出展现了军队指挥官在同时代罗马读者看来所最应具备的特质和取得的成就。许多甚至大多数其他罗马将军也写下了自己的战记，但并没能流传下来，或残篇不足以为我们提供有用信息，我们最多只能从后来的史家的引用中找到这些遗失文献的痕迹。

我们主要是通过恺撒自己的描述来理解其军事行动的，偶尔有来自其他作者的信息作为补充。恺撒同时代的对手"伟人"庞培的众多辉煌胜利在其死后一个多世纪才得到细致描述。留存至今的描述战事的最早史料的写作时间与战事本身相隔了一段时间，这是希腊和罗马历史的典型特点。我们很容易忘记，对亚历山大大帝的最为详细的描述是在他统治的 400 多年之后才被写就的。偶尔我们也有幸运的时候，能找到由亲历者详细记录下来的许多战事的具体情况。古罗马史家波利比乌斯在公元前 147—前 146年时与西庇阿·埃米利亚努斯同在迦太基，很可能也到过努曼提亚，但他对这些战争的描述如今大多只存在于他人作品的引用转述中。以下作者在作品中对战事的描述更直接：在耶路撒冷围城战中，犹太史家约瑟夫斯跟随提图斯在现场；古罗马史家阿米亚努斯曾于"叛教者"尤利安皇帝在高卢以及远征波斯时短暂地在他手下服过役；史家普罗柯比则陪同贝利撒留参加了其所有战役。有时其他作家会参考类似的（目前已失传的）亲历者的描述，但古代史家并不习惯于给出参考信息的来源。多数情况下，我们能找到的叙述均写于战事发生多年之后，无法证实其是否可靠。

许多古代史家在著作开篇便严正声明，自己想描述的是真实的历史。然而对他们来说，更为重要的是写就戏剧性强、可读性高的作品，因为相比于叙述史实，古代史书的一个同样重要，甚至更为重要的目的是取悦读者。有时作家会怀有个人或政治偏见，故意歪曲史实；还有些时候，如果文献不够或根本没有文献，作家就会用自己的创作——通常是传统的修辞主题——来作为补充。另外，有些作家对于军事不够了解，因此误读了文献，比如波利比乌斯所描述的马其顿方阵士兵放低长矛，摆成战斗姿势被古罗马史家李维误译成了士兵们扔下长矛，拿剑迎战。像这样的源文献和后来的引用转述文本都流传至今的例子极少，是偶尔才能遇到的奢侈。对于某些战争，我们拥有不止一份文献描述当中发生的同一事件，因此可以比较其中的细节，不过我们在大多数情况下只能依靠单一文献，否认这份文献的话通常就没有其他文献可代替了。我们最终能做的不过是评估每份文献的真实性，并提出不同程度的质疑。

政治和战争：从开端到公元前 218 年

在公元前 3 世纪末期之前，没有罗马人撰写史书，也没有希腊作家写罗马史。直到公元前 201 年罗马打败迦太基后，人们才开始书写罗马的历史。在人类记忆所不及的遥远的过去，有一些记载法律、每年选举出的官员以及宗教节日庆典的正式记录，但只有一些民间回忆、诗歌和歌曲为这些干巴巴的骨架增添血肉，它们中的大部分是歌颂伟大家族的事迹。这种丰富的口述文化日后将启发李维等作家讲述早期罗马的故事：罗慕路斯建城、他之后的 6 位国王，直到最后一位国王被驱逐，罗马成为共和国。在这些杜撰的传说中可能暗含着些许真相，但现在已经无法辨别，而我们需要考察的只有与罗马军事领导之道相关的传说。[4]

在传说中，罗马城建于公元前 753 年，几个世纪以来一直只是个小社区（或者说几个小社区，后来渐渐合并为一）。这段时间里，罗马发动的战争规模也相应较小，以劫掠和盗窃牲畜为主，偶尔会发生一些小规模的战斗。多数的罗马领导者都是战士头领，颇具英雄气概（尽管有关国王努马的智慧和虔诚的传说显示出，别的品质也值得尊敬）。这些国王和头领之所以成为领导，是因为在战争年代，他们在战斗中的勇猛十分惹眼，在许多方面都与荷马史诗《伊利亚特》中的英雄相似，后者勇敢战斗，引人称道："他们确实非同一般，这些个统治着吕基亚，统治着我们的王者，没有白吃肥嫩的羊肉，白喝醇香的美酒——他们的确勇力过人，战斗在吕基亚人的前列。"[5]

革命使罗马由君主制走向共和制，但似乎并没有过多改变军事领导的本质，因为在罗马共和国，人们依旧期望显赫的领导者在战斗中表现得格外勇猛。理想的英雄应该冲在所有勇士的最前面，与敌军头领正面厮杀，在所有勇士的眼前与敌人交战并获胜。有时，双方可以正式安排这样的决斗，比如罗马的贺拉提乌斯三兄弟与相邻的阿尔巴隆迦城的库里亚提乌斯三兄弟的决斗。据传说，贺拉提乌斯兄弟中的两人很快就被杀死了，但在死前也伤到了各自的对手。最后一位贺拉提乌斯兄弟佯装逃跑，引诱库里亚提乌斯兄弟追赶他，等到三兄弟分散后，转身将其一一杀死。胜利者在军队和公民的喝彩中回到了罗马，然后杀死了没有万分热烈地迎接自己的亲妹妹——她之前和库里亚提乌斯三兄弟中的一人订婚了。这只是个人英雄主义的故事之一——虽然结局非常残忍，而且被人们用来说明暴力之人的行为逐渐受到更广泛群体的管制。另一个同类故事的主人公是独眼英雄贺拉提乌斯·科克莱斯，他独自拦下了伊特鲁里亚人的整支军队，让罗马人得以破坏他身后横跨台伯河的桥，之后游泳逃离险境。无论这些故事有无真实的成分，它们都印证了在许多原始文化中广泛存在的一种战争模式。[6]

　　罗马早期的传说有一个特点，即当时的罗马人愿意接纳外邦人，这在古代世界的其他地方并不常见。罗马人口不断增长，领土面积不断扩大，战争的规模也随之升级。原先是追随着拥有英雄气概的个体领袖的一群战士，现在这个群体扩大成了任何能自备必要作战装备的人均可应征的部队。后来，罗马人开始以重装步兵的方式排成紧密的方阵作战，这一演变的过程不得而知，正如其他希腊和意大利城邦的军队作战的演变情况也同样难以知晓。重装步兵手持直径约为 3 英尺[①]的圆形青铜面盾牌，戴头盔，身着胸甲和护胫甲，主要依靠适合捅刺的长矛与敌人作战。在重装步兵方阵的作战模式中，出现明显个人英雄主义的概率大大降低，因为紧密排列的战士很难看到几英尺外的情况。随着战争不再由一小批英雄主导，而是转而取决于成百上千肩并肩作战的重装步兵，罗马内部的政治平衡也产生了变化。正如国王和头领在战争中突出的表现证明了他们所拥有的权力是正当的，现在重装步兵群体在国内事务中也要求获得与其在战场上发挥的作用相匹配的影响力。后来，重装步兵每年选出自己的领袖，在和平时期和战争时期主持国家事务。这些领袖大都依然来自少数几个家族，主要是原来那些贵族战士的后代，这些手握特权的贵族并不愿轻易地交出权力。在尝试过不同体制后，每年选举两名执政官作为

---

① 1 英尺约合 0.3 米。——编者注

罗马共和国的高级官员成了常规固定做法。选举在森都利亚大会（comita centuriata）中进行，其中公民根据其在军队中发挥的不同作用而被划分为不同小组进行投票。[7]

两位执政官握有同样的至高统治权（imperium），因为罗马人不敢把最高权力集于一人之手，不过两位执政官通常分别享有独立的军事指挥权。到了公元前 4 世纪，罗马已经很少有需要动用两位执政官麾下的全部军事资源合力对付的敌人了。这也显示出，罗马共和国领土面积不断增大，其战争规模也不断扩大，在多数年份里，罗马军队会在同一时间对付两个敌人。拉丁语中的"军团"（legio）一词原意为"征兵"，指罗马共和国在战争时期所征集的全部军力。可能在执政官制度确立的初期，就形成了将军力一分为二，每位执政官分别指挥一支部队的惯例做法，"legio"一词也逐渐有了分支作战单位的意思，即"军团"。后来，军队规模进一步扩大，每个军团的内部组织也愈发复杂。罗马共和国不断发展壮大，先后打败了伊特鲁里亚人、萨莫奈人，以及大多数其他意大利民族，并最终在公元前 3 世纪初征服了意大利半岛上的希腊殖民地。

但在许多方面，意大利军事落后，罗马人与其他意大利民族的作战方法极为原始。公元前 5 世纪后期，雅典和斯巴达以及双方盟友之间爆发了伯罗奔尼撒战争，在此期间摒弃了许多重装步兵作战的传统。到了公元前 4 世纪，多数希腊城邦已越来越仰仗职业士兵或者雇佣兵小团体，不再依靠有需求时才从负担得起重装步兵装备的公民中征召的传统方阵。军队的组成变得更加复杂，有不同种类的步兵，有时还有骑兵。战争持续的时间也变得比过去更长，攻城战也越来越多见。这种战争模式更依赖将军的指挥能力，不同于以往两个方阵在开阔的战场上猛力冲撞，而指挥官只需要在方阵前排激励下属的简单模式。

虽然上述多数创新都首先出现于希腊城邦，可真正创建出战斗力更强的军队的却是北方的马其顿蛮族国王，他们让骑兵和步兵协同作战，移动迅速，令敌人措手不及，在必要时还能攻城拔寨。腓力二世和亚历山大征服了希腊全境，后者还踏入了亚细亚，向东横扫了波斯，进入了印度。据说，亚历山大睡觉时枕下放着一本《伊利亚特》，有意将自己与荷马笔下最伟大的英雄阿喀琉斯联系在一起。每场战役前，亚历山大都会精心部署和调动部队，确保部队在推进时形成合力，压迫敌军整条阵线。之后在战局的关键时刻，他会率领伙友骑兵向敌军阵线最薄弱的地方发起冲锋，以此激发出士兵十足的勇气。不过战斗一旦打响，亚历山大就不能对队伍施加多少直接的影响了。他信任自己的下级军官，派他们去指挥战场上其他部分的军队，但值得注意的是，他很少使用后备军，这主要是因为在战斗打响之后，他无法下达命令调动这些部队。亚历山大是一名极其勇敢的领导者，他为自己的指挥风格所付出的代价就是无数次受伤，许多都是近身肉搏时受的伤。[8]

亚历山大的继业者们在其死后的几十年里把他的帝国变得四分五裂，其中几乎没有像他一样不顾生死的勇猛将军，但多数人还是觉得自己有必要在战争的某个阶段亲自率领部队冲锋陷阵。伊庇鲁斯国王皮洛士自称是阿喀琉斯的直系后裔，极其热衷于肉搏战，最终在一次率军攻城时阵亡。同时，皮洛士也是一位善于思考的军人，他写了一本关于将帅之道的手册，不过遗憾的是，该手册未能流传下来。普鲁塔克称，尽管皮洛士在战斗中"陷入肉搏，击退了所有与他交手的敌人，但仍能清晰把握战争进程，头脑冷静。他指挥着部队作战，仿佛身在远处，能将一切尽收眼底，但他实际上穿梭在战场各处，总是能到部队战况最严峻的位置亲自支援"。[9]个人英雄主义仍是部队将领所应具备且为人称道的美德，若将领是君主的话更是如此，但他同时也需要仔细指挥部队。在亚历山大取得的最伟大的胜利中，敌军的近身作战能力都远逊于马其顿军队，不过其继业者多数时间在自相残杀，所以面对的通常是在装备、战术和原则上与自己的军队极为相似的敌军。由于没有内在优势，指挥官们便不得不寻求特殊优势获取胜利。在这一时期兴起的军事理论都极为关注统帅展开作战的正确条件。

在公元前280年，皮洛士前来支援与罗马开战的意大利南部的希腊城邦塔伦图姆，这是罗马军队第一次与新型的希腊化军队正面交锋。罗马军队在遭遇两场大败后，终于在公元前275年于马尔文图姆打败了皮洛士，但此次胜利最主要的原因是罗马军团的不屈不挠，而非多么高明的指挥之道。在许多方面，罗马的指挥风格来源于战况更简单的旧时代，当时交战双方不会为了尽力谋求更多微小的优势而在对阵战之前花长时间进行精密的部署。不过一旦开打，罗马将军的行为就与希腊化将军明显不同了。罗马的将军是政务官，而非国王，在战场上没有固定的位置，也不需要率领皇家近卫军进行冲锋。执政官会待在他认为战斗中最关键的位置，并在战斗过程中在战线后面来回移动，鼓励、指挥部队。希腊化军队很少使用后备军，但在罗马军团的基本组成中，在战争开始时有一半到三分之二的士兵留在战线后方，将军负责根据局势的需要向前线补充生力军。

罗马当然没有抛弃全部的个人英雄传统，有时将军也会亲自与敌人格斗。许多贵族夸耀自己单挑以及胜利的次数，虽然到了公元前 3 世纪的时候，这些贵族应该都是在做低级军官时参加的单挑。公元前 295 年，一名执政官在森提努姆率领一支极为庞大的军队，在与萨莫奈、伊特鲁里亚和高卢联军作战之前举行了一项来自古风时代的仪式：他将自己作为祭品"献给"了大地以及冥界的神，以求拯救罗马人民的军队。仪式一完成，这位名叫普布利乌斯·德西乌斯·穆斯的执政官就独自策马冲向了高卢军队，并很快被杀。李维说，在进行仪式性自杀（可以说是他的家族传统，因为他的父亲在公元前 340 年也做过相同的事）之前，执政官已经正式将指挥权交给了一名下属。最终经过一场恶战，罗马人在森提努姆取得了胜利，但伴随着不小的损失。[10]

罗马贵族最重要的特征之一就是 virtus，英文中"美德"（virtue）一词就从这个拉丁词衍生而来，但含义相差甚远。virtus 涵括了所有重要的军事素质，不仅包括身体层面的勇武以及使用武器的技巧，还包括精神层面的勇气以及作为指挥官应具备的其他天赋。罗马贵族应具备把军队部署成战斗阵形，并在战斗过程中对军队保持控制的能力，还要仔细关注每一个作战单位及其在战斗中的状态。他应该有做出恰当决定的信心和理智，并坚决地将其贯彻执行，或是有勇气承认错误。最为重要的是坚定不移地相信罗马终将取得胜利。这种理想式的人物可以有多种解读。有些人显然一直强调个人英雄主义的方面，不过到了第一次布匿战争的时候（从这个时期开始，我们开始能够了解罗马指挥官在战场上的表现），这样的人明显只是少数了。即使那些仍然渴望做出个人英勇举动的指挥官也不会认为自己可以因此不用指挥军队了，因为个人的英勇行为不过是锦上添花，并没有改变指挥官最重要的职能。[11]

指挥背景

在罗马，战争与政治密不可分。领导人既需要在广场领导公共生活，也需要按照要求指挥军队作战。异国敌人会对罗马的富强造成巨大且明显的威胁，有时甚至会威胁到罗马的生存，因此对任何领导人来说，打败敌人都是最伟大的成就，也会带来最大的荣耀。许多世纪以来，罗马的高级官员和军队指挥官全都出自元老院，因此成功指挥军队的能力成了元老阶层自身形象的一大主要组成部分。后来，即使是最不热衷军事的罗马皇帝（英文"皇帝"［emperor］一词就源自拉丁语的"得胜将军"［imperator］一词）也会带领得胜的军队游行庆祝，而若战事不利，其威信就会大大受损。直到古典时代晚期，罗马军队的指挥官都遵循固定的职业晋升体系，称为"荣耀之路"（cursus honorum），在这个过程中，他们要担任一系列民事和军事职位。行省总督需要进行行政管理，主持司法正义，或者根据情况发动战争。然而，若以现代眼光看待罗马的体系，认为罗马指挥官们完全不是军人，只是政客的话，那就大错特错了，因为他们一直是两种身份兼具。军事荣誉对其政治事业有利，可能还会为其带来更多在战争中指挥军队的机会。即使有人的才能更适合从军或从政，要想有机会展示自己的才能，也得对两种能力都要有起码的掌握。

成功的将军通常能从军事胜利中取得经济利益，不过在某些方面，他们获得的威望甚至比经济收益更可观。在战场上取得胜利之后，将军手下的士兵会正式尊称其为"得胜将军"，回到罗马可以获准举行凯旋式，和军队沿着圣道（Sacra Via）穿过罗马城中心。将军站在四马二轮战车上，脸涂成红色，身着与古老的朱庇特赤陶雕像一样的服饰，因为在那一天，他几乎像神一样接受众人的崇拜，但身后会站着一个奴隶，不断地小声提醒他，要记住自己只是一个凡人。凯旋式是一份极大的荣耀，他的家族后人会代代铭记。罗马许多宏伟的建筑都是得胜将军用打胜仗的战利品来建造或修复的，将军家的房屋也会从此一直装饰有凯旋式的桂冠标志。只有少数元老赢得过凯旋式的荣誉，不过这一小群人也会努力证明自己的凯旋式比别人的更为宏大。记录指挥官取得的成就的铭文常常内容极为具体，试图将成功量化，罗列该将军杀死或俘虏的敌军人数，以及攻陷的城池或俘获的战船的数量。对于罗马贵族而言，赢得比其他元老更壮丽辉煌的胜利一直都很重要。

罗马"荣耀之路"的形式和灵活性在几个世纪中不断发生变化，不过一直遵循为期一年的政治周期。到了第二次布匿战争的时候，想参加选举的人需要先作为骑兵在家人或朋友麾下服 10 年兵役，或者参加 10 次战役，也可以担任诸如军事保民官一类的军官。之后此人就有机会竞选财务官（quaestor），主要负责财政事务，但也可能担任执政官的副官。任财务官满一年后他就有机会出任保民官或营造官这类非军事官职，不过到了公元前 218 年，大法官有时也会参与指挥作战。然而，最重要的战役还是会交给当年的执政官们指挥。这些官职的任期均为 12 个月，而且在 10 年内不得重复出任同样的岗位。有军事指挥权的政务官拥有"至高统治权"（imperium），即号令士兵和主持司法正义的权力。官员级别越高，他的统治权就越大。有时元老院会将执政官或大法官的指挥权延长一年，其头衔也相应地变为同执政官和同大法官。罗马的选举竞争极为激烈，300 名左右的元老中有很多人从来没有获得过一官半职。社会中的富人阶层在投票体系中拥有高得不成比例的权重，这对最古老、最富有的贵族尤为有利。一小部分有名望的元老世家几乎垄断了执政官的职位，极少有其他人能当选。但罗马的政治系统也并不是完全一成不变的。虽然总有精英家族把持核心权力，但是随着这些家族的后裔逐渐消亡，或势力被其他家族取代，核心权力圈的构成在几十年里也是有变化的。除此之外，一个家族中从未有人出任过高官的人也是有可能当选执政官的。

详细探讨罗马军队的发展过程对于本书来说并不现实，但简要说明每位将军可调动的兵力也是很重要的。起初，罗马士兵是从所有男性公民中征募的，参军者必须有购买作战装备的经济实力。最富有的人是骑兵，因为他们买得起马、盔甲和武器。军队的核心是重装步兵，其中大多数人拥有小片土地。穷人则构成了不需要盔甲的轻装步兵或舰队桨手。每个军团都由这 3 个兵种组成：300 名骑兵、3000 名重装步兵以及 1200 名轻装步兵（velites）。重装步兵根据年龄和军事经验又进一步分为三线，最年轻的 1200 人被称为"青年兵"（hastati），在第一线；正值壮年的士兵叫"壮年兵"（principes），在第二线；有 600 名老兵，即"后备兵"（triarii），在最后排。

每条战线都由 10 个叫作支队的战术单位组成，每个支队有两个叫作百人队的管理单位，各由一名百夫长领导。右侧百人队的百夫长级别更高，如果两名百夫长都在场，那么指挥整个支队的会是右侧百人队的百夫长。每一排各支队间的横向距离都等于支队的正面宽度，后一排的支队站在前一排支队之间的间隔处，因此罗马军团整体是像棋盘格（quincunx）一样的布局。作战期间，每个罗马军团都有一支由拉丁或意大利同盟提供的侧翼辅军（ala）作为支援，步兵人数大约与罗马军团相同，但骑兵可以多达罗马骑兵的 3 倍。一位执政官手下通常有两个军团和两支侧翼辅军。标准的阵形是罗马军团在中央，两支侧翼辅军分别在两侧，因此根据其位置被分别称为左翼辅军和右翼辅军。盟军部队中的一部分（通常是 1/5 的步兵和 1/3 的骑兵）会脱离侧翼辅军，组成特选大队（extraordinarii），直接听命于军队指挥官，通常在行

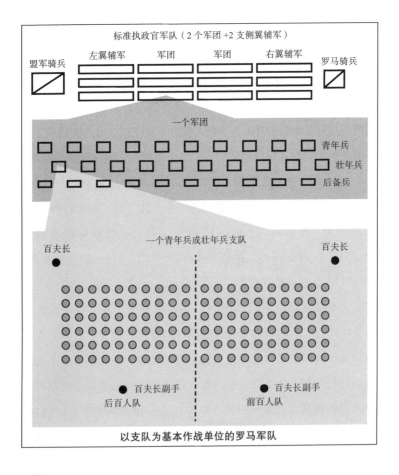

以支队为基本作战单位的罗马军队

进时在前带队，在撤退时负责断后。[12]

罗马士兵不是职业军人，是为了尽到自己对共和国的义务而在军队服役的。罗马士兵常被称为民兵，不过称其为征募兵更为恰当，因为士兵通常要连续数年在军团服役，尽管服役时间超过16年后按理说就不需要服役了。服兵役是他们正常生活中的一段插曲，但并没有很多人反感服役。一旦进入军队，公民就会自愿服从一系列极端严苛的军纪，在复员之前丧失几乎所有法律权利。即便是情节轻微的违纪行为也会受到严厉惩罚，严重的可能会被判处死刑。罗马军队本质上不是常备军，当元老院认为不需要军队时，军团就会被解散。虽然士兵们可能再度被共和国征召服役，但不会回到同一个指挥官指挥下的同一个战术单位。每一支军队和每一个军团都是独一无二的，会随着训练逐渐提高其行动效率。现役军团通常训练有素，纪律严明，不过一旦解散，就需要在之后的新军队身上重复整个过程。因此，罗马军队是一种奇怪的混合体，既有和许多职业军队一样严格的纪律性和组织性，又有周而复始地征兵、训练、解散而后再征兵的循环的非永久性。

最后，值得一提的是在我们研究的时间跨度中限制将军活动的因素。最重要的一个因素便是信息交流速度有限。在一切实际层面，传递信息最快的方式无非是由专人骑马传达。有史料记载了单人在短时间内骑马跑完很长路途的例子。罗马在元首制时期设立了帝国驿站，让信使能每过一段距离更换精力充沛的马匹。在罗马帝国境内，走在妥善维护的道路上，穿梭于安定的行省之间传递信息是最容易的。罗马人建造的道路网络在总体上方便了信息交流、人们的出行和补给的运输，不过只有在诸行省以内才能真正体现其价值。边境以外的侵略行动一般只能使用更简单的道路网络。罗马军队有时也会建立信号系统，使用旗帜，更多时候使用烽火，但这种方式只能传递最简单的信息，而且最适合位于边境或在进行围城战的位置固定的军队。

这种情况最重要的结果是，战场上的将军一般拥有很大的行动自由，因为从罗马的权力中心发布具体的指挥命令显然是不切实际的。如果军队分散开来，哪怕距离不远，指挥起来也会变得极为困难，因此指挥官们在大多数情况下会使自己的兵力保持集中。古代世界几乎没有地图，自然也就很难有充分的详细、准确的信息用以支持拟定军事行动的计划。指挥官有几个收集地形信息的渠道——如果是在某个行省内作战，那么信息自然也会更为丰富、准确——但主要的方法就是派人前去察看。将军们经常会亲自进行侦察，也经常会亲自审问俘虏，或者会见商人或当地人以便了解信息。那时，武器的攻击范围较小，因为主要取决于人的肌肉力量，所以极为有限，加之军队的规模不大，因此将军能够在战斗中看到所有己方和敌方军队。如果将军看不到全部的军队，那就是因为地形不佳、天气糟糕，或者人眼视力有限，因为那时甚至连望远镜这种最简单的视觉辅助仪器都没有。

因此，相比后来的战争，罗马指挥官可以更加直接地亲自指挥军队行动。在出征期间、在战场上和围城战过程中，罗马的将军都非常活跃，经常冒着被远程武器击中或遭到突袭而受伤或阵亡的风险近距离在敌军周围。虽然这些指挥官不再走亚历山大那样的英雄路线了，但其在某种程度上与士兵们更为亲近，且与他们共同承受战争的艰辛。这种指挥方式被称赞为典型的罗马特色。无论政治和社会现实如何，理想的将军始终是军队其他成员的同胞和战友（commiles），与他们一起为了共同的事业而奋斗。[13]

I

"罗马的盾与剑"

费边与玛尔凯路斯

面对汉尼拔的来犯……费边·马克西穆斯决定不冒任何重大风险，只专注于意大利的防守，并以此获得绰号"拖延者"，也赢得了良将的美名。[1]

公元前 218 年 11 月，汉尼拔越过了阿尔卑斯山，闯入了意大利北部。这次进犯大胆而突然，与迦太基在第一次布匿战争中采取的小心谨慎的战略大为不同，令罗马人震惊不已。汉尼拔进攻与罗马结盟的西班牙城邦萨贡图姆，点燃了第二次布匿战争的导火索，因此罗马元老院原本以为会在西班牙与这位迦太基将军交锋。公元前 218 年的两位执政官，一位打算率军前往西班牙，另一位前往西西里准备入侵北非，给迦太基城带去威胁。

这一战略极具侵略性，直截了当，具有典型的罗马特征，但几乎立刻就瓦解了。前往西班牙的执政官西庇阿在马西利亚（今马赛）发现汉尼拔刚刚率领一支大军与自己擦肩而过，向东开去。罗马人完全手足无措，艰难地努力应对这一新情况。不过对于一众罗马指挥官来说，汉尼拔的入侵看起来是一次为自己挣得荣誉的绝妙机会，打败这一强敌就可以获得无上的荣耀，因此每位将军都渴望与迦太基军队交战，不论地点和境况。西庇阿急忙赶到波河河谷，接过正在这里与当地高卢部落交战的罗马军团的指挥权。他率领骑兵和轻装步兵匆忙与汉尼拔交战，结果在提契努斯河附近，汉尼拔凭借人数优势以及更为灵巧的布匿骑兵不费吹灰之力地横扫了罗马军队。12 月，另一位执政官森普罗尼乌斯·隆古斯也抵达战场，迫不及待地率领合并了的两支执政官军队在特雷比亚河向汉尼拔发起进攻，结果遭遇完败，损失惨重。公元前 217 年 6 月，时任执政官的弗拉米尼乌斯试图与敌军交战，于是紧跟敌军，但是在等到另一位执政官前来支援之前就遇伏被杀。此役罗马损失 1.5 万名士兵。[2]

　　罗马在这些早期的军事行动中的损失惊人，更糟糕的是，这些惨败还发生在意大利的土地上。敌军似乎无人可挡，后来的一些史料甚至把汉尼拔描述为具有自然之力，所到之处无坚不摧。实际上，罗马军队在战争的这一阶段全面处于下风。汉尼拔无疑是古代世界能力最出众的指挥官之一，其麾下的军队在方方面面也都要强于对面经验不足的罗马军团。汉尼拔的军队并非全是迦太基人，而是混合了许多种族——阿非利加的努米底亚人和利比亚人，西班牙的伊比利亚人、凯尔特伊比利亚人以及卢西塔尼亚人，还有后来加入的高卢人、利古里亚人和意大利人。只有高级军官是迦太基人。军队的核心部分是在汉尼拔家族领导下在西班牙作战多年的士兵，他们经验丰富，信心充足，纪律严明。与这支老练的作战部队相比，罗马军团行动笨拙，取胜依靠的更多是个人的勇气和坚忍不拔的精神，而非更高明的战术。[3]

　　汉尼拔的猛烈进攻大大震惊了罗马，并将其逼到了完败的边缘，但罗马顶住了一次又一次灾难性的惨败，每一次惨败都足以让同时代的其他国家投降，而罗马继续战斗，并最终取得了胜利。这次胜利的规模即使在当时也为世人所认可。另外，此次胜利似乎开辟了罗马迅速崛起、统治地中海的新局面，后世的人们更是对它赞颂不已。后来在公元前 2 世纪中叶，波利比乌斯想向希腊人解释罗马的突然崛起，于是在其著作《通史》的开篇详细描述了第二次布匿战争。这场战争激发了罗马人自己用散文记录历史的欲望，在这些史书中他们也像波利比乌斯以及后来的作家一样探究了罗马崛起的原因。罗马人的第一本散文历史是用希腊文写的，作者是费边·皮克托尔，但老加图在公元前 2 世纪初用拉丁文写就了散文历史《创始记》。两人都参与了汉尼拔战争，详细描述了战争的过程。虽然他们的作品都只有部分片段存留至今，但正是从这一时期开始才出现了可以用于审视罗马指挥官的战争的更为全面可靠的文献。

　　本章的两位主人公在许多方面都不同寻常。两人都长时间地享有指挥权，这种情况在共和国晚期之前极为罕见。两人都是在第一次布匿战争期间长大成人，在军中表现卓越，在第二次布匿战争之前都已赢得过高级官职的选举，也拥有军事荣誉。公元前 218 年，费边和玛尔凯路斯都已年近花甲，按照罗马的标准来看，这个年龄担任指挥官已经过于年迈。然而，这二人在战争的大部分时期都在率军对抗汉尼拔，而且，就算二人都没有取得决定性胜利，但也没让迦太基军队占到便宜，这已经是了不起的成就了。他们取得的一般是小型战役的胜利，而且战胜的几乎都是汉尼拔的盟友，以此逐步削减汉尼拔的势力。

地中海世界

汉尼拔的路线，公元前 218-216 年

罗马领土

阿尔卑斯山隘口

伊利里亚
马其顿
色雷斯
比提尼亚
加拉太
伊庇鲁斯
帕加马
弗里吉亚
吕底亚
埃托利亚
卡里亚
潘菲利亚
亚该亚
利西亚
安条克
罗得岛
塞浦路斯
塞琉古帝国
克里特岛
西顿
推罗
亚历山大里亚
拉菲亚
托勒密埃及

"拖延者"——费边·马克西穆斯的独裁官时期
（公元前 217 年）

"我们在一场大战中被打败了。"弗拉米尼乌斯和其军队在特拉西梅诺湖全军覆没的消息传到罗马后，城市大法官马库斯·庞波尼乌斯在广场上不动感情地宣布道。虽然他表现得很冷静，但是根据李维的记载，恐慌和绝望的情绪开始在人群中蔓延，特别是几天后又有消息传来，另一位执政官派去支援弗拉米尼乌斯的 4000 名骑兵遭到围困，全部被俘或被杀。罗马一支军队全军覆没，另一支距离罗马城有一段距离，并且因失去了骑兵而元气大伤，因此汉尼拔看上去可以毫无阻碍地攻打罗马城了。在这个危急时刻，元老院决定任命一位军事独裁官，一个人掌握最高统治权。这是罕见的权宜之计，因为这违反了罗马政治的基本原则，即单人不能掌握压倒性的权力，而且这一举措已经 30 多年都没有施行过了。独裁官通常是由两位执政官之一提名的，但是弗拉米尼乌斯战死，另一位执政官又无法或不愿回到罗马，元老院最后决定选举产生独裁官。严格来说，这意味着如此任命的独裁官实际的头衔是"同独裁官"，但不论头衔究竟是什么，他的权力与一般的独裁官并无二致。在森都利亚大会中，罗马公民根据在古老的部队中的职责分为不同组别，最终投票推选昆图斯·费边·马克西穆斯作为独裁官。[4]

费边时年 58 岁，来自罗马最古老的贵族氏族之一。现在这些氏族不再单独占据主导地位，而是与一些富有且久负盛名的平民家族平分秋色，但其成员依然享有光辉的职业生涯。费边在公元前 233 年和前 228 年已经两度担任过执政官，并在公元前 230 年担任过监察官。费边的曾祖父昆图斯·费边·卢里亚努斯（公元前322年任执政官，前315年任独裁官）在对战萨莫奈人时战功卓著，获得了"马克西穆斯"的称号，其家族将这个名号一直沿用了下去，因为元老贵族阶层会把握住每一个宣扬祖先丰功伟绩的机会，以此增加这一代人和后代选举成功的可能性。给元老起绰号也是罗马特色，通常是基于其外表。部分是因为这有助于区分同一家族中名字相同或相似的成员，不过这有可能与罗马人直率的幽默感关系更大。由于昆图斯·费边·马克西穆斯嘴唇上有一个明显的疣，因此他的绰号是维尔鲁科苏斯（Verrucosus，在拉丁语中意为"长疣的"）。后来的文献将他描述为一个呆板、谨慎的孩子，并没有很早显示出自己的能力。在青少年时期，费边通过不断的实战演练成了一名出色的军官和演说家，充分显示出了战争和政治在罗马公共生活中的双重主导地位。

费边在第二次布匿战争之前的职业生涯少有详细记录。在第一次担任执政官时，他率军对战利古里亚人，后者是意大利北部的一个组织松散、高度独立的高山民族。这场战争有可能是为了回应利古里亚人对罗马以及伊特鲁里亚北部的罗马盟邦的劫掠。费边打败了利古里亚部落，（至少暂时）叫停了后者的掠夺行径。凭借此次胜利，费边获得了举行凯旋式的荣誉。这次在险恶的地形上与擅长伏击的敌人作战的经历，很可能让费边深刻地认识到，严格控制军队的重要性，以及战斗的时间和方式必须由他自己选择。这些无疑是他与汉尼拔作战时的指挥之道的基调。[5]

成为独裁官之后，费边的首要任务便是恢复罗马军队的自信，让军队回到正轨。为了防范汉尼拔直接进攻，费边加紧防守，并征募组建了两个新的军团，同时竭力保证军队得到充足补给，不过他将最多的精力投入到了宗教事务当中。弗拉米尼乌斯的失利被公开归咎于在出征之前没有举行正规的祭祀仪式。人们参考了古代预言合集《西比拉之书》来确保仪式举办得当、献上的祭品合乎规矩，以期重新获得众神的青睐。作为希腊人，波利比乌斯觉得罗马宗教在许多方面极为迷信，并相信许多元老自己并不相信宗教，而是将其看作控制没有受过教育的无知穷人的情感的手段。虽然恺撒和西塞罗等一些共和国晚期的人的确持有这种观点，但这并不意味着费边及其同时代的人也一定这么想。元老院在讨论宗教事务时，强调要正确、全面地引导所有公共事务。从一开始，费边就明确表示，自己作为独裁官希望得到与其头衔相符的庄重规格对待。他身边有 24 名扈从（lictors），他们手持法西斯——一束中间捆着一把斧头的挞棒，象征着官员进行肉体惩罚和实施死刑的权力。独裁官受到任命后，其他官员便失去了兵权（或者更准确地说，是成了级别低于独裁官的军官）。费边去与仅剩的执政官会合时，先派了信使前去吩咐他在见到费边之前要解散其扈从。[6]

在与执政官会合并接管了军队后，费边手下现在有了 4 个军团以及 4 支同盟的侧翼辅军。没有文献提及军队总人数，但正常来说，这样一支军队大概会集结 3 万到 4 万人。以罗马的标准来看，这是一支强大的军队，但实际战斗力如何却令人怀疑。执政官的军队主要是由特雷比亚河之战失利后幸存的士兵组成，虽然他们已服役一年多，但作战经验大部分是吃败仗的经验。这些军团和辅军还在特拉西梅诺湖一役的失利中几乎丧失了全部骑兵。军队中的其他士兵刚加入几个星期，对彼此和军官还不熟悉，现在也没有太多时间或太大的可能性将新老士兵整合为一个能共同作战的整体，因此尽管费边的军队看上去很庞大，实则完全无法与汉尼拔经验老到的军队相匹敌，而且在人数上可能也远不及对手，骑兵在数量和质量上的劣势尤为明显。我们必须把费边发动的战事放在这一背景下审视。

作为拥有最高权力的独裁官，费边没有同僚，只有一名副手，其头衔为骑兵统帅（Magister Equitum）。这一头衔似乎可以追溯到罗马早期军队主要由重装步兵方阵组成的时期，独裁官指挥重装步兵，他的副手指挥骑兵。法律禁止独裁官在战争期间骑马，不过费边在离开罗马之前请求元老院为自己免除这项禁令，后者也批准了。一个人不骑马是不可能有效指挥和控制一支兵力超过 4 个军团的军队的，因此在这种情况下，古老的传统为实用性让步了。通常，独裁官可自行选择骑兵统帅，但此次费边的当选不同于以往，因此骑兵统帅也是由投票产生的，当选的是公元前 221 年的执政官马库斯·米努奇乌斯·鲁弗斯。独裁官和骑兵统帅关系似乎不佳。米努奇乌斯之后将展现出与西庇阿、森普罗尼乌斯和弗拉米尼乌斯相似的愚勇。[7]

特拉西梅诺湖之战后，汉尼拔向东进军，穿越亚平宁山脉进入了皮凯努姆以及亚得里亚海岸的富饶平原。他的军队健康状况不佳，许多士兵得了败血症，马匹也有许多患上了螨病。由于作战过于频繁，休息不足，军队在史诗般地进军意大利后无法恢复体力。战争暂停的这段期间，军队进行休整，得以恢复健康，不过此次暂停持续了多久便不得而知了。后来进入夏季，费边向汉尼拔逼近，在距其不超过 6 英里[①]的埃凯镇（李维记载是在阿尔

---

① 1 英里约合 1.6 千米。——编者注

皮）安营扎寨。迦太基军队立刻寻求决战，出营排好战斗队形，挑衅罗马军队迎战，但罗马军队在营内按兵不动。几小时后，汉尼拔撤军，并向自己的士兵保证，这说明罗马人害怕迦太基军队。后来汉尼拔几次尝试挑衅费边率军出战，或伏击罗马军队，不过都以失败告终，因为独裁官下定决心避战。几天后，汉尼拔率军离去，其手下的士兵们蹂躏了沿途的土地。迦太基军队常常就在独裁官军队的眼皮子底下这样做，这极大地打击了罗马人的自尊心。罗马军团的士兵主要是农民，眼睁睁看着敌军掠夺同胞和盟友的土地却无法阻止，这令他们尤为沮丧。

不过费边总是如影随形，与敌军始终保持一两天的行军距离，但不会再靠近。费边谨慎地移动，用严格的纪律控制军队，并利用士兵们对当地地形的了解不断地占据有利位置。只要有机会，费边就占据高地，避免在平原停留，以免敌军凭借优势骑兵力量对己方造成威胁。汉尼拔也从来不肯在费边的军队占据有利地形时发动进攻。费边为了保证庞大的罗马军队的后勤物资，在出征之前费心确保了驮畜和补给的充足，这一举措的好处现在显现了出来：费边可以随心所欲地行军，而不必不停地更换位置以搜集更多的粮草。当罗马军队不得不派出寻粮队时，也总会安排由骑兵和轻装步兵组成的强力队伍为其提供掩护，防止遭遇埋伏。有时两军的巡逻队和前哨部队会发生小规模散兵战，通常都是罗马人更占优势。

李维和普鲁塔克都记载，汉尼拔一开始就对于费边拒绝出战而暗暗感到心烦意乱。当然，从当时军事理论的角度来看，费边的做法是正确的。这些理论很多都讨论了指挥官应在何种情况下发动会战。只有在赢面大，且已经获得了一切能获得的不管多小的优势的时候才值得冒险一战。由于在特雷比亚河和特拉西梅诺湖两场战役均获胜，汉尼拔军队的信心极为高涨。费边的军队人数少，而且经验不足，在均等条件下与敌军大规模作战几乎必败无疑。在这种情况下，费边就像军事理论手册里的优秀指挥官一样避免战斗，千方百计地为己方寻找优势。有了一些积极作战的经验，罗马军队的效率逐渐提高，罗马军队在散兵战中取得的小胜提振了士气，也逐渐开始慢慢消磨敌军的意志。想要从早先失败的阴影中走出来，打造出可以不依靠绝对地形优势也能与汉尼拔正面交战的军队需要很长时间，但是费边开始了这个漫长的过程。[8]

从当时军事理论的标准来看，费边的战略极为可取，但我们不清楚费边明白自己做的是对的，还是只是按照自己认为合适于当时状况的方式在行事。罗马军队本质上仍然是非常备的民兵，而不是其他大国那样的职业军队。产生出军队指挥官的元老阶层似乎并不太了解军事理论知识，因此罗马人的作战方法经常不够巧妙，只是依靠好斗情绪和蛮力。提契努斯河、特雷比亚河和特拉西梅诺湖的三场战役就充分体现了这种作战态度，但即使是这三场失败也似乎未能使罗马精英冷静下来，放弃根据本能的冲动急匆匆地进攻敌军。费边小心谨慎尾随布匿军队的战术不被军队所理解，高级军官们尤为不满，表现最明显的便是骑兵统帅。随着战争不断深入，他越来越公开地表现出对尾随战术的反对，费边也得到绰号"汉尼拔的书童"（paedogogus），这个名字来源于陪伴在罗马学童身边帮他拿书本和随身物品的奴隶。[9]

汉尼拔稳步向西移动，之后进军坎帕尼亚，并劫掠了富饶的法勒努斯平原。日后诗人贺拉斯还赞美了那里的葡萄酒。汉尼拔蹂躏这一地区可能是想刺激罗马军队冒险与自己开战，也可能是想向罗马的同盟证明罗马已无力为其提供保护。他可能已经有希望说服坎帕尼亚人变节了。米努奇乌斯和其他军官不断催促费边采取行动，但是独裁官仍然固守坎帕尼亚平原周围的高地，观察敌军，拒绝作战。然而，据李维描述，由卢基乌斯·霍斯提利乌斯·曼奇努斯领导的 400 名同盟骑兵巡逻部队违反命令，在之后的散兵战中几乎全部被杀或被俘。[10]

费边察觉到敌人终于犯错误了。他猜到汉尼拔可能会从进入平原的同一条隘路撤出，于是在敌军来到之前占领了那里。当天晚些时候，一支由 4000 人组成的分队在那条隘路上安营扎寨，主力部队则驻扎在一座能俯瞰到这里的山上。由于所处的战略位置非常有利，费边预期，敌军如果强行穿越的话，自己能使其受到重创，或者至少可以阻止他们将劫掠的大量物品运走。汉尼拔的军队无法与西班牙的大本营以及山南高卢的盟军取得联系，也没有港口，从而无法与迦太基取得有效联系，因此即使一场小小的失利也会严重打击到汉尼拔，破除汉尼拔通过早期的胜利而创造出的战无不胜的形象，让罗马的同盟打消变节的念头。两军驻扎的位置相距约 2 英里。据李维记载，汉尼拔直接对道路上的罗马军队发动了进攻，但被击退了。波利比乌斯的记载更为可靠，但没有提及此事。不过对于接下来发生的事，两位史家的记载相同，它可谓古代世界中的经典战术策略。

哈斯德鲁巴是负责监管迦太基军队供给车队等其他事务的军官，汉尼拔吩咐他收集大量的干柴。这些木柴后来被捆到了 2000 头耕牛的角上。汉尼拔的军队之前劫掠了大量的牲畜，而这 2000 头耕牛便是取自其中。夜里，仆人根据指示点燃干柴，赶着牛群穿过山口。有经验的轻装步兵随行在侧,负责保证牛群不走散。同时,其余部队之前接到命令,在吃饱喝足、得到充分休息之后集结成行军纵队向前开进,由最精锐的密集队形步兵(最有可能是利比亚人)打头阵。驻扎在隘路上的罗马军队把燃烧着的火把当成了汉尼拔的主力部队,从山坡上冲下来发动攻击,但随着惊恐的牛群从中间冲出去,这场混乱的散兵战也随之结束了。现在隘路被打开了,迦太基军队得以畅通无阻地行军穿过。费边和罗马主力部队不敢轻举妄动,在营地等待天亮。山下火把闪耀,打斗声喧嚣嘈杂,因此费边无法弄清具体情况。他担心由于不了解情况而掉入敌军的陷阱,因此拒绝冒险出战。在古代,夜间作战是很稀少的,特别是当军队规模庞大的时候,因为在夜间很难控制军队,而且部队很容易迷失方向,陷入混乱和恐慌。费边可能意识到,在这种情况下面对汉尼拔训练有素、更有经验的部队,自己的军队可能会处于极大的劣势。第二天太阳升起时,汉尼拔的主力部队以及大部分供给车队都已顺利通过。汉尼拔甚至还派了一支西班牙步兵回来营救轻装步兵,在这个过程中杀掉了 1000 名左右的罗马士兵。[11]

这次成功撤退再一次反映出了迦太基军队的训练有素,及其指挥官的军事天赋,但对于费边来说是十足的羞辱。夏季即将过去,汉尼拔开始寻找合适的地方过冬。罗马军队跟随他带领队伍向东,但费边本人应要求回到了罗马监督一些宗教仪式,军队暂时交由米努奇乌斯领导。汉尼拔突袭并洗劫了卢凯里亚的格鲁尼乌姆镇,然后派出大队人马收集补给,想要为部队储备足够的过冬物资。由于手下的军队都四散开来收集补给,汉尼拔也因此不愿在此时有任何实质性交战,米努奇乌斯在格鲁尼乌姆镇外发动进攻，并在一场较大规模的散兵战中获得了胜利。由于在过去的两年里都没有好消息传入罗马，所以这次行动的胜利被夸大了。虽然元老院只有一人支持，其余人均反对，但是米努奇乌斯还是在民众的热烈支持下获得了与费边同等的权力，这实际上就等于回归到了两位执政官共掌最高权力的常规情况，结束了由一位独裁官独掌大权的局面。

　　费边回到部队之后，和米努奇乌斯将军队一分为二，分开扎营。显然，费边拒绝了与米努奇乌斯每天轮流指挥整支部队的提议。没过多久，米努奇乌斯被汉尼拔引入了埋伏，幸亏费边的部队及时赶到，掩护米努奇乌斯部队撤退，这才防止了又一桩惨剧的发生。米努奇乌斯带着手下来到费边的军营，不仅以对独裁官的礼仪，还以对父亲的礼仪向费边致礼。以罗马人的标准来看，这是非常真情实感的举动，因为父亲对子女拥有极大的权力，而且儿子在政治上反对父亲是不可想象的。由两位指挥官共同指挥军队的这一短暂情形很快终止了，作战季结束之前没有大的战事发生。为期 6 个月的任职结束后，费边卸任，返回了罗马。费边为罗马赢得了喘息的时间，使其得以休整并重建军力。第二年，罗马共和国组建了有史以来最大的一支军队，由两位执政官共同领导，不过这支部队却将遭遇前所未有的最惨痛的失败。[12]

传统派英雄
——马库斯·克劳狄乌斯·玛尔凯路斯

　　公元前 216 年 8 月 2 日，近 5 万名罗马以及盟军士兵在已经破败的小镇坎尼北部的狭隘平原上全军覆没。费边的努力付之东流，但这场失败并非不可避免，而且绝对出乎罗马人的意料。后来，李维和其他史家宣称，费边希望216年的执政官们能够继续执行自己的避战策略，但我们也不应直接接受这种说法。在危急时刻，罗马人又一次任命了军事独裁官，这位名叫马库斯·尤尼乌斯·佩拉的独裁官开启了重建罗马军力的缓慢进程。在坎尼会战后，汉尼拔并没有向罗马进军，罗马人一直大为不解。虽然罗马也曾陷入恐慌，但汉尼拔不进攻的决定给了罗马人时间恢复精神上的镇定，并且重新相信战争必将以胜利告终。但是局势仍然不妙，因为到了年底，意大利南部大部分地区已经向迦太基投降。[13]

公元前215年，卢基乌斯·波斯图米乌斯·阿尔庇努斯和提比略·森普罗尼乌斯·格拉古当选为执政官。然而仅在坎尼会战几个月之后，前者就在山南高卢遇伏被杀，其军队几乎全部覆没。罗马人的信心又一次遭到沉重打击。马库斯·克劳狄乌斯·玛尔凯路斯当选为新的执政官代替阿尔庇努斯，但当他在3月15日就职的时候，由于出现不祥之兆，选举结果被作废了。费边可能在幕后做了手脚，因为在之后紧接着举行的又一次选举中，他当选了执政官。玛尔凯路斯当选的一大阻碍可能是他和格拉古都出自平民家族，而按常理，每年的两位执政官中应该有一位来自贵族氏族，但我们很难弄清楚幕后究竟发生了什么。第二次布匿战争期间最不可思议的一点是，即使到了极度危急的时刻，罗马的政治仍然按部就班地运转，元老们也积极争夺在战争中立下显赫战功的机会。有可能费边认为，玛尔凯路斯过于激进，不适合在目前的局面下领军，但考虑到玛尔凯路斯仍旧作为同执政官得到了领兵权，这个猜想不太可能成立。费边主持了下一年的选举，当两个没有经验的候选人票数领先时，他要求人们三思自己的选择。最终，费边和玛尔凯路斯当选为执政官，不过这在多大程度上是人们自愿的选择就不得而知了。[14]

公元前 214 年时，玛尔凯路斯 57 岁，他在前 222 年当选过执政官，且在前 224 年和前 216 年当选过大法官。第一次布匿战争时，年轻的玛尔凯路斯在西西里作战，在赢得很多功勋的同时也因其英勇的行为赢得了名声。他至少赢得了一次象征罗马最高荣誉的"公民冠"（corona civica），它由一个公民向另一个公民颁发，以承认后者救了前者的性命。玛尔凯路斯的"公民冠"是由他的兄弟奥塔基利乌斯颁发的。玛尔凯路斯在许多方面都与荷马史诗《伊利亚特》中的阿喀琉斯、赫克托耳等贵族战士，或者罗马早期的英雄相像，因为他勇猛好斗，喜欢与敌人单挑。这是一种老式的作战风格，更多出现在部落战争而非常规军队中，但他直到身居高级指挥职位时也依然保持着这种作战方式。公元前222 年，时任执政官的玛尔凯路斯和其执政官同僚格奈乌斯·科尔内利乌斯·西庇阿联手入侵了山南高卢因苏布雷人的领土。一年前，弗拉米尼乌斯曾大败该部落，但是玛尔凯路斯和西庇阿急于发动战争，因此说服元老院打发走了高卢派来议和的使者。两位执政官向位于山顶的寨堡（oppidum）阿克莱镇进军并将其包围。作为回应，因苏布雷人与来自阿尔卑斯山北部的盖萨泰人盟军或雇佣军战士包围了罗马的同盟村落克拉斯提狄乌姆。西庇阿率主力部队留在原地，玛尔凯路斯率领全部骑兵的 2/3 以及 600名轻装步兵前去处理新的危机。接下来发生的事情简直如同荷马史诗中描写的内容，也被诗人奈维乌斯描写过，不过本书对于这一事件的叙述参考的是后来的文献。[15]

当罗马军队抵达克拉斯提狄乌姆时，一位名叫布里托马鲁斯的高卢国王率领高卢人迎战。史料称，高卢人共有1万，但很可能是夸大了。在这一时期，高卢军队中的骑兵和罗马军团中的骑兵一样，也都是部落中更为富有、出身更为高贵的人，因为只有他们才买得起马以及配套的装备。总体来说，高卢骑兵虽然没有复杂的战术，但是在马上骑得很稳（罗马人之后借鉴了高卢人的马具和训练马匹的许多方面），还异常勇猛。高卢骑兵们为了证实自己所受的尊敬和崇高的社会地位是当之无愧的，就必须在作战时展现出明显的勇气。作为国王，布里托马鲁斯身着镀金银的奢华胸甲，在队伍最前面十分惹眼，高卢骑兵向人数处于劣势的罗马军队发起了冲锋。玛尔凯路斯也同样迫切地想与敌军交战，但据普鲁塔克记载，玛尔凯路斯的战马在前进时受到了惊吓，开始掉头往回跑。玛尔凯路斯急中生智，假装是为了向太阳祈祷而故意调转马头，以防军队士气受挫。军事理论中优秀将军的能力之一就是当不祥征兆出现时能够赋予其积极的解读。据说，玛尔凯路斯发誓，如果朱庇特保佑罗马获胜，就把敌军最华丽的甲胄献给他。之后，玛尔凯路斯看到布里托马鲁斯身上的装备最为精良，于是策马冲到己方士兵最前排，来到了高卢国王面前。两人在双方战线的中间碰面，玛尔凯路斯用长矛刺中了高卢国王，将其从马背击落，然后又刺了两次，杀死了他。最后，玛尔凯路斯下马把国王身上的甲胄剥了下来。如果普鲁塔克的记载属实，那么在二人决斗时，两军并未交手开战。之后，罗马骑兵全力冲锋，在一番苦战后打败了高卢人。[16]

当玛尔凯路斯赶回去与西庇阿会合时，罗马军队已经攻下阿克莱，并向因苏布雷人最大的城镇麦迪奥拉努姆（今米兰）进军。

经过苦战也将其拿下了。回到罗马后，玛尔凯路斯在卡庇托山上的朱庇特神庙中供奉了"最高战利品"，为自己的凯旋式画上了圆满的句号。供奉"最高战利品"的殊荣只会授予在开战前与敌军首领单挑并将其杀死的将军，玛尔凯路斯是罗马有史以来第三个享受这一荣誉的人。据说，罗慕路斯是第一人，并立下了传统，进行这一仪式的指挥官应该把手下败将的盔甲挂在一根橡树枝上拿着。[17]

尽管年事已高，但玛尔凯路斯从第二次布匿战争伊始就几乎不断地带兵作战。坎尼会战结束数月后，玛尔凯路斯是第一位率军与迦太基主力军队正面交锋的罗马指挥官。他于公元前216年年底和前215年在诺拉镇外的一系列战役可能规模都很小，至多算是大规模散兵战，但是此时哪怕是最微小的军事胜利也是罗马迫切需要的。这一地区地形崎岖，没有较大的开阔地带，因此两军没有足够的空间排开正式的战线。李维对于这些战斗做了戏剧性的描述，但即便他也怀疑真实的伤亡人数是否有自己的资料来源所称的那么大。玛尔凯路斯一如既往地率军主动出击，但我们不能忽视，他虽然渴望与敌军交战，但也会确保选择最有利的交战时机。汉尼拔可以轻易地迷惑其他罗马指挥官，但却无法凭计谋和突袭打败玛尔凯路斯。从这个角度说，费边的小心谨慎和玛尔凯路斯的激进也是有很大的相似之处的，因为两人都严格控制军队。行军期间，玛尔凯路斯不允许士兵离开自己的作战单位，队伍行进时也都是由前哨掩护，走在巡逻部队仔细侦察过的路线上，有时还会由指军官亲自带领。临时营地的位置经过了仔细挑选，战斗也仅在指挥官确定作战的时候展开。

这种警戒看上去似乎理所当然，甚至微不足道，但过去常常被罗马军队忽略。虽然罗马公民很愿意服从严格的军事法律，在组织严密的作战单位里服役，但我们也不能忽视罗马军团的非永久性。在第二次布匿战争初期，罗马军队行动笨拙，常常遭遇埋伏和突袭。更长的服役时间和成功的军事行动不断提升着罗马军队的效率，但是军队花了非常长的时间才达到基本的水平，更是花了好几年才堪与职业军队匹敌。不同于同时代的其他大部分罗马将军，玛尔凯路斯和费边既有丰富的作战经验，又有军事天赋，指挥风格也与理想的希腊化指挥风格更相近。[18]

据我们所知，两位将军总是能在形势需要时有效配合。需要我们注意的是，费边不愿与汉尼拔正面交锋，但这并不代表他不会与布匿军队的小分队，尤其是变节了的意大利城邦作战。费边不会与他没有把握打败的敌军部队作战，但却不断地间接攻击敌军，希望以此逐渐削弱他们的力量。费边和玛尔凯路斯都努力维持罗马盟友的忠诚，尤其是当盟友们开始动摇的时候。两人都有过这样的故事：同盟中一名有威望的士兵感觉自己的付出没有得到认可，于是心生不满，准备变节，而将军让这位士兵回心转意了。公元前214年，两位执政官联手重夺在一年前被汉尼拔占领的卡西里努姆镇。罗马军队的围城起初并不顺利，据李维记载，是因为玛尔凯路斯执意坚持，才阻止了罗马军队撤退，不过记载中没有提及两位执政官有强烈分歧。两人始终展现出了罗马贵族应有的姿态，即坚决不考虑罗马军队战败的可能。即使前一天遭遇失败，玛尔凯路斯依然在第二天重新发动进攻，据说这种好战的热情让汉尼拔十分恼火。希腊哲学家波希多尼称，由于作战方法不同，费边和玛尔凯路斯分别被称为"罗马的盾与剑"，不过其著作文本已经失传。无论两人的性格或政治抱负有何不同，这一说法的确凸显出了两人在对战迦太基军队时合作互补的关系。[19]

　　玛尔凯路斯在第二次布匿战争中最伟大的成就就是在长时间的包围后攻下了西西里的叙拉古。起初，罗马军队尝试直接攻城，但是失败了，至少一部分是因为叙拉古本地的几何学家阿基米德设计出了一系列精巧的器械，帮助守军阻挡了罗马军队的进攻，罗马人退而包围了叙拉古。最终在公元前 212 年，罗马军队发动了一次突袭，攻破了外围的防御工事。公元前 211 年，城池陷落，城内势力或是变节，或是投降。元老院中的反对者声称，西西里战役并不是一场完全的胜利，所以玛尔凯路斯这次没被授予举行凯旋式的荣誉，而是举行了一次小凯旋式——骑马走在游行队伍前，而不是站在战车上。他从叙拉古带回的战利品中有大量希腊化艺术品，当时在罗马极为罕见。

　　公元前 209 年，费边第五次当选执政官，也是最后一次上战场指挥军队，在部分叛变的守城部队的帮助下，结合偷袭，以与叙拉古攻城战相似的方式夺回了塔伦图姆城。玛尔凯路斯在公元前 210 年第四次担任执政官，在任期内，他似乎在努米斯特罗险胜汉尼拔。公元前 208 年，他第五次担任执政官，又一次紧随迦太基军队，希望逼迫敌军与自己交战。他和他的执政官同僚各自带领了 220 名骑兵去侦察位于双方营地中间的一座山丘，但是汉尼拔猜测罗马人可能会试图占领高地，特意在此设下了埋伏，于是罗马侦察队中了陷阱。玛尔凯路斯在近身肉搏中丧生，另一位执政官和玛尔凯路斯的儿子负伤逃脱，前者后来重伤不治身亡。两位执政官的牺牲对于罗马人的自尊是一次可怕的打击。不过，虽然玛尔凯路斯最终还是比汉尼拔计逊一筹，但并没有导致全军战败覆没。波利比乌斯认为，这并不是一次精心策划的伏击，而是偶遇了努米底亚寻粮队，他还严厉批评了将军冒生命危险领兵侦察的做法。但事实上，正如我们将会看到的，许多罗马指挥官都会为了亲自考察重要战略位置而冒这个险。[20]

在第一次布匿战争期间成年的这一代人，比如费边和玛尔凯路斯，竭力让罗马度过了第二次布匿战争的危机。然而在这场战争的最后几年，最终为罗马赢得胜利的是年轻一代。这一代人中有盖乌斯·克劳狄乌斯·尼禄，他是打败汉尼拔的弟弟哈斯德鲁巴，以及在公元前 207 年于梅陶鲁斯河打败新近来犯的敌军的最大功臣。而这批新生代指挥官中最出色也是最年轻的一位，是普布利乌斯·科尔内利乌斯·西庇阿。

2

罗马的汉尼拔

西庇阿·阿非利加努斯

> 我的母亲生下的是一名统帅（imperator），而不是一名
> 战士（bellator）。[1]

第二次布匿战争最鲜明的特点之一是罗马元老院愿意派出军队同时在不同战场作战，即使是在汉尼拔在意大利不受约束地四处活动、战争走势悬而未决的情况下，这些行动依然得到了坚定的贯彻。久而久之，费边、玛尔凯路斯等人在意大利的努力阻止了迦太基人取得胜利，但他们的全部成果实质上只是阻止了罗马落败。罗马军队在西班牙、西西里和马其顿作战，有力地切断了汉尼拔军队的大量人力和物资援助，从而在与汉尼拔的战争中支持了罗马。而最后，起决定性作用的正是这些战场，因为罗马在西班牙和西西里的胜利为入侵非洲创造了条件，从而导致汉尼拔因此受命回援，最终迦太基战败。

罗马共和国丰富的资源顶住了多个战场同时作战的沉重负担，但其承受力也已经达到了极限。罗马社会比迦太基更适应战争，但我们也不能因此低估元老院应对这场战争时的高瞻远瞩和坚忍

不拔。元老院还采取了更为务实的方法灵活对待政治传统，允许玛尔凯路斯和费边等老将多次担任执政官。公元前210年，元老院授予27岁的普布利乌斯·科尔内利乌斯·西庇阿（即著名的大西庇阿）同执政官权力以及西班牙战事的指挥权。罗马历史上没有把如此重要的职位交给如此年轻的人的先例，不过事实很快就会证明，这是一个极为英明的决定。正是大西庇阿将迦太基人逐出了西班牙，并率军进入非洲，取得了一次又一次的胜利，最终在公元前202年于扎马打败了汉尼拔本人。

后世之人很容易低估大西庇阿的作战对于扭转罗马命运来说有多么举足轻重。在西班牙的罗马军队在公元前211年之前节节得胜，但此时却几乎全军覆没。残余部队固守埃布罗河以北的一小片土地，击退了前来驱逐他们的迦太基军队。大西庇阿没有带过多的援军，他手下的兵力加起来约等同于一支执政官军队，但面对的是三支与其规模相当甚至更大的迦太基军队。然而，经过了4个作战季，大西庇阿将迦太基军队悉数逐出了伊比利亚半岛。在此之后，大西庇阿将在非洲以高明的谋略挫败兵力显著占优的迦太基军队，显示出极大优势，正如当年在意大利的汉尼拔在早期对阵的罗马指挥官面前所展现出的显著优势一样。大西庇阿得到了"阿非利加努斯"的名号，永久提醒世人自己结束了与迦太基的战争。

大西庇阿的一生都围绕着第二次布匿战争。战争开始时，他17岁，参加了在提契努斯河打响的第一次意大利战斗，后来可能还参加了特雷比亚河之战和特拉西梅诺湖之战，并且肯定参加了坎尼会战。与其他贵族同龄人一样，大西庇阿经历了时间更长，也更为艰难的军旅生涯，该时代之前和之后的罗马人都不曾也不再会有这样的经历。除了阵亡和因伤病致残的人，这一代人年纪轻轻就积累了比大多数元老一辈子还丰富的军事经验。这一批人几乎全部成了出色的军官，而且许多人展现出了惊人的天赋，大西庇阿更是其中的佼佼者。战争结束时，大西庇阿不过 35 岁左右，但战争也占据了他一生中很大一部分时间。他指挥了 8 年军队，参与并取得了 5 次大型战役的胜利，赢得的小战役和围城战更是不计其数。他的一系列军事成就令所有元老的功绩相形见绌。不过，虽然大西庇阿在公元前 205 年已经担任过执政官，但是严格来说还没到担任执政官的最低年龄。罗马共和国对大西庇阿在第二次布匿战争中的表现大为欣慰，但是在战争结束后没给他安排合适的官职，因为罗马的政治系统不会让一个人拥有过大的权力或影响力。正常情况下，大西庇阿应该能在公共生活的领域再活跃 30 年左右，但是在公元前 2 世纪初，他的功绩根本无人能够匹敌，更不要说超越了。最终他只能被迫退出政治舞台，黯然退休，中年便郁郁而终。

大西庇阿的早年生活及其性格

大西庇阿敏感、睿智、富有魅力，作为贵族成员，他拥有无尽的自信，幼年时便坚信自己注定会在罗马的公共生活中身居要职。有关大西庇阿早年生活的一些故事与希腊化王子和国王的故事有许多共同之处。后来甚至有一个与描述亚历山大大帝的故事完全一样的神话暗示，大西庇阿是神的后代。这个故事称有人发现其母亲与一条巨蛇共眠。大西庇阿对外的确表现得很虔诚，年轻时便养成了在黎明之前去卡庇托山上的朱庇特神庙中独自静坐的习惯。[2] 后来，他公开宣称自己的计划有时是在梦中受众神指引而制订出来的。波利比乌斯作为一个理性的希腊人，认为罗马人过于迷信，指出大西庇阿实际上并不相信自己的言论，只是明白无知的罗马百姓很吃这一套罢了。波利比乌斯住在西庇阿·埃米利亚努斯（大西庇阿儿子的养子）家中，因此能够直接了解西庇阿家族的传统和故事，他也曾见过大西庇阿的密友，年迈的莱利乌斯，但我们仍不能确定波利比乌斯是正确解读了大西庇阿，还是把自己所处年代的对宗教的怀疑态度强加到了后者身上。大西庇阿的确在逢场作戏方面有一套，他真实的观点也可能很复杂，既不是简单地为了操纵人心，也不是完全地信奉神灵。[3]

大西庇阿的父亲也叫普布利乌斯，是公元前 218 年的执政官。大西庇阿像许多贵族年轻人一样，曾陪同父亲作为"同帐者"（contubernalis）出征，这被视作一种很好的积累早期军事经验的方式。执政官军队的大部分士兵在普布利乌斯的兄长格奈乌斯（玛尔凯路斯在公元前 222 年的执政官同僚）的带领下继续开赴西班牙，大西庇阿则在父亲发现汉尼拔准备翻越阿尔卑斯山时随父返回了意大利。公元前 218 年 11 月，普布利乌斯率领骑兵和轻装步兵渡过提契努斯河，想要确定敌军的位置并查明其兵力和意图，结果遇上了由汉尼拔亲自率领的人数更多、训练更有素的布匿骑兵，被一举击败。普布利乌斯负了伤，按照家族传统的说法，大西庇阿及时驰援，救了父亲的命。波利比乌斯记载，当时年轻的大西庇阿指挥一支精锐的骑兵部队，驻守在后方安全地带。眼见父亲在大量敌方骑兵的包围下，身边只有几个护卫，大西庇阿急命部队驰援。士兵不从命，但大西庇阿独自策马向前，在他冲出很远之后，士兵们无地自容，终于跟上了他。老普林尼在公元 1 世纪记载道，普布利乌斯随后要为儿子颁发"公民冠"，不过

大西庇阿拒绝了。然而，李维提及了来自科埃利乌斯已佚作品的
另一个版本：拯救执政官的实际上是一名利古里亚奴隶，不过李
维称，大多数权威文献都把这一勇敢壮举归功于大西庇阿。[4]

　　普布利乌斯伤愈后，以同执政官的身份前往西班牙与其兄
格奈乌斯会合。大西庇阿留在意大利，并在公元前216年成为
第二军团的军事保民官。当年两位执政官是卢基乌斯·埃米利乌
斯·保卢斯和盖乌斯·泰伦提乌斯·瓦罗，第二军团是他们共同
指挥的8个军团之一。大西庇阿的妻子（那时可能还是未婚妻，
结婚日期不详）就是保卢斯的女儿埃米利娅，这在某种程度上反
映了年轻贵族的又一惯例，即在亲戚率领的军队中积累军事经验。
然而，这一年有非常多的罗马贵族自愿加入军队，想要随着这支
大军迎战并打败曾经羞辱过共和国的敌人。结果出乎罗马人的意
料，汉尼拔在坎尼以少胜多，包围并差点全歼了罗马大军。罗马
方面，尤其元老家族成员伤亡极为惨重。保卢斯战死，有超过80
位元老殒命，其中包括米努奇乌斯·鲁弗斯，费边曾经的骑兵统
帅，还有超过半数的军事保民官战死。大西庇阿活了下来，与另
外3位保民官一起在附近的卡努西乌姆镇遇上了大批逃兵。

　　虽然4位保民官中有一位是费边的儿子（后来在公元前213
年当选执政官），但指挥权被移交给了两位最年轻的保民官，即
大西庇阿和阿庇乌斯·克劳狄乌斯。后者最近担任过营造官，但
部队愿意服从这两人的指挥并非因为他们多么有经验，而是为
两人必胜的信心和强大的人格魅力所折服。这场屠杀的规模太
大，让很多幸存者陷入了恐慌。包括一些高级官员的儿子在内的
一群罗马年轻贵族公开表示要抛弃行将灭亡的罗马共和国，逃往
国外。大西庇阿与一些可靠的士兵来到了领导逃兵的昆图斯·凯

奇利乌斯·梅特卢斯的住所（很可能是镇上的一栋房子），逃兵们在这里也使用罗马人典型的行事方式，召开会议（consilium）商讨下一步的行动方案。20 岁的大西庇阿闯入房间，手持利剑而立，向至高之神朱庇特庄严宣誓，若是违背誓言，自己和家族都将受到严厉的惩罚。他发誓，自己不仅永不会背叛罗马共和国，也不会允许任何人这样做，必要时将杀死背叛者。在场的人目瞪口呆，在大西庇阿的逼迫下也一一发了相同的誓。在之后的几天，更多的散兵来到了卡努西乌姆，等到幸存的执政官瓦罗到来领军时，已有超过 1 万名罗马士兵聚集在此。在 8 月 2 日早上出战的 8.6 万罗马大军现在只剩下可怜的 1 万人，但悲剧才刚刚开始。[5]

坎尼会战之后，大西庇阿充分诠释了罗马贵族，尤其是一位出自受人尊敬的望族的人士在困境下应有的德性。此时其他贵族成员纷纷开始动摇，更是进一步衬托了大西庇阿。罗马人会接受偶尔的失利，但绝不承认这是最终的结局。所有罗马公民，尤其是出身高贵之人，都应勇敢战斗，只要奋战过了，失利就不可耻。除非走投无路，将领在面对失利和惨败时不必奋战至死，也无须自裁。相反，他应该在战败的混乱中拯救尽可能多的士兵，重建军队的力量，为与敌军的下一次交战做准备，因为下一次机会总是有的，而最终罗马也必将取胜。这就是将费边与玛尔凯路斯团结在一起的精神，虽然两人在面对汉尼拔时采取了大相径庭的作战方法。两人都从未公开质疑过罗马会继续战斗的假设，也不曾对罗马最终的胜利抱有丝毫怀疑。罗马的"德性"就是指，不管面临多么可怕的挫折都不能放弃，要坚持战斗到最终取得胜利的那一刻。罗马军队在坎尼惨败，很多人指责执政官瓦罗指挥不当，但他在回到罗马时受到了元老院正式的致敬，感谢他"没有对共和国丧失信心"。[6]

公元前 213 年，大西庇阿当选贵族营造官（curule aedile），但除此之外他在公元前 216 年之后的职业生涯鲜有记载。这几年罗马战争动员规模较大，他可能一直在军队中服役。而直到他在公元前 210 年获任指挥西班牙战场，才又有文献描述其活动。一年前，罗马的盟友凯尔特伊比利亚人变节，使得西班牙的罗马军队寡不敌众地暴露于敌军面前，大西庇阿的父亲和伯父双双被杀。军队的残部在骑兵军官卢基乌斯·玛尔奇乌斯的领导下集合守住了西班牙东北部的一个角落，不过罗马的多数盟友都向敌军投降了。元老院派盖乌斯·克劳狄乌斯·尼禄前去指挥，他似乎取得了一些小胜，随后于同年返回了意大利。下一任西班牙战事的指挥官人选似乎存在很大不确定性。许多志向远大、德高望重的罗马指挥官对于在西班牙领兵不感兴趣，而且我们也不应忘记，战争给罗马方面造成了大量人员伤亡，这意味着尚且存活且适合这个位置的优秀指挥官已所剩无几。伊比利亚半岛情况很糟糕，能够投入到那里的资源也不多。在公元前 218 到前 211 年之间，格奈乌斯·西庇阿和普布利乌斯·西庇阿曾多次向元老院抱怨缺少兵力和资金，因此难以打败敌军。据李维记载，由于无法就指挥官人选达成一致，元老院决定投票解决这个问题，于是召集了森都利亚大会。起初，没有人报名，最后大西庇阿突然宣布自己愿意成为候选人，并得到全票通过。然而，由于他当时还很年轻，不过 25 岁左右，又缺乏经验，许多公民怀疑这个选择并不明智，直到大西庇阿做了一场演讲，公众才放下心来。李维的这一段叙述很奇怪，因为没有证据显示罗马人在别的场合如此行事，所以许多学者并不采纳李维的版本。另一种说法是，元老院在决定派大西庇阿去西班牙之后举行了一次公开投票，以此给这一次十分不寻常的任命提供一些合法性。无论具体的过程如何，结果都是大西庇阿作为同执政官去了西班牙指挥军队。[7]

攻占新迦太基（公元前 209 年）

大西庇阿率领 1 万人左右的增援部队登陆了恩波里翁，这是西班牙的一个希腊殖民地，在战争开始之前就和罗马结盟了。现在，罗马在西班牙共有 2.8 万名步兵和 3000 名骑兵。迦太基在西班牙有 3 支陆军，每支都与罗马的这支部队规模相当，甚至更大，分别由汉尼拔的弟弟哈斯德鲁巴、马戈以及吉斯戈的儿子哈斯德鲁巴统领。不过这位年轻的罗马指挥官非常自信，在出发之前便得出结论，罗马在公元前 211 年的惨败并不是因为迦太基军队有多高明。大西庇阿的父亲和伯父为他们的最后一场战役招募了 2 万凯尔特伊比利亚盟军。由于实力大增，两人也更为大胆，将部队一分为二，分头行动，结果事实证明，凯尔特伊比利亚士兵并不可靠，集体叛逃，两支罗马军队分别受到敌军攻击，纯粹由于人数上的劣势而惨败。大西庇阿决心不再犯同样的错误，决定在西班牙主动出击，而非只是守着仍在罗马控制下的一小块区域保持防御姿态。[8]

波利比乌斯读过并在书中参考了一封大西庇阿写给马其顿国王腓力五世的信，在信中解释了自己是如何计划在西班牙的第一次作战行动的。公元前 210 年，罗马与马其顿开战，这场战争在公元前 205 年结束，但在第二次布匿战争结束后又几乎立刻重新开始了，所以这封信应该是在公元前 2 世纪初写的，很可能会是公元前 190 年，那一年大西庇阿与弟弟在小亚细亚并肩作战，并得到了腓力五世的援助和支持，因为罗马于公元前197年打败了马其顿，所以后者当时已经是罗马的盟友了。因此，这封信很有可能写于信中所描述事件发生20年之后，并且反映出了一种事后之明的自信，所以我们也应像对待后世的一些指挥官回忆录一样采取谨慎的态度来对待这封信。但无论如何，这是我们第一次有机会了解罗马指挥官在策划战争时心里的实际所想。[9]

到达西班牙后，大西庇阿开始收集敌军军力和分布的信息，得到的情报令人振奋——三支布匿军队在分头行动，彼此距离较远。哈斯德鲁巴·吉斯戈在塔古斯河河口附近的卢西塔尼亚（大致相当于今葡萄牙），哈斯德鲁巴·巴卡正在西班牙中部围攻卡佩坦尼城，而他的弟弟马戈很可能驻扎在西班牙的西南角，但是由于波利比乌斯的记载中有一处明显自相矛盾，因此想确定马戈驻扎的精确位置有些困难。[10]迦太基认为，既然罗马在西班牙几乎不再具有主动进攻的能力，那么就没必要把三支军队聚集在一起，不然会加剧军队补给的问题。三位将军互相之间也有矛盾，加之迦太基同盟或附属部落发生的叛乱也急需镇压，这些都加速了三支军队的分离。迦太基方现在已不担心当地部落向罗马变节，因此在当地的统治愈发严苛且有剥削性质。这些部落现在对迦太基已没有多少好感，但是暂时仍不得不屈从于后者的强大军力。之后罗马的力量重新兴起，许多部落与罗马结盟，给大西庇阿提供了精良的部队，不过大西庇阿坚持着最初的决心，没有过度依赖这些援助。

大西庇阿决定发动进攻，一支布匿军队为他提供了明显的目标。只要正确选择发动战斗的时机，大西庇阿的军队就有足够的实力打败三支布匿军队中的任何一支，但前期必须仔细部署军队，而且可能要投入大量时间准备。在这个时代，两军靠近之后，基本都得拖延数日或数周之后才会正式交战。当一方占据有利位置并固守于此时，另一方的指挥官很少会贸然进攻。即使像汉尼拔这样的军事天才也无法引诱费边作战，而汉尼拔也不肯在罗马人选定的战场作战。不管迦太基的 3 位将领之间有多么尖锐的矛盾，他们也绝不会坐以待毙，等着被大西庇阿逐个击破。因此，迦太基军队一发现罗马人的到来，就会互派信使求援。如果大西庇阿与一支布匿军队相遇后不能在几周内打败敌军，就会随着敌方增援部队的到来而陷入巨大的人数劣势；而在这段时间里，布匿军队无疑会等待援军，尽可能避免迎战。这样，大西庇阿只会遭遇与父亲和伯父经历过的相似的灾难。

因此，大西庇阿没有找一支布匿军队单独决战，而是决定先攻击敌军在西班牙最重要的基地——新迦太基城（今卡塔赫纳）。汉尼拔的父亲哈米尔卡建造了新迦太基城，作为布匿人在西班牙的行省政府所在地。汉尼拔公元前 218 年史诗般的意大利远征也是从这里启程。新迦太基城是迦太基强有力的象征，更是巴卡家族的骄傲。几乎所有的迦太基殖民地都有港口，但是新迦太基的港口是整个西班牙最大、补给最为充足的。除了行省政府的记录和金库，城里还有许多人质，他们来自西班牙各个社群的贵族家庭。城中食物、军事物资储备充足，还有很多生产军事器材的工坊和技艺娴熟的劳工。总之，新迦太基是个诱人的目标，攻占该城可以沉重打击敌人的士气，也可以削弱敌人的作战能力并极大地提高己方的作战能力。

每支迦太基军队都至少要 10 天才能到新迦太基，而且城中精锐的卫戍部队人数相对较少。但新迦太基仍然易守难攻，它一面临海，另一面挨着一个咸水湖，因此想要接近新迦太基只能从陆路通过一段狭窄的地峡。在那个年代，这种拥有防御工事的城市很少能被直接攻下。围城的成功概率更高，但也不能保证，而且围城通常要持续数月，而大西庇阿在敌军增援部队赶到之前至多有数周的时间。策反敌军士兵可以更快攻取城池，但现在没有这种可能。不过，大西庇阿倒是收到了一条信息，事后看来，这条信息起到了关键作用。他在罗马的同盟城市塔拉科（塔拉戈纳）找到了一些渔民和水手，他们经常沿着海岸出海，最远能到达新迦太基。此举显示出这位罗马将军为了准备这场战役煞费苦心。这些人告诉大西庇阿，新迦太基北面的湖有一处可以涉水蹚过，而且湖水的水位在晚间还会进一步降低。但渔民们没办法告诉大西庇阿的是士兵们过了湖之后该如何从城市的北城墙攻进城去。

　　整个冬天，大西庇阿都在巡视军队、监督训练，并访问罗马所剩不多的盟友。在这期间，他决定进攻新迦太基，不过暂时只告诉了自己的密友、高级副官莱利乌斯。在公开场合，大西庇阿赞扬自己的军队，贬低迦太基军队在之前两次战役中取得的成就，并指出他们在春季将有机会与迦太基军队大胆交战。他还特别赞扬嘉奖了骑士卢基乌斯·玛尔奇乌斯，后者在公元前211年的军事灾难后完全凭借人格力量一跃成为残存罗马部队的统帅，但在之后写给元老院的信中自称"同大法官"，令元老院大为不满。作战季伊始，大西庇阿将自己的部队集中在了埃布罗河河口附近。2.5万名步兵和2500名骑兵组成的主力部队在大西庇阿亲自指挥下渡河前进，只留下3000名步兵和500名骑兵在仍忠于罗马的地区进行防御。莱利乌斯率领由35艘战船（许多船上并没有足够的船员）组成的舰队驶向新迦太基，准备与陆军在那里会合。[11]

　　这次行动第一阶段的细节不是很清楚。波利比乌斯说，大西庇阿经过 7 天的急行军后到达新迦太基城外，并暗示行军的起点是埃布罗河。李维则明确指出起点就是埃布罗河。波利比乌斯在别处还提到，新迦太基与埃布罗河之间的距离为 2600 斯塔德（312 罗马里）。① 这就意味着，罗马军队平均行军速度大约是每天 45 罗马里。这个速度是相当快的，尤其是对于带着行李的军队来说，但也可能是数字记录有误，或者只是从某个更近的地方进行最后阶段行军的速度。不过，以当时的标准来看，大西庇阿的行军速度可能就是很快，而且进行得很顺利，陆军和舰队按计划在新迦太基城外会合了。我们不清楚西庇阿是何时向自己的高级军官吐露此行目的的。[12]

新迦太基坐落在岬角上，北面临湖，南面靠海，海湾形成了它的天然港口。湖与海之间有一条运河相连。城外环有一圈护墙，总长约 2.5 英里（波利比乌斯自称实地考察了这个细节），城内有 5 座山丘，城塞就在其中一座山顶上。新迦太基卫戍部队的指挥官也叫马戈，拥有由 1000 人组成的常规部队，还有从城里征募的男性公民作为后援，其中有大约 2000 人装备精良、信心十足。大西庇阿在地峡末端的一处高地上安营扎寨，正对主城门，并下令在营地后面建造防御土墙，土墙前还挖了一条横贯地峡的壕沟，但特意没有在营地正面靠近新迦太基城的方向设防，这是表示信心的举动，同时没有很大风险，因为面对敌军的任何袭击，高地本身都是防御优势。大西庇阿为进攻做准备，告诉士兵们这座城市的重要性，并许给勇敢者丰厚的奖励，尤其还许给第一个翻越城墙的士兵城墙冠（corona muralis）。大西庇阿还宣称自己梦到

① 1 斯塔德约合 180 米，1 罗马里约合 1.5 千米。——编者注

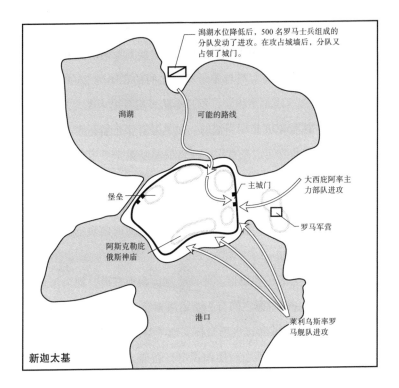

了尼普顿，海神保证会在适当的时机援助罗马军队。波利比乌斯同样将此视作一个利用了宗教的把戏。[13]

第二天的第 3 个小时[①]，罗马人从两个方向发起了进攻。莱利乌斯率领战船驶入港口，从海上发动攻击，同时 2000 名士兵在攻城梯的支持下从营地发动进攻。马戈将常规部队一分为二，一部分在山顶的城塞，另一部分在面朝港口的医神阿斯克勒庇俄斯庙所在的山丘上。征募部队中的精锐已经就位，准备从正门迎击，

_____

① 罗马的计时方式是把昼与夜都平均分成 12 等份，每份为 1 小时。——编者注

其余士兵装备着大量投掷武器沿着城墙部署。几乎是在大西庇阿吹响军号、命令主力部队发动进攻的同时，马戈也命令武装民兵从正门冲出，希望在罗马士兵抵达城墙之前挫败他们进攻的势头。

许多古代攻城战的一个突出特点是，防守一方愿意离开安全的防御工事在空旷地带与敌军交战。这是一种自信的体现，能恐吓攻城者，也有推迟敌军攻城的实用目的。在如此狭小的空间，罗马军队很难立即发挥出自身的人数优势，迦太基部队也肯定不会被从两翼包围。起初，2000 名守城士兵对面是人数相近的罗马士兵。为了让敌方最勇敢的战士遭受惨重伤亡，大西庇阿可能故意要求部队不离开军营太远，因此双方交战的位置距离城墙约 0.25 英里。

迦太基人可能训练不足，但是展现出了高昂的斗志，起初双方似乎势均力敌。战斗的喧嚣声中还夹杂着城墙上守城士兵和还未参战的罗马士兵鼓励己方部队的欢呼声。不过，大西庇阿让大量士兵作为后备力量在距离战线不远处摆好阵形，逐渐向前线补入越来越多的生力军。马戈几乎没有可派去支援战场的后备军，而且这些后备军只能穿过主城门，出了城门后也要走过很远的距离才能到达战场。迦太基军队开始后撤，随着压力的增大，最终被彻底击垮。古代战场上的伤亡主要就发生在这种两军近距离交战之后，一方逃跑，另一方欢欣鼓舞又渴望报复地穷追猛打的阶段。迦太基方虽然在刚出击时表现得很好，但最终却混乱不堪，大批急于逃命的乌合之众涌向唯一的一扇城门寻求庇护。恐惧也蔓延到了在城墙上观战的士兵当中。一时间，罗马军队仿佛要混在战败的士兵当中涌入城内了。

大西庇阿在军营前的一个制高点监视着战斗的发展。看到敌军乱作一团后，他派部队带着梯子翻越城墙。他和攻城队一同行动，但是并没有像玛尔凯路斯那样手持利剑冲锋在前。波利比乌斯是这样描述的：

> 大西庇阿参与了战斗，但尽可能地保护自己的安全，身边有三个护卫，每个人都仔细用大型盾牌挡在朝向城墙的方向保护着他。大西庇阿沿着战线旁边的高地前行，极大地促进了战斗的胜利，因为一方面他可以看到战场上的情况，另一方面还能让己方士兵都能看见自己，大大激发他们的斗志。[14]

大西庇阿距离战场很近，但并不直接参与战斗，这体现出了罗马指挥官的两个作用，而这两个作用在接下来的数世纪里都是罗马指挥风格的典型特点。一是作为将军，他对战斗中的大事小节都予以关注，在必要的时候亲自参与细小战术的决策，但始终保持着对战场的宏观理解；二是作为领袖，而且是许以勇敢者重奖的领袖，他亲眼见证了自己士兵的表现。波利比乌斯在别处还强调，奖赏表现英勇者、惩罚胆小示弱者是保持罗马军队旺盛斗志和进取心的重要因素。罗马士兵们在知道自己受到指挥官关注时会更英勇地战斗。公元前 1 世纪，史家撒路斯提乌斯赞扬了过去几代罗马人的战斗精神，称"对于荣耀最激烈的竞争出现在他们自己之间，每个人都力争第一个杀死敌人、第一个翻越敌方城墙，更重要的是都想让自己的这些成就被他人目睹"。[15] 这种想要观众目睹并称颂自己英勇行为的渴望是古代英雄主义道德观的残存，荷马笔下的勇士就具备这种英雄气概。这种精神激励了玛尔凯路斯和他之前的许多罗马将军做出英雄之举，但大西庇阿却有意不去做这种英雄。正如波利比乌斯所说，大西庇阿已经在坎尼会战和提契努斯河之战证明了自己的勇武，而且他很清楚，作为将军，自己有更重要的事情要做。因此，他专注于指挥战斗，并且距离战场很近，因为这样可以更好地判断战事走势，同时也能将自己面临的风险降到最低。

通过梯子翻越有人把守的高大城墙绝非易事。在出击的迦太基军队因大败而陷入混乱之际，罗马人抵达城墙根并搭起了梯子，但是在该城的防御工事当中，城墙是最高也是最坚固的部分，城墙上依然驻守着一些守军士兵。有些梯子承载不住士兵的重量而折断了，还有些被迦太基士兵推开了。其他梯子可能长度不够，因为攻方在进攻之前很难计算出梯子的合适长度。在叙拉古，玛尔凯路斯的部队利用与敌方谈判的时间数清了所要攻打的城市一段城墙的石砖层数，又估计了每块石砖的大小，二者相乘，成功估算出了城墙高度，根据这个数据制造了长度合适的梯子。[16]

尝试爬上城墙的士兵和在海上发动进攻的战船都遭遇了敌军密集的投掷武器攻击。不久后，很多刚刚恐慌不已的守城士兵重新聚集起来，回头加入了他们在城墙上作战的伙伴。罗马军队一次次地想攻破城门，但都被守军成功抵挡，伤亡人数也不断增加。一段时间后，大西庇阿认为自己的部队已经过于疲劳，无法继续作战，于是叫停了进攻，让部队撤回军营进行休整。马戈及其守城部队大喜，以为已经击退了敌军最猛烈的进攻，因此在当天晚些时候罗马军队卷土重来时颇为惊愕。罗马军队甚至带来了比之前更多的梯子，士气也更为高涨。但是，即使守军的投掷武器已经几乎消耗殆尽，罗马军队还是没能攻入城内。

天色已晚，潟湖的水位开始下降。在休整期间，大西庇阿派出了由 500 名精兵组成的新分队涉水过湖，从一个新的方向攻击城墙。他带领士兵来到湖边，鼓励他们勇敢踏入退潮的湖水中，但他自己坚持指挥作战而不是直接参战，所以没有亲自带领士兵发动攻击。向导（很可能是几个塔拉科的渔民）引领罗马士兵入湖，为他们指明了渡湖的路线。罗马士兵没费多少力气就来到了城墙下，发现这里的城墙无人把守，也不怎么高，因为迦太基人认为不会有人从这个方位发动进攻，守兵也全被调到了其他地方阻挡进攻。罗马士兵架上梯子，爬上城墙，沿着城墙上的通道向主城门进发，路上偶尔碰到的几个守兵都被轻易地杀掉或赶走了。罗马士兵配备的长盾与短剑很适合在这种狭小的空间里战斗。

主攻部队中的一些人看到自己的战友冲入看似很深的湖泊，并成功渡湖，出现在城墙上，眼前的奇迹让他们想起了大西庇阿之前说过的，尼普顿会站在他们这边。于是，主力部队再次燃起了斗志，向城墙进攻。一队士兵将盾牌举过头顶，组成龟甲形攻城阵（testudo），冲向城门，前排的士兵用斧子砍剁木制的城门。同时，城墙上的 500 名罗马士兵从后方向守军发动进攻。迦太基守军立刻慌了神，溃败了。罗马士兵从里外同时劈砍城门，直到把城门完全摧毁，同时越来越多的士兵用梯子翻越了城墙。可能是因为迦太基的士兵普遍丧失了斗志，也可能单纯是因为罗马部队作战奋勇，在几乎同一时间，莱利乌斯的船员们也登上了港口附近的城墙。

罗马人突破了主要的防守封锁，但这并不意味着胜利已经板上钉钉。马戈的常规军在防守中发挥的作用似乎很小，一直控制着城塞。古代的城市往往很拥挤，密集的建筑之间只有很狭窄的街道。一旦入了城，攻城方的指挥官就很难控制部队或者应对新出现的威胁。守城方如果能够聚集起足够的人马，或者仍然有整装待发的后备军，那么攻入城的部队极有可能会被再次驱逐出城。

主城门清开之后，大西庇阿立刻从城门入城，因为在城外既看不到城内的情况，也无法指挥战事的走向。大部分罗马士兵涌入城内狭窄的街巷中，受命杀掉所有遇到的人，但没有指令不得开始劫掠。波利比乌斯说，这是罗马的惯有做法，并认为这很可能是为了恐吓敌方，"因此当城市被罗马人攻占后，不光遍地都是人的尸体，狗也被劈成两段，街上横七竖八散落着动物的肢体。这种场景很常见，因为城里总是有很多动物"。[17]罗马军队攻陷一座城市时的所作所为是极为残酷的，这些传统很可能源于古风时期的掠夺战争。为了不给守方丝毫集合反扑的机会，罗马人会大肆屠城。劫掠行为会受到一定限制和控制，以保证罗马军队中的所有人有同等的收获，这有助于部队各部分执行自己被分配的任务。

大部分罗马士兵四散开来，向城里的人传播恐慌、大肆屠杀，大西庇阿在此期间留了一队排好阵形的生力军，由自己密切控制。进了主城门之后，他们沿主路来到了开阔的集市，大西庇阿派出一队人马进攻看上去仍然由迦太基军队把守的一个山头，自己则亲率1000人的主力部队攻击迦太基雇佣军把守的城塞。马戈在简单抵抗之后投降了。城塞被攻下后，城内所有的正式抵抗都结束了，军号响起，告知罗马士兵们可以停止屠杀开始劫掠了。每个支队应该都负责劫掠一个区域，所有战利品都被统一拿到集市上，整个过程由军事保民官负责监督。大西庇阿和手下1000名士兵整夜占领着城塞，其他士兵则在营地站岗。战利品主要会拍卖给跟随罗马军队的罗马商贩，可能还有一些当地人，所得的收益分配给全军，每个人根据自己的等级获得相应的份额。比金钱回报更重要的可能是阅兵典礼，在战场上表现杰出的士兵将受到指挥官公开的表彰和嘉奖。舰队和军团为了谁先登上城墙的问题争执不下，几乎要发生暴力冲突，最后大西庇阿宣布，两位竞争对手，来自舰队的塞克斯图斯·迪吉提乌斯和第四军团的百夫长昆图斯·特雷比利乌斯是同时登上城墙的，给二人都颁发了城墙冠。[18]

攻占新迦太基是一项非凡的成就，尤其大西庇阿是位新指挥官，这是他第一次率领如此规模的军队。这次行动的大胆体现出了罗马人勇敢的特质，但是大西庇阿为快速进入敌军领地所做的精细规划和认真准备则展现了大多数罗马早期战争中所未曾出现过的一种更为复杂的军事技艺。战斗中，潟湖水位降低，使大西庇阿的士兵得以渡湖，学界对这一自然现象的确切本质有些许争论，部分原因是这方面的文献有矛盾之处。争论的焦点在于，这一现象是每天都发生，还是在特定方向吹来的风的作用下偶有发生。如果是后者，那就说明大西庇阿是靠运气取胜的；如果是如我们最可靠的文献来源波利比乌斯所坚信的，这是可以预测的有规律现象的话，那就有人会有疑问，罗马军队为何不在发动第一次陆上进攻的同时就从湖上发动进攻？这种观点没有认识到翻越城墙的难度。虽然与潟湖相邻的城墙比他处的矮，但就算只有一小队守军防守，也很难被攻下。罗马军队正面进攻的目的是将迦太基军队的注意力从这个薄弱点转移开，因此尽管会付出高昂的伤亡代价，也必须全力出击。当然，从湖上进攻的部队也会有一线靠自己取胜的机会，就像舰队的进攻确实可能会得手一样。更为重要的是，大西庇阿赌了一把，赌进攻主城门的部队能够牵制吸引马戈的注意力，从而使从湖上发动的进攻有可能成功。

新迦太基的陷落彻底改变了西班牙的权力平衡。在实际层面，大西庇阿获得了大量的军事资源，除了投射武器，还有18艘战船编入舰队，船员是被俘获的奴隶，他向他们许诺，只要忠实服役就会获得自由。城内大多数人被释放了，但有2000名工匠成了公共奴隶，负责为罗马军队生产武器装备，但也得到了保证，罗马最终取胜后就还其自由。还有约300名来自西班牙贵族家庭的人质落入了罗马人手里。大西庇阿对这些人，特别是贵族妇女以礼相待的故事与亚历山大大帝俘获波斯皇室女眷的故事相似。西班牙贵族妇女们由大西庇阿亲自保护。虽然这位年轻的罗马人有风流之名，但这些妇女没有受到任何骚扰。传说，罗马士兵发现了一位极其貌美的女子，将其带到了指挥官面前，但指挥官感谢了手下后却拒绝占她的便宜，并把她送回了父母身边。李维所描述的这个故事甚至更为传奇，说是大西庇阿把这位女子送还给了其未婚夫，并对这位年轻的贵族亲自保证女子的贞操没有受到侵犯。将人质返还至各自家庭的行为开启了一系列的外交行动，使得越来越多的部落与罗马结盟。[19]

新迦太基成了大西庇阿在西班牙南部的基地，也提供了远远超出他所期望能从意大利获取的资源。从今以后，大西庇阿在很大程度上可以自给自足地在西班牙半岛作战。虽然大西庇阿手下的罗马军队与意大利军队人数基本保持不变，但是士兵们有了更好的服装、装备和食物，而且由于大西庇阿在攻取新迦太基后，对军队实施了为期数月的严格训练，因此他们的纪律更为严明。虽然收编了大量盟军士兵，但军队的核心仍然是两个军团和两支辅军，也正是这些力量将在大西庇阿接下来取得的所有胜利中发挥关键作用。

伊利帕会战（公元前206年）

公元前208年，大西庇阿率领他手下训练有素的军队进攻哈斯德鲁巴·巴卡。两军战于拜库拉，我们很难根据现有文献判断这是否是一场全面会战，但可以肯定的是，罗马和意大利军队在战术上胜过了敌军。大西庇阿可能以微弱优势获胜，哈斯德鲁巴则在不久后启程前往意大利与其兄汉尼拔会合，但可能由于伤亡惨重，这场远征大大增加了难度。哈斯德鲁巴带着一支迦太基军队离开了西班牙半岛，这使得双方的实力对比愈发对大西庇阿有利。哈斯德鲁巴虽然抵达了意大利，却很快发现，罗马人不再像公元前 218 年那样准备不足。迦太基的新一轮入侵很快遭遇了人数更多、训练更好、指挥更佳的罗马军队，并于公元前 207 年在梅陶鲁斯河大败。当罗马骑兵将哈斯德鲁巴的首级扔进汉尼拔的军营时，汉尼拔这才知道自己的弟弟到了意大利。与此同时，大西庇阿在西班牙取得了一系列小胜，不过主力部队未能引出哈斯德鲁巴·吉斯戈进行对阵战。[20]

到了公元前 206 年，吉斯戈变得更自信了。他与马戈·巴卡合兵一处，形成了一支有 7 万名步兵（虽然李维给出的数字只有 5 万）、4000—4500 名骑兵（其中一部分是由马西尼萨王子率领的战力超群的努米底亚轻骑兵）和 32 头大象的大军。上述代表了迦太基在西班牙主要的雇佣军，还有许多迦太基的盟友和附属城邦提供了一些部队作为支持，但他们纪律较为松散、军事素养较差。迦太基指挥官没有时间将各支部队融合成一个整体，因此这一庞杂的军队行动会很笨拙，但是其规模就能令人生畏。大西庇阿率领 4.5 万名步兵和 3000 名骑兵与迦太基军队抗衡，因此在人数上处于劣势，很可能与敌军差距还不小。更为不利的是，只有半数步兵是训练优良、士气高涨的罗马军团及其辅军，其余的则是大西庇阿决心永不依靠的盟军士兵。与迦太基军队一样，罗马军队也并非有机统一的作战整体。当大西庇阿来到敌军所在的伊利帕城外（与今塞维利亚不远）时，他面临一个问题：如何指挥手下成分不同的部队？[21]

在罗马军队安营扎寨时，马戈和马西尼萨率布匿骑兵主力发动了进攻，企图打乱刚刚才抵达的罗马军队的部署，打击对方的士气。罗马军队总是会派警戒部队在军营建造过程中和建完之后掩护军营，不过这一次大西庇阿加强了防范，提前在一座山丘后的死角处安插了骑兵。罗马军队突如其来的反击让迦太基的先头骑兵部队惊慌失措，一部分骑兵（很可能是没有马鞍的努米底亚人）从马背上跌了下去。有一些摆好阵势的骑兵前来支援布匿军队，打了一场持久战，但随着罗马军团从军营向前推进，迦太基的兵力逐渐开始被击退。密集队形的步兵如同一面稳固的盾牌，罗马骑兵可以在其后休整，然后发起新一轮的冲锋，敌军的骑兵很难依靠自己的力量冲散罗马的方阵。步兵的这种支持给予了骑兵阵形本来所缺乏的稳定性。骑兵对战是一系列混乱、节奏快的过程，他们冲锋、追击、队形乱掉，而后受到反击、被敌军追赶。迦太基军队逐渐发现，随着罗马步兵逐渐向前施压以巩固骑兵取得的成果，自己重整队形时已经越来越靠近己方的军营。最后，布匿骑兵顶不住巨大的压力，逃回了军营。[22]

在真正的会战之前，两军的几支部队之间发生了数场散兵战，上述战斗应该是第一场。在大规模交锋之前通常都会有小规模交锋作为先导，而其胜负也能反映出双方的勇气和实力。这样的散兵战可能持续了数日，而后吉斯戈决定部署整支军队向敌人宣战。布匿军营位居高地，在那一天较晚的时候，迦太基军队来到下方平原的边缘，开始部署战线。迦太基方的部署较为传统，最精锐的步兵，即利比亚持矛兵，可能还有一些西班牙布匿殖民地的公民，编队排列在中央。哈斯德鲁巴·吉斯戈将西班牙士兵分别部署在两侧，将骑兵置于两翼，大象在骑兵前方。面对敌军自信的表现，大西庇阿迅速回应，部署了自己的军队。他将罗马军团置于中央，西班牙士兵在两侧，骑兵在两翼正对敌军的骑兵。在如此庞大的部队行进过程中扬起的飞尘开始慢慢回落之时，两军伫立凝视对方。虽然在战争开始前，双方指挥官都信心满满，但现在他们都不愿意下令逼迫军队向前行进发动战争。对峙了几小时后，太阳开始落山，哈斯德鲁巴下令军队返回军营，看到此景后，大西庇阿也下达了同样的命令。

接下来的几天几乎每天如此。在下午，军队本就斗志不高，吉斯戈率军来到了平原的边缘，而后罗马军队也同样到达，两军摆开了与第一天相同的阵形。两军伫立在原地等待，直到夜幕降临，然后迦太基军队和罗马军队依次分别撤回营地。正如之前所说，在这个年代，正式开战之前这样的拖延是很常见的，不过起初双方似乎都没有从这种彰显自信的做法中占得什么优势。吉斯戈的军队每天发起挑战，所以在士气方面能有些许获益，但是在此基础上也别无他举。

要把如此庞大的军队部署成战斗阵形绝非易事，必定会花上数小时。多数军队采用列队行进的方法。军队一离开军营，就排成纵队（或者像罗马军营，帐篷之间以及与围墙之间特意留出空间，所以在军营内就能排成纵队），打头的是即将在战线中位于最右侧的军事单位，之后是其左侧的单位，以此类推，纵队最后是战线中最靠左的单位。按照这个顺序排好之后，军队先行进至战线预计位置的最左端，而后右转，沿着战线行进。队首行至最右端后便停下来，从松散的行进队形转变成紧密的战斗队形，面朝敌军方向。后面所有的作战单位都进行同样的步骤，直到每个单位都抵达指定地点。罗马军队的展开方法只有一点不同，即军队是排成三条纵队，每个纵队分别对应三线战阵中的一线。高级军官必须仔细监督确保每名士兵最终都能到达正确的位置。多数军队会在主力纵队部署队形时派出骑兵和轻装步兵掩护，以应对敌军进攻的威胁。列队行进的方法很缓慢，尤其当军队规模庞大的时候，但是很有效，毕竟还没有军队开发出更快的部署方法。这样的体系最大的弱点便是很僵化，指挥官须得在布阵之前决定好战斗的阵形，一旦做出决定，就几乎不可能做出大规模调整了。许多军队通常不更换战斗队形，因为各单位熟悉自己在战线中的位置能使部署过程更高效。

　　大西庇阿在伊利帕会战中使用的战术需要在上述背景中分析。双方对峙了几天，但都没有主动发动进攻，大西庇阿决定在第二天迫使敌军与之交战。可能是在第二天清晨，大西庇阿下达了书面命令，要求军队早起吃饭。天快亮的时候，大西庇阿派出了骑兵和轻装步兵攻击迦太基的警戒队，其余罗马军队准备展开部署，但大西庇阿这次改变了阵形。这天，西班牙盟军位于战线中央，最精锐的部队则分开在两侧，很可能两边各有一个军团和一支侧翼辅军。列好阵形后，大西庇阿率军前进，比之前的几天勇猛得多，一直来到开阔平原的中间才停下。虽然文献中没有明确表述，但大西庇阿肯定与高级军官讨论了这次变动，因此他们才能按照计划的阵形安排好纵队。罗马指挥官通常在重大行动前会召开战前会议（consilium），大西庇阿很可能就是在这一会议中通知了高级军官们。虽然有时被翻译为"战争商讨会议"，但是这种会议一般不是辩论的场所，而是一次集会（更像是英国陆军中的命令小组），将军在会上向与会者解释行动的计划，大西庇阿肯定也解释了向敌军开战时将使用的复杂调动。

哈斯德鲁巴的前哨受到罗马骑兵和轻装步兵攻击后，迦太基方迅速做出了回应。在这些先锋部队身后，罗马主力部队已经倾巢而出，在视野内排开阵形，虽然从这么远的距离（根据后来发生的事情看，当时两军相距至少1英里），布匿军队可能只能隐约看到大队人马和大量尘土。哈斯德鲁巴迅速做出反应，命令士兵武装起来，准备部署战斗阵形。他可能以为，罗马军队这次突然展示信心是为了在被迦太基军队牵着鼻子走了多日后恢复士气。因此，哈斯德鲁巴若想保持住士气上的优势，就必须做出回应，不能让大西庇阿有机会告诉罗马军队，敌军害怕了，不敢迎接挑战。吉斯戈毫不犹豫地命令部队排成与前几天一样的阵形。迦太基军队匆忙列阵，许多人都没来得及吃东西。但即使在这种情况下，战斗也有可能不会发生，那样的话，双方就会再次原地对峙一天。

布匿骑兵和轻装步兵率先出战，迎击罗马骑兵和轻装步兵，一时胜负难分；主力部队开出营地，在营地所在的山丘下的平原边缘展开战线。大西庇阿的军队在大约半英里之外，两军的距离比之前要近很多。近距离下，哈斯德鲁巴终于发现罗马军团这次并不是在惯常的中间位置，而是在两侧，正对自己实力较弱的部队。这也意味着，迦太基最精锐的步兵将对阵罗马的西班牙盟军，这或许算是个慰藉，因为如果两军战线正面相碰，那么他的利比亚军队应当能打败训练不足、装备单薄的西班牙军队。哈斯德鲁巴虽然可能对于这一变化感到不安，但看不出敌军如何能通过这一变化获益，而且现在也来不及改变阵形应对敌军的变化了。大

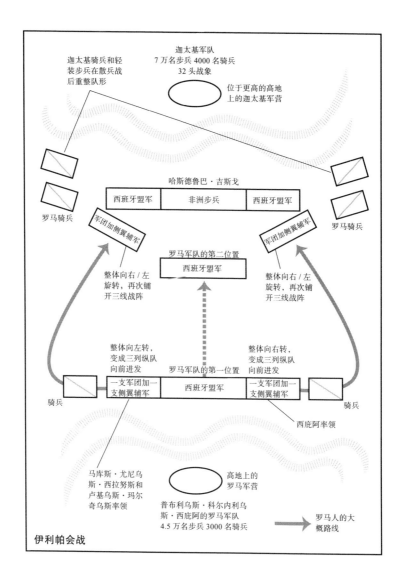

伊利帕会战

规模调换部队位置只会让军队陷入混乱，近在眼前且准备充足的敌军肯定也不会放过这个机会，他们会立刻发动攻击。

接下来又是一段在这一时期的所有战争中都很常见的停顿。

大西庇阿不再前进，迦太基的军队也停留在平原边缘。双方的骑兵和轻装步兵继续交战，但由于能够得到各自主力部队的近距离支持，因此面临压力的骑兵支队能比较容易地撤回队形紧密的步兵后面进行休整。一段时间后，双方的交战部队都通过己方主力部队之间的空隙撤到了战线后面，被派去了战线的两翼。最终，大西庇阿下令军队继续前进，但命令中部的西班牙部队速度放缓，而两翼则开始了一系列复杂的调动，像在拜库拉之战时一样展现出了极高的训练水准。大西庇阿亲自率领右翼部队，卢基乌斯·玛尔奇乌斯和同大法官马库斯·尤尼乌斯·希拉努斯指挥左翼部队。李维称，大西庇阿传令给这些军官，让他们效仿自己的调遣，不过，虽然他有可能传了指令或信号给军官们，但后者似乎早已知道自己应该如何行动了。

大西庇阿指挥的右翼部队的三线支队全部向右转，于是又形成了三列纵队。队首的三个支队而后左转，直扑敌军战线，后面的支队依次跟上。左翼部队镜像复制了右翼部队的行动。纵队的正面宽度比横向展开的战线窄，在行进的过程中碰到的障碍更少，士兵们更容易保持队形，需要停下来整顿的次数也更少，因此移动的速度也更快。三列纵队迅速接近敌军，把中间移动缓慢的西班牙部队远远甩在后面。在比较靠近布匿军队战线时，大西庇阿才再次下令部队右转（左翼部队左转），并展开形成与敌军侧翼重叠的战线。

罗马纵队向前推进时，哈斯德鲁巴和迦太基军队似乎看入迷了。罗马骑兵和轻装步兵的投掷武器击退了布匿军队的战象，有些大象踩踏着挤进了布匿军队，逃向部队后方，引发了混乱。罗马和意大利军队之后从两翼一起进攻了哈斯德鲁巴的西班牙部队。

后者抵挡了一段时间，但逐渐被逼得一步步后退。罗马军队吃了早饭，再加上事前做了充分的准备，因此展现出了更强的耐力。此外，从壮年兵和后备兵支队调集生力军补充进前线这一罗马军队的常规战术无疑也有帮助。慢慢地，西班牙军队开始节节败退，不久后全面溃败。在这期间，阵形中央没发生过大规模作战。大西庇阿的中路盟军故意待在后面，但一直留在战线中央，因此迦太基的利比亚部队无法去援助己方侧翼部队，否则自己就会暴露在敌军中路的攻击之下。布匿军队两翼溃败之后，军队的其余部分也跟着他们逃跑了。哈斯德鲁巴试图阻止士兵们溃逃，但只是枉然。他曾一度在营地前高地的矮坡上组织了一条脆弱的战线，罗马军队则在山脚下暂停了脚步，这很可能表示大西庇阿严密控制着自己的军队。当罗马军队再次推进时，脆弱的布匿军队防线崩溃了，士兵纷纷逃回了营地。据文献记载，若不是突降暴风雨，罗马军队将轻易攻占敌军营地。夜间，哈斯德鲁巴的同盟部队开始逃跑，他本人也带着军队中的可靠部分逃跑了。罗马军队之后展开追击，俘虏或杀死了其中的多数人。哈斯德鲁巴本人虽然逃脱，但之后在非洲战场与大西庇阿的较量中再也没有取得过胜利。[23]

阿非利加努斯

伊利帕一役有效地将迦太基军队逐出了西班牙，在接下来的几个月里，迦太基军队的残余部分也被轻松铲除。大西庇阿在离开西班牙之前还处理了军队内部出现的哗变以及一些原盟友发动的一次反叛。不过大西庇阿已经把目光转向入侵非洲了。大西庇阿返回了罗马，并在公元前205年担任执政官——虽然严格来说，他还未达到担任执政官的最低年龄。之后，大西庇阿成功将西西里作为自己的基地，并获得许可入侵敌军的大本营。并不是所有人都赞同此举。已到风烛残年的费边表示反对，一方面是嫉妒这位特立独行的西班牙战场指挥官所获得的名声，另一方面也是担心如果入侵非洲失败，迦太基军队可能会像公元前255年那样卷土重来。此外，大西庇阿的一名手下，普莱明尼乌斯在洛克里担任军事长官时卷入了一起丑闻，这使大西庇阿遇到了更多阻力。普莱明尼乌斯劫掠了他本该保护的地区，还与手下的保民官们反目成仇，甚至公开鞭笞后者。大西庇阿在最开始介入此事时维护了自己的手下，站在了普莱明尼乌斯那边。普莱明尼乌斯之后不管不顾地处决了保民官。最终，洛克里人设法派了代表团去罗马，元老院进而逮捕了普莱明尼乌斯。

元老院中大西庇阿的对手试图抓住这个机会将指挥权交给另外一位官员，但未能成功，因为大西庇阿深受大多数罗马公民的爱戴。事实证明，民众的信任不无道理，在这场新的战役中，大西庇阿展现出了如在西班牙战场时一样出色的能力和技巧。首先，大西庇阿在从西西里出发之前认真地做了准备工作，因此当他扬帆启航时，手下带领的是极其训练有素的部队，且有着充足的后勤保障。在北非，大西庇阿不断以智取胜，并在关键时刻高效而无情地攻击敌人。前两支前来迎战的迦太基军队被大西庇阿发动的夜间突袭摧毁了。与在新迦太基时一样，大西庇阿在发动进攻前仔细收集了关于敌军军力和位置的情报。在与敌军谈判期间，他还将百夫长以及其他军官乔装打扮成奴隶随同己方使者。据说有一次，为了不让敌军识破，有一位百夫长只得在公开场合挨打。最终，迦太基人不得不将汉尼拔从意大利召回，应对入侵者。两位伟大的将军在扎马相遇并交战，但双方都没有做过多精细的部署。最终，罗马人在这场艰难的对抗中获胜，骑兵的人数优势起到了很大的作用。[24]

大西庇阿回到罗马举行了盛大的凯旋式，并在名字中加入"阿非利加努斯"这一称号，永久地纪念这次成就。大西庇阿此时才三十岁出头，取得的成就已经远超大多数罗马元老一生所能取得的了。虽然大西庇阿在公共生活中依然活跃，但很难想象其之后的职业生涯如何与过去的辉煌相匹敌，更不用说超越了。公元前194年，大西庇阿第二次当选执政官，率军与意大利北部的高卢部落作战，但是战争规模不大。公元前190年，大西庇阿的弟弟卢基乌斯当选执政官，大西庇阿宣布自己会担任弟弟的副帅（legatus），之后后者得到了对战安条克三世的塞琉古帝国的指挥权。人们认为大西庇阿加入很合适，因为当时汉尼拔被祖国迦太基放逐，在安条克的宫廷避难，很可能要担任重要的指挥职务。在这场战斗中，汉尼拔负责指挥一部分塞琉古的舰队，而大西庇阿由于生病错过了马格尼西亚的关键陆战。大西庇阿可能是装病，或夸大了病情，目的是确保胜利完全归功于卢基乌斯。也有传言说，大西庇阿与安条克达成了协议，以确保大西庇阿被俘的儿子安全返回。然而，大西庇阿兄弟返回罗马后又卷入了丑闻，两人被指控在战争期间挪用国家资金。大西庇阿的回应显示出了他曾在战场上表现出的极强的自信，但也暴露出了他在政治上的不够成熟。在法庭上，大西庇阿没有宣读弟弟与塞琉古帝国作战期间的账簿，而是将其当场撕毁。还有一次，大西庇阿的审判在扎马之战的周年纪念日举行，大西庇阿突然宣布要向卡庇托山上神庙里的诸神进献祭品，并表达自己的感谢。除了检控官及其手下，其他人都跟随大西庇阿而去，虽然公众情绪高涨，但对大西庇阿的指控却依然存在。最终，大西庇阿离开了罗马和罗马的政治，在乡下的庄园中度过了生命的最后几年。对于一个为罗马共和国取得过如此辉煌军事成就的人来说，这是一个惨淡的结局。[25]

李维读过一段记述，里面说，公元前193年，大西庇阿作为元老代表团的一员在以弗所见到了汉尼拔，并与其交谈。在一次会晤中：

> 大西庇阿问汉尼拔，在他看来，谁是历史上最伟大的将军？汉尼拔答道："亚历山大……因为他仅用一小支军队便打败了人数多得数不清的敌军，而且横跨了最遥远的地域……"被问到谁排第二，汉尼拔说："皮洛士，他是第一个传授搭建军营技术的人，而且在选择地理位置和部署军队方面，没有人的判断比他更加高明。他在赢得人心方面也有一套……"当大西庇阿继续问谁排第三时，汉尼拔毫不犹豫地选择了自己。大西庇阿不禁大笑，说道："你如果打败了我的话，会怎么说？"
>
> 汉尼拔回答道："那样的话，我肯定会把自己排在亚历山大和皮洛士前面，也就是排在所有将军前面！"这一回答带有迦太基式的精妙……深深触动了大西庇阿，因为汉尼拔没有把大西庇阿与普通的将军混为一谈，而是认为他有不可估量的价值。[26]

这个故事很可能是虚构的，但这样的评价对大西庇阿来说绝非过誉。

3

马其顿的征服者

埃米利乌斯·保卢斯

就我而言，我会履行作为将军的职责；我会保证你们有机会能打一场胜仗。你们的职责不是询问即将发生何事；你们的职责是，作为士兵，在收到指令时尽你们的全力作战。[1]

虽然大西庇阿在公元前 201 年之后就几乎无所作为，并在苦涩的隐居生活中结束了自己的一生，但公元前 2 世纪初期对与大西庇阿同辈的众多元老来说，却是一个充满机遇的时代，这批元老也将在接下来的数十年中主导罗马的公共生活。汉尼拔战争初期，元老阶层伤亡惨重，这也加速了在战争期间成长起来的这一代人的崛起，德高望重、在辩论中格外有影响力（auctoritas）的年长政治家的人数也大大减少。新崛起的这批人，不论是贵族人家的后代，还是因为勇敢作战而获得提拔进入元老行列的骑士，都在战场上摸爬滚打了多年。当他们身居高位，负责指挥罗马共和国的军队时，手下部队的各级士兵里都有很多是参与过布匿战争的老兵。这样的组合使罗马军团的效率极高，极为致命，并一度展现出与在梅陶鲁斯河之战、伊利帕之战和扎马之战取胜时相同水准的军队纪律和战术素养。

不论是对于指挥官来说还是部队来说，展示自己威力的机会都不少。西班牙行省和山南高卢几乎战事不断。这些战争需要动用罗马巨量的军事资源，但是若和与东地中海强大的希腊化国家之间的战争相比，就相形见绌了。罗马与希腊化国家不常交战，但这些战争更具戏剧性。亚历山大大帝死于公元前323年，没有明确的成年继承人，他的庞大帝国很快陷入了手下指挥官们为争夺权力而引发的内战中，四分五裂，形成了当时罗马即将插手的希腊化世界。最终出现了三个强大的王朝，分别是叙利亚的塞琉古王朝、埃及的托勒密王朝以及位于马其顿的安提柯王朝。此外，这些强大王朝有争议的交界地带还有一些小王国，比如位于小亚细亚的帕加马和比提尼亚。希腊本土还有一些重要的独立城邦，最著名的就是雅典，但许多其他城邦或主动或被动地加入了埃托利亚同盟或亚该亚同盟。这些希腊国家虽然语言和文化相同，但从未展示出政治统一的热情。通常只有在强敌来犯、需要互相援助时，强烈的独立意识才会稍作让步。当城邦之间，或者同一城邦内部不同派系之间发生纠纷时，他们通常会寻求更强大的外部势力的外交和军事援助。希腊化世界的国王常常利用这种求援，插手与其敌人结盟的地区的事务，并总是号称是为希腊人的自由而战。

在直接军事交锋之前，罗马和希腊化世界很早就有过外交接触，并在公元前273年与托勒密二世订立了一份友好条约。在公元前229年和前219年，罗马共和国在亚得里亚海岸的伊利里亚与当地从事海上劫掠的统治者作战，并在伊利里亚海岸上建立了一个罗马保护国。马其顿国王腓力五世对此并不乐见，因为他认为这一地区在自己的势力范围内。汉尼拔对意大利的入侵以及对罗马造成的一系列毁灭性军事打击给了腓力五世将罗马军队逐出伊利里亚的机会，他还在公元前215年与迦太基结盟对抗罗马。罗马设法调集了足够的军队和资源，在伊利里亚和希腊开辟了新的战场，第一次马其顿战争就此爆发。这场战争规模不大，也不是按部就班的对阵战，而是以劫掠、伏击，以及攻打堡垒、城市为主，大多数实际战斗都是在双方盟友之间进行的。公元前206年，罗马在当地的重要盟友埃托利亚同盟与腓力五世单方面媾和，罗马人便无力再继续有效地与马其顿作战。一年后，双方签订《腓尼基和约》，正式结束了敌对行为。根据和约，罗马保留了在伊利里亚的盟友，马其顿国王也保留了许多在战争中攻占的城市。

在这份和约中，双方根据战争结束时的力量对比，做出了相应的让步。这是希腊化世界结束战争的惯常方式，由中立第三方开启交战双方的谈判，促成双方达成和约，也是常见的做法，这次的第三方是伊庇鲁斯。确实，皮洛士和汉尼拔显然都认为，罗马在军团严重受创后会承认失败，并以这种方式与己方媾和。然而，罗马人在面对如此惨败时表现得与同时代的其他国家完全不同，因为罗马人对战争有着完全不同的理解。罗马的战争只能以一种方式结束，那就是由罗马制订条约，施加于完全战败、甘愿受支配的民族身上。罗马之所以愿意与马其顿平等地议和是因为元老院的精力都集中在赢得与迦太基的战争上。马其顿趁着汉尼拔将罗马逼到一败涂地的边缘，对罗马发动了无端的进攻，罗马对此耿耿于怀，这份和约丝毫不能减轻罗马的怨恨。[2]

公元前200年，迦太基战败还不到一年，雅典为了抵抗腓力五世而向罗马求援，罗马向马其顿宣战。罗马及其意大利盟友都为第二次布匿战争的胜利付出了高昂的代价，伤亡人数巨大，大量成年男性被征召服役了很长时间。罗马军团的人数史无前例地多，而罗马需要为军队提供粮食、支付军饷以及配备装备，国库被掏空。在近10年的时间里，敌军横扫意大利南部，消耗或破坏了庄稼和牧群，焚毁房屋，屠杀或奴役百姓。在受影响最严重的地区，农业要很长时间才能恢复，而整个意大利都蔓延着一种筋疲力尽的感觉，需要一段和平休养的时间。这种感觉促使森都利亚大会否决了执政官普布利乌斯·苏尔皮基乌斯·伽尔巴的动议——"我们应该对马其顿国王腓力及其治下的马其顿人民宣战，这是罗马人民的意愿和命令，因为罗马人民的盟友遭受了不公，受到了战争的折磨"。[3] 如此不愿意参战的例子在罗马历史上非常罕见。在第二次大会举行之前，伽尔巴对公民发表演讲，解释说腓力五世是实实在在的敌人，并强调马其顿舰队能轻易载着陆军在意大利海岸登陆。他还唤起了人们对绥靖主义的恐惧，声称如果当初罗马人在西班牙没有姑息汉尼拔及其家族的话，汉尼拔就根本不会入侵意大利。伽尔巴的演讲显然得到了听众的响应，在这次投票中，绝大多数人都支持发动战争。

第二次马其顿战争（公元前200—前197年）起初与第一次马其顿战争模式相似，许多战斗规模都很小。在两次马其顿战争中，腓力五世在领导小型队伍方面都显示出了很高的才能，经常手持长矛率军冲锋，延续了亚历山大大帝的优良传统。公元前199年，腓力五世固守阿乌斯河流经的山谷，这本就是个易守难攻的优势位置，腓力五世又进一步建造堡垒，加装弓弩。罗马指挥官在距此不到5英里的地方安营，但没有强行通过河谷。第二年，新当选的执政官提图斯·昆克提乌斯·弗拉米尼努斯继任了马其顿战争的指挥官。他此时年仅 30 岁，远未达到担任如此要职的法定年龄，在很大程度上是因为在与汉尼拔作战时赢得了美名才当选。弗拉米尼努斯先是在敌军阵前摆开战线，但没有起到什么成效。当地的盟友派了一位向导引领一支罗马队伍从侧面包抄了敌军，令马其顿军队遭受了一些损失，但军队大部还是完好无损地撤走了。一直到那年作战季结束，罗马军队再也无所斩获。冬季，弗拉米尼努斯与马其顿国王开启谈判，两国一度看起来又将通过订立一个类似《腓尼基和约》的希腊化式条约来结束这次战争。弗拉米尼努斯担心下一年的执政官将会取代自己指挥作战，所以希望得到结束战争的功劳，哪怕不是以取胜而是以议和结束。然而不久之后，弗拉米尼努斯接到元老院中好友的来信，得知由于山南高卢发生危机，两位新当选的执政官都将奔赴那里，而自己将继续指挥在马其顿的军队，于是他立刻中断了和谈，开春之后重启战事，以同执政官的身份在库诺斯克法莱打败了马其顿的主力部队。[4]

　　这一次，结束战争的条约更具罗马特点，其中明确提到，战败国无论现在还是将来都永远屈居罗马之下。腓力五世放弃了在希腊和小亚细亚所有的附属和同盟城邦，而且日后在没有罗马明确同意的情况下不得在马其顿领土之外发动战争。马其顿向罗马赔付 1000 塔伦特[①]白银作为赔款，同时返还所有罗马俘虏，但需要向罗马支付赎金才能赎回被罗马扣押的己方俘虏。马其顿舰队只被允许保留少量战船，作为仪式性用途。埃托利亚同盟此次

---

① 1 塔伦特约合 32.3 千克。——编者注

再度与罗马结盟对抗马其顿，但是他们对这个条约并不满意，加之担心罗马在希腊的影响力过强，因此在公元前 193 年乞求塞琉古国王安条克三世将希腊人从外国侵略者的压迫中解放出来。然而，几乎没有其他的希腊城邦欢迎塞琉古远征军的到来，亚该亚同盟和腓力五世也站在罗马这边。公元前 191 年，罗马军队在马库斯·阿奇利乌斯·格拉布里欧的指挥下，如几个世纪前薛西斯指挥的波斯军队一样，在温泉关（公元前 480 年，列奥尼达及其手下的斯巴达勇士让温泉关闻名于世）附近找到了一条小径，从两面夹击了占领温泉关的安条克的军队，将其驱逐了出去。之后，战场转移到了小亚细亚，双方在马格尼西亚展开决战，以卢基乌斯·西庇阿大败塞琉古大军结束。此次的条约同样严重限制了安条克发动战争的能力，塞琉古舰队只象征性地保留几艘舰船，并被禁止饲养战象。与腓力五世一样，安条克也不能在自己的领土之外发动战争，或与外邦结盟。[5]

接任西庇阿成为亚细亚战场指挥官的是格奈乌斯·曼利乌斯·乌尔索，当他抵达时，罗马已经赢得了战争的胜利。乌尔索想煽动安条克重新与罗马作战但是未遂，于是转而对小亚细亚的加拉太人部落发动了战争。加拉太人的祖先是于公元前 3 世纪初迁移到这一地区的高卢人，经常以武力威胁相邻的民族，向其勒索财物，也经常作为雇佣兵或盟军为塞琉古国王作战，最后这一点给了乌尔索足够的理由攻打加拉太人。一场快速的山间战役以三个加拉太部落失败而告终，但乌尔索返回罗马后遭到了元老院的强力反对。乌尔索被指控未经授权就为了个人的荣耀和利益发动战争，不光差点失去举行凯旋式的权利，还差点遭到起诉并就此了结政治生涯。最终，依靠在元老院中的好友，以及用这次战

争劫掠所得财物贿赂的一大批元老，乌尔索才躲过了此劫，举行
的凯旋式也是罗马历史上最为壮观的之一。虽然结局不同，但乌
尔索的情况与大西庇阿兄弟的遭遇在很多方面很相似，都是取得
辉煌军事胜利的官员受到了政治攻击。弗拉米尼努斯本人没有受
到这种攻击，但也受到了羞辱——元老院称其弟卢基乌斯不是一
名合格的元老，而将其逐出了元老院。卢基乌斯在第二次马其顿
战争中指挥舰队作战，表现足够出色，但后来卷入了一场丑闻，
有人声称，他在一场宴会上为了取悦自己心爱的男妓而处决了一
名囚犯。每位在东地中海取得重大胜利的指挥官都获得了巨大的
财富和威望，但没人能在回到罗马后凭此取得政治生活中哪怕一
小段时间的主导地位。[6]

第三次马其顿战争（公元前 172—前 168 年）

在罗马与埃托利亚同盟和塞琉古的战争中，腓力五世给予了
罗马援助。他很清楚，埃托利亚同盟和塞琉古在希腊坐大对自己没
有好处，因此他无疑更加积极地支持罗马。罗马总是希望盟友，包
括刚刚被自己打败的新盟友支持自己发动的新战争。在库诺斯克
法莱、温泉关和马格尼西亚取胜的罗马军团的粮食补给的一大部
分都来自最近成为罗马忠实盟友的迦太基。然而随着时间的流逝，
马其顿国王逐渐对公元前 197 年的条约施加在自己身上的限制感
到怨恨，并打算重建自己的势力。由于他在希腊的行动严重受限，
所以首先将目光投向了位于马其顿东北部边界的色雷斯部落。公
元前 179 年，腓力五世去世，其子珀尔修斯继位，延续了他的政
策。多数人认为珀尔修斯是其弟德米特里乌斯被谋杀的幕后黑手。

德米特里乌斯更受人欢迎，曾在罗马做过一段时间的人质，还有亲罗马的倾向。珀尔修斯与一支极为好战的日耳曼部落——巴斯塔奈人结盟，并显示出了援助希腊城邦中民主派系的意愿，这似乎证实了元老院对这位新上任的马其顿国王的疑虑。在罗马的眼里，表现得不再像一个从属盟友的马其顿应该也确实被视作了威胁，虽然这一观点是否属实还有待商榷。公元前 172 年，马其顿进攻罗马盟友，而这为罗马提供了向珀尔修斯宣战的绝佳理由。[7]

这基本算是打败汉尼拔的那代罗马人最后一次出征。在征募前往马其顿作战的军队时，负责的执政官找来了尽可能多的退役军官和士兵。据李维记载，有 23 名前高级百夫长这次征募到军队后只担任普通百夫长，由此发生了一场争端。这群人的发言人名叫斯普里乌斯·利古斯提努斯，据说他在一场演讲中叙说了自己漫长且出色的服役历史，最终得到了第一军团后备兵高级百夫长的职位，其他人则同意接受分配给他们的任何职务。需要注意的是，元老院发布命令，凡是被执政官和军事保民官征召的人，年龄在 51 岁以下的不得豁免。派往马其顿的这支军队虽然整体年龄较长，但是很有经验，且可能不乏像利古斯提努斯这样之前就在马其顿服过役的人。正如击败腓力五世和安条克三世的罗马军队，这是一支标准的执政官军队，由两个军团组成，但每个军团规模格外庞大，分别有 6000 名步兵和 300 名骑兵，加上同盟，总兵力达到了 3.7 万名步兵和 2000 名骑兵。[8]

为了抵抗罗马军队，据说珀尔修斯在战争伊始集结了 3.9 万名步兵和 4000 名骑兵。与其他希腊化王国一样，这支军队的组织、装备和战术与腓力二世和亚历山大大帝先后征服了希腊和波斯帝国的军队是一脉相承的。军队中有同盟和雇佣军士兵，但大部分是从公民中征募的全职职业士兵。方阵士兵全部是从公民中征募的，占到步兵总人数的一半以上。在对阵战中，这些步兵会作为长枪兵排成紧密的方阵，不过在劫掠和攻城战中很可能不会。

萨里沙长枪（sarissa）似乎比亚历山大时代的略长，约为 21 英尺，尾端有很重的青铜制平衡物，使士兵在把长枪的 2/3 长度拿在身前时依然能保持平衡。由于士兵需要用双手持长枪，因此他们的圆形盾牌是用一根带子挂在肩膀上的。此外，士兵还会戴青铜头盔、穿胸甲（通常是硬质亚麻做的），有时候还会穿上胫甲作为额外保护。每名士兵通常会携带一把剑，但并不常用，因为马其顿方阵的威力主要来自众多长枪。在战斗阵形中，每位士兵前后保持 3 英尺的距离（还有更为紧密的一种阵形，称为"锁盾"〔synaspismos〕，士兵前后仅相距 18 英寸[①]，但只是一种纯防御阵形，因为方阵以这种方式排列时是无法移动的）。

萨里沙长枪的长度意味着，前五排士兵的枪尖通过大约 3 英尺的空隙伸出阵前。只要长枪阵保持好阵形，任何敌人想从正面穿过密集的枪尖去攻击长枪兵都极为困难。然而，长枪是一种笨重的武器，再加上阵形的限制，单个的长枪兵很难瞄准敌人并用长枪用力刺向敌人。在正面战斗中，有序的方阵是以其持久力取胜的，而不是通过积极瓦解敌军阵形击杀敌人。

在亚历山大继业者的军队中，长枪兵是核心，其他步兵部队，通常包括大量散兵和投掷兵，起辅助作用，骑兵也是。也正是在这最后一方面，后来的希腊化军队的战术原则与亚历山大时代发生了根本性的不同。在亚历山大的大型战役中，长枪阵作为压制

---

① 1 英寸约合 2.54 厘米。——编者注

性的力量朝着敌军前进，与其交战，对其中军施加持续的压力。之后，在正确的时间和关键的位置（通常是在敌军已经无法承受更多攻击的位置），排成紧密队形的伙友骑兵会在由亚历山大亲自率领的皇家骑兵的带领下向敌军发起决定性的冲锋。在伊苏斯和高加米拉对阵大流士的波斯军队时，这一方法极为有效。不过继业者们面对的是采取同一战术理念的其他马其顿军队，部队的排列更为紧密，要取得类似的效果就没那么容易了。更重要的是，亚历山大帝国的分裂导致了原来的马其顿王国的人力和物力变得分散。继业者国王们只要有条件，就招募"真正的"马其顿人后裔组成军队的主力，而马其顿人已因为战争和殖民而数量大减，这样一来，人口资源耗竭的情况就更严重了。因此，战争中的大量伤亡士兵难以在短时间内得到补充，导致这些高度职业化的军队有些脆弱。人力有限，加上合适马匹的供应更为有限，致使这些王国都很难聚集起数量庞大的骑兵。在高加米拉一役中，亚历山大有7000名骑兵和4万名步兵，比例大概为1:6，这是非常高的比例，尽管达不到汉尼拔在坎尼会战中的1:4。继业者军队中骑兵和步兵的比例却很少能够达到1:10。与亚历山大和腓力二世的骑兵相比，公元前3世纪末和公元前2世纪的希腊化骑兵不仅数量更少，同时普遍机动性更差、纪律更涣散、攻击性也更弱。

许多继业者将军尝试了一系列非常规或异国的武器，比如战象和卷镰战车，希望凭此在面对与己方几乎一模一样的其他希腊化军队时取得优势。这些方法偶尔能够取得很好的效果，但很少能够对敌军形成持续的优势，而且很快就会被对手模仿去。从表面上看，这一时期的希腊化军队有着丰富多样的部队类型，但实际上它们却不如亚历山大时期的前辈那样搭配平衡，与其说像一把利剑，不如说更像一根大头短棒。亚历山大很少使用后备兵力，而是将部队排列成相互协调的攻击序列，组合起来击溃敌军。他亲自率领骑兵发动关键性的冲锋，因此没有机会向后备军下达参战的命令。大多数继业者指挥官选择采用相似的方式率领军队，这极大限制了他们在战争开始后发号施令或者应对形势变化的能力。希腊化军队依然很少会在战争开始时留出大量后备军，而是将所有军队都投入主战线。

没有足够多的高质量骑兵，也无法依靠引进的武器，长枪方阵作为希腊化军队的主力，重要性变得更强了。为了增加压制敌军的机会，特别是当敌军也是长枪方阵时，希腊化军队便倾向于加深方阵的纵深。多数长枪阵至少有 16 排，而在马格尼西亚之战中，塞琉古的长枪阵有 32 排之深。纵深越深，方阵在战斗中的持久力就越强（这完全是因为前排士兵很难逃跑），看上去也很可怕，虽然实际作战能力并不比正面宽度相近的较浅的方阵强。如果在遇到罗马军队时，希腊化军队已经像大头短棒一样笨拙了，他们仍然可以在有利的情况下给正面来袭的敌人以巨大打击，但也只有在特定的情况下，因为长枪阵要想保持住阵形，就需要在平坦开阔的地带作战，而且两侧被保护到位，因为长枪兵很难应对来自正面以外方向的威胁。[9]

罗马军队首次对阵希腊化军队和指挥官是在公元前 280 年，伊庇鲁斯国王皮洛士率军援助塔伦图姆城与罗马军队作战时。皮洛士被认为是其同时代最优秀的指挥官，率领的军队也与亚历山大军队的模式很相似。皮洛士在公元前 280 年和前 279 年分别在赫拉克利亚和阿斯库路姆打败了罗马军团，但最终于公元前 275 年在马尔文图姆败给了罗马。这些战役都打得极为艰难，双方伤亡都很惨重，因为长枪阵的摧毁性力量遇到了天生倔强的罗马人及其采用的能不断将生力军补充到前线的三线战阵体系。皮洛士起初的胜利得益于他的一小群战象的辅助，罗马人对其陌生且恐惧。有趣的是，在第三次马其顿战争中，珀尔修斯没能得到战象，反而罗马方拥有其盟友努米底亚人提供的许多战象。公元前 2 世纪的战争与对阵皮洛士的战争还有一个更为重要的不同，那就是罗马军队的质量。这一时期的罗马军团，上到指挥官下到普通士兵，很多人都参加过汉尼拔战争，因此与职业士兵一样训练有素、信心十足。在马其顿和叙利亚的战争中，交战双方并非一方是没有经验的民兵，而另一方是千锤百炼的职业军人。实际上，真要说起来，当时马其顿和塞琉古的士兵还不如大多数罗马军团士兵有战斗经验。

　　在战争伊始，这一差距并没产生多大影响，因为如同在罗马与腓力五世的战争中一样，双方主要都在劫掠、突袭和攻城，没有展开对阵战。珀尔修斯在这类战斗上的天分逊于其父，但还是于公元前 171 年在一场发生于拉里萨附近的骑兵散兵战中战胜了罗马执政官普布利乌斯·李锡尼乌斯·克拉苏。克拉苏和继任的奥鲁斯·霍斯蒂利乌斯·曼奇努斯都没有展现出很强的军事能力，他们指挥的军队统筹不利，缺乏明确的目的。有可能是军团中的一些百夫长和保民官太过年长，不再适合作战，也有可能是执政官觉得自己需要在继任者到来之前，在单个作战季里赢得声望，因此没有花足够时间训练军队就开战了。几十年的军事胜利也可能让罗马人过于自信了。克拉苏和曼奇努斯都是在正常的年龄担任执政官的，汉尼拔战争那段至暗岁月对他们来说已经太遥远，所以并没有印象。克拉苏的执政官同僚盖乌斯·卡西乌斯·朗基努斯希望接过马其顿战争的指挥权，却被元老院派去了伊利里亚

行省，因此极为失望。一来到伊利里亚，朗基努斯就在殖民地阿
奎莱亚集结军队，准备了 30 天的供给，率军走陆路向马其顿进
发，企图自己获得一场胜利。元老院偶然听说了这一未经授权的
远征，很快派了专员前去召回行为不当的执政官。[10]

公元前 169 年，昆图斯·玛尔奇乌斯·菲利普斯当选执政官，
被派去接管在马其顿的军队。李维描述他"年过六旬，严重发
福"，但强调尽管如此，他在鼓励、控制士兵方面确有合格的罗马
将军应有的样子[11]。菲利普斯比克拉苏和曼奇努斯更为年长，也
更有经验，虽然有在公元前 186 年第一次担任执政官时败于利古
里亚人这一污点。在于公元前 172 年对珀尔修斯宣战之前，罗马
向珀尔修斯派了两位高级外交使节，菲利普斯就是其中之一。他
们让珀尔修斯错误地相信罗马元老院想与其达成和解，从而延缓
了他对罗马采取的敌对行为，为罗马共和国赢得了更多准备战争
的时间。虽然多数元老对这项欺骗计划表示同意，但是有几位资
历更老的元老却宣称，这有悖于罗马依靠勇气而非欺诈、光明正
大发动战争的传统方式。

当菲利普斯来到色萨利接过罗马军队的指挥权时，珀尔修斯
已经采取守势，在马其顿边境的战略要道和关键位置构筑工事。
菲利普斯在来到此地的 9 天之内就极为大胆地尝试强行穿越这道
防御工事链。罗马军队需要穿过地势极为凶险的山地，战象因此
成了明显的累赘。不过幸运的是，珀尔修斯并未积极抵抗，罗马
军队得以抵达了沿海平原，许多城市投降或被占领，比如第乌姆
和赫拉克雷乌姆等。但罗马军队已经因艰辛的旅途而精疲力竭，
而且补给线路也没有保障。菲利普斯没能逼迫敌军决一死战，在
作战季结束时，罗马和马其顿军队分别驻扎在埃尔皮乌斯河两岸，

相距仅数英里。埃尔皮乌斯河是顺着传说中希腊众神所居住的奥林匹斯山侧面的一个山谷流淌而下的。一次元老院委员会严厉批评了菲利普斯，战争的发展态势在罗马成了大众在公共以及私下场合都热烈讨论的话题。

埃米利乌斯·保卢斯与皮德纳战役
（公元前 168 年 6 月 22 日）

元老院由于对马其顿战事的不满，在公元前 168 年早于以往地给执政官分配了行省，这样新的指挥官便可以更充分地准备战争。马其顿战事的指挥权落到了卢基乌斯·埃米利乌斯·保卢斯手上，人们对这一结果本应表示热烈支持。在公元前 191—前 189 年期间，保卢斯曾作为拥有同执政官权力的大法官统辖远西班牙行省，与卢西塔尼亚部落作战。虽然曾在一个叫吕绰的地方吃了败仗，但后来大获全胜，回到罗马后被奖励举办了正式公共感恩活动，可能还举行了凯旋式。经历了几次竞选失利后，保卢斯在公元前 182 年首次当选执政官，被派往利古里亚。战事起初同样不顺，保卢斯甚至一度被敌军围困在自己的营地内，但突出重围之后大败敌军，这一次他肯定得到了举行凯旋式的荣誉。无论指挥作战的能力如何，保卢斯在选民中似乎都不大受欢迎，直到公元前 168 年，也就是他差不多 60 岁的时候，才实现了自己第二次担任执政官的抱负。也许是人们想选经验丰富的人做执政官的心情促成了保卢斯的当选，前一年菲利普斯也正是凭此胜出。保卢斯与汉尼拔战争渊源颇深，他的父亲就是在坎尼会战中被杀的执政官，姐姐则嫁给了大西庇阿。保卢斯育有四子，两个年龄较大的儿子均由其他缺乏男性子嗣的权贵家庭收养，大儿子成了昆图斯·费边·马克西穆斯·埃米利亚努斯，而二儿子被大西庇阿之子收养，成了普布利乌斯·科尔内利乌斯·西庇阿·埃米利亚努斯。两人当时都已接近成年，即将前往马其顿在亲生父亲手下服役。[12]

保卢斯没得到一支能带去自己行省的新军队，但得到了征募的 7000 名罗马步兵、200 名骑兵、7000 名拉丁步兵以及 400 名拉丁骑兵的补充军力，使得在马其顿的军团能恢复到完整的人员规模，同时作为卫戍部队提供额外支援。其他援兵被派去了有更小规模部队作战的亚得里亚战场。保卢斯手下的军官们也得到了相应的安排，元老院下令只有当选过政务官的人才能被任命为军事保民官。保卢斯有权从这些官员中挑选 12 个人担任其军团中的军事保民官。在离开罗马之前，保卢斯在广场发表了演讲，主要是针对那些热衷于分析从战场上传来的所有谣言和报告的酒桌战略家。他表示，他将支付任何愿意陪同他上战场的人一路所需的费用，同时极力建议，不想亲赴战场的人以后就不要讨论罗马城以外的事了。这种直爽是保卢斯历来的特点，或许也解释了他为何广受尊敬却不受欢迎。[13]

6 月初，保卢斯到达了腓拉镇外罗马军队的营地。营地选址不当，首要的问题是当地水资源匮乏。保卢斯带领军队的采水员（utrarii）到沙滩地带（营地距海边只有约 0.25 英里），让他们挖井。地下水很快就出现了，能提供充足淡水。接下来，保卢斯带领保民官和高级百夫长侦察敌军在埃尔皮乌斯河沿岸的位置，寻找最容易渡过干枯河床的地点，并评估马其顿防守的强度。马其顿的防御可谓牢不可破，因为珀尔修斯花了大力气在奥林匹斯山的山坡和大海之间构筑起了一道防御工事。他发动了附近城镇的平民协助这项工程，甚至连妇女都得为军营搬运食物补给。堡垒群装备了各种尺寸的弩炮。在阿乌斯、温泉关和埃尔皮乌斯河，腓力五世、安条克三世和珀尔修斯都依赖固定的防线，这与亚历山大大帝的作战形成了鲜明对比。当初，波斯人在格拉尼库斯河和伊苏斯建立防线，希望在战斗中依赖防线的优势，在高加米拉一役中也精心布置了战场。亚历山大将此理解为敌军缺乏信心的表现，对上述阵地都发动了成功的袭击，之后在印度的海达斯佩斯河也是如此。这再次显示出，后来的希腊化军队质量糟糕、指挥官过度保守，不想冒任何的风险。

新指挥官（或任何环境里的新领导）的上任会让手下军队不可避免地度过一段艰难的过渡时期。新指挥官会根据自己的偏好改变日常安排中的大事小情，会令习惯了原有方式的军官和士兵比较烦躁。保卢斯立刻颁布了一套新的作战命令，其中李维认为有三点很关键。保卢斯强调，军队在行进时要严守纪律。首先，执政官不再向很可能绵延数英里的纵队直接下达命令，而是会先向军事保民官发出警告命令，军事保民官再向高级百夫长传达，然后由高级百夫长告知自己的属下。在清楚地预先知道了执政官意图的情况下，军队可以对下达的命令顺利做出回应，避免了发生误解，或者不同单位之间互相冲突。其次，哨兵不许持盾牌，因为保卢斯很清楚老兵们用重标枪（pilum）支起方盾，靠在上面打盹的把戏。最后，总是驻扎在军营前方的前哨由过去的一天轮换一次变为一天轮换两次，这样士兵们就不容易在酷暑中变得疲倦，以致难以应对突袭。

保卢斯也趁此机会向军队训话，再次强调了纪律和服从的重要性。讨论战争或质疑命令不是士兵以及下级军官的职责。他们必须相信他能胜任指挥官的工作，并且在必要的时候勇猛作战。在保卢斯看来，一个罗马士兵"应该关注以下方面：要把身体锻炼得尽可能强壮和敏捷、把武器保养得良好、保证在有紧急命令的情况下有现成的食物（用定量发放的生食材做成）"。[14] 文献称，保卢斯的指挥方式立刻鼓舞了新老士兵，老兵们认识到军队运转回到了应有的轨道上，所以感到安心。然而，保卢斯只用了三四天多一点的时间进行训练和准备，所以有可能文献夸大了保卢斯对军队做出的改变，可能菲利普斯做执政官时，军队的纪律和士气就已经有所改观了。多数现存的史料都依赖波利比乌斯，他的记载明显格外偏向自己的庇护人小西庇阿的父亲保卢斯。即使如此，保卢斯在短时间内向军队注入了一种新的使命感的可能性还是很高的。[15]

经过短暂准备后，罗马军队从腓拉出发，行进数英里后在埃尔皮乌斯河南岸安营扎寨。大法官格奈乌斯·屋大维率领一支舰队支援陆军。珀尔修斯在伊利里亚最重要的盟友之一战败的消息令罗马军队大为振奋，同时打击了马其顿军队的士气，不过罗马军队依然面临着眼前突破敌军防御工事的问题。保卢斯以典型的罗马人的方式做出了反应，召集高级军官开战前会议。李维记载，一些年轻军官倾向于直接发动进攻，但执政官则认为直接进攻代价高昂，并且没有百分之百的胜算。还有人建议，应该让格奈乌斯·屋大维率舰队从珀尔修斯的后方突袭马其顿海岸，最好以此吸引走珀尔修斯的部分或全部兵力。保卢斯在战前会议上并未公开宣布自己的决定，而是在解散会议之后找来了两个熟悉当地山路的商人。他们告诉他，山路本身并不难走，但珀尔修斯派了分队把守。保卢斯决定让这两名商人做向导，带领一个纵队翻山过去，希望急行军能够在夜色的掩护下突袭敌军。为了误导敌人，保卢斯命令格奈乌斯率舰队前往赫拉克勒乌姆，并准备好 1000 名士兵 10 天的补给。同时，保民官普布利乌斯·科尔内利乌斯·西庇阿·纳西卡与保卢斯的儿子费边·马克西穆斯也率领一队士兵向赫拉克勒乌姆进发。珀尔修斯对这一举动当然有所察觉，于是得出结论，认为罗马方面将有一支突袭部队从更远处的北部海岸登陆发动进攻。部队人数不详，李维记载有 5000 人，而普鲁塔克参考了西庇阿·纳西卡的亲笔信，认为有 3000 名意大利精兵（可能是特选大队［extra ordinarii］）和大约 5000 名左翼辅军，还有 120 名骑兵以及 200 名克里特岛步兵和色雷斯步兵辅助。纳西卡也属于西庇阿家族，与大西庇阿不是一支，但是娶了大西庇阿的长女。

带领部队抵达赫拉克勒乌姆并吃过晚饭之后，纳西卡才向手下军官透露了此行真正的任务。入夜之后，军队再次进发，掉转方向向内陆山中进军。向导受命带领军队走的路线能让军队在第三天到达皮提乌姆。第二天一早，保卢斯将军队排成战斗阵形，并派轻装步兵先行与马其顿前哨交战。在这场散兵战中，双方始终势均力敌，直到保卢斯中午把部队召回。第二天，保卢斯故伎重施，不过这一次罗马军队推进得更远（也可能是敌军故意诱敌深入），进入了马其顿的弩炮射程之内，罗马军队受到了一定的伤亡。第三天，保卢斯没有发动进攻，但假装勘查河流另一处，寻找其他渡河点。

与此同时，纳西卡抵达了皮提乌姆，在天亮之前发动了进攻。纳西卡写的信中记载，有一名克里特士兵叛逃，向珀尔修斯报告了纳西卡的计划，珀尔修斯随即派出一支强力部队守卫山路。这种说法可能性不大，因为李维记载，山路本来已有军队把守，不过有可能珀尔修斯派出了增援部队。不论细节如何，罗马军队完成了突袭，在一场激烈的散兵战中消灭或打退了敌军。纳西卡宣称，自己受到一名色雷斯雇佣兵的攻击，最后用长矛刺入其胸膛，将其杀死了。攻占这一位置后，罗马纵队沿着佩特拉关口下山来到了第乌姆附近的平原。珀尔修斯发现了这支罗马纵队包抄到自己的后方之后，立刻从埃尔皮乌斯河向皮德纳方向撤退。保卢斯没有遭到抵抗就渡过了河，与纳西卡会合，一起追击珀尔修斯。[16]

珀尔修斯处境艰难。敌军已经来到了自己王国的腹地，如果自己不正面抵抗，声望就会一落千丈。安条克也曾面临相似的艰难抉择，是与敌军交战，还是忍受面对入侵者不抵抗就撤退的耻辱？因此，珀尔修斯于 6 月 21 日在皮德纳城外有利于希腊长枪阵作战的开阔平原上部署了军队，向来犯的敌军宣战。马其顿军队展现出的明显的应战决心令保卢斯吃了一惊。他手下的士兵们顶着烈日在尘土飞扬的路上行进了很远的距离，极为疲惫，不过大多数士兵，特别是一些军官都希望立刻与敌军交战，但只有纳西卡真正说出了心里的想法。他力劝保卢斯立刻进攻，以防珀尔修斯撤军。据李维记载，保卢斯是这样回答的："战争的变化莫测我经历了很多，因此知道何时该发动进攻，何时不该。现在部队在战备状态，我没有时间向你解释为何今日不宜进攻。你可以以后再问原因，现在你只要放心地听取一位富有经验的指挥官的话就行了。"[17]

保卢斯命令行军纵队摆成战斗阵形，保民官负责督促士兵加快速度。保卢斯骑着马四处走动，鼓励士兵。三线战阵摆成后，保卢斯却不下达前进的命令，只是原地等待。士兵们渐渐变得疲惫不堪、饥渴难耐，想要立刻战斗的热情大大降低，有些疲惫的士兵做起了保卢斯禁止哨兵做的事，即将身子靠在了盾牌上面。保卢斯觉得这会儿部队应该理解自己不进攻的原因了，于是命令高级百夫长标记出部队的营地，地点可能是在马其顿军营西边、奥林匹斯山的低坡上。[18]

珀尔修斯的军队相对精神饱满，为战斗做了充分准备。罗马军队比较疲倦，阵形也是匆忙排好的，因此肯定比较混乱。珀尔修斯没有抓住这个机会立刻进攻，但双方仍然距离较近，所以如果罗马军队在撤军安营扎寨时出现任何混乱，珀尔修斯便可趁机出击。因此，保卢斯极力确保部队在撤退时小心谨慎、安然有序。营地圈出来，行李堆放好之后，后备兵们后退，开始搭建营地。随后，组成中间一线的壮年兵撤回营地，与后备兵一同搭建。之后，前排的青年兵向右转，由最右侧的支队带领返回了营地。骑兵和轻装步兵始终面对着敌军，掩护撤退的部队，一直等到营地周围的壕沟和防御土墙都修建完毕后才与大部队会合。从下方进攻这样一个位于山坡上的防御坚固的位置不太可能取得成功，尤其是长枪阵不擅长在坡地作战。珀尔修斯没有强行开战，可能就此错失了一次机会。看到罗马军队撤回营地，珀尔修斯对于本方士气上取得的胜利感到很满足，随后命令自己的部队也撤回营地。在伊利帕之战前，哈斯德鲁巴·吉斯戈也从大西庇阿的行动中得到过类似的安慰。[19]

在那个时代，罗马官方的历法比现代的历法要提前几个月。那一天以罗马的历法是 9 月 4 日，但以我们现在的历法是 6 月 21 日。当晚出现了月食，这对于罗马人和马其顿人来说都是震撼性的预兆。据李维记载，保民官盖乌斯·苏尔皮基乌斯·加卢斯

（之前曾任大法官，后在公元前166年担任执政官）有足够的知识可以预测月食的发生，并将这一现象解释给士兵们听，因此罗马军营要比马其顿军营安定一些。即使如此，在月亮重新出现时，保卢斯还是做出了罗马官员应有的举动，献祭了11头小母牛，黎明时又下令向赫拉克勒斯献祭公牛。罗马人检查了20头公牛都没有发现有利的预兆，检查到第21头的时候才得到了预兆显示，胜利将属于采取守势的一方。这些仪式花了些时间，到了当天的第3个小时保卢斯才召集军官开战前会议。

保卢斯较为详细地解释了前一天不发动进攻的原因。一方面是罗马军队长途跋涉后体力不支；另一方面是罗马军队战线相较于马其顿军队更为混乱。但更重要的是，必须先要建好防御完善的营地。如果当时军队直接结束行军发动进攻，就需要分散出约四分之一的兵力（很可能是后备兵）去后方保护部队的行李，在敌众我寡的局面下进一步减少本方兵力。而且，马其顿军队看上去也基本不可能在当天晚上撤退避战，迫使罗马军队陷入旷日持久的苦战中。保卢斯认为，如果珀尔修斯不想与罗马军队交战的话，那么他前一天就不会在皮德纳城外等待，也不会将军队排成战斗阵形。

保卢斯宣布，他计划在此地打一仗，但时机必须得正确。有的军官对他的计划将信将疑，但在保卢斯严格要求下属要服从命令、不得质疑的规定下，没有人发表评论。保卢斯和珀尔修斯当天都没有开战的打算，都想在战前等待一段时间，尽量争取每一个微弱的优势。罗马方派出士兵收集烧火做饭的木柴以及马饲料。双方都在营地前部署了阵形规整的前哨兵，不过大部分军队都留在营地内。[20]

罗马派出的前哨全部是同盟士兵，最前端靠近隔开两军的浅河流处是两支意大利佩利尼人和马卢奇尼人的步兵大队，还有两支萨莫奈人的骑兵中队（turmae），全部由马库斯·塞尔吉乌斯·西鲁斯指挥。离罗马营地更近的是另一支来自费尔莫殖民地的意大利维斯提尼人步兵大队和两支来自克雷莫纳殖民地的拉丁步兵大队，也有两支分别来自普拉肯提亚和埃塞尔尼亚的拉丁骑兵中队支援，全部由盖乌斯·克鲁维乌斯指挥。李维记载，西鲁斯和克鲁维乌斯都是副帅，也就是执政官手下的高级副手，被执政官委以全权。根据保卢斯颁布的常规命令，前哨部队中午换班，因此上述部队可能已经是当天的第二班了。文献没有同样详细地描述马其顿前哨部队的组成，但是其中似乎有 800 名色雷斯士兵。文献没有提到当天双方前哨之间是否发生了散兵战或单人交战，类似的环境下经常会发生这类冲突。双方军队中的人，主要是奴隶，前进都是为了去隔开两军的河流那里取水。

李维记载，当天晚些时候，约第 9 个小时，一头驮畜（可能是一头骡子）从几名罗马奴隶的手中挣脱出来，向河对岸狂奔而去，三名意大利士兵蹚过没膝的河水去追赶它，杀死了对面抓住了它的两名色雷斯士兵中的一人。其他色雷斯哨兵很快前来援助存活下来的同伴，战斗升级了。先是双方前哨部队卷入冲突，而后双方主力部队也加入了战斗。普鲁塔克记载，一队利古里亚辅助兵是罗马方最先参战的部队之一，但是没说这队士兵是否属于前哨部队。纳西卡在散兵战初期就骑马加入了战斗。普鲁塔克还提到了一种说法，称保卢斯故意下令放跑了一匹马，让其跑向敌方军营，目的就是挑起战斗，但这种说法看上去极不可信，最有可能的版本是战斗始于意外。据说，保卢斯意识到战斗不可避免，于是巡视军营，激励士兵。[21]

双方都比往常更匆忙地排出战斗阵形，但马其顿军队的反应似乎更快，激战很快就在距罗马军营前防御土墙仅 0.25 英里处打响。双方都急于推进，一开始似乎都没有排好整齐有序的战线，而是单个的作战单位开出军营，排好战斗阵形后就向前推进。普鲁塔克对这场战争的实际过程描述得最为全面，称马其顿方的雇佣兵和轻装步兵最先抵达战场，开始作战，之后马其顿长枪阵中最为精锐的皇家卫队（agema）从其右加入了战斗。其他长枪阵士兵也随之倾巢而出，分为左侧的"铜盾兵"（Chalcaspides），以及右侧的"白盾兵"（Leucaspides）。这样，马其顿军队实际上是按照从左至右的顺序部署的阵形，而非从右向左的惯常顺序，每个单位没等移动到惯常的位置就直接开始进攻。最后离开军营的是大量雇佣兵，可能包括高卢人和克里特人，他们构成了军队的右翼，但有可能到最后都没有就位。没有任何文献提到在这一侧发生过任何激烈的战斗。马其顿军队的各单位一度呈松散的阶梯状推进，直到开始接触到罗马方面较为激烈的抵抗时，才形成一条连贯的战线。[22]

多年后，保卢斯承认，马其顿方阵手持密密麻麻的长枪向罗马士兵逼近是他一生中见过的最恐怖的景象。对于一位在一切行动中都极为注重秩序和周密计划的将军来说，看到战役以这种混乱的方式开始，肯定会感到不快，但他巡视军队，激励士兵，隐藏了自己的恐惧和沮丧。普鲁塔克记载道，保卢斯既没有穿盔甲，也没有戴头盔，以此显示自己对敌军的蔑视。他亲自在战线中间偏右的位置指挥第一军团，大致与"铜盾兵"相对。卢基乌斯·波斯图米乌斯·阿尔庇努斯曾在公元前 173 年任执政官，在

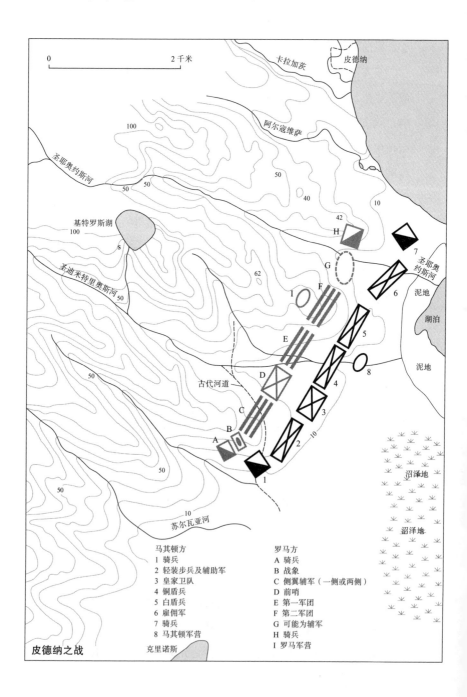

皮德纳之战

马其顿方
1 骑兵
2 轻装步兵及辅助军
3 皇家卫队
4 铜盾兵
5 白盾兵
6 雇佣军
7 骑兵
8 马其顿军营

克里诺斯

罗马方
A 骑兵
B 战象
C 侧翼辅军（一侧或两侧）
D 前哨
E 第一军团
F 第二军团
G 可能为辅军
H 骑兵
I 罗马军营

这场战役中可能作为副帅或者保民官指挥第二军团，在保卢斯的左侧作战，与"白盾兵团"相对。其他军官指挥一支或者两支侧翼辅军，以及位于军团右侧的战象。[23]

罗马方与马其顿长枪阵的第一次交锋出现在佩利尼人（可能一起的还有马卢奇尼人）和马其顿皇家卫队之间。马其顿人的阵形整齐有序，意大利士兵很难躲开层层叠叠的萨里沙长枪去近距离攻击到长枪兵。皇家卫队由 3000 人组成，左边还有雇佣军提供支援，因此意大利部队的人数可能不足以对长枪阵脆弱的侧翼构成威胁。为了打破僵局，罗马步兵大队指挥官萨尔维乌斯一把夺过大队的军旗，扔进了敌军方阵，佩利尼人便冲了上去，试图拿回意义重大的军旗，在奋力从敌军方阵中劈开一条路的过程中展开了短暂但激烈的搏斗。一些意大利士兵试图用剑砍下长枪的枪头，或将其挡开。还有一些士兵用盾牌抵挡住长枪的冲击，而另一些士兵抓住敌军的长枪，试图将其推到一旁去。马其顿士兵死了一些，但其余士兵阵形依旧保持得很好，长枪阵没有被打散。随着意大利士兵的伤亡增多，佩利尼人开始后撤，顺着营地前的山坡向上退。普鲁塔克记载，波希多尼所写的一份强烈倾向马其顿的文献称，意大利部队的撤退令保卢斯沮丧得把自己的束腰外衣都撕开了。[24]

波希多尼笔下的珀尔修斯的表现也比其他文献更为美化。波利比乌斯的记载是，战斗一开始，珀尔修斯就骑马奔回了皮德纳城，说是要给赫拉克勒斯献祭品，因此没有参加战斗。波希多尼的记载是，珀尔修斯可能前一天被马踢了一脚，导致他一开始无法参战，但他后来忍着伤痛骑上了一头驮畜，冲向了战场，然后被一支标枪击中，所幸只是划破了上衣而没有伤到身体。[25]

　　第一军团率先抵达，似乎阻挡住了马其顿军队的进攻。第二军团就位后，战事开始向对罗马方有利的方向倾斜。在右翼，战象给马其顿军队制造了极大的混乱。战争初期，珀尔修斯还专门成立了反战象单位，但事实证明，这些士兵稀奇古怪的武器以及带尖刺的盔甲对战象完全无效。珀尔修斯还试图训练骑兵的战马去适应这些巨兽陌生的外形、声音以及气味，但同样失败了。马其顿左翼受到战象的冲击，陷入了混乱，罗马的辅军趁势而上，将马其顿左翼大部分部队打垮了。在战线中央，组成长枪阵的各个单位已经分离开来。即使在亚历山大时期，这种情况也经常在长枪阵前进距离较长时发生，因为长枪阵若是保持阵形移动的话，即使在十分平坦的平地上行进也很难不向某侧偏移。在罗马的体系中，两个支队之间保有较宽的距离，部分原因就是为了防止前进过程中出现的这种偏移导致两个支队混为一体。马其顿的军事理念要求作战单位之间距离要窄，但是在行进过程中，战线有的部分会自然靠拢，其余部分则会分散开来。要是在坑洼不平的土地上行军，这个问题就更加严重了。在皮德纳，罗马军营前的斜坡可能导致了长枪阵的分散，然而更主要的原因是在战斗开始前没时间把军队部署好。如果马其顿军队能够在这种情况下依然一直前进，始终对罗马军队施加巨大的压力，那么最终是有可能赢得战争的。但是，罗马军团一就位，长枪阵就遇阻无法前进了，其灵活性差的特性令其陷入了很大的劣势。[26]

　　一边是由一组组长枪兵构成的单条战线，每组至少有 16 排士兵。他们身后没有后备军，而且每组长枪兵几乎没有移动能力。另一边则是一排步兵支队，每个支队可能只有 8 排，各支队之间的间距与单个支队的正面宽度大致相当。每个壮年兵支队在青年兵支队间的间隙后面，后备兵支队又在壮年兵支队之间的间隙后面。马其顿方阵只能与正面的敌军有效作战，而且作战时必须保持阵形紧密，使枪尖在敌军面前组成一堵牢不可破的墙。罗马的每个步兵支队由一名百夫长率领，如果同一支队中的两名百夫长都在场，那么右侧百人队的百夫长职权更高。三线战阵的这种排列形式给了每个支队独立行动的空间。

战线稳定下来之后，百夫长率领自己的士兵冲入敌军战线的空隙处，攻击敌方长枪方阵缺乏保护的侧方，甚至后方。据普鲁塔克记载，是保卢斯下令这么做的。他先是下令给保民官和其他高级军官，再由他们传令给低级军官。这一记载可信度很高，因为与其他罗马指挥官一样，保卢斯肯定也会主动参与到战争的细小战术决定之中。然而，所有罗马军团铺开的战线长约一英里，如果每个单位都要由保卢斯下令发动进攻的话，就会耽误太多时间了。罗马军官人数与军队总人数的比例远远高于马其顿。一个罗马军团有 6 名保民官和 60 名百夫长，他们排成 3 行，每行各 20 名，此外还有副帅和将军派下来的其他军官。许多局部进攻可能就是由这些军官，有时甚至可能是由普通士兵发起的，因为罗马人总是积极提倡个人的勇敢行为。[27]

逐渐地，一小队一小队的罗马士兵渗透进了马其顿的战线之中。罗马军团士兵都是剑士，在必要的时候能够单人有效作战，而手持 21 英尺长的萨里沙的马其顿长枪兵只能集体战斗。当罗马军队开始从侧面向一组组马其顿长枪兵发动进攻时，战斗就完全变成单方面的了。有些马其顿士兵扔掉了笨拙的长枪，拔出了贴身的武器，但他们的装备质量太差，而且人员也缺乏相关的战斗训练。罗马士兵配备平衡极佳的"西班牙短剑"（gladius hispaniensis），其钢刃经过回火，可用于砍劈和捅刺。这种剑刺入人体经常是致命的，造成的砍伤则显得血肉淋漓，令人生畏。李维记载过，在第一次马其顿战争中，腓力五世的士兵第一次见到死于西班牙短剑下的尸体时是多么的惊骇。如今在皮德纳，马其顿长枪兵大批大批地死在罗马士兵手下，罗马方却几乎毫发无损。到这一天结束之时，有2万名马其顿士兵战死，另外6000人被俘。皇家卫队几乎全军覆没。随着长枪阵溃败，马其顿骑兵也开始逃离战场。许多骑兵部队并没有真正参与到战斗当中，因此部队的编制仍然完整。珀尔修斯随骑兵部队一起逃回了都城佩拉，然而途中其余军队里一群狂躁的逃兵追了上来，珀尔修斯便扔下骑兵部队独自逃跑了。

战斗持续了不到一小时，对于一场大型战役来说是非常短暂的。罗马方面战死100名士兵，有更多士兵受伤。保卢斯一度担心自己的儿子西庇阿·埃米利亚努斯（小西庇阿）也战死沙场了，因此郁郁寡欢，直到后来小西庇阿回到了军队，原来他是在追击敌人的过程中与自己的几个伙伴走散了。老加图的儿子、日后保卢斯的女婿，当时也在骑兵部队服役，在这次战斗中同样表现突出。据说他一度弄丢了自己的剑，然后在战场上游荡，召集了几位好友，一起向一队敌军发动进攻，打败了对方，最后才发现自己的剑被埋在一堆尸体下面。对于老加图的儿子，保卢斯和严厉的老加图都对他这种颇具罗马精神的战斗表现大加赞扬。[28]

罗马军队取得皮德纳大捷，很大程度上要归功于罗马战术体系的灵活性。由于战争始于意外，所以双方指挥官都无法使用复杂的战术，充其量只能鼓舞士兵（但珀尔修斯似乎连这一点都没有尝试去做），并帮助士兵排好战线。在战局愈发混乱的情况下，罗马军团的各个作战单位能够更好地回应在其局部战场面临的问题。在库诺斯克法莱和马格尼西亚，类似的因素也对罗马军团的取胜起到了决定性的作用。在库诺斯克法莱，两军分别从两个方向向同一个关口行进，意外相遇。双方都按照正常的程序，让纵队右转，铺开战线。当时双方军队的右翼都是纵队的排头，所以最先移动到了指定地点并排好了战斗阵形。之后，双方的右翼部队都向对方还没做好战斗准备的左翼部队发动进攻，并将其打败。罗马军队还是排成通常的三线战阵，腓力五世的部队排成纵深很深的长枪阵，没有后备军。一位不知姓名的保民官从罗马右翼部队的壮年兵和后备兵中调集了 20 个支队，带领其绕出去攻击腓力五世得胜的右翼部队。长枪阵无法抵御新一波的攻势，惨遭失败。

在马格尼西亚，双方军队排好了阵形，准备充分。安条克三世继承了亚历山大最优良的传统，率领骑兵冲锋，将罗马的战线冲出了一个缺口，并率领士兵从缺口进入，前去攻击罗马军营。然而，安条克三世没有后备军来扩大自己的胜利成果，罗马则有后备军，并与军营守军一道击败了安条克三世的骑兵。当罗马军队突破塞琉古军队的主战线，并逐渐渗透进纵深极深的长枪阵内部时，后者无法填补缺口，于是被击败了。上述两场战役与皮德纳之战一样，即使以古代的标准来看，罗马军队也是以极小的代价取得了胜利。

在库诺斯克法莱之战、马格尼西亚之战和皮德纳之战后，腓力五世、安条克三世和珀尔修斯都分别承认了失败，并接受了罗马共和国强加在自己身上的和平条约。公元前 168 年，元老院决定，马其顿王国不可继续存在，并将王国的土地分成了 4 个自治区。珀尔修斯被带回罗马参加保卢斯的凯旋式游行，并在罗马作为囚犯了此一生。然而保卢斯举行凯旋式的荣誉一度似乎要被拒绝了。保卢斯是一位能力极强的指挥官，但似乎从来不懂得如何赢得士兵的爱戴。有些部队觉得自己在战争中的表现没有得到应有的荣誉嘉奖，更重要的是，没有得到足够的战利品，虽然在皮德纳战役后，经元老院批准，保卢斯已经带着军队劫掠了伊庇鲁斯城。保民官塞尔维乌斯·苏尔皮基乌斯·伽尔巴带领许多士兵游说，希望取消保卢斯的凯旋式。经过了一番斗争，多数元老才最终赞成授予保卢斯举行凯旋式的荣誉。许多人是被马库斯·塞尔维里乌斯·普莱克斯·吉米纽斯说动的，这位年迈的老兵参加过布匿战争，之前担任过执政官，据说他曾一个人一场战役就杀死了 23 名敌军士兵。[29]

最终，保卢斯获准举行了凯旋式，举办了持续三天的极为盛大的庆典。沿着罗马市中心的圣道上一路都特别加设了座位，有大群的罗马公民观看。第一天，250 辆马车载着在战争中劫掠而来的雕像和其他艺术品沿街驶过。第二天，马车载的是缴获的武器、铠甲以及其他军事装备，珀尔修斯的外国同盟和雇佣军，以及马其顿本土的各种类型的甲胄置于显眼的位置。许多装备都摆放得看起来像一堆战场上的残骸。在另一些马车上，"武器和铠甲摆放得很松散，所以在马车行驶过程中互相碰撞，发出尖锐恐怖的声音。虽然这些器具属于战败者，但看上去仍然可怖"。[30] 这些马车后面的是四人一组的队伍，一共有 750 组，每组人抬着一个盒子，里面是从敌方夺来的银币和其他珍宝。

最后，主游行举办于第三天，号手在前面开路，吹奏在战斗中会响起的号令。乐师后面跟着 120 头用于祭祀的公牛，头戴装饰，牛角镀了金，旁边是一些年轻人，手里拿着祭祀所需的奠酒。战败一方的财富再次被拿来炫耀，展示了 77 个箱子，每个箱子中装有 3 塔伦特金币和一堆珀尔修斯最为珍视的宝器。珀尔修斯的战车也在游行队列后面，里面只装着他的武器、铠甲以及王冠。再后面是珀尔修斯的孩子，两男一女，以及保姆和许多家庭奴隶。这番凄惨的景象令许多旁观的罗马人都流下了眼泪，因为罗马人很少隐藏自己的情感。珀尔修斯走在最后，身边跟着自己的侍从和廷臣。珀尔修斯曾向保卢斯乞求不要将他巡街示众，给自己保留一些颜面，但保卢斯粗鲁地拒绝了，并暗示珀尔修斯可以通过自杀避免被羞辱的命运。

在象征胜利的物件和战利品之后是保卢斯本人，

> 站在一辆装饰极为豪华的战车上。但即使没有这些外在的象征权力的装饰品，他看上去也引人瞩目。他身穿紫色织金的斗篷，右手拿着根月桂枝。每一个士兵手中也都拿着月桂枝。军队按照单位在指挥官的战车后行进，士兵们唱着歌，有些是带有幽默元素的传统歌曲，有些是胜利的赞歌，赞扬保卢斯的成就。所有人的目光都集中在保卢斯身上，他是众人崇拜的目标……[31]

普鲁塔克的记载让我们多少能感觉到一场罗马凯旋式会是多么盛大。在凯旋式上，会有一名奴隶在将军耳边小声提醒他不过是个凡人，但是保卢斯并不需要这样的提醒。凯旋式开始的 5 天之前，保卢斯 14 岁的儿子患病身亡。凯旋式结束 3 天后，保卢斯另一个 12 岁的儿子也遭此厄运，只有大儿子和二儿子活了下来，但两人早已由其他家庭收养，改了姓氏。

"被攻占的希腊迷住了凶猛的入侵者"

离开希腊之前，保卢斯用了一些时间在当地旅游、观光，尽量赢得民心。在安菲波利斯，保卢斯举办了一场具有典型希腊化特点的戏剧、诗歌、体育盛会，从整个希腊世界召来了表演者、运动员以及著名的赛马。得到邀请的贵客享用了奢华的筵席。有些人对于在这么短的时间里成功举办如此大规模的娱乐活动表示了惊讶。对此，保卢斯只是干巴巴地说："懂得如何在战争中取胜的人也能够安排宴会，组织竞赛。"[32] 在参观德尔斐著名的神谕所时，保卢斯看到了一个光秃秃的雕像底座，上面本来打算放置珀尔修斯的雕像。保卢斯下令在此修建了自己胜利的纪念碑，部分碑体保存至今。保卢斯不是第一个参与希腊文化生活的罗马官员。在第二次马其顿战争结束后，弗拉米尼努斯在希腊待了几年，而且从一开始就表现出了对一切希腊化事物的极度热爱。在公元前196年的地峡赛会上，弗拉米尼努斯高呼"希腊的自由"，他的希腊语演讲得到了热烈的欢呼鼓掌。不论是出于恐惧还是真诚的尊重，希腊化城邦慷慨授予罗马将军的荣誉都与传统上授予国王的荣誉很相似。因此人们开始认为，罗马元老，尤其是名声显赫、取得胜利的将军，其地位至少等同于任何外国君主。弗拉米尼努斯、保卢斯以及其他在东地中海赢得战事的人所获得的声望远远超过了绝大多数罗马元老。这种声望以及他们的财富会打破罗马的政治平衡。其他元老在这些人返回罗马时猛烈攻击他们，部分原因也是为了防止上述情形的发生。

我们很难估计罗马贵族在公元前 3 世纪对于希腊文化了解到什么程度。当时罗马已与许多在意大利和西西里的希腊殖民地有过接触，并最终将其先后征服。战利品中有尤其多的艺术作品和奴隶被带回了罗马。到了第二次布匿战争的时候，诸如费边·皮克托等罗马元老已经能熟练掌握希腊语，对于希腊文学也相当了解，这使得他们得以写出最早的一批散文罗马历史作品。大西庇阿和年轻的手下们在西西里的基地准备入侵非洲时按照希腊风格穿着打扮，在诸如运动场这种具有典型希腊化特点的地方享乐。在接下来的几个世纪里，罗马贵族一直都热爱、沉迷于希腊语言和文化。在公元前 2 世纪初，希腊的语言和文化成为元老之间相互较量的另一个竞技场，每个元老都竭力显示出自己比别人对于希腊事物更加了解。

到了公元前 2 世纪中叶，绝大多数受过教育的罗马人都精通拉丁语和希腊语双语，正如 18 世纪几乎所有欧洲贵族都会说法语一样。只有个别人在公开场合发声抵制这种趋势，其中最著名的就是马库斯·波尔奇乌斯·加图（老加图），在温泉关之战迁回包围安条克军队的队伍中，有一支就是由他率领的。其子在皮德纳之战中也有突出表现。在希腊做使者时，老加图拒绝用希腊语对当地人发表演讲，坚持用拉丁语。他并不是不懂希腊语，要知道他对希腊文学有很深厚的了解——波利比乌斯回忆过一件小事，当时老加图通过引用荷马史诗《奥德赛》开了个玩笑。老加图在整个职业生涯中都对模仿希腊贵族的罗马贵族冷嘲热讽，并强调罗马自身质朴但充满美德的传统的重要性。老加图在公元前 205 年担任大西庇阿的财务官时公开批评了时任执政官的大西庇阿及其朋友在西西里的所作所为。后来，老加图写就了第一部用拉丁语撰写的史书，此外还撰写了许多拉丁语作品，也将许多希腊作品翻译成了拉丁语。

老加图不像有些罗马元老一样收集希腊的艺术品，模仿希腊化的穿衣、装饰风格和饮食习惯，而是将自己标榜为老派的罗马人，过着简朴的生活，为罗马共和国服务。老加图是一个"新人"，没有祖先取得的成就和显赫的家族名声可依靠，只能靠自己的努力来建立名声。这意味着，他抓住一切机会展现自己明确的观点和特质，逐渐树立起一个"公共形象"（类似今天的品牌）来与名门望族相匹敌。因此实际上，老加图把传播文化当成了与其他元老竞争的手段，与那些接受新思想的人并无二致。

4

"小型战争"

西庇阿·埃米利亚努斯和努曼提亚的陷落

为了蝇头小利而冒险是愚蠢之举。人们一定会把在不必要的时候急急开战的人看作一名鲁莽的将军，而一位好将军在有必要时才会冒风险。[1]

对实力雄厚的希腊化世界发动的战争都很重要，过程惊心动魄，胜利者也获得了丰厚的利益，但这样的战争并不经常发生。纵观公元前2世纪，罗马多数战争都是与西班牙、意大利北部和高卢南部的部落进行的，其次是伊利里亚和色雷斯。起码对于罗马人和希腊人来说，这些部落或是默默无闻，或是名称拗口，组成军队的战士作战勇猛，但纪律涣散，装备落后。在政治上，一个种族会分为许多部落，而每个部落的人又会追随不同的首领，导致进一步的割裂。因此，打败一个部落或氏族并不意味着其邻族会投降，不像马其顿、塞琉古，罗马军队只需取得一场决定性的胜利就能结束整场战争。因此上述地方的战事往往是由许多场单独的小型战役组成，需要一个个击败各个部落、打败不同的首领。

　　战胜阿雷瓦西人或者波伊人所带来的威望远不如战胜诸如马其顿这样的知名王国所能获得的，打败这些部落也无法带来同样多的财富，使军队或指挥官富裕起来。罗马在西班牙和高卢战事频繁，意味着在这些战场上的胜利不是什么新鲜事。想通过这样一场战争的胜利来最大程度为自己邀功的元老们喜欢宣称这是罗马军队第一次见识某某民族，再像其他人一样列出一串数据：杀敌人数、俘虏人数、攻占的城镇和村落数量。考虑到这会令凯旋式的荣誉获得得太轻松、太寻常，元老院决定，至少杀敌 5000人，指挥官才能被奖励这一荣誉。这种衡量办法的细节不得而知，不过该方法很可能出现在公元前 2 世纪，我们无从知晓其执行的严格程度。

　　然而，我们不应该就此一概而论，觉得罗马与这些部落的战事都是一边倒的，或者觉得这些胜利"不值钱"。有些战役赢得很轻松，但多数都很艰苦，因为敌军作战勇猛，人数众多，而且很善于利用熟悉家乡地理情况这一天然优势。罗马与高卢人、利古里亚人以及西班牙不同民族的战争通常打得艰苦卓绝，并非胜券在握。许多罗马将军曾在这些部落手下惨败。高卢人曾在公元前 390 年洗劫了罗马城，在公元前 225 年再次对其构成了威胁，直到那一年的两位执政官在泰拉蒙分别从两侧向敌人发起了进攻，但是这次合围纯粹是出于机缘巧合，而非战术设计。公元前216 年，罗马军队在波河河谷惨败，被当地部落伏击，两个军团和两支辅军几乎全军覆没，只是在坎尼会战的可怕灾难的衬托下稍微不那么醒目罢了。罗马指挥官、大法官卢基乌斯·波斯图米乌斯·阿尔庇努斯在波河战死。他经验丰富，曾两度担任执政官，而且在本人不在罗马的情况下又刚刚被选为下一年的执政官。尽管这并不是罗马军队在这一地区的唯一一次失利，但很可能是最为惨痛的一次。在西班牙半岛的失利通常规模很小，但发生的频率却很高。[2]

一支训练有素、供给充足、指挥有方的罗马军队在多数情况下是可以打败这些部落的。在公元前2世纪初，罗马军队通常能满足这些条件，因为军队上上下下很多人都参加过汉尼拔战争。在这些年里，意大利北部和西班牙行省边境的罗马军团也展现出了同样严明的纪律和强烈的自信，并且具备高度的战术灵活性，他们也正是凭此打败了希腊化国家的职业军队。罗马军队经常由同一批人组成，因为参加过库诺斯克法莱之战和马格尼西亚之战的军官和士兵大部分都在西部行省服过役。比如埃米利乌斯·保卢斯在指挥皮德纳战役之前就在西班牙和利古里亚带过兵。公元前191年在温泉关率领队伍包围安条克、其子在皮德纳战役中表现突出的老加图曾于公元前195年作为执政官被派往近西班牙行省。为了增加军队的实战经验和自信心，老加图先用了一段时间训练军队，让军队参加小规模的战斗，之后在恩波里翁城外与伊比利亚主力军队打了一场对阵战。他下令让罗马军队趁夜晚行军，没有被西班牙军队发现，将自己夹在了敌军和其营地之间，这样一来，罗马军队除了胜利就没有别的存活下去的办法，只能背水一战了。

伊比利亚军队互相推搡着匆忙排成了战斗阵形，因为战争发生的时间和方式都是由罗马指挥官主动挑选的。在战斗中，老加图谨慎使用了后备军队，他派了两个步兵大队（可能是特选大队）佯攻敌军后方，同时向主战线增派后备军向对方施加压力，从而打破了僵局。最后，他派出了还未参加战斗的第二军团直攻西班牙军营。老加图也时刻准备自己参与到战斗中。当他见到右翼因为一些骑兵撤退产生了恐慌时，便主动过去集结军队，还亲手抓住了一些正在逃跑的士兵，阻止他们。随后，他亲率第二军团前进，确保部队在行进中秩序良好，不让他们高涨的情绪失控。老加图在队伍前来回骑行，看到破坏了阵形的士兵就用狩猎长矛击打，同时命令距离他最近的百夫长或保民官将其记下，战后处罚。[3]

罗马在公元前 2 世纪的头 25 年彻底粉碎了山南高卢部落的抵抗。在波河以南，波伊人的许多土地都在战争中输给了罗马殖民者，几乎已不能构成一个重要的政治单位了。更靠北部的民族，比如凯诺曼尼人和因苏布雷人的情况较好，其贵族后来获得了罗马公民的身份，被吸纳进了罗马体系。利古里亚人是生活在山里的部落，社会组织松散，每个村落有自己的领导人。利古里亚人主要以放牧为生，在开春他们的牧群很容易受到攻击，然后他们就从冬季牧场搬到海拔更高、更为分散的牧场。然而，在如此恶劣的地形作战向来是一件冒险的事，而就算打败了一个村落，其他村落照样会劫掠他们附近的罗马殖民地以及罗马盟友的土地。战事一直持续到公元前 2 世纪中叶，直到人口被大规模安置到意大利南部后，利古里亚人才算被平定了。西班牙战事几乎连年不断，直到公元前 177 年，执政官提比略·森普罗尼乌斯·格拉古把军事手段与灵活的外交策略结合在一起，才在西班牙创造了超过 20 年的和平时期。[4]

格拉古确立的和平在公元前 2 世纪 50 年代被打破了，而罗马军队在此之前已开始衰弱。参加过第二次布匿战争的那一代人要么已经去世，要么年龄太大无法服役，他们积累的经验也已被遗忘。罗马民兵体系的非永久性令其很难通过制度性的方式保存

知识，而且近 25 年战争频率相对较低也加剧了这个问题。公元前
157 年，元老院担心过长时间的和平会使意大利的士兵变得娇弱，
因此急切地想派一支远征军去达尔马提亚。5 罗马军队缺乏经验，
但非常自满，许多人相信，罗马长期以来取得的军事胜利都是注
定的，而非缜密的准备以及训练的成果。在公元前 2 世纪剩下的
时间里，罗马军队在战场上的表现很多时候都很糟糕。在这个绝
大多数罗马将领表现得乏善可陈的时期，拥有极强军事能力的西
庇阿·埃米利亚努斯脱颖而出，人们比在其他时期更加欣慰于有
这样一位干将。

早年生活以及第三次布匿战争

元老阶层的贵族经常会收养子嗣来延续姓氏，收养的儿子跟
亲生儿子没有区别，在法律和情感上都是新家庭的一员，但同样
与亲生家庭保持密切的联系。西庇阿·埃米利亚努斯被阿非利加
努斯的儿子收养时虽然还很年轻，但他的早年生活主要是在埃米
利乌斯·保卢斯家中度过的，如前所述，他跟随保卢斯参加了马
其顿战争，并在之后的凯旋式上骑着马与其同行。作为次子，小
西庇阿在年轻时没有显示出多么出色的潜力，跟生父保卢斯一样，
他也很谨慎，甚至有些保守。与大多数贵族年轻人不同，小西庇
阿没有参与到公共生活中，没有练习法庭演说，也并不想为自己
树立起法律辩护者的名声。相反，他喜爱运动和军事训练，准备
为罗马共和国浴血奋战。在皮德纳，小西庇阿作战勇猛，甚至可
以说有点过于狂热了。得胜之后，小西庇阿在希腊待了几个月，
跟兄长及朋友多次探索珀尔修斯广阔的宫苑，期间发现了自己终

身的爱好——打猎。保卢斯只允许儿子们拿走珀尔修斯很少一部分财宝，但是允许他们随意挑选珀尔修斯大量的藏书。希腊文学和文化将在小西庇阿的一生中发挥重要作用。波利比乌斯在战后作为人质来到了罗马，与小西庇阿建立了长期的友谊，后者的这些兴趣就是波利比乌斯鼓励和培养的。

　　一段时间后，小西庇阿及其朋友（包括大西庇阿密友莱利乌斯之子）成了罗马人眼中亲希腊主义的最佳代表。他们是真正的罗马人，拥有作为元老家族一员所应具备的所有传统德性，同时又汲取了希腊文化一切优秀的精华和智慧。西塞罗日后在自己的著作《国家篇》中讨论罗马国家的本质，而书中这场想象的辩论便发生在公元前 129 年的小西庇阿、莱利乌斯以及他们的朋友之间。小西庇阿是一个理性的人，受到过希腊、罗马两种传统的教育，对哲学很感兴趣。记载小西庇阿的故事都没有大西庇阿身上那种神秘主义元素。[6]

　　罗马与努曼提亚进行了一系列战争，并以后者被小西庇阿摧毁而告终，而这些战争要从公元前 153 年说起。一支名叫贝利人的凯尔特伊比利亚部落决心通过扩建城墙和强行将邻近社区的人口迁入来扩大自己的主城塞戈达。罗马元老院不希望有这样一个庞大的、能轻易袭击近西班牙行省的要塞存在，于是派执政官昆图斯·富尔维乌斯·诺比利奥尔率领一支劲旅——约有 3 万人的执政官军队前去与这个部落对战。罗马部队开拔时，塞戈达的防御工事还没有建完，因此贝利人放弃了建造工作，逃到了旁边阿雷瓦西人的土地上，其主城就是努曼提亚。两个部落都是凯尔特伊比利亚人，他们选出了一位领袖统领两部的联军，伏击了诺比利奥尔的部队，令其损失惨重，而后将其击退。诺比利奥尔接着又去攻打努曼提亚，但结果却是灾难性的。罗马的一头战象被石头击中头部，惊慌不已，所有 10 头战象不久后都开始奔向军队后方，踩踏了途经的所有士兵。凯尔特伊比利亚人趁乱反击，大败罗马军队。公元前 152 年，"罗马之剑"马库斯·克劳狄乌斯·玛尔凯路斯的同名孙子接替了诺比利奥尔，当时玛尔凯路斯正第三次担任执政官。玛尔凯路斯更富有经验，先是攻占了几座小镇，然后开出优惠的条件与阿雷瓦西人和贝利人达成和解。如同公元前 198 年的弗拉米尼努斯，玛尔凯路斯也想在任期结束、元老院派来继任者之前为自己赢得结束战争的功劳，因此他让凯尔特伊比利亚人的使节以为元老院可能会开出与几十年前格拉古向他们开出的一样的条件。[7]

　　虽然伊比利亚代表团已经来到了罗马，且战争是否会结束仍不得而知，元老院还是决定派公元前 151 年新当选的执政官之一卢基乌斯·李锡尼乌斯·卢库鲁斯率领一支新的军队前往近西班牙行省。征募这支军队的过程遇到了意想不到的困难，因为这次罗马各个阶级都不愿意在军团服役。诺比利奥尔及其军官战败返回罗马，令罗马人愈发相信凯尔特伊比利亚人极为凶残，这场战争也会很艰苦，且得不到太多回报。在征兵的那天，几乎没有人主动报名，还有许多人抱怨，近些年兵役过多地落在了同一小批人身上，因为新上任的指挥官总是想征召有经验的士兵。因此，这次征兵采取了抓阄的方式。也几乎没有年轻的元老自告奋勇参选或要求被任命为保民官，而以往保民官的职位由于能为自己提供赢得勇敢、精干之名的好机会，通常竞争非常激烈。卢库鲁斯也很难为自己找到副帅。好几名年轻的元老更是称病来掩饰自己的懦弱。据波利比乌斯记载，时年 33 岁的小西庇阿公开表示，自己愿意加入军队服役，担任任何职务都可以，这令其他人羞愧难当，纷纷开始报名入伍。波利比乌斯可能夸大了自己的朋友兼庇护人的影响力，但这件事无疑为小西庇阿赢得了一定的声望。小西庇阿是以副帅还是保民官的身份出征西班牙不得而知，但是保民官的可能性大一些。[8]

卢库鲁斯的西班牙战役饱受争议。当他来到西班牙时，玛尔凯路斯已与阿雷瓦西人达成了和解。大多数官员都渴望在任期结束前建功立业，但卢库鲁斯的愿望格外强烈，因为他想通过打胜仗获得的丰厚利益来偿还高昂的个人债务。因此，他率军攻打了另一个凯尔特伊比利亚部落瓦凯伊人的几个城镇，借口是该部落为阿雷瓦西人提供食物。无论这场战争的战略理由是否成立，罗马军队的表现并不突出，卢库鲁斯的个人行为也引起了罗马方面的愤慨。卢库鲁斯接受了考卡城的献降，却在率军进城后立即下令屠杀了城内所有成年男性。总的说来，只要能够达到有效的目的，罗马人不介意在战争中做出残暴行径，但反对任何在与其他国家的关系上有损罗马信誉（fides）的举动。

更糟糕的是，几乎同一时间，大法官塞尔维乌斯·苏尔皮基乌斯·伽尔巴在远西班牙行省也做出了相似的恶行。伽尔巴向卢西塔尼亚人保证，如果投降就提供土地让其居住，于是许多卢西塔尼亚人连同家属一起投降了。这种做法在利古里亚就曾取得过成效。然而，伽尔巴将部落人民分成了三组，将其缴械，然后命令士兵将其屠杀殆尽。罗马人新近在西班牙作战时的残忍行径可以看作一代强硬派指挥官决心永久解决好战部落引起的军事问题的信号，但也更可能是罗马军队在作战能力下降、指挥官经验不足、军队很难取得决定性胜利时的绝望之举。虽然卢库鲁斯和伽尔巴的举动引发了愤慨，但两人返回罗马后都没有受到惩罚。虽然上了法庭受审，但伽尔巴通过大量行贿和大打感情牌，把自己哭哭啼啼的孩子们带上法庭，令陪审团心生恻隐，最终将其无罪释放。[9]

小西庇阿在战争中的表现只有部分得到记载。罗马军队向茵特坎提阿镇进发途中遇到了一名身材魁梧、甲胄华丽的凯尔特伊比利亚勇士，他骑马来回穿梭于两军之间，要求与一名罗马人单挑。最后，小西庇阿一如在皮德纳时般鲁莽，冲上前去迎战。他的战马被对方所伤，他自己摔下了马，职业生涯差点就此终结。所幸他双脚着地，然后又接着战斗，最终战胜了对手。后来，茵特坎提阿镇的公民想投降但又不肯信任卢库鲁斯，是小西庇阿向前者担保了罗马人的信誉[10]。

公元前149年，罗马故意挑起了同迦太基的战争，目的是要毁灭这座开始恢复繁盛的城市。虽然罗马人有这种恶毒的预谋，但军队却完全没做好战斗的准备。派往非洲的远征军指挥不力、缺乏训练，因此罗马在战争初期表现不佳，节节失利。当时小西庇阿在第四军团担任保民官，[11]多次展现出了军中其他人严重缺乏的领导才能、军事技巧以及勇气。他严格控制手下的士兵，好几次在军队作战陷入混乱时力挽狂澜，避免了重大损失。小西庇阿的名声越来越大，再加上人们认为让大西庇阿的孙子去打败迦太基是最合适的选择，于是他在公元前147年当选了执政官。当时他只有36或37岁，未达到担任执政官的法定最低年龄，与当年大西庇阿担任执政官的情况极为相似，人们也因此更加强烈地相信，推选小西庇阿是正确之举。起初小西庇阿竞选的是更低级的营造官一职，但被森都利亚大会选举为执政官。有人反对，于是元老院废止了规定担任高级行政官职最低年龄的法案（lex Villia annalis），到了下一年初才重新颁布实行。之后一位平民保民官出面干预，确保了小西庇阿而非另一位执政官到非洲作战。

小西庇阿当选执政官并前往非洲领兵固然是非常规的，尽管比不上其养祖父大西庇阿在第二次布匿战争时的当选经历那样不合常规。事后证明，这两次任命对于罗马共和国来说都是正确的。一到非洲，小西庇阿就着手恢复军队的纪律和士气，并确保了军队从此能得到充足的补给，这是前两任指挥官都没能做到的。他像在以前担任更低级军官时一样，仔细备战、密切监督、作战勇猛却不鲁莽。首先，罗马军队打败或劝降了迦太基城外的守军，然后对迦太基城发动了一系列的进攻。在使用了大量攻城器械并在城内狭窄的街道上展开一番惨烈的战斗后，罗马军队攻陷了迦太基。城内的居民被迁到别处，迦太基城被正式废弃。小西庇阿流下了热泪，引诵了《伊利亚特》中预言特洛伊毁灭的诗篇。据波利比乌斯记载，小西庇阿在想，同样的命运是否有一天会落到自己祖国的头上。虽然有这些伤感的想法，小西庇阿回到罗马依然举行了凯旋式。如同保卢斯在几十年前举行的凯旋式一样，这一次也是前所未有的壮观。

努曼提亚之围

第三次布匿战争结束前，一场严重的冲突在远西班牙行省爆发了。伽尔巴的大屠杀中有一位名叫维里亚修斯的幸存者。事后，他聚集了一批勇士，一路发展壮大，在公元前147年伏击了大法官盖乌斯·维特里乌斯的军队。罗马军队损失惨重，据阿庇安记载，有 4000 人丧生，维特里乌斯被一名战士俘虏并很快被杀死，因为对方没有认出他是罗马方的指挥官，觉得这么一位年迈体胖的战俘不会有什么价值。此役胜利之后，越来越多的社群开始认为与其被维里亚修斯手下的战士劫掠，不如向其缴纳贡品，于是维里亚修斯在短时间内实力大增。公元前 145 年，小西庇阿的哥哥费边·马克西穆斯·埃米利亚努斯当选执政官，前去与这位卢西塔尼亚人领袖作战。埃米利亚努斯指挥着一支新招募的军队，不愿主动发起复杂或冒险的攻势，因此在一年的任期之内只取得了几场小胜。公元前 142 年，埃米利亚努斯的养兄费边·马克西穆斯·塞尔维利亚努斯取得了更大的成就，攻占了几个效忠维里亚修斯的要塞。他采取的作战方法极为凶残，但起初效果显著，不过他后来在一场大战中输给了对手，并向匪首开出了极为优厚的和平条约，提出让维里亚修斯成为"罗马人民的朋友"。公元前 140 年，塞尔维利亚努斯的亲哥哥昆图斯·塞尔维利乌斯·凯皮欧接任执政官，来到远西班牙接替他作战。凯皮欧很快就撕毁了合约，但罗马最终取得胜利依靠的是贿赂维里亚修斯的高级下属，趁维里亚修斯睡觉时将其暗杀。[12]

　　公元前 143 年，受到维里亚修斯所取得的成功的鼓舞，阿雷瓦西人重新发动了对罗马的战争。罗马派出的第一支军队是由执政官昆图斯·凯奇利乌斯·梅特卢斯率领的，他发动了突然袭击，不等阿雷瓦西人收割庄稼就侵入了其地界。多数阿雷瓦西人投降了，在向罗马进献了足够多的贡品之后，阿雷瓦西人再一次成了罗马的盟友。等到昆图斯·庞培·奥鲁斯，一位渴望赢得荣光的"新人"接替梅特卢斯时，只有努曼提亚以及几个设防的小镇还在继续坚守。庞培麾下有一支强大的执政官军队，由 3 万名步兵和

2000 名骑兵组成，其中多数人已连续服役 6 年，因此按照当时的标准来看都是经验十足的老兵。庞培取得了一些小胜，但遭遇的小规模失利更多。他决定用整个冬季封锁努曼提亚，尽管军中有经验的士兵已经返回罗马，被新征募的士兵代替。新到来的士兵没有适应在外征战的生活，在西班牙寒冷的冬季饱受摧残。不过围城的确对努曼提亚人施加了压力，使其接受了庞培开出的议和条件。阿庇安记载说，庞培太想通过结束战争而赢得美名，于是私下给凯尔特伊比利亚人开出了非常优厚的条件。元老院经过反复争论后，拒绝通过这个新和约，并在公元前 137 年派执政官盖乌斯·霍斯蒂利乌斯·曼奇努斯前往努曼提亚作战。

接下来的战况是一系列的灾难。罗马人先是在努曼提亚城外输掉了几场散兵战，此时有谣言称邻近部落计划与努曼提亚结盟，执政官于是大感恐慌。一天夜里，罗马纵队在混乱中撤退到了诺比利奥尔在公元前 153 年的军事行动中驻扎过的一处位置。凯尔特伊比利亚战士将罗马人团团围住，堵住了所有的去路。曼奇努斯投降了，停战协议的细节由财务官提比略·森普罗尼乌斯·格拉古（其父在几十年前曾为西班牙带来和平）与敌军协商。和约是羞辱性的，因为罗马军队虽然被允许撤退，但士兵们须把全部行李留下。和约虽让 2 万多名罗马士兵得以活命，但并不是罗马人的战争应有的结局。有些指挥官虽然导致军队陷入灾难，但拒不投降，这样的人常常会得到褒奖。一个承认失败并以劣势与敌军媾和的指挥官会被鄙夷。元老院得到战争报告后立即驳回了和约条款。曼奇努斯承担了这一后果，被带回了努曼提亚。他被赤身裸体地绑着扔到了城墙外，任凯尔特伊比利亚人宰割。最后，他们不想要他了，于是他被放回了罗马。回去之后，曼奇努斯在家中自豪地竖了一座雕像，是自己赤身裸体、身缠锁链的模样，显示他愿意为了罗马共和国的利益牺牲自己。曼奇努斯再也没有担任过指挥官，他的继任者也好不到哪里去，经过长时间的围城后仍没拿下帕兰提亚，最终被迫在混乱中撤退，损失惨重。[13]

公元前 134 年，小西庇阿第二次当选执政官，并被指派到近西班牙行省。此时距离他第一次担任执政官已经过去了 10 年，现在他已经到了法定年龄，不再需要废除相关法令，但最近颁布的一项法令禁止一人多次担任执政官。不过似乎可以肯定的是，罗马近来在西班牙遭遇的惨败使人们强烈认为，应该派罗马最出色的指挥官去与凯尔特伊比利亚人作战，于是这项法令也为了小西庇阿而暂时取消了。小西庇阿没有征募新的军队，只带了 4000 名志愿兵增援已经在该行省的军队，其中有 500 人是他自己的受庇护者（client），这部分军队称为"友人中队"。此外，家族因素也在此次战争中影响重大：费边·马克西穆斯·埃米利亚努斯作为高级副帅陪同小西庇阿出征，马克西穆斯的儿子费边·马克西穆斯·布特奥负责在小西庇阿兄弟匆忙奔赴西班牙后组织运输志愿兵到近西班牙行省。波利比乌斯可能一同前往了，但我们不能确定他所撰写的《通史》的失传部分中是否记述了此次战争。保民官普布利乌斯·鲁提里乌斯·鲁弗斯确实详细描写了罗马军队在战争中的活动，阿庇安引用过，但原文献已经丢失。所有关于努曼提亚战争的文献对小西庇阿的描述似乎都是正面的，这很可能反映出了他在公众宣传方面手段高超。[14]

来到近西班牙后，小西庇阿发现军队纪律涣散、士气低迷。他干的第一件事就是下令驱逐军营中的妓女、商人、占卜师和算命师。他规定，从今以后士兵只准吃定额分配的粮食，不许购买当地的美食。在任何时期，罗马军队要想正常运转都离不开大量的营地奴隶（lixae），为作战的士兵分担寻粮、取水、照看行李这些任务，但小西庇阿将奴隶的数量减到了最少。绝大多数仅负责为主人做饭和打理仪容的私人奴隶都被赶出了军营。军官们出征时尤其喜欢带大量的私人家庭奴隶，以保证一定的舒适度，在这种趋势不受限制时，军队中多出的需要吃饭的嘴和不必要的私人行李就会给行军中的军队造成严重的负担。小西庇阿铁面无私地抛弃了所有不必要的行李，减少了驮畜数量，特别是马车被大量卖掉了，剩下的允许随纵队前进。在军营中，小西庇阿制定了固定的日常作息表，并严格执行。对于自己制定的每一条新规，小西庇阿很少给予豁免，建立了强势的个人领导。在禁止军队所有人睡行军床时（部分原因可能是为了减少携带的装备），小西庇阿带头睡到了简陋的草荐上。他故意不回应任何请愿者，只寻求部队的服从，而非爱戴。根据阿庇安的记载，

> 小西庇阿常说，严格要求遵守法令的将军可为自己的人民所用，而随和慷慨的将军只能为敌人所用。后者手下的士兵……很快活但不服从命令，而前者手下的士兵虽然不开心但服从指挥，能够应对一切紧急情况。[15]

小西庇阿经常巡视军队，检查得极为详细，而且经常提出批评。在巡视时，如果发现对于服役来说过于奢华的容器，他会将其当场摔碎。一位士兵的盾牌装饰得过于精美，小西庇阿讽刺道，怪不得此人这么关注自己的盾牌，他明显"比起剑更信任自己的盾牌"。小西庇阿在批评或者当众指责某人时，从不在乎其军衔高

低，保民官盖乌斯·曼米乌斯就遭到过格外严厉的批评。有一次小西庇阿宣布，曼米乌斯"对我来说只是在一小段时间里没用，但对他自己和共和国来说永远都没用"。[16]

除了纪律约束，小西庇阿也高强度地训练了军队，且尽可能追求接近实战。他花了很多时间训练部队行军，让士兵携带几天的口粮，排成三条可以随时转变成战斗阵形的平行纵队前进。行李车在纵队之间行驶，以防遭到突袭。他总是严格强调行军的纪律，所有的作战单位和个人都不能离开指定的位置。在以前的战事中，小西庇阿手下许多士兵都会自备驴或骡，想骑的时候就骑，但小西庇阿禁止了这种做法，要求所有步兵自己行走。他再次以身作则，与自己的军官一同步行行军，吃军队定额分发的面包，并时刻巡查队伍的各个部分。小西庇阿也特别关注那些跟不上的士兵，让骑兵下马，而让疲劳过度的士兵骑马前行，直至体力恢复。他还注意军中驮畜的负担，一旦发现骡子的负担过重，就会让步兵分担一些。每天行军结束，部队会像在敌方领地上一样搭建临时军营，每天的程序都是如此，当天作为先头部队的单位在指定的营地区域全副武装，排好队形，作为掩护。军队其他部分也各司其职，标好营地范围和帐篷位置、画出道路，或挖壕沟、修建防御土墙。小西庇阿的训练计划与其父在第三次马其顿战争中发布的常规命令有很多相似之处，两者都体现出了罗马民兵军队从多次战争中积累的最佳实践经验。[17]

小西庇阿将当地强劲的同盟部队补充到了自己的罗马和意大利部队当中。据阿庇安记载，小西庇阿麾下的军队人数增加到了6万之多。小西庇阿觉得士兵已做好了准备，便向努曼提亚进军，军队行军时就像训练时一样纪律严明，小心谨慎。他没有直接进攻努曼提亚的要塞，而是先绕了过去蹂躏相邻的瓦凯伊人的田地，切断了努曼提亚的粮食供应。小西庇阿曾在这片地区于卢库鲁斯麾下服过役，为了补偿当时卢库鲁斯的暴行，小西庇阿发布公告，允许所有幸存的考卡人返回原址重建家园。

在帕兰提亚城外，鲁提里乌斯·鲁弗斯指挥一队骑兵追击撤退的敌军，但由于追敌心切反而中了埋伏。小西庇阿亲率更多骑兵前去救援，轮番攻击敌军左右两翼，成功掩护鲁弗斯及其部队逃离，自己也顺利撤退。此次行动其实在很多方面再现了他在第三次布匿战争中作为保民官率领军团骑兵时展现出的高超的领导技巧。还有一次，小西庇阿发现凯尔特伊比利亚人在罗马军队前进路线上的一个渡河点设下了埋伏，于是在夜里率领部队走了另一条更为艰险的道路。训练的成果体现了出来，尽管第二天早上升起了夏日的烈阳，加剧了军队缺水的困境，士兵们还是走完了这段艰苦的旅程。部队逃脱了敌人设下的埋伏，只损失了几匹战马和驮畜。在此之后不久，罗马主力部队在劫掠一座村落时，负责掩护的骑兵遭到了袭击。小西庇阿下令吹响号角，召回正在劫掠的部队。当他感觉能快速赶回的人都已经回来的时候，就将部队排成战斗阵形，率领着不到 1000 人的部队前去援助骑兵。一段时间后，罗马军队打退了凯尔特伊比利亚人，罗马骑兵得以撤退。[18]

小西庇阿费了很多工夫阻止努曼提亚得到其他凯尔特伊比利亚社群的援助和支持，也在实战中检验了军队的训练成果，通过一些小胜来激励士兵。现在该是攻击努曼提亚的时候了。小西庇阿将军队一分为二，两部都在努曼提亚附近安营扎寨，自己和哥哥各指挥一部。罗马军队到达不久后，努曼提亚部队就离开了防御工事，挑衅罗马军队交战。努曼提亚方只有不到 8000 名战士，罗马军队人数则多得多。努曼提亚人可能只是像马戈的部队在新迦太基时那样，准备抵挡住敌人对城墙的攻势，而非真的要展开对阵战。小西庇阿不想冒险开战或直接攻城。他军队中的大部分人都在凯尔特伊比利亚人手下吃过不少败仗。攻打一座防御坚固的城池向来不容易，哪怕是进攻过程中的一次微小的挫折，都会有大量士兵丧失士气，他重建军队的一切努力都会付之东流。小西庇阿的座右铭之一是，明智的指挥官永远都不应该冒可以避免的风险。可能他一开始打算通过封锁努曼提亚使其屈服，因此没有理睬敌军的挑战，而是让部队环绕努曼提亚城建立了一圈防御工事。

　　小西庇阿在努曼提亚外建筑的防御工事在地面上留有遗迹，在 20 世纪初由德国考古学家舒尔滕（Schulten）发掘。遗憾的是，有关努曼提亚遗址的现代研究并不多，因此舒尔滕的一些结论无法被证实，但阿庇安所记载的努曼提亚之围与这些遗址有着紧密的呼应。罗马军队建了 7 座堡垒，由壕沟和防御墙连接。防御墙绵延约 6 英里，用石头筑成，宽 8 英尺，高 10 英尺，每隔 100 英尺有木塔进一步加固。堡垒的外墙也是石头筑的，之后又在内部修葺了石头做的房间，使罗马士兵在漫长的围城期间能拥有较为健康舒适的生活环境。有趣的是，这些临时搭建的军营以及其他在西班牙搭建的共和时代军营的外墙都是依据自然地形修建的，而不是像波利比乌斯所描述的理想的行军军营那样建在极为平坦的平原上。起初罗马军队在努曼提亚的包围圈有一个缺口，因为杜里乌斯河（今杜罗河）从那里流过，努曼提亚人可以用船运出人员并运进补给。为了堵住这里，小西庇阿下令在河两岸各建一座塔，并横跨河流放置了拦木，上面装满了刀片和枪头。[19]

罗马军队分成了不同的小队，每个小队都被分配了包围圈修建工程中的具体任务。小西庇阿和马克西穆斯让后备部队全副武装，时刻准备驰援任何受到攻击的小队。小队若受到攻击，就会在白天挥动红旗，或在晚上点燃火把发出信号。包围圈建好之后，罗马军队将兵力分散，让约 3 万名士兵分布在防御墙的不同区域。塔中安装了许多石弩和投射机，每个百人队安排了额外的投石手和弓箭手，增强杀伤力。[20] 还有 2 万人可以在敌军攻击时定点支援，剩下的 1 万人作为后备军，可被派往各处。任何信号都要被每个塔楼依次重复，这样指挥官就能更快看到并派出援军。

罗马人打退了凯尔特伊比利亚人的每一次进攻，防御墙的威力以及小西庇阿对于军队的有效组织显示了出来。有一位名叫雷托根尼·卡罗尼乌斯的凯尔特伊比利亚贵族与几个朋友在一天晚上设法翻越了防御墙，杀死了哨兵，并用折叠木桥将他们的马运了出去，然后骑马到部落的其他社群，希望说服这些社群集结军队打破罗马人的包围。鲁提亚城的一些年轻战士表达了同情，但城中的长老却向小西庇阿发出了警告，后者立刻率领轻装步兵来到鲁提亚，将其包围，并威胁称，如果不立刻交出意图反抗罗马的有罪者就要洗劫该镇。鲁提亚人立刻满足了小西庇阿的要求。小西庇阿下令砍掉 400 名囚犯的双手，以示反抗罗马就将受到如此可怕的惩罚，之后又迅速返回了努曼提亚。

此时，努曼提亚人食物极为匮乏，决定派出使节与小西庇阿讲和。后者唯一的回复是要求努曼提亚人无条件投降。据阿庇安记载，努曼提亚人对此大为愤怒，甚至私刑处死了返回的使者。随着城内情况越来越糟糕，据说已经开始出现人吃人的情形，最终守方还是不得不投降。有些人为了避免耻辱，选择了自杀，剩下的努曼提亚人憔悴且狼狈地来到城外，放下了武器。小西庇阿留了 50 人用于在凯旋式上游街，而将剩下的人卖作了奴隶。努曼提亚城被夷为平地，现今所能看到的遗址是后来修建的一处罗马人定居点。

小西庇阿回到罗马举行了自己的第二次凯旋式，虽然这次没有上一次毁灭迦太基的凯旋式游行那般壮观，但与凯尔特伊比利人的战争终于结束了，令罗马人松了一口气。小西庇阿有一段时间极受欢迎，但在他出外征战期间，罗马政治斗争愈发激烈，他之后也很快卷入了争议。公元前 133 年，提比略·森普罗尼乌斯·格拉古，就是曼奇努斯投降时负责跟敌军媾和之人，当选了平民保民官，并利用职权通过了一项法案，呼吁对意大利的公有土地进行大规模再分配。这些土地之前都大量并入了富人所拥有的地产，格拉古的目的是将这些土地分给穷人，这样他们就能有资格服兵役，从而增强罗马的兵员储备。他遭到了其他元老的强烈反对，一方面因为许多元老本身就是地主，另一方面他们担心格拉古通过此举为自己赢得过多的受庇护者（公民们出于对格拉古的感激，很可能会投票支持他），在以后的选举中变得很难打败。当格拉古宣布自己想连任保民官时，人们对他想拥有永久的个人权力的担忧似乎得到了印证，而永久的个人权力正是罗马共和国体制应阻止的。在一场似乎是非预谋的暴乱中，格拉古的表兄西庇阿·纳西卡（即在皮德纳战役中服役的纳西卡的儿子）率领一群元老杀死了格拉古。

这件事发生时，小西庇阿在西班牙，他对于此事的态度不得而知。格拉古的母亲是大西庇阿的女儿科尔内利娅，小西庇阿则娶了格拉古的姐姐，但是两人膝下无子，感情淡薄。此外，小西庇阿的密友莱利乌斯在公元前 140 年担任执政官的时候也提出过类似的法案，但在强烈的反对面前退却了，莱利乌斯在此过程中为自己赢得了"明智者"（Sapiens）的绰号。意大利贵族抱怨为推行格拉古的土地法案而成立的委员会对他们过于严苛，小西庇阿返回罗马后表达了对这些人的支持。他声援同盟人民的做法使格拉古在罗马的许多支持者大为愤慨，特别是那些希望得到公有土地从而摆脱贫困的人。公元前 129 年，小西庇阿在家中死去。他没有患病，尸体上也没有受伤的痕迹。很快有谣言称，可能是妻子森普罗尼娅或者是岳母兼姑母科尔内利娅毒死了他，但我们永远都无法知道真相了。[21]

5

"献身战争之人"

盖乌斯·马略

罗马士兵最享受的事莫过于看到指挥官当众吃着与自己一样的面包，或是躺在朴素的草席上，抑或帮忙挖壕沟、立栅栏。士兵们欣赏的是领导者愿意与自己同冒风险、共同吃苦的品质，而非为他们赢得荣誉和财富的能力。士兵们也更喜欢做好准备在自己身旁一同战斗的军官，而不是放任自己轻松对待战斗的军官。[1]

罗马指挥官们出身贵族，本书之前讨论过的将军尤其如此。费边、大西庇阿、保卢斯、小西庇阿都出身于贵族氏族（小西庇阿的亲生家族还有收养家族都是如此），是罗马最古老的统治精英家族。到了公元前3世纪时，氏族已失去了对高级官职的垄断，一些平民家族靠着奋斗也挤入了这个小小的特权圈子，并经过几代的耕耘之后控制了罗马的最高官职。一些贵族家庭断代了，或者没落了，还有一些一直维持着平稳的地位，诸如尤利乌斯家族，但基本位于核心权力的边缘。有4个氏族一直权势煊赫，分别是埃米利乌斯、费边、科尔内利乌斯和克劳狄乌斯家族，诞生的执政官数量远多于其他氏族。那些最成功的平民家族在财富和影响力方面能够与他们相匹敌，也拥有相同的政见。成功的指挥官一定是自信的，但是费边、保卢斯、大西庇阿和小西庇阿自信，以及不接受批评的表现（玛尔凯路斯稍好一些）与其显赫的出身以及作为氏族的观念有很大关系。他们从小就知道，身居要职为罗马共和国服务，并在此过程中赢得名声、荣誉和财富是自己的权利，也是责任。一名出身于显赫元老家族的青年，不论其能力高低，几乎都可以确定自己的政治生涯会比较成功。本书已讨论的人物都具有杰出的军事才能，也至少拥有一定的政治能力。这些能力与他们显赫的家庭背景、足够的好运，以及当时罗马所面临的实质上或表面上的危机为这些人创造的机会结合在一起，让他们得以数次担任要职并指挥军队作战。

虽然贵族（nobiles）一直占据主导地位，但每一代人中都有几个成功当上执政官的"新人"。这样的晋升之路总是充满艰难险阻（虽然也许并不像他们自己宣称的那样困难），但并不是不可能的。公元前107年，盖乌斯·马略当选执政官，他与其他新人相比没有什么特殊之处。在担任执政官之前，马略的政治生涯中存在一些争议，但许多元老也是如此。从担任执政官的这一刻起，马略才开始打破许多惯例。马略一生担任过7次执政官，比此前任何元老担任执政官的次数都要多。除了次数，他当选的性质更是史无前例。从公元前104年到前100年，马略连续5年担任执政官，而第七次是他于公元前86年用武力攻占了罗马，强行让自己成为执政官的。马略是于公元前88年爆发的罗马内战中的关键人物之一。这次内战是罗马随后爆发的一系列最终终结了罗马共和制政体的内部冲突的开端。到了公元前1世纪末，罗马的政治和社会已经发生了翻天覆地的变化，罗马军队的性质也发生了根本性的转变，由过去有财产的阶层组成的民兵军队转变成了主要从穷人中招募的半职业军队。马略的政治生涯及其所处时代的混乱就是随这些变化应运而生的。

马略的早年生活以及努米底亚问题

普鲁塔克记载，马略的父母在阿尔皮努姆镇外的塞拉塔埃村附近躬耕田园。[2] "新人"经常会有这样出身贫寒的故事为其日后的政治成功增加戏剧性，但这种故事基本不能当真。在罗马，只有骑士才能竞选重要官职，而要想成为骑士则需要大量的财产。元老家族的成员都是从骑士做起，直到取得政治成功，才会被监察官选入元老院。但是走这条路的骑士是少数，大多骑士选择不涉足政治。显然，元老们认为大多数的普通骑士社会地位比自己低，但是我们不应因这种轻蔑的态度而忽视后者其实拥有大量财富、享有很高的社会地位、虽然不是顶层但也接近最高阶级这一事实。不管在罗马贵族眼中有多么粗野和默默无闻，马略的家庭无疑是阿尔皮努姆当地的望族，在镇上有很大的影响力和权力。以当时的标准来看，马略接受的教育可能有些保守，据普鲁塔克记载，马略对希腊文学和文化几乎不了解，也几乎从没使用过希腊语。但马略在大多数方面都与其他的"新人"一样，与元老家庭的子嗣有同样的态度和野心。[3]

马略的军旅生涯始于凯尔特伊比利亚战争，可能在小西庇阿到来之前就已经在当地服役了数年。马略欣然接受了小西庇阿所施行的更为严格的军纪。有故事说，在一次小西庇阿对军队武器、装备和辎重的例行巡查中，马略曾给小西庇阿留下了良好的印象。还有一次，据说小西庇阿看到马略赢得了一场与敌军士兵的单挑，这一壮举让马略获得了奖章以及其他象征重视的奖励。当时马略23岁，很可能是保民官，小西庇阿以一场类似的战斗成名时也是保民官。这个层级的军官展现勇猛并无不可，但军队的指挥官及其高级下属不会再像以前一样冒这样的风险。[4]

充满野心但祖辈无名、缺乏财富和影响力的年轻人在仕途中常常会寻求有权势的家族的支持。马略及其父母的庇护人是频繁获得成功的平民显贵家族，凯奇利乌斯·梅特卢斯家族。公元前119年，卢基乌斯·凯奇利乌斯·梅特卢斯·德尔玛提库斯当选执政官，而且似乎在马略成功当选平民保民官的过程中施以了援手。格拉古兄弟就是在这一职位上推行其改革计划，但像马略这样没有背景的人是不可能推行类似项目的。马略推动通过了一些小法案，其中一项更改了选举程序，造成了马略与其庇护人的直接冲突。这件小事也为马略赢得了一定程度上的独立、勇敢之名。即使如此，也很少有人能猜得到马略日后的名声，因为当时他竞选营造官失败了，在公元前115年也是勉强当选大法官。之后，马略被指控贿赂选民，也是勉强脱罪。在远西班牙担任行省总督期间，马略发动了一些镇压强盗的小战争，但没有机会赢得显赫的声名和巨额的财富。大约就在此时，马略与尤利乌斯·恺撒家族联姻了。该家族是古老的贵族氏族，但当时已不是特别显赫，在整个公元前2世纪一共才出了一位执政官。这桩婚事不错，但并不能保证在政治上对马略能有多大扶持。在接下来的几年中，马略很有可能一次或多次竞选执政官失败，其政治生涯可能看上去已经走到了尽头，直到努米底亚的军事危机给了他新的吸引公众注意的机会。[5]

大西庇阿在公元前 204 年入侵阿非利加时得到了倒戈到罗马一方的努米底亚王子马西尼萨极大的帮助。作为回报,马西尼萨的王国扩大了,自己在其中站稳了脚跟。在第二次布匿战争之后,努米底亚有效帮助罗马抑制了迦太基的复苏。马西尼萨(在第三次布匿战争初期去世)和其子米奇普撒都忠诚地在罗马人需要时为其提供了谷物、军队和战象。在努曼提亚战争中,米奇普撒的侄子朱古达率领一队战象和步兵散兵援助小西庇阿,并在此役中赢得了技艺高超、作战勇猛的美名。公元前 118 年,米奇普撒去世,让养子朱古达、亲生儿子阿德巴尔和西耶姆普萨尔共同继承自己的王国。朱古达很快命人杀死了西耶姆普萨尔。阿德巴尔逃到了罗马,罗马元老院裁定,朱古达和阿德巴尔应平分王国,但朱古达很快打破了这一协定。在努米底亚和摩尔王室中,这种性质的纷争极为常见,马西尼萨当时也正是因为这样一场争斗才向西庇阿求援的。然而,公元前 112 年,朱古达将阿德巴尔围困在锡尔塔。城中有很多罗马和意大利商人,他们组成了防守锡尔塔城的主要力量,在城市投降后被朱古达的军队屠杀殆尽。

听到这个消息后,罗马人大怒。许多怒火可能来自大型经商团体的骑士阶层的首领,他们在那一地区有经济利益,许多死者是其当地代理,但罗马所有阶层的人似乎都很气愤。而盖乌斯·曼米乌斯(很可能就是在努曼提亚被小西庇阿嘲笑之人)当选保民官更是加剧了民怨,直到罗马元老院决定派执政官卢基乌斯·卡尔普尔尼乌斯·贝斯提亚率领军队前往北非才有所平息。经劝说,朱古达来到了罗马,明目张胆地贿赂了大批有影响力的元老,甚至策划谋杀了另一名逃亡到罗马的家庭成员。据说朱古达离开时曾宣称，罗马是"一座能被收买的城市，找到买主就会消亡"！罗马民众的愤怒再次增加，大多是针对元老院在他们眼中的无能和腐败。

公元前110年发生了更糟糕的事情，贝斯提亚的继任者斯普里乌斯·波斯图米乌斯·阿尔庇努斯率领军队对朱古达发动了一次疲软的进攻，之后率领纪律涣散的军队回到过冬的营地，把军队的指挥权交给了哥哥奥鲁斯。罗马的两名保民官因为想要延长自己的任期，延后了所有官员的竞选，致使奥鲁斯指挥军队的时间比预期长了很多。奥鲁斯决定好好利用这个机会，于是率军向朱古达主要存放财富的地方——苏图尔进发。努米底亚国王再次假装愿意与罗马展开和谈，私下则开始贿赂罗马军队中的百夫长和其他军官。之后，朱古达对波斯图米乌斯的军营发动了夜间突袭。结果，罗马军队恐慌溃败。许多军团士兵、一整支利古里亚步兵大队、两支色雷斯骑兵中队集体溃逃，而第三军团的高级百夫长（primus pilus）则放敌军穿过了自己负责防守的工事区。罗马军队的抵抗很无力，也没有持续多久，大批逃兵从军营逃向附近的山丘，放任努米底亚人劫掠营地。

第二天，朱古达包围了奥鲁斯及其军队，提出缔结和约结束战争，只要罗马人承认自己是努米底亚合法的国王，就让罗马军队自行离开，只是罗马士兵们要先经历战败的象征性羞辱，从一对长矛搭成的"轭门"下走过。这一古老仪式的确切起源不得而知，但很明显意味着勇士身份的丧失。我们也不知道这一仪式是在意大利之外也广为人知，还是罗马的敌人知道这个仪式对罗马人意义重大，所以特意选择了它。就像在努曼提亚的情况一样，罗马元老院立刻拒绝了这一条约，可是这并不能平息公众对于造成这次灾难的元老院的无能和腐败的愤怒。[6]

公元前 109 年，德尔玛提库斯的弟弟、执政官昆图斯·凯奇利乌斯·梅特卢斯被派指挥军队与朱古达作战，他没有征募一支全新的军队，只对已经在阿非利加的军队进行了补充替换。马略与普布利乌斯·鲁提里乌斯·鲁弗斯作为高级副帅随梅特卢斯出征，显然已经修复了与梅特卢斯家族的隔阂。有两位参加过努曼提亚战争的老兵随行，于是小西庇阿的方法很快得到实施，使罗马军队变得井井有条，也就不奇怪了。之前几个月，阿尔庇努斯的军队无所事事，军纪涣散，既没有加固防御，也没有合理搭建营地，只有在无法从当地搜集到足够粮草或军队的垃圾变得臭气熏天、无法忍受时才会被迫更换营地位置。士兵和营地奴隶随心所欲地劫掠。梅特卢斯颁布了一套与小西庇阿施行过的极为相似的规定，商人和其他闲杂人等一律逐出军队，士兵也不得购买食物——之前有许多士兵出售定额分配给自己的谷物来购买烤好的白面包，而不吃自己携带的全麦面包。普通士兵不得带奴隶和驮畜。从今以后，军队每天都要更换营地，行进到新的位置便建起行军营，就像是在敌军领地一样。如小西庇阿一样，梅特卢斯和副帅在行军中做出了表率，在纵队之间巡视，以确保每个单位和个人处在正确的位置，且军队装备到位，做好了战斗准备。[7]

梅特卢斯觉得军队准备好了之后，便向朱古达发动了进攻。起初，朱古达避战，因此罗马人把注意力转移到了朱古达治下的城镇，攻下了几个小据点以及努米底亚首都锡尔塔。此种程度的损失严重挫伤了朱古达的威望，促使朱古达在罗马军队穿过穆图尔河附近一片开阔的乡野时对其发动了进攻。朱古达的军队行动迅速，将罗马纵队打散成了若干部分，双方军队就这样交错地展开了混战。最终，双方都伤亡惨重，罗马军队击退了努米底亚军队，杀死或俘获了后者的多数战象。梅特卢斯让军队休息了一段时间，使士兵得以恢复体力并让伤员疗伤。在这场战争中表现突出的个人都在检阅中得到了表彰。4 天后，罗马军队再次开始蹂躏努米底亚最富饶的地区，威胁努米底亚的城镇和据点。想要攻下建有防御工事的城池绝非易事，梅特卢斯在包围扎马时与敌军恶战了一番，之后不得不撤退。他还试图像谋杀维里亚修斯一样，通过贿赂努米底亚军队的军官来谋杀朱古达，但最终计划败露，没能成功。

就梅特卢斯手头拥有的资源来看，我们很难说他还能有何作为了，但罗马人的不满与日俱增，认为罗马军队迟迟未能对朱古达实现复仇。公元前 108 年，马略得到允许返回罗马，宣布参与竞选执政官。据撒路斯提乌斯记载，乌提卡的一位算命者鼓励了马略的野心，预言他将有辉煌的职业前途。从小到大，马略似乎一直都有强烈的个人使命感，并从各种各样的预兆中得到鼓励。梅特卢斯对于马略的参选嗤之以鼻，暗示马略应该等到能与自己的儿子平起平坐了再竞选。梅特卢斯的儿子当时才 20 岁出头，在其父的手下服役。马略继续担任副帅，但从此以后只要有机会就贬低梅特卢斯。除了在军队中，在阿非利加行省遇到罗马商人时他还指责梅特卢斯故意拖延战争以为自己赢得更多荣耀、劫掠更多财富。这些商人给自己在罗马的熟人写了许多封信，批评梅特卢斯，同时极力夸奖马略。

不久，马略又获得了一个更好的攻击梅特卢斯的机会。瓦加镇的百姓突然发生了叛乱，决定投向朱古达，屠杀了罗马的卫戍部队，只有指挥官提图斯·图皮里乌斯·希拉努斯得以幸免。罗马军队很快夺回了该镇，罗马人成立了调查希拉努斯行为的法庭，马略就是其中一员，处死希拉努斯的提议得到了通过，尽管希拉努斯和他一样，也曾是梅特卢斯的受保护人。最后，梅特卢斯让步了，同意自己手下这位不忠诚、让人头疼的副帅返回罗马。

马略的竞选活动进行得很迅速，而且大获成功。虽然各文献倾向于表示马略的主要支持者是社会上的穷人阶级，但我们不能忘记，富人在罗马的竞选中有高得不成比例的影响力，许多骑士和元老支持马略当选，但其他贵族成员在听了这位新当选的执政官攻击他们的演讲之后十分气愤。马略是一位经验丰富的军人，他把自己与纸上谈兵的软弱贵族进行了对比：

> 各位公民，现在请将我这位新人与那些傲慢自大的贵族进行对比吧。他们知道的东西要么是道听途说，要么是从书中看来的，我则亲眼见过、亲手做过，我在军旅生涯中亲身实践过他们从书本上学来的东西。你们自己来判断言语和行动哪个更有价值。他们对我卑微的出身轻蔑不已，而我则嘲笑他们德不配位；我被指责的是我偶然的出身，他们被诟病的则是无耻的行为。在我自己看来，所有人的本质都是相同的，最勇敢的人出身最好。现在要是问阿尔庇努斯和贝斯提亚的父亲们是想要我还是他们这样的儿子？你们觉得这两位父亲如果想拥有最好的儿子的话，会作何回答？
>
> 如果他们［贵族］瞧不起我，那么就让他们也瞧不起自己的祖先，因为他们祖先的高贵也源自其勇气，正如我这样……[8]

上面这段话来自撒路斯提乌斯，因为希腊和罗马史家经常会为他们描述的事件和人物杜撰合适的演讲，不过这段演讲也可能是公元前107年马略口吻和态度的真实写照。不管他演讲中直白的批评让贵族多么愤怒，大量民众却听得很高兴。马略早就打算取代梅特卢斯拿到阿非利加的兵权，并公开保证会很快结束战争。通常来说，分配给新上任的执政官哪个行省，以及哪位行省总督的指挥权得以延长是由元老院单独决定，不过一位保民官在平民会议（Concilium Plebis）上提交了一项法案，授予了马略与朱古达作战的军队指挥权。梅特卢斯拒绝会见自己的继任者，让鲁提里乌斯·鲁弗斯代其将军队交给了马略。

虽然夸下海口，但马略在努米底亚并没有很快取得胜利。不过民众的支持似乎并没因此降低，并确保马略对军队的指挥期限得以延长，最终用了三年时间才结束战争。马略采取的战略与梅特卢斯的并无二致，就是一个接一个地攻下朱古达的要塞，因为罗马军队无法强迫朱古达与其展开决战。幸运女神通常眷顾罗马一方，有一次一名利古里亚辅助兵出外寻找可食用的蜗牛，意外发现了一条暗藏的小路，通向穆拉察河附近敌军一座堡垒的防守弱侧。马略本来要放弃围困了，却利用这条情报攻下了此地。虽然罗马军队一次次取胜，朱古达却始终能避免与罗马军队碰面，而且抵抗到底的决心也从未动摇。最后，马略采用了策反的方法，在公元前105年末说服朱古达的盟友、毛里塔尼亚国王波库斯出卖了朱古达。马略的财务官卢基乌斯·科尔内利乌斯·苏拉负责组织和指挥此次行动，并赢得了其中很大一部分功劳。尽管如此，马略还是在公元前104年1月1日返回罗马举行了凯旋式，并在同一天开始了自己的第二个执政官任期。选举是在马略在外作战期间进行的，这种情况非常少见，但意大利当时正受到一大批迁徙过来的蛮族的威胁，后者已经横扫了许多罗马军队，罗马人强烈地认为，必须要派共和国最得民心的执政官前去与敌人作战。[9]

"马略的骡子"

梅特卢斯和马略都没有获准为阿非利加战役征募全新的军队，两人都是带着征来的部队补充已经在阿非利加行省的部队的兵力。公元前107年，马略打破先例，从拥有足够财产和服役资格的富有阶层以外招募了志愿者入伍。这些人是"无产者"，或者叫作"人头数"（capite censi），因为他们没有多少财产，所以在人口普查时只是一个数字。过去，这个阶层的人只有在极度危急的时刻才会被征召入伍，比如第二次布匿战争最黑暗的那段时期，但在其他时期他们也有可能担任舰队的桨手。罗马军队的传统是从有财产的人，主要是农民当中招收军队的主力。这些人的利益与罗马共和国息息相关，自然会为了维护自己的利益而拼命作战。然而到了公元前2世纪晚期，服役的责任已经变成了一种负担。据撒路斯提乌斯记载，元老院中马略的反对者甚至希望，为了增强在阿非利加的军队的兵力而征兵的做法也会使这位新执政官人气下降，但马略在正常的征兵人群之外招募自愿入伍的志愿兵，避免了这种情况。大量志愿兵被他的演讲所激励，同时也被获得荣耀和财富的愿景所鼓舞，热情洋溢地加入了他的部队。

马略在公元前107年的行为有时被视作一次重大的改革，这一刻，罗马军队从由公民组成的民兵转变成了以穷人为主的职业军队。从那时起，军团士兵将从军视为了一种职业和摆脱贫穷的方式，而不再是一项打断正常生活的义务。在传统体系下，罗马军团每年都要重编，但随着职业士兵数量的增加，军团愈发永久化，并逐渐具备了强烈的身份认同感和传统。马略给每个军团颁发了一枚银质鹰徽作为军旗，从而进一步增强了这种趋势。过去，每个军团有 5 面军旗，上面分别是鹰、公牛、马、狼和野猪。由于征兵已不再基于个人财富，所以过去基于阶级和年龄的划分也失去了现实意义。公元前 109 年梅特卢斯的战役是轻装步兵最后一次出现在文献中，在几乎相同的时间，由罗马公民组成的骑兵似乎也消失了，因此此后罗马军团的组成部分中不再包含轻装步兵和骑兵了。"青年兵""壮年兵"和"后备兵"这三个名称在军队的庆典和日常管理中仍然沿用（后备兵经常也被称为 pili），但各行士兵之间的实质性区别已经随着战术意义一并消失了。现在，所有军团士兵都是重装步兵，统一配备头盔、环锁胸甲或鳞胸甲、罗马方盾（scutum）、短剑和重标枪（pilum）。

百人队仍然是罗马军团以下的基本管理单位，但每个百人队似乎只有 80 人。最重要的战术单位由步兵支队改为规模更大的步兵大队，每个大队有 480 人，由三个支队组成，每个支队分别来自原来三线中的一条。一个军团有 10 个步兵大队，在战争中军团仍然常常排成三线，通常第一线有 4 个大队，第二和第三线各有 3 个。不过，由于所有部队的装备都相同，而且步兵大队的组成也完全一样，因此军队不必非按照这个队形战斗，比之前由支队组成的军团有更强的战术灵活性。由步兵大队组成的军团还可以排成两线或四线，不过很少只排一线，可能是因为一线过于单薄。

现在许多学者认为马略的改革在罗马军队从民兵转为职业军队的过程中并没有发挥太重要的作用，认为这是一个逐步发生的变化。的确，自第二次布匿战争以来，每过一段时间，公民参军的最低财产要求就会有所降低。曾在公元前 172 年的征兵中为一群曾任高级百夫长的愤怒军官发言的斯普里乌斯·利古斯提努斯就因为耕种的土地面积太小，没有服兵役的资格，因此在其 22 年的军旅生涯中多次以志愿兵的身份加入了军团。我们不知道这种情况在马略改革之前有多常见，但我们应记住，利古斯提努斯在军队里只有 3 年没担任百夫长，因此是一名半职业军官，而非职业军人。在降低了服役的最低财产标准之后，还有多少公民依然没有参军资格同样很难得知。[10]

可以肯定的是，与民兵体系建立初期相比，罗马军队的作用已发生了很大变化。当罗马与邻近的意大利社群作战时，一个人可以加入军团，参加战争，而后及时返回家中收割庄稼。随着罗马共和国的势力扩张，战争越打越远，也越打越久。到了公元前 2 世纪后期，就算没有战争，罗马也需要在西班牙、山北高卢和马其顿设置永久的卫戍部队。对于小农场主来说，长时间连续服兵役是沉重的负担。在自己外出期间，农场很容易就会荒芜。同时，罗马的大规模海外扩张使罗马精英阶层极大地富裕起来，后者购买了意大利大片的土地，形成了庞大的地产，并廉价购买通过征服获得的奴隶，让这些奴隶耕种土地。罗马的战争越来越多，迫使越来越多拥有小片土地的罗马公民背井离乡多年，以致债务缠身，不得不把自己本就没有多大的田产贱卖，这些土地会立刻由大农场主收购。每次这种情况发生，达到入伍财产标准的人数就会相应减少。

我们甚至没有足够的可靠数据来估计在这段时间罗马后备兵力下降的程度。文献可能夸大了这个问题，但向我们清楚地显示出，当时的罗马人对此普遍感到担心。征兵问题也是公元前 133 年提比略·格拉古改革计划的核心问题，当时他试图重新分配公有土地以增加在传统上是罗马军团核心力量的自耕农的人数。公元前 2 世纪中叶以来，罗马军队在许多战役中表现糟糕，这可能也加剧了人们对兵源不足的担心。罗马士兵质量的下降与数量下降同样严重。

到了公元前 2 世纪后期，公民对在军团服役的热情可能就已下降了，尽管我们只从公元前 151 年这种突出的例子或从元老院希望马略会因征兵而失去民众支持这些事例中看出来。即使兵役没有令人破产或陷入贫困，也是招人憎恨的。征兵（dilectus）的全过程由负责的政务官全权控制，有的时候人们会感觉一些特定的人被抽调得太狠了，因为每支新军队都希望拥有尽可能多的有经验的士兵。非志愿兵的服役最长年限是 16 年，在一个人一生中是很长的一段时间。公元前 123 年，盖乌斯·格拉古恢复了一项旧有的法令，规定不得强行征募 17 岁以下的人入伍。这说明，正规程序的一些方面常常未被执行。

所有拥有足够财产的公民都要在国家需要的时候服兵役这一义务从未正式取消过。在马略之后，国家仍在征兵，但我们不清楚征兵的过程在多大程度上与罗马传统的征兵相似。之前的有足够财产的阶级似乎不太可能得到任何关注。从公元前 1 世纪开始到罗马历史的末尾，征兵一直都极不受欢迎。马略可能并不是第一个从无产者（proletarii）中征募志愿兵的人，但他是第一个公开这样做的人。公元前 107 年以降，罗马军团的大多数士兵都是从穷人中招募的，且只要有可能就从农村的穷人中招募，因为人们认为他们比城市的穷人更适合军队。罗马军队中手持武器的各类士兵不再能够反映罗马的社会阶级构成。

马略在努米底亚指挥的军队是由两部分组成的，一是主要从无产者中新征募的补充兵力，二是之前按照更为传统的方法征募的现有部队。抵达阿非利加后，马略用了些时间开展了一个训练项目，将两部融合成一个整体，并率领部队劫掠努米底亚一个富饶而防守薄弱的地区，让部队轻松取胜几次。在整场战役期间，马略坚持让部队保持高度戒备状态，始终遵守自己制定的标准程序，但马略并不是一个严格执行纪律的人，而且他指定的纪律以罗马的标准来看并不算严苛。撒路斯提乌斯记载，马略在控制手下士兵时，更喜欢通过"唤起其羞耻感而非处罚"的方式。

马略对士兵有许多要求。正如在梅特卢斯手下担任副帅时一样，马略仍然要求军队行军时的行李车减至最少。士兵不许携带奢侈品，而且需要自己背自己的装备，因为马略不允许士兵带奴隶或驮畜减轻自己的负担。马略可能开创，或者更有可能的说法是，标准化了这个做法，即每名士兵把自己的皮背包挂在一根杆子上用肩扛着，这根杆子很可能是和重标枪绑在一起的。这种方法使得士兵能够快速放下背包。军团的士兵背的东西太多，以至于有了"马略的骡子"这一绰号。马略也总是以身作则，严密监督并亲自参与军队作战期间的所有活动，饮食和居住条件都与普通士兵一样。马略习惯亲自监督守营哨兵，这并非是因为信不过手下的军官能很好地完成这个任务，而是想让哨兵知道，自己在他们执勤时并没有休息。对任何等级的军官和士兵，马略从来直言不讳，无论批评惩罚或表扬嘉奖。在士兵心中，马略值得尊敬，是一位严厉但公正的指挥官。[11]

打败朱古达后，阿非利加的这支军队就解散了，马略之后与北方的蛮族作战时率领的是鲁提里乌斯·鲁弗斯在公元前 105 年作为执政官时组建的军队。据说，马略更喜欢率领这支军队，因为他觉得这些军团比自己的军队更加训练有素。部分在阿非利加战场的士兵从战争初期就在服役了，而新近入伍的士兵由于已经得到了马略承诺给他们的荣耀和战利品，可能对再进行一场艰苦的战争不怎么感兴趣。鲁弗斯的军队可能也主要是从最穷的公民中征募的，他还引入了角斗士来训练士兵们使用武器。教授的内容包括：首先学习如何对付 6 英尺高的木桩，之后学习以真人为对手，这些在之后的几个世纪中成了罗马士兵的标准训练内容。一开始，士兵使用比标准的剑和盾更沉的木剑和柳条编织的盾牌来锻炼增强力量。传统上，有资格服兵役的公民都接受过武器训练，因为他们的武器都是家族财产，经常是代代相传的。现在国家给士兵发放武器，并训练他们使用武器。这是罗马军队转向职业化的另一个标志。[12]

鲁弗斯的军队可能比阿非利加的军队更训练有素、纪律更严，而且在组建和训练的时候肯定是为了对抗辛布里人和条顿人，这些部落与努米底亚人有着截然不同的战术。然而，马略使用了与指挥阿非利加军团完全相同的方法指挥这支军队，开展了一项持久的训练项目，包括日常的行军拉练，以及让士兵保持体格强壮的强化训练。士兵与在阿非利加一样，需要自己搬运并烹饪发放的定额口粮。马略努力鞭策士兵，公正地实施奖惩。有一次，马略在军队中担任军官（很可能是保民官）的外甥盖乌斯·卢修斯反复尝试诱奸手下的一名士兵，但总是遭拒，最后他将这位名叫特雷伯尼乌斯的士兵召进帐篷，动手打了他，特雷伯尼乌斯拔剑杀死了卢修斯。特雷伯尼乌斯因谋杀上级军官而受审，但有其他士兵为其遭遇作证，马略之后不仅撤销了对特雷伯尼乌斯的指控，还亲自给他颁发了"公民冠"，奖励他坚决地维护了自己的名誉。波利比乌斯记载，在罗马军营中，同性恋行为会被处以死刑，这项法律在罗马军队转变为职业军队后依然存在。背后的原因部分是罗马人和意大利人普遍对同性恋相当抵触，虽说绝非人人如此，至少相对希腊人来说，他们的态度更为严苛，最主要的原因是担心同性恋关系会像此案中发生的那样，颠覆军队的等级秩序。此案一个更为直接的影响是，这个被马略宽恕的人杀死的不仅是一名军官，更是马略自己的亲戚，这给了所有人一个明确的教训，即军纪适用于军队中的所有人，没有例外。[13]

北方的威胁

公元前 104 年，在多数罗马人看来，北方蛮族越过阿尔卑斯山进而威胁意大利和罗马本身是迟早的事，从汉尼拔之后就没有敌人这样做过了。这些蛮族主要包括辛布里人和条顿人，也有其他一些部落，比如阿姆布昂人和提古林尼人。他们并不是单纯的劫掠者，还是找寻定居的土地的迁徙者。古代文献中对于蛮族人数的估计基本都是胡乱夸大的结果——普鲁塔克记载有 30 万名战士，还有更多的妇女儿童。不过，迁徙过来的战士及其家庭成员的数量肯定极为庞大。这些人并不是排成一条大纵队行进的，因为那样无法找到足够的粮草满足其基本生存需求，而是分成了若干小组，因此一个部落的人也会分布在范围很广的区域内。罗马人不确定这些蛮族来自何方，只知道是来自莱茵河对岸，也可能是易北河附近，他们也不知道这些人是高卢人还是日耳曼人、为何要迁徙。大规模迁徙可能只是由于当地人口过多，或是爆发了内战，或是有外敌入侵，也可能三者兼而有之。我们很难确定古希腊和罗马的评论家对于来犯的这些不同部落之间的关系了解到什么程度。辛布里人和条顿人很可能是日耳曼人，虽然考古学家普遍发现希腊和罗马文献中记载的高卢部落和日耳曼部落其实很难区分。两者的手工制品有不同的风格和形状，说明两者可能来自不同的地界，但并不能直接说明两者在语言、种族和文化上有所区别。日耳曼部落途径高卢人占领的地带时，似乎有许多高卢人加入了日耳曼人迁徙的队伍。[14]

　　公元前 113 年，一些条顿人来到了诺里库姆。虽然迁徙的主要目的是寻找土地，但这并不妨碍战士们大肆劫掠途经之地。诺里库姆不是罗马的行省，但毗邻伊利亚行省和阿尔卑斯山，诺里库姆人也是罗马的盟友。执政官格奈乌斯·帕皮里乌斯·卡尔波率军前去迎战条顿人。条顿人派来了使者，解释说自己不知道诺里库姆是罗马的盟友，自己也无意与罗马发生冲突。卡尔波给了使者安抚性的回复，但在使者返回之前对日耳曼人的营地发动了突袭。虽然受到了罗马人的欺骗，但日耳曼战士对罗马军队进行了有力回击，罗马军队大败而归，损失惨重。之后，这批条顿人向西进发来到了高卢。[15] 4 年之后，另一批移民（其中包括提古林尼人，居住在今瑞士的赫尔维蒂人的一个分支）向山北高卢行省（今普罗旺斯）进发，并在那里打败了另一位执政官马库斯·尤尼乌斯·希拉努斯率领的军队。在这次胜利之后，这批移民向元老院索要可供居住的土地，元老院予以回绝。前者没有继续入侵，但劫掠了罗马的行省。

　　公元前 107 年，提古林尼人伏击了罗马军队，杀死了执政官卢基乌斯·卡西乌斯·朗基努斯及其麾下的大部分士兵。活下来的士兵投降，从"轭门"底下钻过。这些动荡和对罗马威望的打击，引发了山北高卢一个部落的反叛，但很快被昆图斯·塞尔维利乌斯·凯皮欧镇压了。在这次行动中，凯皮欧劫掠了位于托罗萨的特克托萨季人的圣地，在这个地方，有大量（一些文献称分别有超 10 万磅）金银被扔进了圣湖。如此巨额的财宝就在返回意大利的路上不翼而飞了，丑闻由此爆发。公元前 105 年，作为同执政官的凯皮欧与执政官格奈乌斯·马利乌斯·马克西穆斯会合，因为辛布里人和条顿人再一次威胁到了罗讷河边境。两位指挥官率领着罗马历史上最庞大的军队之一在阿劳西奥（奥朗日）与入侵者相遇。两位指挥官之间的争执导致了罗马军队惨败，伤亡人数可能与坎尼会战的不相上下。[16]

5 支执政官军队惨败于北方蛮族，看起来没什么能够阻挡后者的脚步了，他们将如几个世纪前的高卢人那样，向意大利推进并劫掠罗马。这一系列失败是罗马人一百年来所经历的最严重的，惊慌的罗马人进行了自己历史上的最后一次公开人祭，像在坎尼会战之后一样，在屠牛广场活埋了一对高卢夫妻和一对希腊夫妻。继贝斯提亚和阿尔庇努斯在努米底亚的可耻行为之后，北方发生的惨败激起了罗马民众对贵族更多的批评。希拉努斯、波皮利乌斯（卡西乌斯的副帅，在公元前 107 年卡西乌斯的军队投降后负责指挥存活的士兵）、马利乌斯和凯皮欧都遭到了指控，后两人的罪名均为军事无能和私吞在托罗萨劫掠的战利品。民众不再对名门贵族抱有幻想，加上当时缺少成功的指挥官，于是他们要求军队应由马略指挥，马略第二次当选了执政官。

蛮族的动向一如既往地难以捉摸，在阿劳西奥一役后，大部分的辛布里人和条顿人向西游荡，试图进入西班牙，但没有成功。公元前104年，没有敌军与马略及其军队作战，但所有人都知道，威胁依旧存在，而罗马人并没有采取措施阻止这一威胁。森都利亚大会认定，马略是能够阻止将要发生的入侵的唯一人选，而且也很欣赏他在处理卢修斯和特雷伯尼乌斯一案时所表现出的不偏不倚，因此又一次选举他为执政官。马略的指挥权原本可能被中止，但元老院通常在选举结束之后才会做此种决定，而马略的支持者很可能不想依赖元老院这么做。在近几十年中，同执政官和同大法官也同样比本世纪初期少很多。马略的第三个执政官任期中蛮族仍然没有入侵，因此马略又第四次当选执政官，而蛮族也终于在公元前101年发动了侵略。[17]

我们对马略所指挥的军队知之甚少，不过很可能包含一支强大的由两个军团和两支辅军组成的执政官军队，每支军团和辅军各有6000人，此外还有大量的辅助兵提供支援，全军总共大约有3万—3.5万人。马略率部队在罗讷河岸占据了有利位置，并建造了防御工事，还囤积了大量的补给。在固守待敌的漫长时间里，马略让士兵修了一条通向大海的运河，极大地便利了通讯，也使得收集物资更为容易。马略下定决心，既不被迫应战，也不因缺少食物而移动军队的位置。在更远的东边，另一位执政官昆图斯·卢塔提乌斯·卡图卢斯守着通往山南高卢的各个主要关口，他率领的是一支规模较小的执政官军队，只有2万人出头。罗马人知道蛮族在分头行动，阿姆布昂人和条顿人正朝着马略进军，而人数更多的辛布里人则返回诺里库姆，威胁着阿尔卑斯山。许多与罗马结盟的，或至少不欢迎大批移民到来的高卢部落向罗马指挥官报告了敌人的动向。当初抓获了朱古达的苏拉在公元前

104 年和前 103 年分别在马略的军队中担任副帅和保民官，在这期间多次到高卢执行外交任务，比如说服马尔西人与罗马结盟。昆图斯·塞多留是罗马军队的一名军官，在阿劳西奥的战斗中受伤，从罗讷河游泳回来才捡回了一条命，他在此役的功绩则更为不同寻常：由于懂一些蛮族语言，他伪装成蛮族人，深入敌军军营，提供了关于敌军的数量和意图的详细情报。[18]

当阿姆布昂人和条顿人逼近罗马军队在罗讷河的军营时，罗马士兵看到的是一幅令人生畏的景象。据普鲁塔克记载："敌军人数无穷无尽，他们面目狰狞，语言以及战吼都是前所未见的。"[19] 在别处，普鲁塔克还描述了蛮族出战的场面，骑兵

> 戴着看上去像凶猛野兽张开的大嘴或是巨兽的头的头盔，顶上有羽饰，使他们看上去更为高大。他们还穿着铁制胸甲，手持在阳光下闪闪发光的白色盾牌。每名骑兵都有两头削尖的标枪用于投掷，也有大型重剑用于近距离战斗。[20]

这些蛮族士兵看起来都块头很大、肌肉发达，有着白皮肤、蓝眼睛和一头金发。文学和艺术中北方野蛮人的刻板形象深深影响了人们对辛布里人和条顿人的描述：强壮但缺乏毅力，勇猛但缺乏纪律。虽然有些夸张，但这种传统观念并非完全不可信，蛮族军队的确通常比较笨拙。他们的战术很简单，主要依靠猛烈冲锋。这种冲锋威力很大，有时可以迅速冲垮对手，特别是当对手很紧张的时候。但如果冲锋被截停，蛮族士兵就很容易丧失斗志，最终败北。

这些迁徙的部落已经一起迁移、作战了多年，因此相比那些

保卫本土或从事短期劫掠的部落军队，这批蛮族军队很可能效率更高。然而，蛮族勇士本质上还是单打独斗的战士，所有人都渴望通过抢眼的个人英雄主义行为来赢得个人荣誉，特别是贵族及其手下装备精良的随从。他们也非常自信，蔑视自己在之前对战中一再击败的敌人。虽然蛮族部队之前战胜的是训练不精、指挥不佳的罗马部队，但还是无可避免地对备战待敌的卡图卢斯和马略的部队产生了不良影响。谣言无疑夸大了敌军的数量和残忍程度，令罗马士兵更加紧张。带着这种情绪参战的士兵，几乎不可能阻挡到目前为止战无不胜的蛮族勇士所发起的一场野蛮凶残、鬼哭狼嚎的冲锋。[21]

　　马略深知士兵的心理，因此当敌军抵达并在罗马军营附近安营的时候没有理会敌军的挑战。条顿人一连几天在两军军营之间的平地上排开战阵，对罗马人进行炫耀式的挑衅。这样展示兵力的行为是部落间战争的重要组成部分，在许多其他崇尚英雄主义的勇士社会中也曾是如此。有一位想赢得显赫声名的战士大喊着让马略出阵与自己单挑。马略回敬道，如此急于赴死，就应该找个地方上吊。那名日耳曼战士依然坚持，马略就派了一个身材矮小、年事已高的角斗士出阵，称如果对方能先打败此人，自己才有可能出战。此举意在嘲讽日耳曼的道德准则，因为一位骄傲的勇士应该与一位足够出色的对手战斗。此种做法与玛尔凯路斯欣然回应了这种公开的英雄主义的做法形成了鲜明对比。

　　马略对手下士兵也严格控制，不允许任何单位或个人出阵迎敌。马略希望士兵近距离观察蛮族人，熟悉其外貌和声音，认为这样可以减轻他们对敌军的恐惧。马略的看法是正确的。一段时间后，由于马略不许部队与敌军交战，罗马士兵开始感到不满。

条顿人蹂躏了周围的地带，甚至为了逼迫马略应战而对罗马军营发动了进攻。罗马军队轻易打退了敌军的进攻，日耳曼部落决定越过静止的罗马军队，向阿尔卑斯山的关口进军，长期驻留此地可能使他们遇到了粮食和饲料紧缺的问题。蛮族部队越过罗马军营，呼喊着询问罗马士兵们是否有要带给妻子的消息，他们可以不久后当面转达。普鲁塔克记载，蛮族部队用了6天时间才全部经过了军营，暗示这是因为蛮族军队人数众多，但如果这个说法确有真实性的话，那么更有可能反映出的是部落军队松懈的行军纪律。[22]

马略待所有蛮族士兵经过军营后，率军队离开军营跟在其后。之后的几天，马略的部队如影随形，与敌军保持很近的距离，但不发生接触，并且仔细挑选营地位置，以确保军队处在有利地形，防止受到敌军攻击。马略已经向军队宣布，自己很想作战，但是必须要在合适的时间和地点开战，以保证取胜。马略公开将一位名叫玛莎的叙利亚妇女收为了随从。玛莎是公认的预言家，传说马略的妻子尤利娅在一场角斗表演中遇到了玛莎，当时玛莎成功预言了每场角斗的结果。玛莎坐在轿中跟随部队前进。罗马军队中也流传着其他预示战争胜利的征兆。正如大西庇阿在进攻新迦太基之前称自己受到了尼普顿的启示一事，文献同样无法确定马略是真的相信这些预兆，还是只是以此操控士兵的情绪。[23]

最后，当条顿人抵达阿克韦塞克斯提亚（Aquae Sextiae，今普罗旺斯的艾克斯）时，马略觉得时机终于到了。同往常一样，罗马军队在敌人附近一处有利位置安营，不过这次营地选址有个很大的劣势，就是缺乏能够提供足够淡水的水源。弗朗提努斯指责了在主力纵队之前开道的先遣队选择了这处糟糕的营址。马略称，这样会使部队更加有动力击败驻扎在河岸边且靠近温泉的蛮族部队，但他的首要任务是确保新营地防守严密，于是派遣那些满嘴抱怨的士兵去修建工事，并派部队的奴隶前往河边打水。虽然马略已将奴隶的数量减少到了最低限度，但部队仍需要大量奴隶来完成看守行李车队、照顾役畜和驮畜这些任务；还有一些奴隶（称作"galearii"）戴着头盔，穿着简陋的制服，身上有基本的武器。日耳曼人没准备在那天战斗，因为罗马人已经尾随一段时间了，一直没有想要作战的迹象。因此日耳曼士兵很分散，许多人在泡温泉。

罗马奴隶在取水时与附近的蛮族战士发生了冲突，并逐步演变为一场散兵战。骚乱的声音吸引了越来越多的日耳曼人。阿姆布昂人的营地很可能距离冲突地点最近，因为不一会儿就有一大队阿姆布昂战士列队到来，击退了罗马奴隶。普鲁塔克称有3万阿姆布昂人，但这个数字的真实性很低。利古里亚辅助兵（很可能是负责掩护搭建军营的）首先迎战，之后马略又不情愿地派了其他部队前来支援。蛮族部队被一分为二，只有一部分战士成功渡河，之后被罗马军队各个击败。罗马人还攻克了蛮族军队的部分营地，营地中甚至有妇女攻击了罗马士兵。[24]

这场战斗不是马略策划的，也并非马略本愿，而是意外发生的。结果，罗马军队取得胜利，也提振了士气，因为这证明罗马军队可以击败这些可怕的敌人。但这场战斗也意味着罗马人没有时间完成军营周围的防御工事了。罗马军队整晚都听得到敌人为死去的士兵吟唱挽歌，一直提心吊胆，马略则紧张地防备着敌军发动突袭。弗朗提努斯称，自己命令一小队士兵到蛮族部队营地附近对敌军突然大吼，以此打扰敌军休息。不过普鲁塔克没有提及此事，称第二天没有战事发生，因为条顿人需要时间集结力量，这可能又一次表明蛮族士兵习惯在一个广阔的区域分散移动。第二天晚上，马略挑了3000人组成分队，由马库斯·克劳狄乌斯·玛尔凯路斯率领，派他们借助夜幕的掩护藏身于敌军营地后面一片高地的树林中。弗朗提努斯说，这支分队既有步兵又有骑兵，还有许多牵着驮畜的奴隶。驮畜身上裹了鞍褥，让它们从远处看起来像骑兵。如果情况确实如此，那么玛尔凯路斯要想率队进入指定地点而不迷路或被发现就更困难了。部队一到达指定地点，玛尔凯路斯就和马略失去了联系。他得到的命令是，一旦战斗打响，便率领人马攻击敌军后方，至于具体何时发动攻击就完全要靠玛尔凯路斯自己来判断了。[25]

第二天一早，马略让部队出营，在营地前的山坡上排成了战斗阵形。他派骑兵下到平原，导致条顿人很快如他所愿地发动了攻击。罗马军官骑马四处传达指挥官的命令，要求士兵在原地等待敌军冲上山坡，直到敌军进入15码①的有效射程范围内时才可以向敌人掷出重标枪，并拔剑冲锋。马略自己在前排，决定依靠使用武器的技巧以及强健的体格，亲身践行自己的命令。罗马将军从战争一开始就亲自参与其中的情况很少见，因为这样很难控制战场。但是，这种姿态是强有力的，指挥官借此向士兵展示出自己与他们同担风险。虽然马略的军队进行了严格的训练，而且击败阿姆布昂人也提振了士气，但毕竟面对的敌人人数众多、信心十足，因此敌军一旦发起冲锋，罗马军队依然有可能在冲击下溃败。马略做出这样的决定可能是觉得需要通过一切方式坚定士

---

① 1 码约合 0.9 米。——编者注

兵们的信念。除了在阿克韦塞克斯提亚的这场战役之外，无论是
之前还是之后，都没有文献记载马略做过相同的事。

日耳曼人沿着山坡向上进攻，在山地上很难保持队形紧密，
无法形成一面持久的盾墙阻挡敌军的进攻。普鲁塔克记载，在交
战的初期，阿姆布昂人很有节奏地用武器敲击盾牌，一边前进一
边吟诵着自己的名字。罗马军团等到敌军靠近后，纷纷掷出了重
标枪。标枪自身的重量加上从上向下掷出的额外威力使标枪穿透
了敌人的盾牌，细长的枪柄轻松滑过刺出的洞，刺伤了盾牌后面
的敌军士兵。一些部落战士死亡或负伤，还有一些士兵的盾牌被
重标枪刺中，取不下来，就只好丢弃盾牌，毫无防护地作战。蛮
族士兵失去了冲锋的势头，密集队形也已被破坏。接着，罗马军
团开始冲锋，用厚重的盾牌撞击敌军士兵，让其失去平衡，再用
短剑刺伤敌人。日耳曼人先是前进的脚步被逼停，而后逐渐后退。
坡地对罗马军队有利，但当条顿人撤退到平地上时，这种优势就
消失了，蛮族士兵试图重新建立起一条坚实的战线。就在此时，
玛尔凯路斯率队从后方发动了进攻，新的威胁令日耳曼人陷入了
恐慌，并很快溃败。据说有 10 万名蛮族士兵被俘，罗马军队还缴
获了大量战利品。从此，条顿人和阿姆布昂人不再对意大利构成
威胁。罗马军队在欢庆时，消息传来，马略再次当选执政官。马
略决定将凯旋式推迟到打败辛布里人之后举办。[26]

并非所有消息都是好消息，因为与此同时辛布里人已经抵
达意大利，而卡图卢斯的部队没有做好与敌军战斗的准备，看到
凶狠的蛮族人后大为惊慌，弃阵溃逃了。卡图卢斯知道无法阻止
他们逃跑，于是抓起军旗骑马冲到逃兵队伍的最前端，以表示是
他带领士兵后撤，而非士兵溃逃，耻辱应当记在他而非士兵的身

上。虽然有了这次失利，但卡图卢斯仍然担任同执政官，其指挥权也延长至下一年，因为当年另一位执政官要在西西里镇压一次严重的奴隶起义。两支罗马军队会合，并在韦尔切利遭遇辛布里人。有关这次战争的描述并不那么好，因为之后马略的部队与卡图卢斯的部队发生了激烈的争吵，他们都认为自己对胜利做出了更大的贡献。辛布里人的首领发起战争的方式依旧是英雄主义式的，在罗马人看来这种方式似乎有些过时。辛布里国王波伊奥里克斯率一小队士兵骑马来到罗马军营，正式下达了战书，告知罗马军队要在自己选定的时间和地点与己方军队作战。此时，马略对自己的军队有能力击败敌军很有信心，因此先向辛布里人说明，罗马军队的习惯并非是由敌军决定其战争日程，而后接受了战书。战斗打响的那一天，烈日当头，数万人马扬起了滚滚尘土。最后，辛布里人大败。有些溃逃的辛布里士兵自杀了，还有一些被自己的妻子所杀，这些女人随即将自己的孩子也杀死，最后自尽。即使如此，还是有大量辛布里人沦为奴隶，供人买卖。马略和卡图卢斯都举行了凯旋式。[27]

晚年——政治生活和内战中的马略

虽然战争结束了，但马略还是决意要再当一次执政官。起初，马略显然需要采用大量的政治技巧来开启自己的政治生涯，具体来说就是利用公众的不安在公元前 107 年当选执政官，但在后来的生活中马略的风格便没有那么确定了。在当将军的这些年中，马略可以发号施令，而不需要说服别人，这可能使得马略对于在罗马的公共生活没有做好准备。也有可能只是马略的心态发生了变化。马略的行事方法得罪了元老院中的许多人。虽然马略凭借自己的名气在公元前 100 年第六次当选执政官，却很难实现自己的目标，最明显的体现是马略在推行一项计划时遇到了很大阻力：马略想将许多他麾下复员的士兵安置在山北高卢、西西里和希腊的土地上。许多努米底亚战役的退伍士兵已经在北非获得了土地。之前，对于作战英勇的同盟士兵，马略会很慷慨地授予其罗马公民资格。现在，马略意图将这些举措纳入自己的安置计划，但它们在罗马并不受欢迎。

最后，马略与一位激进的保民官卢基乌斯·阿普列尤斯·萨图尔尼努斯结盟。后者极富煽动性，经常采取让民众暴乱的方式来打败对手，甚至（据谣传）会采取暗杀的手段。在一段时期里，马略的退伍士兵支持这位保民官，导致在罗马广场出现了大规模暴乱。后来萨图尔尼努斯做得太过了，他策划谋杀了前保民官曼米乌斯。此事之后，马略与萨图尔尼努斯断绝同盟关系。元老院通过了"终极决议"（senatus consultum ultimum），宣布暂停行使正常法律，让执政官采取任何必要手段保护共和国的安全。上一次元老院这样做是为了给暴力镇压盖乌斯·格拉古及其追随者提供依据，而现在镇压对象成了萨图尔尼努斯。马略率军包围了萨图尔尼努斯，规劝这位保民官及其追随者投降，不过在其命运尚未得到任何裁决之前，人们便已将反叛者私刑处死。[28]

公元前 100 年之后，在很长的时间里马略在政治生活中没有发挥太大的作用。在接下来的 10 年中，罗马逐渐与越来越多的意大利盟友发生了冲突，因其盟友认为自己派出士兵帮助罗马开疆拓土，却没有分享到足够的利益。公元前 90 年，一场名为"同盟战争"的公开叛乱发生了。战争规模很大，而且作战双方的战术、装备和军事理念都毫无二致。在一段时间里，事情的走向对罗马很不利，但最终罗马还是获胜了，原因一方面是罗马向所有保持忠诚或者迅速投降的盟友慷慨授予完整的罗马公民权，另一方面是对叛乱地区实施武力镇压。战后，几乎波河以南所有自由人口都获得了公民权，而在几十年后，山南高卢也获得了公民权。在这场战争发生的第一年，马略担任重要的指挥职务，在战争中展现出了军事能力和技巧，但没有取得重大胜利。马略身体不太好，可能因此在战争后期没有发挥重要作用。

在这次战争中扬名立万的指挥官之一就是苏拉，他在公元前88年、战争行将结束时当选执政官。虽然苏拉的家族是贵族科尔内利乌斯家族的一支，但该家族已经泯然众人，因此苏拉的崛起就如同"新人"一般困难。在东地中海，本都国王米特里达梯六世趁罗马在意大利战争后元气大伤之际打算扩张权力。由于罗马的外交策略侵略性很强，本都国王知道战争在所难免，因此在公元前88年入侵亚细亚行省，并下令屠杀那里所有的罗马商人。有文献说共有8万罗马和意大利人因此丧生，这肯定有所夸大，但死亡人数可能的确很多。罗马人的反应与锡尔塔陷落的消息传来时很相似。苏拉被授予了和米特里达梯作战的权力。

出于某种原因，马略很渴望由自己来指挥这场战争。在公元前1世纪90年代，马略曾以普通公民的身份到访了亚细亚，而且据说他得出结论，罗马与本都早晚有一战。马略时年69岁，对于战场的指挥官来说已是很大的年龄了，但马略出于某种原因想要不惜任何代价前去与米特里达梯作战。可能是马略知道，近来的军事胜利才让自己始终处于公共生活的中心，而苏拉显然已成为自己的竞争对手，想要夺走自己在努米底亚取得的辉煌。马略再一次与一位保民官结盟。这位保民官名叫普布利乌斯·苏尔皮基乌斯·鲁弗斯，他利用平民会议绕过元老院的决定，通过一项法律使马略作为同执政官获得东方战场的指挥权。苏拉很愤怒：自己振兴家族荣誉的机会即将因为另一人的虚荣而丧失。苏拉手下的 6 个军团担心，马略会率领其他军队作战——迄今为止，在东地中海的战争与唾手可得的胜利、丰厚的战利品同义。苏拉检阅了部队，发表演说解释自己的委屈。然后，苏拉率领部队开赴罗马，要将罗马"从暴君的手中解救出来"。在此之前，从来没有罗马军队愿意在其指挥官与政敌发生争执时使用武力支持自己的指挥官。在苏拉军队中的元老院官员，除一人以外，都立刻将自己与苏拉的决定划清界限，并离开军队。[29]

苏拉轻松占领了罗马，因为其对手没有军队与之抗衡。苏尔皮基乌斯被杀，马略却逃跑了，最终逃到了阿非利加。马略身体状况不佳，精神也时常出现问题。据说，马略有时幻想自己在率军与本都作战，向想象中的军队发号施令。同时，苏拉挥师东进与米特里达梯作战，战争持续了数年。马略最终聚集了相当数量的支持者（他们中的很多人来自马略为自己的退伍士兵建立的殖民地），返回意大利并在公元前 87 年夺回了罗马。马略一行人抵达罗马后表现得极为野蛮，这群乌合之众肆意谋杀、劫掠。没有经过正式的选举程序，马略及其盟友秦纳便宣布自己为下一年的执政官。然而，年龄和病魔给予其致命一击。在第七个执政官任期开始后没几个星期，马略就突然死去了。[30]

晚年的马略自私自利、报复心强，有时又显得可悲可怜。罗马共和国因马略而第一次陷入一系列的内战之中，并在内战中随着时间的推移最终走向灭亡。马略曾凭借其真正的才能史无前例地连续当选执政官，也凭此战胜了辛布里人和条顿人。不过，现在这种才能似乎已消耗殆尽。虽然事后来看，罗马共和国战胜一小撮迁徙的蛮族部落似乎理所当然，但在当时很少有罗马人有如此自信，而马略则是意大利真正的英雄和救星。马略取得过巨大的成就：辛布里人及其盟友曾连续大败罗马军团，而马略终止了这一势头。以内战结束这一章可能并不是最佳选择，倒不如说一下"同盟战争"中发生的一件事，因为这件事能概括出"良将"所应具备的态度。普鲁塔克记载，有一次马略占据了有利地形，却遭到敌军包围，敌军试图让马略冒险出战。"庞派狄乌斯·希洛，马略最难忘、最强劲的对手，当时对马略说：'如果你是伟大的指挥官，马略，那就出来战斗。'马略对此回应道：'如果你是伟大的指挥官，那就想办法让我在不想战斗的时候战斗。'"[31]

6

流亡的将军

塞多留和内战

> 在开阔的战场上对阵，他与同时代任何将军一样勇猛；
> 若是在战争中需要秘密行动，或是先发制人（如迅速占据有
> 利地形、渡河），或是需要加快速度、欺骗敌人、必要时弄虚
> 作假，他称得上是天才。[1]

不论"新人"还是贵族，罗马元老之间的竞争都很激烈。公
共生活是对官位的争夺，也是对赢得声名、荣耀的机会的争夺，
最理想的结果是不仅要使同时代人，而且要使先人取得的成就相
形见绌。即使没有担任官职或者参与竞选，元老也总是千方百计
宣传自己取得的成功和具备的德性，而且不遗余力地扩大曾受过
自己恩惠的人数。有些元老强调自己精通希腊文化，其他诸如老
加图和马略这样的元老则强调自己老派的"意大利式"简朴。为
了纪念成就，元老供奉祭坛、修建神庙和纪念建筑，而家庭内部
诸如婚礼和葬礼这样的事情也变成了公共场合。角斗本来是葬礼
中的一个环节，但不论它起初具有怎样的宗教或祭祀含义，很快
就基本变成了一种娱乐形式。这些盛大的场面、扣人心弦的角斗

比赛会吸引大批民众观看，而观众看后会感到震撼，并感激发起和资助此次活动的家族。政治的竞争意味向来很强，但到了公元前 1 世纪的时候，元老要想获得成功的机会，就不得不花上比原先更多的钱。每位元老都努力想压过对手，于是修建建筑、举行角斗的开销越来越大。从公元前 133 年开始，这种较量总是有可能演变为暴力。公元前 88 年，苏拉决定向罗马进军，由此拉开了将近 20 年的内战与动荡的序幕。公元前 63 年出现了一次政变的企图，导致 50 年代连年出现民众暴乱，并在公元前 49 年演变为又一次内战，直到公元前 31 年恺撒的养子屋大维打败了其最后一个有实力的对手才算告终。

不光是罗马的精英相互竞争、渴望出人头地，大部分希腊城邦乃至地中海世界绝大多数社会的贵族都渴望获得个人主导权，而且通常为达目的不择手段。罗马元老在这方面不同寻常的是，他们在试图实现自己的野心时，只会使用得到公认的有限的手段。在罗马共和国历史的最后一个世纪前，一度困扰许多其他城邦公共生活的内乱或者革命，在罗马从未出现过。即使在最后一个世纪，内战已达到极度野蛮的状态、公民的首级陈列在广场时，罗马上层社会在打压对手时所采取的手段依然是有一定限制的。在古代世界的历史中，经常会有贵族遭到放逐，去投奔外国势力，通常是去往外国国王的宫廷的事。他们可能是遭到罢黜的国王、僭主，也可能是被认为权势过强的将军。这些贵族会欣然率领外国军队打回国内，用武力重新夺回权力（如雅典僭主庇西特拉图），或是代表其新的保护人积极与自己的城邦作战（如亚西比德）。

纵观罗马历史，只有极少数人的职业生涯是遵循上述模式的。公元前 5 世纪半传说性质的盖乌斯·玛尔奇乌斯·科里奥拉努斯很可能是最接近的。科里奥拉努斯被罗马放逐后为敌对的沃尔斯基人效力，并率领军队取得了巨大成功。故事中，科里奥拉努斯几乎就要攻占罗马，只因其母出面干预，最终功败垂成。这则故事的主题展现出典型的罗马道德观。无论为自己或家族赢得名声对一个人有多重要，其行为必须首先符合国家的利益。抱着这种罗马高于一切的信仰，元老们在公元前 2 世纪时认为自己可以与任何一位国王平起平坐，这使得没有任何一位失意的罗马政客寻求外国势力的援助。元老渴望成功，但只有在罗马取得成功才算真正的成功。即使皮洛士或汉尼拔似乎很快将会取得最终的胜利，也没有元老向其变节。同样，大西庇阿虽然怀恨于共和国的不知感激，但也没有为外国国王效力。

内战虽然爆发，但这种态度并未显著改变，因为交战双方始终宣称是为恢复真正的共和而战。双方也会调用罗马之外的军队，但这些军队是以辅助兵的形式出现的，或是罗马盟友出于义务而派出的军队，从没有出现独立国家为了自身利益出兵干预的情况。然而，罗马的内战确实使得一些人的职业生涯较传统不同，尤以昆图斯·塞多留为甚。塞多留在领导非常规部队、与传统的罗马军队进行游击战方面很有才能。苏拉占领罗马后，塞多留遭到放逐，并在西班牙取得了生平最辉煌的胜利，也在那里度过了自己生命中最后的几年。但是，塞多留从来没有背离自己所处阶级的态度，而且始终只把自己当作罗马的元老和将军。

早年生涯和内战

塞多留也是"新人"，来自萨宾城市努萨，出身当地贵族家庭。塞多留很可能是家族中第一个在罗马出任公职的人，而且家里从小就培养他这方面的能力。可以肯定，塞多留的祖辈从来没有在罗马共和国担任过重要官职。塞多留极有演说天赋，而且对法律有所研究，因此很快就在法庭中奠定了名声，而后又热情饱满地在军队服役了一段时间。上一章已经提过，塞多留在公元前105年阿劳西奥的惨败中存活下来，忍着伤痛从罗讷河游了回来，还设法带回了自己的武器。在之后对抗辛布里人和条顿人的战争中，塞多留在马略手下服役，而且多次获得嘉奖，受到提拔，其最突出的表现就是伪装后刺探敌军情报。几年之后的公元前97年，塞多留前往西班牙担任军事保民官，此次经历进一步提升了其勇敢、冷静的名声。当时塞多留与军队在凯尔特伊比利亚的小镇卡斯图洛过冬，当地民众突然发动袭击，然而罗马士兵却纪律涣散、玩忽职守，而且喝得酩酊大醉。普鲁塔克没有写明是否还有其他军官在部队中，也没有说清是否还有另一个指挥官，但其行文暗示塞多留不应对部队的现状负责，这就说明还有其他人担任军队的总指挥。可能是因为这次经历，塞多留在后来定了一条规矩，绝不可安排部队在城镇中居住，而是命令士兵在城外搭建合适的营地，即使在冬天也不例外，而且要遵守严格的军纪。

罗马守备部队的举止可能激起了凯尔特伊比利亚人反叛的欲望，后者也从中看到了胜利的前景。凯尔特伊比利亚人向邻近的奥雷塔尼部落寻求援助，并在一天晚上将奥雷塔尼战士引入城内。罗马军队惊慌失措，许多军团士兵在兵舍遭到屠杀。塞多留与几位同伴设法突围出城，并很快集结了尽可能多的逃散士兵。塞多留发现，有一处城门大开，无人防守，于是留下一小队士兵封锁这个出口，然后带着剩下的人返回城内的街道中。他控制了城内所有的关键位置，之后命令士兵杀死所有年龄大到可以作战的凯尔特伊比利亚男性。塞多留转败为胜，但仍不满意。他决定立刻惩罚奥雷塔尼人，于是命令士兵换上从死者身上扒下的西班牙外衣，然后率领部队向奥雷塔尼人的城市进军。计谋奏效了，罗马士兵发现敌人毫无防备地等候在大开的城门处，人群以为突袭部队回来了，欢呼雀跃地迎接。在室外的许多人很快被杀，整座城立刻投降了，大多数城内居民被卖作奴隶。这种诡计经常出现在战争中。公元前 109 年，梅特卢斯把努米底亚盟友的骑兵列于自己的纵队之前，重新夺回了瓦加城。瓦加城的居民之前曾屠杀了罗马守备部队，而这次误以为是朱古达的人来了，他们把来者放入了城内，才发现自己犯了大错。然而，类似的计谋并不总能成功，而且会有风险。有一次，汉尼拔试图让一队罗马逃兵装成普通罗马士兵夺取意大利的一座城市，但是被识破了计谋，这些士兵遭到埋伏，悉数被杀。[2]

　　塞多留在西班牙取得的成就帮助他当选了财务官，之后他在同盟战争期间负责集结、训练和带领部队，虽然具体的官衔不明。罗马的指挥官和高级副官需要在战线后面不远的地方领导指挥士兵，这种指挥方式不可避免地会带来受伤和死亡的巨大风险。塞多留的指挥方式尤为大胆，他通过自己对敌人的蔑视来激励军队，并依靠自己使用武器的技巧来避免受到攻击。这样的指挥方法让塞多留在战场上取得了巨大成功，但也付出了受伤的代价：一只眼睛永久失明。普鲁塔克记载，塞多留对自己的这一残疾很自豪，宣称自己很幸运能留下这样始终明显可见的标志来展现自己的勇猛，毕竟奖章这种东西只能偶尔戴在身上。当塞多留在罗马进入剧场时，人们爆发出热烈的欢呼，这是塞多留名声大振的证据。

受此鼓舞，塞多留竞选了公元前88年的平民保民官，但由于受到刚刚当选执政官的苏拉公开反对而竞选失败。苏拉反对的原因不得而知，但这造成了两人之间永久的裂痕。在苏拉率军进入罗马，之后又前往东方战场作战所导致的动乱期间，塞多留支持秦纳，而秦纳又与马略结盟。

秦纳和马略的党羽占领罗马的方式极为野蛮。在这伙人的领导者中，塞多留堪称鹤立鸡群，他不沉溺于个人恩怨，并努力让其他人保持克制、不施暴行。马略从被其处决的人的奴隶中招募了一帮恶棍，允许他们杀死、劫掠和盗窃所有不支持新政权的人。最终在秦纳的支持下，是塞多留处理了这帮名为巴尔蒂埃（Bardyaei）的恶棍，他趁其睡觉之时率领一队纪律严明的士兵将其全部杀死，多数恶棍是被标枪射死的。随着马略的突然离世，这些暴行开始缓和，而塞多留也在公元前83年当选大法官，刚好参加了对抗返回罗马的苏拉的战争。之前一年，有些士兵哗变，将秦纳私刑处死，最高指挥权分散到了许多个人的身上。这些人身上最突出的特点便是，他们毫无军事才能。塞多留现在很头疼，他的意见无人采纳，而且因为他常常能精确地预测到部队所采取的行动会导致怎样的灾难性后果，结果其他人开始憎恨塞多留。我们无法确定，塞多留在同年晚些时候去往西班牙履职的时候，是不是极其不情愿的。不过由于苏拉在意大利取得了压倒性的胜利，其军团得以腾出手扑灭其他地方马略的残余势力，因此塞多留也很快被驱逐出自己的行省。在一段时间里，塞多留在西地中海地区四处游荡，遭遇的大部分是军事失利，但他终于在毛里塔尼亚击败了一支苏拉的军队。在这次胜利后，卢西塔尼亚的一个代表团马上向塞多留直接提出请求，希望他能返回西班牙半岛，帮助自己摆脱一位专横的总督的统治。从那时起，塞多留的命运开始极大地好转。[3]

西班牙的战争（公元前 80—前 72 年）

这些卢西塔尼亚人很有可能是高度罗马化、居所固定的部落的代表，而不是罗马行省疆界边缘及以外的较为粗野的族群。虽然塞多留的部队多有赖于这些西班牙土著，但是塞多留的征战是内战的一部分，而不是企图脱离罗马的独立战争。此外，塞多留的部队中还有本来就从意大利征募的士兵，也有一些部队是从在西班牙定居的罗马人中征募的。起初，塞多留部队的规模不大，据普鲁塔克记载，一开始只有 2600 名罗马军团士兵，约 700 名在北非时征募的利比亚士兵，4000 名卢西塔尼亚轻装步兵（又叫圆盾兵［caetrati］，得名于其持有的小型圆盾），以及 700 名混合骑兵。一开始，支持塞多留部队的城市不超过 20 个。塞多留在当时还有一小支舰队（也可能是日后获得的），为其陆上作战提供支援。总的来看，塞多留拥有的资源远不及苏拉派驻在西班牙的将军们，这些将军合起来据说拥有超过 12 万名步兵、6000 名骑兵以及 2000 名散兵。但是，从战争一开始，塞多留就节节胜利，苏拉的将军们无法将各自的力量有效地统筹起来与塞多留作战。第一年，塞多留就分别击败了西班牙两个行省的总督，第二年又击败并杀死了近西班牙的继任总督卢基乌斯·多米提乌斯。远西班牙新的同执政官是昆图斯·凯奇利乌斯·梅特卢斯·皮乌斯，其父曾与朱古达作战。这位同执政官屡遭失利，在与塞多留争夺卢西塔尼亚沿海地区时，手下一名副帅遭到惨败并身亡。[4]

每一次得胜都使塞多留的实力进一步增长。虽然塞多留缺乏金钱以及其他可以支持作战的必要物资，但他对当地人却非常公正和慷慨，并且坚持让手下的军官和士兵也这样做。塞多留尤为关照当地贵族，即使他们曾反对塞多留并与之作战，但只要投降，塞多留通常就会恢复其自由并归还其财产。在奥斯卡（可能是现代的韦斯卡），塞多留出钱为当地富人和名流的儿子修建了一所学校，让孩子们身着托加长袍接受恰当的罗马教育。虽然这些孩子同时在充当人质，以确保这些贵族不叛变，但西班牙贵族仍然对塞多留的开放举措怀有极大的热忱。因为塞多留称自己是罗马共和国正当任命的官员，所以此举意味着罗马官方愿意接纳自己进入行省精英阶层。有许多人从苏拉支持者统治下的意大利逃亡到塞多留这里，塞多留便从中挑选人员成立了"元老院"，每年进行选举并任命官员。[5]

虽然军队的成分很复杂，但塞多留仍然在全军中施行罗马标准的军纪，所有的士兵都编入步兵大队，而且大多数人都按照罗马的方式佩戴装备。所有的士兵都训练有素，训练内容不仅有单兵作战，也有列阵作战。塞多留鼓励士兵使用装饰精美的武器和盔甲，既能让士兵减少损失，也能增强士兵的自豪感。塞多留要求士兵服从命令，不当行为会受到严厉惩罚。曾有一个支队的罗马士兵因为在对待当地平民时极为残忍而声名狼藉，据说塞多留将其全部处死，这让人想起他处理巴尔蒂埃的方式。至少在一个事例中，塞多留也采用当地的军事传统，带着贴身的凯尔特伊比利亚卫士。这些卫士庄严宣誓，将自己的命运与主人相连。如果主人被杀，那么卫士也不会苟活，作为回报，主人要为卫士提供武器、食物以及赢得荣耀的机会。这是许多西班牙部落都采取的惯例，高卢人和日耳曼人也是如此，因此一些部落首领身边会有赤胆忠心的追随者。似乎对于勇士来说，将自己与其他部落的首领的命运相连极为普遍，因此将这种关系套用在罗马指挥官身上并无不可。日后，尤利乌斯·恺撒也会拥有相似的卫队，由 900 名日耳曼和高卢骑兵组成。[6]

有时，塞多留的部队会吸收同盟的西班牙战士进行补强，但这些部队还没来得及接受适当的训练，这迫使塞多留想出办法，教他们在条件不利的时候克制自己战斗的冲动。许多文献记载了塞多留给士兵上过的一课。据说，塞多留牵出了两匹马，一匹身体健壮，另一匹瘦小羸弱。之后，塞多留命令一名最强壮的士兵拔下瘦小马匹的尾巴，而让一名瘦小的士兵每次拔掉大马尾巴上的一根毛。最终，经过徒劳的努力之后，强壮的士兵不得不放弃尝试，而弱小的士兵却逐渐完成了任务。塞多留宣称，这表明无论对手有多危险，只要通过小规模的战斗慢慢消磨对手就可以将其打败，因为持续的压力比蛮力更有效。[7]

马略曾让预言家坐着轿子跟随部队行进，大西庇阿曾告诉士兵梦中神灵向他传达的信息，而塞多留也给自己的领导增添了神秘的因素。有一次，一位猎人献给了塞多留一只白色的小母鹿，塞多留亲自喂养这只小鹿，直到它完全听话。过后，塞多留宣称小鹿是狩猎女神狄安娜送给自己的，并传达了来自神的讯息。有时，塞多留会宣称小鹿传递给了他信息，而实际上这些消息来自哨兵和信使。每当塞多留听说手下部队在其他地方得胜，就会在小鹿头上戴上胜利花环。文献记载，这种方法让迷信的西班牙士兵大为折服。[8]

记载塞多留作战的文献很少，无法详细地重构出西班牙战事的始末，更无法分析每一次的行动。相反，现有的文献提供了一个宏观的视角，也记录了很多故事，当中描述了塞多留作为领袖的技巧以及作为将军的狡猾。总的来说，现有的文献对于梅特卢斯的刻画是负面的，他被描述为老迈迟钝的将军。对于格奈乌斯·庞培的描述更为复杂。公元前 77 年，元老院任命庞培为近西班牙的总督，当时庞培已是罗马共和国最成功的指挥官之一，名声在外，后来成了恺撒在内战中的对手。下一章讲述的就是庞培迥异于传统的职业生涯，不过这里要强调的是，庞培当时只有 29 岁，这对于罗马将军来说是极为年轻的。由于想要将庞培的青春活力与梅特卢斯的年老谨慎进行对比，文献对梅特卢斯的描述更加负面。据说，塞多留将庞培戏称为"苏拉的学童"，而更加嘲讽地将梅特卢斯称为"那个老妇人"。[9]

同时，塞多留自己从意大利得到了一些增援。公元前 78 年，执政官之一的马库斯·埃米利乌斯·雷必达发动了对元老院的反叛，召集了许多愤愤不平的马略党人到其麾下。叛变失败了，但是在马库斯·佩尔佩纳·文托的带领下，雷必达的一些支持者逃到西班牙。佩尔佩纳所出身的家族即使称不上声名显赫，至少也算得上世家大族。此人有着不切实际的自傲心理，其作战经历可谓屡战屡败，很多次都是败于庞培之手。起初，佩尔佩纳不屑于将自己和军队交由塞多留这样的"新人"指挥，但他手下的军队一听说庞培正在赶往西班牙，就强迫佩尔佩纳加入塞多留这位成功将军的队伍，事情才就此决定。在公元前 76 年之前，庞培无法向塞多留进军，因为在穿过山北高卢时，他不得不与当地的部落作战。为了纪念在赴任途中所取得的胜利，庞培后来在比利牛斯山竖立了一座胜利纪念碑。[10]

公元前 77 年，塞多留及其财务官卢基乌斯·希尔图列乌斯数次击败了梅特卢斯，粉碎了其攻占兰戈布里塔埃主城的企图。虽然敌军进行了封锁，但塞多留的部队不仅能够将水偷偷运进城内，而且还能将一大批非战斗人员运送出城。很快，梅特卢斯的部队补给不足，再加上一支征粮部队遭遇伏击且几乎全军覆没，只得撤退。在此之前，塞多留甚至邀请梅特卢斯与自己单挑。梅特卢斯的部队由于士气低落，对此展现出极大的热情。庞培的到来极大提振了这支部队及其指挥官的士气。塞多留决定暂时不冒险与敌军激战，而是先估量一下新对手的实力，同时严令手下不得与庞培或梅特卢斯的主力部队进行大规模作战。庞培手下的两位副帅率领的小分队分别吃了败仗，但是年轻的庞培在得知塞多留正亲自围困劳伦城（很可能位于现代巴伦西亚附近）时，他十分自信地前去救援了。

　　奥罗修斯的作品是非常晚期的文献，对待它必须十分谨慎。奥罗修斯宣称，庞培有 3 万名步兵、1000 名骑兵，而塞多留有两倍多的步兵和 6000 名骑兵。不过，这种巨大的数量优势似乎不可能。双方争夺城市周围的一处制高点，塞多留取胜，但之后庞培从后逼近塞多留，很明显将其困在自己的部队与城市之间了。据说，庞培信心十足，甚至派信使邀请城中居民爬上城墙观看自己是如何碾压敌人的。直到那时，庞培才发现，塞多留在之前高地的营地中还留下了 6000 名士兵，处在庞培身后的位置。如果尽遣军队攻击塞多留的主力，那后方的敌军可能会将自己捉住。庞培无法快速赢得胜利，结束战争，只能眼睁睁地看着塞多留继续围攻，因为庞培觉得全军撤退就是公开承认敌军的优胜。

　　这只是塞多留给"苏拉的学童"在劳伦上的第一课。在围困期间，庞培的军队只能从两个地方获取粮草和薪柴。其中一处离军营不远，但总是受到塞多留轻装步兵的袭击。一段时间后，庞培决定应该将注意力转向更远的另一个地方——塞多留故意没有派军队骚扰那里。如果算上往返的路程以及收集粮草的时间，想要在更远的地点完成这项任务，一天的时间是不够的。不过起初，这种风险倒也不算大，因为始终没有敌军在那一带活动的迹象。最后，庞培的部队麻痹大意了，塞多留在看到敌军营地又一次派出远征部队运粮时，决定进行伏击。塞多留派屋大维·格雷契努斯率 10 个大队的军团士兵（不清楚是西班牙士兵还是罗马士兵，抑或是两者兼而有之）以及 10 个大队的西班牙轻装步兵——圆盾兵前去伏击，同时派塔奎提乌斯·普利斯库斯率 2000 名骑兵提供支援。

伏击的部队趁夜色出发，他们避开了庞培主力部队的侦察，在运粮部队回程路上选了一处地点进行埋伏。这些军官充分回报了塞多留的信任，在将军队引入伏击地点前进行了仔细的侦察。部队埋伏在树林中，轻装的圆盾兵在前，重步兵提供近距支援。骑兵在最后，以防马的嘶鸣声暴露了伏击地点。他们一直等到了破晓，可还不见运粮部队，直到第三个小时庞培的运粮部队才终于出现，沿着伏击军队前面的道路缓慢地行进。这支运粮部队行军纪律很差，许多士兵本应进行警戒，却去寻找粮草或者进行劫掠。圆盾兵以一种西班牙人的传统作战方式发动了突然袭击，运粮部队大乱，许多游散的士兵被杀。庞培的军官开始做出回应，试图集结部队，排出一条勉强成形的战线。但战线还没排好，塞多留的重步兵大队已排好紧密阵形从树林中出来向敌军冲锋了。庞培的部队溃逃，但在逃跑过程中又受到普利斯库斯及其手下 2000 名骑兵的攻击。

在任何历史时期，溃逃的步兵若是遇上组织严明的骑兵，总是任由后者宰割的。普利斯库斯很清楚自己应该做什么。他派出250 名骑兵走另一条路包抄到敌军逃兵的最前面，切断其与庇护所，也就是庞培主营地的联系。庞培听说了遇伏的消息后，派德基姆斯·莱利乌斯率领一个军团前去营救。普利斯库斯的骑兵部队似乎在这支新军面前退却了，向右转去，但军官仍严密控制着骑兵，指挥骑兵绕到增援军团的后方威胁敌军。很快，莱利乌斯受到夹击，前有屋大维率领的主力部队，后有普利斯库斯的骑兵部队。看到局面进一步恶化，庞培很快率领全部部队出发，希望进行援救。看到庞培倾巢而出，塞多留也将主力开出，在对面的山坡上排好了战斗队形。如果庞培前去救援莱利乌斯，那么就会受到后方的大规模攻击，很可能遭遇灾难性的失败。因此，庞培只能眼睁睁地看着伏击部队将运粮部队和莱利乌斯的大部分部队歼灭殆尽。弗朗提努斯是这一事件的主要文献来源，他引用了一段已经佚失了的李维的记载，称庞培的部队此役伤亡约有 1 万人。[11]

劳伦城的居民在意识到近在眼前的盟友无法援助自己时，便向塞多留投降了。塞多留允许城内的人自行离开，但是将该城夷为平地，以进一步羞辱庞培。对于庞培在西班牙半岛的第一次作战来说，这一结局极为令人失望；对于一个喜欢自我标榜为亚历山大大帝第二的人来说，这是一次苦涩的打击。但庞培可能意识到了，自己第一次碰到了一位真正有能力的指挥官。或许，庞培唯一的安慰是，塞多留不愿意与自己打一场大规模战役。

公元前 75 年，庞培有了一个好开头，他遇到了一支塞多留下属率领的军队并迅速将其击败，其中就有无能的佩尔佩纳。虽然庞培本打算与梅特卢斯会合之后再迎战塞多留，但这次轻松取胜使得他的自信心再次过度膨胀，不再想与别人分享胜利的荣耀，于是立刻进攻驻扎在苏克罗河的敌军主力。塞多留知道梅特卢斯也在逼近，他更想对付单个的敌人而不是等待两支敌军部队会合，于是这次接受了庞培发出的挑战。战争开始时，庞培和塞多留都来到了军队的右翼，而让手下负责指挥战线的其他部分，因为这里是荣誉战位。过了一会儿，有人向塞多留报告，庞培的右路军打退了自己的左翼。塞多留迅速骑马来到左翼，开始扭转局面，将逃兵聚集起来，并让等在后面的后备军顶上来。

塞多留的到来为军队打了一针强心剂，不但阻止了敌军前进，还进行了反击，将敌军打得大败而逃。混乱中，庞培大腿受伤，差点被活捉，但是庞培战马马具上的装饰极为奢华，分散了追击者的注意力，后者对于如何瓜分战利品发生了口角，庞培趁机步行逃脱。然而，塞多留来到左翼后，庞培的副帅阿弗拉尼乌斯率左翼大败塞多留的右翼。正如古代战争中经常发生的那样，阿弗拉尼乌斯取得突破后并没有利用这一契机扩大战果，挤压对方战线的其他部分，而是继续前进并劫掠塞多留的营地。晚些时候，塞多留聚集起足够数量的部队攻击并重创分散的敌军，而且重新夺回了营地。第二天，梅特卢斯的军团也抵达了，塞多留因此没有再与敌军交战。据说，塞多留曾宣称，如果不是"老妇人"来了的话，就能解决掉"那个男孩"。[12]

庞培和梅特卢斯的军队会合之后，兵力强大，塞多留无法抗衡。但是庞大的军队也造成了严重的补给困难。在萨贡图姆附近的平原活动时，庞培和梅特卢斯发现自己的征粮部队总是受到攻击，最终不得不依照塞多留的条件与之作战。佩尔佩纳已经与塞多留会合，增强了军队的实力。更令军队（特别是西班牙士兵）

士气大振的是，塞多留的白色小鹿本来走丢了，现在失而复得，而且恢复了健康。接下来，战斗在图利亚河附近打响，梅特卢斯和庞培的部队可能各自为战。塞多留再次击败庞培，将庞培的军队赶了回去，杀死了同时也是其姐夫的副帅曼米乌斯。梅特卢斯也承受了巨大压力，自己也中了标枪而受伤。由于梅特卢斯身边都是自己的人，因此他很快就被带到了安全地带。如果说这次受伤产生了影响的话，那么影响就是坚定了士兵的决心。塞多留的士兵大概由于疲劳，在得胜推进时阵形可能出现了混乱，结果梅特卢斯的部队又将塞多留的部队打了回去，若非塞多留指挥得当，部队可能要遭遇惨败。第二天，塞多留向梅特卢斯的营地发动了突袭，虽然被击退，但延缓了敌军的追击。

但是，梅特卢斯和庞培依旧觉得有可能取胜，紧追塞多留进入深山。塞多留在到达克鲁尼亚城的时候停了下来。梅特卢斯和庞培认为终于把对手逼入了绝境，于是进行了封锁。但事实上塞多留派出了信使去到同盟城邦，让其集结兵力尽快支援自己。当庞大的部队到来时，塞多留发起了攻击，突破了封锁，与援军会合。塞多留没有攻击敌军的主力部队，而是攻击其补给部队，四处突袭，伏击所有单独行动的敌军分队。很快，梅特卢斯和庞培不得不撤退到沿海地区，但即便在那里，也有海盗不断侵扰海岸，截获补给船。战争开始后，元老院拨给西班牙战场指挥官的援助物资非常少，补给本来就不够，而现在的情形更是雪上加霜。

塞多留只能从所控制的西班牙半岛部分地区征税来为战争提供资金，而且无法征募到新的罗马士兵，只能从当地人中征兵。虽然塞多留一直面对着这样的问题，但他的对手也好不到哪里去。

公元前 75—前 74 年的冬季，庞培给元老院写信抱怨支援不足，说自己已经用勉强能支撑一年的物资和钱财打了三年的仗。庞培经常自掏腰包以供养军队，但现在自己的财力已经耗尽，军团已经到了断粮的边缘，士兵的军饷很多都拖欠未发。历史学家撒路斯提乌斯记载，在信的结尾，庞培威胁称要率军返回意大利。无论信中是明示还是暗示，庞培想要的结果很快就到来了，元老院很快派来了两个军团，并带来了大量的资金对庞培进行援助。[13]

大约在同一时间，塞多留接见了本都国王米特里达梯的使者。苏拉击败了米特里达梯，迫使其在公元前 85 年媾和。在经历了许多事情，特别是在罗马吞并比提尼亚之后，米特里达梯坚信，只有打败罗马才能阻止自己的权力遭到蚕食。因此，这位国王提出与塞多留结盟，保证送来战舰和金钱；作为回报，塞多留要派去军事顾问，帮他按照罗马军团的训练方式重新训练军队，并且要承认其对包括小亚细亚和比提尼亚在内的领土主张是正当的。塞多留将此事交与他的元老院讨论，多数元老倾向于同意，因为通过失去不属于自己的土地来换取援助似乎很是划算。但塞多留自己的态度却不同，这又一次彰显出，他首先视自己为罗马共和国的公仆。因此，他同意了米特里达梯开出的除了承认其对亚细亚的主权以外的所有条件，因为亚细亚是罗马治下由来已久的古老行省。据说，米特里达梯得到答复后就在想，要是塞多留是罗马真正的掌权者而不是被禁锢在遥远西班牙的一隅，那么塞多留会开出怎样的条件。不过，条约还是签订了，国王按约定将 40 艘桨帆船以及总计 3000 塔伦特的银子送了过去。[14]

在接下来的几年，梅特卢斯和庞培在作战季再次合作，而且采取了更为有条不紊的战略：系统性地攻占忠于塞多留的据点。

有时，塞多留能够击退敌军的进攻。在塞多留抵达之前，庞培烧掉了帕兰提亚的木制堡垒，而塞多留到达后将其重建起来，而后又继续行进，在加拉古里斯城外打败了一支敌军部队，造成敌军伤亡 3000 人。双方互有胜负，但看起来短期之内塞多留无法被彻底击败。梅特卢斯极为绝望，用丰厚的奖励悬赏塞多留的人头，许诺说如果有人能杀死塞多留，那么他不仅可以得到土地和金钱，而且如果他是遭到放逐者，还可以得到返回罗马的权利。[15]

然而，虽然塞多留没有输掉战争，但如今他显然也无法赢得战争了。只有在西班牙，在他的指挥下，还有罗马人仍然在与苏拉独裁下建立起来的元老院继续抗争了。公元前 79 年，苏拉退休回归平民生活，不到一年就去世了。大多数苏拉的敌人都死了，而苏拉与其党羽扩充的元老院已经统领共和国很久了，足以使几乎每一个罗马公民相信其具有合法性。自然，随着时光年复一年地流逝，塞多留的元老院被认可为共和国正当领袖的可能性已几乎降为零。随着苏拉的死亡，战争的主要原因已不复存在，与所有罗马内战相似，此次战争的原因就是个体政治家之间的对立。即使元老院不能迅速调集全部资源支持与西班牙叛军的作战，战争也一定会打赢，这一点毫无疑问。塞多留似乎意识到了这一点，普鲁塔克记载，在取得了几次胜利之后，塞多留向梅特卢斯和庞培派了使者，说自己愿意放下武器。他唯一的条件是，准许自己回罗马并作为退休的普通公民生活在那里。这种条件从未得到同意。罗马在与外国作战时很难打败的原因是，罗马总是追求绝对胜利，这种渴望使得罗马人在内战中也是不死不休。罗马很少与敌人进行妥协，签订协议，哪怕有协议，效力也从来不长久。很可能是因为逐渐增强的绝望感，塞多留放弃了之前勤俭的生活习惯，转而放任自己沉溺于酒色。

塞多留继续作战，但其军队中的罗马人也同样感觉挣扎是徒劳的，而且对塞多留让凯尔特伊比利亚人做其贴身卫士愈发憎恶，有谣言说塞多留不相信自己的国人。佩尔佩纳在背地里喋喋不休地煽风点火，来颠覆指挥官的权力。军队中的罗马官员开始越来越残忍地对待当地人，全然不顾塞多留要让当地人保持忠诚的觉悟。这种行径激起了当地人的反叛，而反叛发生后塞多留觉得必须对叛乱部落进行凶狠的惩罚。塞多留处决了几个在其学校上学的孩子，原因是他们的父母做出了不忠诚的举动。一段时间后，塞多留在当地的公正统治就堕落成了独裁，多年培养出的信誉迅速消失不见。开始有士兵向敌军变节，其中既有罗马人也有西班牙人。罗马颁布的一项针对之前雷必达追随者的法律可能鼓励了罗马士兵投降：只要投降，一切既往不咎。佩尔佩纳无意投降，而是想自己夺取最高指挥权。公元前72年，佩尔佩纳举行宴会款待塞多留及其贴身卫士，待其喝醉便命令士兵将其全部杀害。虽然这样的野心没有受到阻拦，但佩尔佩纳的指挥技巧并没有提升。庞培很快将其击败，结束了战争。[16]

塞多留是个悲剧性但浪漫的人物，因时运不济而投身于内战中失败的一方。以罗马政治精英的标准看，塞多留是正派体面、能力超凡的人。虽然是"新人"，但是塞多留在正常情况下本该拥有极为成功的职业生涯。作为领袖、管理者和指挥官，塞多留有着无与伦比的天赋。弗朗提努斯对于塞多留战术的记载要比他对绝大多数其他罗马将军的记载都多。虽然记载塞多留作战的文献很少，但他在作战中体现出来的天赋将永远熠熠生辉。

7

罗马的亚历山大

"伟人"庞培

> 此刻，提及"伟人"庞培的各种称号和成就不仅是一项个人的光荣，也是罗马帝国的光荣，因为这些成就与亚历山大大帝取得的成就一样辉煌，甚至可与赫拉克勒斯媲美。[1]

从罗马共和国建立以来，罗马军队就是由选举产生的行政官员或者元老院授予绝对统治权的同行政官员来领导的。公元前210年，大西庇阿得到了西班牙军队的指挥权。考虑到当时大西庇阿还很年轻，所以这一决定是一次特例，但也是经过森都利亚大会投票授权的。这是个体现罗马政治系统灵活性的极端案例，即在危机时刻可以不必严格执行有关官员任职的正常法规。还有其他例子能够显示罗马政治系统为了赢得战争而修改规定，比如玛尔凯路斯和费边多次担任执政官；大西庇阿与小西庇阿在尚不能任职的年龄就当选高级官职。然而一旦战争打赢，公共生活很快就会回归正常，除非又一次发生紧急情况，否则这种职业生涯无法复制。

即使是在这种情况下，要想改变传统的任职模式，也只有少数有天赋、受公众认可的人才能做到。马略连续 5 次当选执政官可谓史无前例，但基本符合执政官和指挥官由选民选举的原则，虽然通常情况下选民并不会反复选举同一人为执政官。没有其他元老能像马略这样连续 5 次当选执政官，甚至连续当选 2 次的都没有，至少在公开选举因内战而终止之前是这样。因此虽然有人能够获得非同寻常的职业生涯，但并非所有元老都期待自己可以效仿。仅就这一点来说，"伟人"庞培担任指挥官的情况与赋予年轻的大西庇阿指挥权的紧急措施有一致之处。不过在其他重要方面，庞培的职业生涯是对公共生活传统的根本性颠覆，因他无视"荣耀之路"，为获得名声而另辟蹊径。'

一切要从庞培 23 岁那年说起，当时他组建了一支军队参与了内战。庞培无权征兵作战，因为他没有官衔，只是个普通公民。公元前 210 年，大西庇阿至少担任过营造官，很可能还是元老院中的一员，其指挥权是由元老院正式授予的。庞培则显然不是元老。他完全按照自己的意愿行事，用自己的财富来武装士兵并支付其薪水。军队一旦组建起来，军队本身及其指挥官就都是不可忽视的了。在十几年里，庞培首先受雇于苏拉，而后又受雇于元老院进行了一系列的战争，最突出的便是与塞多留的战斗。在这期间，庞培从未展示出任何想回归传统职业生涯的意愿，而是更享受在战争中自己所承担的更重大的职务。公元前 70 年，庞培进入元老院，并同时成为执政官，而且已经获准举行了两次凯旋式。此时庞培年仅 36 岁，他不但继续活跃于公共生活中，在之后几年还会得到更高级别的指挥权。经历了如此反传统的职业生涯之后，庞培在人生的最后几年竟然明显支持既有体制，反对持不同政见的尤利乌斯·恺撒，这一点尤为令人惊讶。

未经选举而产生的将军

庞培不是"新人"——父亲格奈乌斯·庞培·斯特拉波曾在公元前104年担任财务官，在公元前92年担任大法官，并在公元前89年担任执政官。但是其家族也不是久负盛名的平民显贵，虽然家里很富有，在皮凯努姆有很多地产。与马略一样，庞培出生时名字里只有两部分，因为斯特拉波（意思是"斜视眼"）只是别人根据他父亲的相貌起的绰号。庞培的父亲斯特拉波在同盟战争期间发挥了重要作用，在担任执政官期间包围并最终攻占了阿斯库路姆。虽然斯特拉波的能力受到广泛认可，其本人却从来不受欢迎，无论是在手下士兵中还是在其他元老中。而且斯特拉波在分配阿斯库路姆一役的战利品时不够慷慨大方，其贪婪的名声进一步远扬。当内战于公元前88年爆发时，斯特拉波与双方的领导人都没有紧密的联系，其态度在很长时间里也模棱两可。很可能是在苏拉的支持下，元老院决定让公元前88年的另一位执政官昆图斯·庞培·鲁弗斯（可能是斯特拉波的一个远亲）取代斯特拉波率领军队。鲁弗斯的行程受到了耽搁，仅领军了一天多就被一群暴乱的士兵谋杀了。人们普遍相信，是斯特拉波指使人杀害了鲁弗斯，而斯特拉波也很快恢复了对军队的领导。在下一年，斯特拉波最终选择支持苏拉，反对马略和秦纳，却在一场无关紧要的战役之后突然死去。有文献称，斯特拉波是在一次暴风雨中被闪电击中。也有文献称，他死于在整个军营中蔓延的瘟疫。但是，斯特拉波也有可能是非自然死亡。由于他极其不得人心，在其葬礼上，送葬队伍在行进时有暴乱发生，尸体也遭到了亵渎。[3]

从公元前 89 年开始，当时只有十几岁的庞培就与父亲的下属一起服役。庞培在战斗中的表现鲜有记载，但他挫败了一次秦纳党羽发动的对斯特拉波的暗杀活动。暗杀行动失败后，军营出现了混乱，是 18 岁的庞培将士兵聚集起来并恢复了秩序。据普鲁塔克记载，他声泪俱下地哀求士兵平静下来、听从命令。有一群士兵试图逃出营地，庞培自己堵在营门口，告诉士兵，要想逃跑需从自己的尸体上踏过去。这位少年要比父亲受欢迎得多，许多士兵惭愧不已，自行返回了帐篷。斯特拉波死后，庞培回到了罗马，并受到了指控，说他私吞了许多阿斯库路姆一役中的战利品。最终真相大白，此事是斯特拉波手下的一位获释奴所为，但庞培之所以能无罪释放，很大程度上依靠的是其辩护人的技巧、他本人出众的长相、自信的仪表、沉着的回答，特别是与法官的女儿安蒂斯夏的秘密婚约。消息很快传开，因此当最终判决宣布之时，围观的人群立刻大声喊出一句婚礼的仪式用语"Talassio！"。这是一句略微有些粗俗的罗马用语，大概相当于"现在你可以亲吻新娘了"。由于在这几年里无法确定苏拉是否会返回罗马，罗马的气氛极为紧张，再加上庞培的父亲曾与当前政权作对，因此庞培在罗马待得分外难受。不久后，庞培便退隐到位于皮凯努姆的家族土地上，并在那里待了一段时间。[4]

在公元前 84 年，秦纳已经开始更紧迫地准备应对苏拉的入侵。庞培决定加入秦纳的部队，却饱受猜疑，于是很快又返回了皮凯努姆。不久后，秦纳自己的士兵发生哗变，杀死了秦纳，执政官格奈乌斯·帕皮里乌斯·卡尔波取得了最高指挥权。公元前 83 年，有消息称苏拉已经在返回意大利的路上了，庞培决定不再用热脸去贴马略党人的冷屁股，而是效忠已在归途中的同执政官苏拉。在苏拉抵达布伦迪西乌姆后，会有许多年轻的贵族纷纷投靠，特别是那些在马略和秦纳发动的大清洗中痛失亲人的贵族。不过，庞培决定要凸显出自己的与众不同，不想空着手投靠苏拉。于是，23岁的庞培开始小心翼翼地在皮凯努姆招募军队。由于庞培极得人心，而且人们也不愿忤逆这个当地最富有的地主，因此他的征募得到了社群和个人的热烈响应。卡尔波的手下无法阻止人们应征的潮流，很快便逃跑了。庞培在很短的时间内就聚集了一些骑兵，并组建了一整支军团。他任命了百夫长，并按照正规的方式将部队划分成不同的步兵大队，用个人财产购买武器装备以及支付士兵薪水。另外，庞培还购买了食物以及运输补给所需的交通工具。最终，庞培又以同样方式出资组建了另外两个军团。庞培做这一切时小心谨慎，挑不出什么错误，除了一个最根本的细节，那就是庞培根本无权组建军队。

一切就绪后，庞培挥师南进，投奔苏拉。有几支敌军试图阻截庞培，但反对苏拉的部队一如既往地有着领导层分裂、指挥无能的问题。还需指出的是，卡尔波及其盟友虽然征募了一支规模庞大的军队（阿庇安记载有250个步兵大队），但绝大部分士兵与庞培手下的士兵一样是未经训练的新兵。庞培同时受到3支跟自己规模相当或大于己方的敌军威胁，于是他把部队集中起来攻击距离自己最近的敌军，其中包括一队高卢辅助骑兵。这位自封的年轻将军亲率骑兵进攻拉开了战争的序幕。他冲向前来迎敌的高卢骑兵统帅，一马当先将其挑落马下，正如当年玛尔凯路斯杀死布里托马鲁斯一样。统帅战死，高卢骑兵惊慌失措，向后方逃窜，引起了部队其他部分的恐慌，而后整支部队土崩瓦解。

庞培首战告捷，在与苏拉及其主力部队会合之前，他又取得了好几次这样的胜利。庞培得到了苏拉的热情欢迎，其程度远超自己的预想。同执政官下马迎接了这位年轻的将军，欢呼其为"得胜将军"（imperator，这一称号在传统上只授予得胜的将军）。庞培成了苏拉最为信任的高级下属之一。每当庞培到来时，苏拉总是起身迎接或脱帽向年轻的盟友致意，而很多更有名望的人物却没有从苏拉这里得到这种殊荣。[5]

内战双方都无视先例和法律。卡尔波操纵公元前 82 年的选举，使自己再次当选执政官，并让马略还不到 30 岁的儿子一同当选。春季，庞培奉命前往山南高卢支援苏拉的另一个下属、同执政官梅特卢斯，后来也将与其一同在西班牙作战。两人在意大利北部赢得了几场胜利，而苏拉本人则攻占了罗马。卡尔波的一些萨莫奈盟军曾诱使苏拉离开罗马，而且几乎夺回了这座城市，但苏拉及时赶了回来，在科林门战役中险胜敌军。战斗中，苏拉曾一度骑马来到受敌军很大压力的左翼，而此时有两名敌军士兵眼尖发现了苏拉，把他与手下隔开并企图击杀他。苏拉正全神指挥战斗，因此没有注意到这一威胁。这时，苏拉的马夫及时地抽了苏拉的白色战马一鞭，使之向前奔跑，从而躲开了掷向将军的标枪。若不是他的警觉，苏拉可能就中枪而死了。罗马式的指挥方式会使指挥官暴露在极大的危险之下，即使指挥官并没有参与实际的战斗。[6]

在完全掌控了罗马之后，苏拉自封为"维持共和的独裁官"（dictator rei publicae constituendae），从而恢复了独裁官这一古老的手握最高权力的官职，但取消了六个月的任期限制。苏拉也对敌人进行了复仇，残忍程度比起马略和秦纳有过之而无不及，但苏拉的复仇在许多方面有组织得多。在科林门一役中俘虏的萨莫奈人遭到集体屠杀，但在罗马，苏拉是按照更为正式的程序复仇的。他将人员名单张贴在广场上，名单上的人"被宣告为国家公敌"，立刻失去所有公民权利，现在人们将其杀死也不会违法。死者的尸体，更常见的是砍下的人头，要送到当局那里作为死亡的证据，而这些令人毛骨悚然的纪念品很快就装点了罗马广场以及其他公共场所。死者的财产收归苏拉以及国库所有，但苏拉慷慨地将利益分给自己的支持者，许多人也因此变得极为富有。后来谣言四起，称国家公敌名单上的人是苏拉出于私人恩怨或是纯粹的贪婪才列上去的。

公敌名单迫害的主要是元老和骑士，因为这些人具有重要的政治地位，同时也很富有。后来，苏拉征召了许多新成员进入元老院，使其规模扩大了一倍，人数增至约 600 人。大约一年后，苏拉提出了一项立法，削减了平民保民官的权力，做过平民保民官的人不能再担任其他职务，从而使这一职位对许多野心家来说吸引力降低了不少。法庭也进行了改革。此外，不仅对担任官职的传统的限制，还有对官员以及总督活动的限制，都得到了重申，或得到了强化。苏拉作为独裁官的改革计划是到目前为止最为全面的，直到日后尤利乌斯·恺撒在后来的内战中取胜而担任相同职务时，才会发起更为全面的改革。

但总的来说，最引人注目的是苏拉尽可能保留了罗马共和国的基本架构。无论内斗中罗马各方领导人的斗争如何险恶，这些冲突却很少有重要的意识形态基础。人们斗争只是为了夺取权力，或者防止权力落入自己憎恶的对手手中。虽然有些革命者为了赢得支持而向人们许以土地，或者承诺免除人们的债务，但似乎没有人想改变罗马共和国运作的根本方式。领导者及其同谋的主要目的始终是取代当前共和国的掌权者。苏拉赢得了这种斗争的胜利，其改革的主要目的就是让自己的党羽充斥元老院。

虽然内战在意大利已经基本结束，但马略的同情者仍然在一些行省继续斗争。公元前 82 年秋，苏拉派庞培去西西里，元老院授予庞培同大法官的绝对统治权，这是庞培第一次获得正式的权力。战争持续时间不长，很快马略的同大法官佩尔佩纳就遁逃了，不过卡尔波本人被活捉并处决，这场战争宣告结束。庞培对待敌军首领卡尔波的方式并不光彩，虽然卡尔波在临刑时没有展现出罗马贵族应有的勇气，因此受到人们的鄙视。还有其他一些传说记述了这位年轻的指挥官在获得绝对统治权后肆意妄为，不过总的来说庞培要比苏拉其他手下表现得更为克制。[7]

西西里一役结束后，庞培又被派往阿非利加，率领由 6 个军团组成的庞大部队发动入侵。部队在迦太基以外不远的乌提卡登陆，它现在已是罗马的殖民地。不久，有一队士兵挖出了装有布匿钱币的密窖，军营中很快谣言四起，称许多迦太基富人在与罗马作战期间为安全起见把珍宝埋到了地下。之后的几天，军队的纪律完全失效了，士兵都开始疯狂地挖宝。在内战的混乱时期组建的许多军团遵守纪律的意识都不佳，而这就是一次体现。庞培意识到自己无法恢复秩序，就只是在周围的平原上游荡，嘲笑那些疯狂挖宝的士兵。再没有金子出土了，最后士兵放弃了挖掘。庞培宣称，士兵给他们自己造成的劳累已是足够的惩罚，然后率军与敌军作战。战斗在一场暴雨中打响，场面很混乱，庞培的军队占据上风，但也无法扩大优势。战争结束后，一名紧张的哨兵没认出年轻的指挥官，向他发起盘问，庞培没能立即回答，差点被杀——纵观历史，这样的风险很寻常，尤其是在那些匆忙组建起来的部队当中。在此之后，庞培的部队很快取得了决定性的胜利，庞培特别注意作战时不戴头盔，以免再次成为自己手下士兵攻击的目标。他发动了一次大规模的狩猎活动来结束阿非利加的战事，宣称即使是动物也应该领教罗马的力量与手段。[8]

苏拉派使者传令，让庞培率一个军团留在原地，把剩下的军团发派回意大利。庞培的士兵认为这是对其爱戴的指挥官的轻蔑，群情激奋地要求庞培亲自率领部队返回意大利。军营中都立有将台，庞培登上了台座，试图维持纪律，但没有成功。过了一会儿，庞培放弃了，泪如雨下地退回到自己的帐篷。但很快，士兵又将庞培拖上了台座。最后，庞培发誓，如果士兵不服从命令，自己只好一死了之。士兵的喧哗终于平息了下来，即便如此，庞培还是陪同军队回到了意大利。

起初，苏拉担心又要发生内战了，但很快就传来了澄清的报告，庞培仍然保持着忠诚。苏拉热烈地欢迎自己这位年轻的门生，授予庞培"马格努斯"（意思是"伟大的"）的称号，但是在普鲁塔克的记载中，庞培在接下来的几年中并没有使用这个名号。庞培请求举行凯旋式，苏拉可能有点不情愿，但最后还是妥协了。庞培想给凯旋式设计一个很大的排场，这可能也暴露出庞培不够成熟——他想站在由大象牵引的战车上，却发现游行线路上有一个主门大象无法通过，只得作罢。此时又出现了另一个问题：桀骜不驯的士兵觉得自己分得的战利品不如预期，威胁要破坏游行。于是，庞培针锋相对地表示不如把凯旋式整个取消掉算了，也剥夺掉士兵们在城市中列队游行的荣耀。威胁奏效了，这次混乱很快平息下来。最后，凯旋式顺利举行。庞培年仅二十多岁，而且没有担任任何重要官职，却举行了凯旋式，这比凯旋式本身的光芒更加夺目。要知道大西庇阿在西班牙取胜之后，也没能够举行凯旋式。[9]

政治和战争

庞培没有选择做元老，虽然看起来苏拉肯定会愿意让庞培进入元老院。现在庞培已经很难按照传统的"荣耀之路"发展，从财务官和营造官这样的初级职务做起了，因此他选择不进入传统的政治圈子。当然，这并不意味着庞培就不想成为主宰罗马共和国之人，只不过他在用自己独特的方式来实现这一目的。庞培与安蒂斯夏缔结婚约就是为了能够立刻获得政治优势，而在公元前82年，独裁官苏拉决定自己也应该用相似的纽带将庞培拴住，于是命令庞培与安蒂斯夏离婚，改与自己的继女埃米利娅结婚，而埃米利娅此时正怀有现任丈夫的孩子。这对安蒂斯夏来说是一次严酷的打击，她的父亲由于和庞培的关系而遭到谋杀，而在那之后不久母亲也自尽了。然而，联姻是罗马政治生活中的传统组成部分，这次联姻与许多其他贵族之间联姻的区别也仅仅在于自私程度的不同而已。这件事情是苏拉提议的，但庞培似乎也乐于服从，因为这次联姻显然对双方都有利。这次婚姻很短暂，因为后来埃米利娅在分娩不久后死去。元老很少会较长时间保持单身，公元前80年庞培娶了穆西娅，她来自著名的穆西乌斯·斯凯沃拉家族，由此又一次缔结了对自己有帮助的政治关系。

对于罗马的元老来说，婚姻只是出于政治考量的权宜之计，他们真正钟情的往往是情人而非妻子。普鲁塔克记载，庞培在一段时间里与一位名叫弗洛拉的高级妓女搞风流韵事。弗洛拉极为美丽，梅特卢斯·皮乌斯放在卡斯托尔和波吕克斯神庙中的一幅画作就以弗洛拉为模特——这样的做法在后来的文艺复兴时期会变得极为普遍。据说，弗洛拉炫耀说年轻的将军对自己很有激情，每次欢爱后都会在自己身上留下牙印。然而即使是在这样的情事当中，庞培也流露出了政治家的野心。他希望自己施恩于人，最终将弗洛拉拱手送给一个同样爱上她，却被她以庞培的缘故拒绝的朋友。由于庞培与弗洛拉依然相爱，因此庞培的牺牲就显得尤为巨大。

有时，年轻的庞培行为举止更像是一位希腊化君主，而不是罗马贵族。世人普遍认为庞培的相貌极其俊美，总是面带微笑，惯于赢得别人的好感。许多人将庞培与风华正茂的亚历山大相比拟，据说庞培自己也乐于听到这样的比较。虽然庞培没有正式的官职，也不在元老院里，却具有相当大的影响力。公元前79年年底，马库斯·埃米利乌斯·雷必达在庞培的支持下竞选下一年的执政官并成功当选，而苏拉支持的候选人则落选。苏拉这时可能已经辞去了独裁官的职务，很快就会退隐到自己的乡间别墅去。他的健康状况急转直下，只剩下几个月的时间可活，不过也有恶意的说法称苏拉沉湎于淫乐之中。雷必达公开宣称，自己要废除许多苏拉制定的法律，特别是苏拉对于保民官权力的限制。

庞培识人的本领并不高明，他总以为自己能够控制别人的行为，实则控制不了。庞培支持雷必达的原因不是很清楚，但这一决定很快就被证明是一个严重的错误。据文献记载，苏拉得了很恐怖的疾病，身上的肉开始腐烂，浑身都是虱子咬的肿包。雷必达试图阻止苏拉得到公开的葬礼，这种葬礼对元老来说十分重要。

而庞培或是出于对老领导尚存的感情，或是对父亲的尸体受到亵渎的事记忆犹新，因此极力确保苏拉的葬礼顺利举行，不受扰乱。苏拉的骨灰埋在战神广场，同时竖有纪念碑，上面镌刻着苏拉自己撰写的铭文。铭文称，没有人比这座碑的主人对朋友更好，也没有人比他对敌人更恶。

雷必达就职几个月后就率领一支部队公开对元老院发动叛乱。不管雷必达与庞培此前有何种联系，此刻这种联系也已经荡然无存。庞培没有与反叛的雷必达合作，而是迅速响应了绝望的元老院发出的号召。庞培又迅速组建了几个军团——依旧主要从家乡皮凯努姆征募，费用也主要是自己承担。经过短暂的战斗，庞培镇压了叛乱，活捉并处决了雷必达的高级副官马库斯·尤尼乌斯·布鲁图斯（在公元前44年阴谋杀死尤利乌斯·恺撒的布鲁图就是这个人的儿子）。雷必达逃往撒丁岛，郁郁寡欢，很快就死去了。据说，相比于自己革命的失败，更令雷必达郁闷的是，他发现妻子经常出轨。包括佩尔佩纳在内的许多参与叛变的人员都逃往西班牙，并最终投靠塞多留。意大利再次恢复了和平，但庞培显然不想解散军队，回归平民生活。庞培在元老院的一位结交时间最久的盟友卢基乌斯·玛尔奇乌斯·菲利普斯建议，庞培这位得胜的年轻指挥官应该前往西班牙协助梅特卢斯·皮乌斯。菲利普斯的建议显得极有说服力，因为下一年的两位执政官都没有表现出领兵打这场仗的强烈意愿。最终，元老院别无选择，只得将近西班牙许给庞培作为其行省，同时授予28岁的庞培同执政官的绝对统治权，因为这样最有可能打败塞多留。菲利普斯巧妙地打趣说，庞培的身份不是同执政官（pro consule），而是"代替了两位执政官"（pro consulibus）。[10]

如前文所述，庞培在西班牙遇到的对手比之前的要更难对付。马略派系的这位指挥官给"苏拉的学童"上了好几课，特别是最初几次交手的时候，让庞培付出了惨重的代价。但庞培从这些经历中吸取了教训，并不断展现出比塞多留的下属更高一筹的能力。最终，庞培和梅特卢斯将塞多留在西班牙半岛的存活空间挤压得越来越小，而且塞多留打胜仗的频率也越来越低。对于战斗中部队的减员，塞多留无法填补，而支持塞多留的罗马人和西班牙人对于塞多留的忠诚也发生了动摇。在西班牙的战事是艰难的消耗战，对双方来说都是同样的残酷无情。在巴伦西亚的考古挖掘发现了城市被焚为平地的痕迹，其年代正是庞培的部队占领该城的时候。城内有许多骸髅，有一些明显是在打斗中受伤而死，但至少有一人（老年男性，很可能是军官）是受尽折磨而死的，有一杆标枪直插其直肠。西班牙的战事持续了很长时间，破坏也很大，扰乱了西班牙各行省正常的生活。战争结束后，庞培花了很大力气重建行省，比如修建了庞培洛城（今天的潘普洛纳），鼓励桀骜不驯的山地部落过更安稳、更和平的生活。公元前71年，庞培才将军队撤回意大利。[11]

斯巴达克斯，角斗士变成了将军

虽然雷必达被打败之后，内战停止了，但意大利却并不和平。公元前73年，约80名角斗士从一所位于卡普阿的角斗学校逃了出来，躲藏到维苏威山上。这些角斗士对当地进行劫掠，在这个过程中有很多逃出来的奴隶加入其中。最后，这群角斗士的首领斯巴达克斯发现，自己统领的已经是一支实力强大，而且人数仍在不断增多的军队了。对于这位杰出人物我们所知甚少，只知道他是色雷斯人。许多文献都记载，斯巴达克斯曾与罗马作战，后被俘；也有的文献说，斯巴达克斯曾在罗马军团做过辅助兵。两种说法都有可能是真的，但后者可信度可能要稍低一些，因为罗马人喜欢宣称，最危险的对手是罗马自己训练出来的人，比如朱古达在努曼提亚跟随小西庇阿服役时就曾学习如何作战。

不管真实的身世如何，斯巴达克斯在战术、领导以及组织方面都展现出了天赋，将日耳曼、色雷斯、高卢等不同种族的奴隶从乌合之众变成了一支可怕的军队。罗马方面先是派小股军队来镇压奴隶，但遭遇失败。之后，罗马让执政官率领标准规模的军队前去作战，结果却被斯巴达克斯痛击。而且，每取得一次胜利，斯巴达克斯就能俘获更多武器和盔甲作为军队的装备。一段时间后，奴隶们建起了加工军事装备的作坊，用从富庶地区夺来的物资交换铁、铜和锌。公元前72年，两位执政官双双战败后，元老院将镇压奴隶起义的指挥权交给了前一年担任大法官的马库斯·李锡尼乌斯·克拉苏。克拉苏在内战中也支持苏拉——他的父亲和哥哥均在马略发动的清洗中遭到杀害。克拉苏也是苏拉的得力干将，虽然可能不如庞培那样得力，但他曾在科林门战役中指挥军队的一个侧翼。苏拉心存感激，因此将从公敌名单上的受害者那里没收来的财产中的很大一部分赠予了克拉苏，而克拉苏则通过精明的投资与商业活动很快将这笔钱转化为了巨额财富。

在指挥军队进行"奴隶战争"伊始，克拉苏下令，在前一任执政官手下打了败仗的士兵要遭受古老的十一抽杀律的处罚。每十个士兵要抽签产生一人，剩下的九人将其殴打至死。活下来的九成士兵要接受一种更具象征意义的处罚，其定额配发的粮食从小麦变为大麦，而且至少在有些时候，士兵得把帐篷搭在军营墙外。这种残酷的方法显示出罗马军队普遍对反叛的奴隶军队感到害怕，也能体现克拉苏对于取胜的冷酷决心。克拉苏还在现有的两个军团的基础上增加了 6 支新组建的部队。这位大法官先是打败了一支从斯巴达克斯主力部队脱离出来的队伍，然后修建了一道巨大的防御工事作为封锁线，将敌军逼到了意大利南部的一隅。斯巴达克斯成功突围，但于公元前 71 年被迫与罗马军队作战，在苦战一场后失败。战争开始时，斯巴达克斯割断了自己战马的喉咙，这匹马是从一位战败的罗马指挥官那里俘获的，价值高昂。借由此举，他向士兵展示了自己不会逃跑，而会与士兵同生共死。这一姿态使人想起了在阿克韦塞克斯提亚时决心在前排作战的马略。

普鲁塔克记载，斯巴达克斯在试图逼近克拉苏本人时被砍倒，而他在此之前已经以一敌二杀死了两名百夫长。多数奴隶遭到杀害，但仍有 6000 名成年男性成了阶下囚。克拉苏在从罗马到卡普阿的阿庇亚大道上，每隔一段固定的距离就将一名俘虏钉在十字架上，直至钉死所有俘虏。克拉苏通过这种恐怖的方式来展示，等待反叛奴隶的就是这样的命运。由于罗马社会严重依赖奴隶，因此人多势众的奴隶可能会对主人下手的想法成了罗马的终极恐惧。但正由于斯巴达克斯在活着的时候是如此可怕的一个对手，因此其生前造成的威胁也被极力弱化。克拉苏没能获准举行凯旋式，只能凑合举行荣誉性较低的小凯旋式。[12]

庞培的军队在返回意大利时，碰巧遇到了几千名在斯巴达克斯战败时逃出来的奴隶，并将其全部杀死。庞培因此将自己标榜为结束"奴隶战争"之人。他自己已经取得了巨大的成就,并且即将举行第二次凯旋式,因此此举便显得他心胸狭窄、满怀嫉妒。在苏拉那里,庞培的地位更高,克拉苏对此已经很是嫉妒,庞培如今的做法更使他的恨意如火上浇油。庞培现在35岁了,他终于决定竞选执政官,正式进入政治界。克拉苏要年长八九岁,内战后他的职业生涯较为常规,现在他也在积极谋求高级官职。两人都把军队驻扎在距离罗马不远的位置,理由分别是要等待凯旋式和小凯旋式,到时军队需要列队入城。也许这是一种不加掩饰的威胁,也许这能反映出两人对彼此的猜忌,但在公元前71年最后几个月里的某个时刻,克拉苏与庞培这两位成功的指挥官搁置了个人恩怨,宣布联手竞选执政官。元老院很快意识到,这样的联合无法阻止,于是批准两人任职——虽然庞培还未达到苏拉制定的法律所规定的任职年龄,而且是缺席(in absentia)竞选的,因为在凯旋式和小凯旋式举行以前两人不得入城。由于庞培深得民心,克拉苏十分富有,再加上两人取得过的辉煌成就,可能还有对两人的军队所怀有的恐惧,这对搭档的竞选取得了压倒性的胜利。公元前71年12月29日,庞培骑马穿过圣道举行了凯旋式,在同一天成为执政官和元老。[13]

在庞培转而追求罗马公共生活中的合法地位的这一过程中,还有最后一幕——这是政治戏里罗马人民最爱的那种类型。根据传统,每5年选举出来的监察官要对服役结束的骑士出具一份正式的记录,它会记录其行动细节,并对他们的举止正式地提出臧否。到公元前1世纪的时候,该做法已经相当过时了,因为骑士阶层已不再在军队充当骑兵,而且只有一小部分骑士选择在军队担任保民官或其他官职。但是罗马人民一般不会放弃传统的仪式,哪怕这种仪式已不再具备实际意义。正当监察官执行这一任务时，有传言称，庞培正在赶来的路上。他身边带着12名扈从，可以让旁人轻易辨认出其执政官的身份，还牵着一匹象征着其旧时骑士身份的马匹。庞培命令扈从开道，让自己直奔监察官那里去。监察官们大为吃惊，过了一会儿才说出了传统的措辞，询问庞培是否履行了对共和国的义务。庞培对围观的人群说，自己完成了共和国要求自己完成的所有任务，而且所有这一切都是在自己的指挥下完成的。在喧闹的掌声与欢呼声中，监察官为了表示出自己对这位新晋执政官的尊敬，正式地护送庞培回到其住处。[14]

海　盗

庞培和克拉苏的同盟没有维持多久，他们在担任执政官期间经常发生争吵。庞培兑现了竞选时的承诺，恢复了保民官的权力，取消了苏拉对保民官一职所设置的限制。由于两人都刚打了一场胜仗，因此在一年任期结束后都不想前往行省领兵打仗。庞培为自己的财富和声誉增加了政治合法性，对于自己此刻是元老院最显赫的成员之一感到满意。但他很快就发现，年轻时驰骋沙场，冲锋陷阵，致使自己对于罗马政治的艰难和混乱知之甚少，正如一个多世纪之前的大西庇阿。

在担任执政官伊始，庞培请求马库斯·泰伦提乌斯·瓦罗为自己准备一本解释元老院办事程序和传统的手册。瓦罗的祖先曾指挥军队输掉了坎尼战役，而瓦罗本人则是著名的饱学之士，撰写过卷帙浩繁又包罗万象的著作。现在，庞培不能要求别人服从其命令，或是像在战场上那样击败对手，因此他发现很难将名声和财富转变为真正的政治影响力，从而取得自己想要的结果。克拉苏则精明地使用了自己的财富，给许多元老提供贷款，使其能够承担从政的高额费用。一段时间后，克拉苏成了绝大多数元老的债主。庞培缺乏这样做的经验和直觉，其演说能力也比较平庸。渐渐地，庞培在元老院中度过的时间越来越少，也很少到法院去为某人辩护。庞培对于批评和敌意似乎极为敏感，更愿意远离公众生活来避免自己的名声受到损害。庞培本来觉得，自己取得过的伟大成就理应给自己带来永久的辉煌。但是几年后，他发现情况并非如此，所以十分沮丧。与马略一样，庞培仍记得自己凯旋之时民众对自己的崇拜，他意识到，只有取得一场伟大战役的胜利才能使自己的声望盖过所有元老。庞培开始伺机参与一场重大战争，而在公元前 67 年，机会来了。

在古典时期的大多数时候，海盗都是地中海地区生活的标志性存在。如果有强盛的王国，而且王国还建有强大的海军，那么海盗行为就会大幅减少，甚至在短暂的一段时间里彻底消失。然而，罗马击败了马其顿和塞琉古帝国，再加上托勒密王朝治下的埃及无可避免地走向衰落，那些能够抑制东地中海海盗活动的舰队不复存在。许多小亚细亚（特别是奇里乞亚地区），以及克里特岛和其他小岛屿上的沿海社群开始在海上进行劫掠。海盗能够凭此获取巨大利益，为利润较少的渔业和农业提供丰厚的补充。后来，本都王国的米特里达梯给海盗首领们提供金钱和战舰援助，让对方帮助自己与罗马作战，由此进一步鼓励了海盗行为的蔓延。虽然海盗来自不同的社会，也没有正式的政治等级，但海盗之间似乎很少发生冲突，而且还经常援助受到威胁的其他海盗，为其送去金钱或者派去部队。交通变得极为困难，贸易也开始遭受损失。海盗曾把许多罗马名流劫为人质，并索要赎金，尤利乌斯·恺撒在年轻时就有过这种遭遇。意大利的人口，特别是罗马城的人口很早就已经大幅增长，无法自给自足，需要从西西里、埃及和北非进口大量谷物。海盗的活动威胁到了罗马人的生命线，使得粮食供给减少，粮价飙升。

公元前 74 年，元老院派前大法官马库斯·安东尼乌斯前去与海盗作战。安东尼乌斯得到了很大的权力和很多的资源，却在公元前 72 年克里特岛的一场海战中失利。安东尼乌斯的儿子就是著名的马克·安东尼，但这位父亲却不具备多少军事能力。失利后，安东尼乌斯很快就死去了。公元前 69 年，元老院派执政官昆图斯·凯奇利乌斯·梅特卢斯前去攻打位于克里特岛的据点。事实证明，梅特卢斯是很有能力的指挥官。但是，由于这场战争需要包围一个又一个围有城墙的城池，因此进展缓慢。虽然梅特卢斯取得了胜利，但海盗问题愈发严重。有一次，两位大法官带着扈从和随员穿过意大利的一个海岸地区时被海盗劫持，而且奥斯蒂亚城本身也遭到了袭击。[15]

到了公元前 67 年，粮食短缺的问题愈发严重，保民官奥鲁斯·加比尼乌斯提议，要重新设立巨大的管辖领域和超出常规的权力，就像之前给予安东尼乌斯的一样。起初，加比尼乌斯没有提出让庞培来指挥作战，但显然两人之间已经有了很紧密的联系。西塞罗称，加比尼乌斯负债累累，庞培很有可能资助了加比尼乌斯以获取后者的支持。《加比尼乌斯法》（Lex Gabinia）在平民会议上通过，庞培获得了同执政官的绝对统治权，其管辖范围不仅及于地中海地区，而且向内地延伸了 50 英里。不太清楚的是，庞培的同执政官权力与在该省的其他同执政官的权力是平等的还是效力更高，不过前者更有可能。

为了给庞培提供更多支援，元老院派给了庞培 24 名副帅，他们都曾担任过军事指挥官或者至少担任过大法官。每名副帅又有两名财务官辅佐。庞培的部队最终包括了 500 艘战船，12 万名步兵，5000 名骑兵。此外，庞培还获得了维持军队运转所必要的金钱、食物以及其他基本物资。其中很多部队的士兵可能不是训练有素、纪律良好的军团士兵，而是从当地匆忙征募的。而且上述数字可能还包含了在庞培扩大了的绝对统治权管辖下的行省已有的守备部队。这些部队在战争期间归庞培领导。虽然军队阵容庞大，但此次作战本质上是一次管制行动。庞培需要的是部队的规模，以从各个方向同时对海盗施加压力，而只有一小部分军队可能会与海盗发生激烈交锋。[16]

虽然安东尼乌斯也获得了相似的绝对统治权，但这种统治权只有在庞培的手中才真正达到了空前的规模——后者依靠个人威望使得巨大的资源为自己所用。值得注意的是，这次指挥的权力是保民官帮助庞培获得的，而正是庞培在担任执政官期间恢复了保民官的权力。这次庞培获得指挥权的方式与马略获得授权去与朱古达、辛布里人、条顿人和米特里达梯作战的方式相同。只有少数能够获得大量民众支持的将军才能颠覆由元老院分配行省指挥权和资源的传统方式。民众对庞培极为信任，据说庞培上任的命令一经宣布，广场上的谷物价格就开始下落。即使许多元老不愿意将如此之大的权力赋予一人（更不用说此人的声望和财富已经超过所有其他对手），但他们似乎也承认这是应对海盗劫掠的最佳方式。庞培的副帅出身都很高贵，主要都是德高望重的贵族家庭的成员。

庞培指挥了数量庞大的部队，而且他本人又极具组织才能，因此他的战术才得以成功。他将地中海划分为 13 个区域，西边有 6 个，东边有 7 个，每个区域都由一名副帅指挥，并给这名副帅配备军事和海上物资供其使用。负责指挥西部六区的副帅分别是奥鲁斯·曼利乌斯·托夸图斯、提比略·克劳狄乌斯·尼禄、马库斯·庞波尼乌斯、普布利乌斯·阿提利乌斯、卢基乌斯·革利乌斯以及奥鲁斯·普洛提乌斯。这些副帅负责指挥军队在意大利海岸作战。负责指挥东部七区的副帅分别是格奈乌斯·伦图路斯·玛尔凯利努斯、格奈乌斯·科尔内利乌斯·伦图路斯·克洛狄阿努斯、马库斯·泰伦提乌斯·瓦罗（就是写元老院办事程序手册的那个人）、昆图斯·凯奇利乌斯·梅特卢斯·尼波斯、卢基乌斯·锡塞纳、卢基乌斯·罗利乌斯以及马库斯·普皮乌斯·皮索。庞培严命这些指挥官不得越出自己领域的指定界限去追击敌人。庞培没有给自己分配一个固定的区域，在他身边有一个由 60 艘战船组成的中队随时待命。古代的文献对于其他副帅的职责没有明确记载。一种可能是，有些副帅负责监督后勤，保障军队的大规模作战能够得到支持。几乎可以确定的是，其他副帅也跟庞培一样指挥机动的中队，跨区域追击海盗船。

公元前 67 年开春，战争在西区打响了，据说庞培仅用了 40 天就将那里的海盗一扫而空。几十年来，海盗几乎可以横行无忌地四处劫掠，因此对庞培的猛攻始料未及，没怎么抵抗就投降了。之后庞培在罗马短暂停留了一段时间，在那里，公元前 67 年的一位执政官一直兴冲冲地想要削弱庞培的权威，还下令解散庞培的部分军队。但是，庞培很快又带着自己的指挥权向东行进，到海盗最为猖獗的地方作战。原本预计这里的战争要更为艰苦，但海盗看上去仍是措手不及的样子。这些海盗在之前的轻松日子里有良好的团队合作，但现在却总是在各自为战。有些海盗试图逃跑，但越来越多的海盗选择投降。关于是否采取野蛮的手段，罗马人一直持有实用主义的态度，而现在显然不适合进行大规模屠杀。罗马人没有虐待投降的海盗及其家人，许多海盗开始为罗马人提供信息，使罗马人能够制订对其他海盗头目的作战计划。

投降的海盗受到良好的待遇，消息传开，越来越多的敌人投降了。庞培本来准备了围城的器械，打算用来围困奇里乞亚海岸山地上的据点，却发现自己所到之处海盗几乎立刻望风而降了。偶尔也会有海盗抵抗一下，但很快就会被击垮。弗洛鲁斯记载，海盗几乎是一看到罗马战船靠近，就扔下桨和武器，并拍手鼓掌——这是海盗投降的标志。这场战争持续了49天，庞培的部队在战斗中俘获71艘船，还有306艘船是海盗投降后交给庞培的。这当中有90艘是战船，上面装有撞角。为了纪念此役的胜利，罗马人镌刻了铭文，而且也依照传统，即尽可能地量化胜利，宣称战争中共俘获846艘船只，虽然这一数字可能将最小的船只也包含在内。

在如何处理2万名俘虏这件事情上，庞培显示出了对于海盗之起因的精明理解。因为他知道，如果将这些人放回他们海边的故土，那么他们就会立刻重操旧业。庞培将海盗据点夷为平地，并将海盗安置到更为富饶的地区。许多俘虏来到了奇里乞亚的海岸城市索利，该城更名为庞培波利斯，并成了繁荣的贸易城市。这种将不安定的战士及其家人集体迁移到更富饶的地区的做法，罗马人之前也曾在利古里亚和西班牙采用过，效果与这次一样好。劫掠和海盗行为并没有永远地在地中海地区消失，但再也没有发展到像公元前 1 世纪初时那样大的规模了。在罗马帝国时期，罗马将建立起更为常态化的海军，填补希腊城邦式微所留下的权力真空。[17]

罗马共和国在与海盗作战时调动了大量的资源，在庞培极富技巧的指挥下，几乎是兵不血刃地迅速战胜了数量众多的敌人——虽然敌人不太团结。无论是战争的计划、后勤还是作战，庞培此役都取得了巨大的成就，但不幸的是，战争却以一件对庞培不太有利的事件收尾。公元前 67 年，梅特卢斯仍然在克里特岛与海盗作战，而这场战争将会为其赢得"克里蒂库斯"的荣誉头衔。听说庞培优待俘虏，梅特卢斯围困下的一座据点派代表前往奇里乞亚请求向庞培投降。庞培欣然同意，并将此看作自己拥有伟大名声的进一步的证据。不过梅特卢斯憎恶别人对自己的作战进行干预，不承认海盗的投降。庞培派副帅卢基乌斯·屋大维乌斯前去处理此事，据说这名副帅甚至还与海盗一起跟梅特卢斯作战，不过这未能阻止海盗最终战败。庞培和梅特卢斯都想独自获得赢得战争的美名，而且，将个人利益置于国家利益之上是元老院精英的典型心态。但是在庞培身上有一种小气的嫉妒心，他不想给予任何人任何荣耀，即使自己取得的成就已经远远超过梅特卢斯，或者任何其他人了。[18]

米特里达梯和东方战争

庞培与主力部队在奇里乞亚过冬。公元前 66 年初，在一位保民官的请求下，平民会议授予庞培又一项重要的指挥权，负责控制东地中海地区，并与本都国王米特里达梯继续作战。苏拉曾击败过米特里达梯，但没有将其彻底铲除。加比尼乌斯的任期已经结束，他不久后会成为庞培手下的一员副帅，因此这一次授予庞培指挥权的法案是由一位名为盖乌斯·马尼利乌斯的新保民官提出的。对于《马尼利乌斯法》，元老大为支持，而骑士阶层则尤为支持。马库斯·图利乌斯·西塞罗之后发表了一篇赞成该法案的演讲，宣称庞培充分拥有伟大将军所应具备的四个主要特质，即"军事知识、勇气、权威和好运"（scientam rei militaris, virtutem, auctoritatem, felicitatem）。听说自己再一次受到任命后，庞培公开抱怨国家不给自己休息的机会，使自己无法与家人共度一段时光。对于庞培佯装出来的不情愿，连最亲近的朋友都觉得尴尬，因为庞培一直渴望指挥军队与米特里达梯作战，而且即使他没有亲自策划，也肯定鼓励了一些政治上的操作使自己最终获得了这一指挥权。[19]

公元前 74 年，米特里达梯入侵罗马行省比提尼亚，并开进相邻的行省亚细亚。当时罗马方面的指挥官是卢基乌斯·李锡尼乌斯·卢库鲁斯。此人曾任公元前 88 年的财务官，是唯一跟随苏拉开赴罗马的元老。卢库鲁斯是真正具有卓越才能的战略家和战术家，在资源有限的情况下，总能智取米特里达梯——或是在战争中将其打败，或是切断其粮源。卢库鲁斯将入侵者赶出了罗马的地界，并率军攻击了本都王国。米特里达梯国王与亚美尼亚的提格兰结成同盟后，罗马军队深入后者王国的腹地。亚美尼亚和本都王国都集结了数量极为庞大的军队，但真正具有作战能力的却只有少数几个单位。据说，提格兰嘲笑卢库鲁斯的士兵人数，"对于一支军队来说太少，对于一个外交使团来说又太多"，但很快卢库鲁斯的军队仅用数小时便将提格兰庞大的部队打得七零八落。

　　到了公元前 68 年的时候，战争似乎已基本结束，但是，虽然卢库鲁斯有很高的指挥技巧，却不懂得如何赢得士兵的爱戴，因此在军队中极不受欢迎。另外罗马的一些利益集团也对卢库鲁斯不满，尤其是那些骑士阶层的商人，他们在各个行省都有产业。卢库鲁斯曾严格禁止他们的许多代理人从事不法活动，这一做法赢得了行省居民对罗马的忠诚。公元前 69 年，亚细亚不再归卢库鲁斯管辖，一年后奇里乞亚也不归卢库鲁斯管辖了，而是由另一人负责控制。眼看就要取得全面胜利了，卢库鲁斯却缺少兵源和物资，而且自己的军队又发动了哗变。随着罗马方面压力的减弱，敌军展开了反击，米特里达梯于公元前 67 年击败了副帅特里亚里乌斯。罗马方面损失惨重，至少有 24 名保民官和 150 名百夫长战死。有如此之多的军官死伤，很可能说明士兵们士气低落，下级军官需要冒很大的风险来鼓舞他们作战。战斗结束后，有一名罗马的百夫长混入了米特里达梯的随员队伍，刺伤了米特里达梯的大腿，差一点就把他杀死了，而后愤怒的皇室护卫团将这名百夫长砍成了几块。

　　到了年末，米特里达梯和提格兰都基本收复了丧失的国土，留给卢库鲁斯的只有曾经指挥的军队的残部。即使是这些残部也没有对卢库鲁斯表现出多少感情，卢库鲁斯恳求士兵拒绝服从征召令，不要加入新近抵达的庞培的军队，但士兵并不买账。普鲁塔克记载，卢库鲁斯游走于军营之中，眼含泪水，哀求士兵留在他身边。这对于一位能力极强的军人来说是个非常可悲的结局。庞培召开了一次会议，正式接过指挥权，而这次会议似乎沦为了一次喧闹的争吵。庞培很刻薄，只允许卢库鲁斯带着 1600 名士兵返回罗马举行凯旋式。在庞培看来，这些士兵不服从指挥，对于战争完全无用。[20]

　　庞培治下的行省有比提尼亚、本都和奇里乞亚，而且前任缺乏的资源他都有，特别是庞培继续享有《加比尼乌斯法》所授予的地中海指挥权。同时，庞培有权根据自己的判断来发动一场新的战争，或者缔结合约。苏拉颁布的法律曾规定，禁止行省总督在未经元老院明确允许的情况下率军越出行省边界。卢库鲁斯未经许可便率军进入亚美尼亚曾招致了罗马方面的一些批评，即使这一举动具有军事上的合理性。从一开始，庞培获得的行动自由就要大得多。在他的舰队（除去那些分配到特定区域的中队）沿地中海海岸和博斯普鲁斯海峡巡航的同时，庞培组建了一支由3万名步兵、2000名骑兵组成的部队。米特里达梯率领相同数量的步兵以及3000多名骑兵在其王国西部边界驻扎。

　　米特里达梯与卢库鲁斯曾经反复争夺这一地区，因此这里遭到了彻底的破坏和劫掠，等待罗马军队来犯的本都王国军队难以找到粮食。尽管逃兵会遭到残酷的惩罚，包括钉上十字架、刺瞎双目以及活活烧死，国王的士兵还是不断地逃跑。米特里达梯想知道，庞培会不会像优待海盗那样优待自己，于是派了使者前往罗马军营，但罗马方面只要求米特里达梯必须无条件投降。由于补给问题日益突出，米特里达梯撤往王国的腹地。罗马军队准备得更充分，在庞培率军队跟随本都军队深入时，有护送队从行省的基地运送粮食到行军部队之中。米特里达梯派骑兵攻击罗马的补给线，虽然这造成了粮食在一定程度上的短缺，但尚不足以延缓罗马军队追踪的脚步。[21]

　　此时，双方军队来到了本都王国一处名叫小亚美尼亚的地方。此地很富饶，基本上没有遭遇战乱。但是庞培的征粮队在面对敌军自信的骑兵时很难收集粮草，而且此地距离罗马的补给营地很远。米特里达梯将营地建在高地上，面对占据如此有利地形的敌军，庞培直接发动进攻是不可能成功的。他转而将自己的军营建在丛林中，本都骑兵无法自由施展。米特里达梯受到庞培军队这一举动的鼓舞，认为庞培孤军深入太多，现在开始暴露自己的弱点。第二天一早，庞培将自己大多数的骑兵派到本都军营前示威时，米特里达梯欣然接受了敌军的挑战，派出骑兵发动进攻，并在罗马骑兵开始撤退时进行追击。罗马军队一步一步地引诱本都骑兵深入，然后庞培下令埋伏的士兵进行攻击——前一天夜里，在两军军营之间一个灌木丛生的峡谷里，庞培埋伏了 3000 名轻装步兵和 500 名骑兵。伏击部队从后方突然袭击了米特里达梯的骑兵部队。一些本都骑兵在被罗马步兵逼停后遭到了屠杀，因为停下后骑兵最主要的速度和冲击力的优势便不复存在了。这次简短的行动不禁让人想起塞多留在西班牙对阵庞培时所采用的战术，它削弱了骄傲的敌军骑兵的士气，也让国王失去了对骑兵的信心。[22]

　　这场战役中各个事件的发生顺序并不确定，但在某个时刻在奇里乞亚驻防的 3 个军团增援了庞培。尽管战争中人员有消耗，但增援部队的到来令庞培的总兵力增至 4 万多人。这使得庞培在人数上取得了对米特里达梯的明显优势，但这位国王无意冒险作战，只是依据高度有利的地形固守。因此，庞培决定通过断敌军的粮迫使敌军出战。他用增加的人力在敌军部队周围修建了环形防御工事带，每个堡垒之间通过壕沟和防御土墙相连。整个包围圈几乎有 19 古罗马里长（150 斯塔德），与克拉苏在意大利南部以及恺撒在高卢修建的防御带很相似。

　　罗马军队现在从位于幼发拉底河上游的阿基利塞尼获取补给，

而米特里达梯的征粮部队只能冒着受对方军队攻击和埋伏的极大风险收集粮草。很快，本都士兵不得不宰杀并烹饪自己的驮畜食用。然而，罗马的防御工事带可能没有修建完整，或者由于地形险要局部留有缺口，总之米特里达梯得以趁夜率军逃脱，军营中火光未灭，敌人没有发现这次撤退行动。为了进一步迷惑对手，国王还立即与几个潜在盟友举行了数次会面。用计逃脱后，国王开赴相邻的亚美尼亚王国，希望与老盟友提格兰联合军力。米特里达梯似乎一直是在夜间行动，依靠自己对当地道路的了解，每天都在一个地形极佳的位置安营，庞培不敢轻易进攻。当地地形以山地为主，这样易守难攻的地方有很多。

庞培一直尾随米特里达梯，但无法捉住这位国王，于是，他派了巡逻兵在军队前很远的地方探查山地路线。他们发现了一个关口，通过这个关口，绕一大圈远路后，能与米特里达梯所走的那条路交汇。庞培让军队沿着这条新发现的小路全速行进，把赌注押在自己的军队行进速度上，希望自己能够赶到米特里达梯前面。与往常一样，庞培在日间行军，驱使士兵顶着烈日在崎岖不平的道路上前行。最后，在主路途经的一处狭谷，庞培安排部队设伏，此时他手下的士兵应该非常疲劳了。米特里达梯不知道罗马军队的举动，甚至可能都大胆地以为罗马军队已经放弃追踪了。夜晚，米特里达梯的军队像以往一样继续撤退，整个纵队组织混乱，士兵没有按照作战单位排列，而且辎重也到处都是，再加上随军前行的还有士兵的妻子、仆人以及其他人员，因此部队很臃肿，完全没有做好抵御进攻的准备。

当米特里达梯的部队完全进入狭谷后，庞培立刻下令伏击部队进行攻击，让号兵大力吹响攻击的号角，士兵也高声呐喊，用自己的武器敲击着盾牌，军队的仆人也用能找到的所有金属敲击着饭锅。紧随这股喧嚣声而来的就是暴风骤雨般的投掷武器——长矛、标枪、箭矢，甚至还有沿山坡掷下来的石头。之后，罗马军队便冲向了惊慌失措的本都军队。月亮高悬在后，森然的月光在罗马士兵的前方投射出怪异的长长影子，使得尚有抵抗能力的少量本都军队误判了与敌军的距离，过早地掷出了标枪。在有些地方，本都人排列得过于密集，致使士兵既不能逃跑，也不能作战，只能待在原地被砍杀。

一些本都士兵勇敢抵抗，但战斗结果已失去了悬念，米特里达梯的部队几乎全军覆没。普鲁塔克和阿庇安都记载，本都军队有 1 万人被杀，剩下的人连同辎重被俘。国王带着一小队骑兵逃脱了，后来还有几千名步兵与国王会合。普鲁塔克记载，国王身边一度只有三人陪同，其中一个是他的侍妾海普希克拉底，这是个男性使用的名字，她之所以获得这一昵称是因为她骑马作战时非常勇猛。国王逃至位于锡诺拉的据点，他曾在那里储存了许多价值高昂的珍宝，现在一部分被用来奖励依然忠于自己的追随者。米特里达梯请求逃亡到亚美尼亚，却遭到了提格兰的拒绝，后者还悬赏米特里达梯的人头。于是，米特里达梯只得向克里米亚，自己领土的最北部逃去，他沿着黑海的东岸走陆路，以躲避在这一水域巡逻的罗马舰队。[23]

庞培只派了一小队人马去追击国王，但很快就跟丢了。庞培当前的首要任务是对付提格兰和亚美尼亚。在罗马的外交斡旋以及提格兰那参与反叛的儿子（与其父同名）的支持下，帕提亚入侵亚美尼亚，因此提格兰无法援助自己的盟友兼岳父米特里达梯。虽然提格兰已经 70 多岁了，但仍然率军击退了前来攻击主要要塞阿塔克塞塔的入侵军队。但当庞培的军队向他逼近时，提格兰似乎很快决定还是求和为好，尽管这意味着要放弃一些土地和权力。在初期协商后，提格兰亲自到罗马军营投降。按照对方指令，他步行而非骑马来到军营中的台座前。庞培坐在上面，看着提格兰将王冠和宝剑扔到地上。这样一种行为是在公开承认自己在罗马的力量面前完全无可奈何，将自己的命运彻底托付给罗马人的慈悲。对于罗马而言，以这样的方式结束战争是极为恰当的，庞培欣然抓住这个机会来显示自己作为战胜一方的仁慈。庞培令提格兰向罗马赔偿 6000 塔伦特银子，但是可以保有目前控制下的所有土地。对于这一结果，提格兰喜出望外，主动给庞培的士兵每人发一笔奖金，百夫长和保民官领到的奖金数额要大得多。帕提亚入侵失败后，提格兰同名的儿子追随庞培，但庞培只让他负责掌管索菲纳这一个地方，小提格兰大失所望。很快，他就发动叛乱，被罗马人囚禁起来。[24]

在作战的第一年，庞培就将米特里达梯逐出了他的王国，并接受了提格兰的投降。即使庞培如此迅速地获得成功很大程度上得益于卢库鲁斯之前几年取得的胜利，但也不应完全忽略庞培本人作战的技巧。在公元前 66 年作战季结束之际，庞培将主力军队一分为三，分别安营过冬，并开始思考如何最好地运用手头巨大的资源为罗马共和国取得更多荣耀。12 月，军队的冬季营区受到阿尔巴尼亚国王奥罗埃西斯的突然袭击。袭击没能得手，庞培带领一个纵队追击撤退的敌人，并在敌军渡过居鲁士河时追上了敌军的殿后部队，给敌军造成了惨重的伤亡。庞培认为，目前这些已足以惩罚敌人了，因为之前没有时间准备，还是不要进一步开展冬季作战行动为好，于是率军回到营地。

第二年春季，庞培发现，奥罗埃西斯的邻居伊比利亚国王阿尔托塞斯也在准备袭击自己，于是立即决定先发制人，对其立刻发动进攻。庞培率军沿着居鲁士河河谷前进，并先于敌军大部队前来增援之前抵达了坚固的堡垒哈尔摩兹卡。由于身边只有一小支部队，因此国王撤退了，并将身后的居鲁士河上的桥梁烧毁。看到国王此举，哈尔摩兹卡的守军经过短暂的抵抗后就投降了。庞培留下了一部分军队来控制哈尔摩兹卡城及关口，自己则率军推进到后方更为富饶的地区。阿尔托塞斯继续后退，一度甚至开始与罗马媾和。庞培沿用去年夏天与米特里达梯作战时的战术，让军队快速行进，越到国王前面，切断国王后退的路线。这一次，庞培没有伏击对方，而是与对方直接作战，结果仍是罗马军队完胜。伊比利亚军队中有很多弓箭手，但庞培让军队向敌军全速冲锋，不顾因此造成的军队阵形和秩序的混乱，快速地缩短了与敌军的距离，将敌军的弓箭手一举扫除。据说，阿尔托塞斯的部队此役战死9000人，另有1万人被俘并很快投降。[25]

庞培将目光从伊比利亚向西转向了科尔基斯和黑海沿岸。在这一阶段的作战中，庞培率军行进于崎岖不平的梅斯奇安山中，与敌人相比，大自然是更主要的障碍。斯特拉波称，庞培的部队为了渡过沿着峡谷蜿蜒流淌的河流，共搭建了120座桥梁。共和国后期的职业军队与罗马过去的军事体系所产生的军队相比，一个显著的不同便是职业军队有着优秀得多的工艺、工程技术。在河流上搭桥、在看似不可能通行的地段修路，这都是壮观的伟业，与在战争中克敌制胜同样功勋卓著。抵达黑海后，庞培发现米特里达梯已经抵达克里米亚，而且没有因屡战屡败而胆怯气馁，反而又一次试图集结军队准备重新与罗马作战。庞培判断，自己的舰队就足以制约并封锁住米特里达梯，于是率主力部队再次向前进发，入侵奥罗埃西斯的国土，决定要让阿尔巴尼亚人再领教下罗马军队的实力。罗马军队涉水渡过了居鲁士河，渡河时将战马在上游排成一行，为渡河的步兵和驮畜提供保护，防止湍急的河水将其冲走。之后，罗马军队向下一处障碍冈比西斯河进发。由于当地向导带偏了路，这段行程尤为艰难——在陌生的地区作战时，经常会遇到这种危险的情况。在古代世界地图很少见，即便有，上边也几乎没有能指引军队行动的详细信息，不过庞培的军队最终还是抵达了冈比西斯河，并在未遇到任何阻碍的情况下成功渡河。

据斯特拉波记载，奥罗埃西斯集结了一支规模庞大的部队，由6万名步兵和2.2万名骑兵组成——普鲁塔克记载的是1.2万名骑兵。文献中没有提及罗马的兵力，但很可能要比一年前与米特里达梯作战时所集结的4万—5万人少得多。在罗马人新近征服的领土上需要留下一些部队守备，或是扑灭残余的抵抗力量。另外，由于在地形艰险的地区为人畜提供补给总是很困难，因此部队的规模不宜过大。庞培现在所率领的部队规模可能是公元前66年率领的部队的一半，在对阵阿尔巴尼亚军队时人数很可能处于严重劣势。阿尔巴尼亚军队骑兵明显占优，有些骑兵还身披甲胄。国王前来挑战庞培，很明显想与庞培展开激战，而庞培则需要找到对付甲骑具装的办法。

庞培派出自己的骑兵组成一道屏障，而后率领部队下到一个两侧都是山丘的平原。他将一些部队藏匿于高地的狭谷中，并让士兵用布将铜制头盔包住，防止金属反射太阳光，暴露部队位置。剩下的部队跪倒在骑兵后面，这样从前面就看不到这些部队。奥罗埃西斯以为面前不过是一排骑兵，就冲着罗马部队进发。庞培再次使用了自己与米特里达梯作战时的战术，命令骑兵勇敢地进攻，而后佯装恐慌并败退。对于军队人数以及单兵作战能力的优势都极为自信的阿尔巴尼亚军队紧追不舍，在追击过程中，阿尔巴尼亚部队的队形变得混乱。罗马的辅助骑兵从步兵大队的缝隙中撤退到后面，而后步兵站了起来。突然间，阿尔巴尼亚骑兵面对的就成了一支阵形整齐的生力军，这些步兵上前迎战，发出战斗的呼喊。而在步兵后方，罗马骑兵重新集结，并从战线后方移动至敌军侧翼，发动进攻。还有更多的步兵从藏身的狭谷中出现，威胁着敌军后部。阿尔巴尼亚军队的处境极为不妙，但战士们似乎仍奋勇作战。有文献记载，庞培与国王的弟弟短兵相接，将其杀死，最好地诠释了亚历山大大帝或玛尔凯路斯的传统。虽然这是一场苦战，但罗马最终取得了决定性的胜利，奥罗埃西斯很快便接受了罗马单方面开出的和平条约。[26]

　　在阿尔巴尼亚得胜之后，庞培开始向里海进军，但据说在还有三天抵达海岸的时候却掉头返回。据普鲁塔克记载，返回的原因是军队行进到的区域遍布着毒蛇。庞培回到了本都，米特里达梯绝大多数的据点或已失守，或被劝降，因此罗马军队获得了大量的战利品。战利品包括金、银和艺术品，而且在一个据点罗马军队得到了一份国王对于谋杀家族成员情况的详细叙述、一沓写给小妾的缠绵的情书、本都国王收集的生物标本，以及他的科学研究。庞培命令手下的获释奴将这些科学研究翻译成拉丁语。此后，庞培吞并了叙利亚。在提格兰从叙利亚撤军后，塞琉古王朝曾再次短暂地存在，而现在庞培将塞琉古王朝最后的残余势力也彻底瓦解了。耶路撒冷的哈斯蒙王国发生了内战，罗马迅速干预。

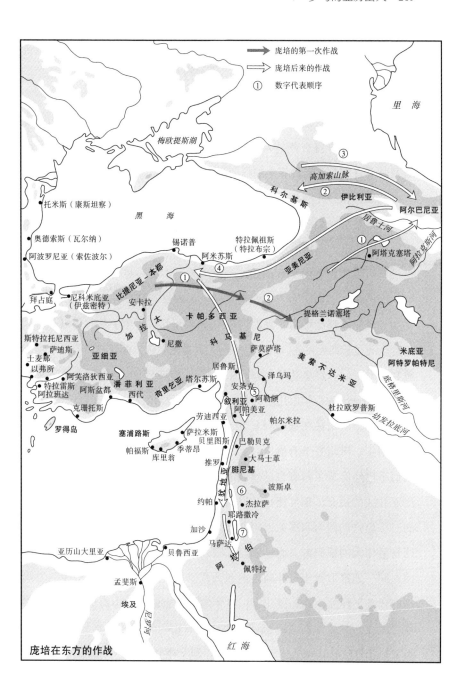

庞培在东方的作战

庞培包围耶路撒冷三个月后，攻下了该城，许多战斗都发生在耶路撒冷大圣殿之中或其附近。在此役最终决胜的那次袭击当中，第一个爬上城墙的是福斯图斯·科尔内利乌斯·苏拉，他是独裁者苏拉的儿子。攻占城池后，庞培和高级军官进入了神庙中的至圣所。行动本身符合罗马人凡事争先的精神，但是出于尊重，庞培及其军官没有拿走神庙中的任何物品。

此后，在公元前 63 年，庞培又与纳巴泰阿拉伯人作战，其主城位于佩特拉，但在前往包围该城的途中，一位信使带来了米特里达梯的死讯，庞培也停止了行进。部队还没有完全建好行军营，也没有可供指挥官向士兵训话的台座。于是，士兵将马鞍垒作一堆，庞培站在上面宣布了这一消息，士兵欣喜若狂，并因为这次大功告成而欢呼庞培为"得胜将军"。米特里达梯手下多数官员以及自己的儿子都反对他，最终他再也无力重建军队，重现曾经的光辉和权力了。米特里达梯在穷途末路中，命令自己的高卢侍卫杀死自己——因为常年服用解毒剂，毒药对他已经完全无效了。[27]

至此，庞培最初被派到东方来要打的那一仗便告完结。在过去的两年，庞培完全有借口对这一地区其他民族发动战争，但庞培似乎已经完成了所有自己想做的事情。比如，庞培拒绝了与帕提亚开战的机会，很可能是知道帕提亚拥有比自己迄今为止面对的对手更强的国力和军力，短期之内肯定无法取胜。亚历山大大帝是最伟大的征服者，而且曾经征服过这一地区，现在庞培也已经在同一地区取得了足够的名声和荣耀。虽然战争结束了，但庞培的任务还没完，他还要花上一年多的时间重建东地中海地区的秩序。庞培划定了行省，修建或重建起城市（包括尼科波利斯，为了纪念打败米特里达梯而献给希腊胜利女神尼姬的），管理附属于罗马的王国。庞培在这里所做的许多安排一直保留到了罗马在这一地区统治的末期。他所发动的战争规模浩大，并且又一次证实了他的组织天才。从某种意义上说，庞培就是罗马帝国主义的化身，先发动残酷的毁灭性战争，而后重建稳定的帝国，建立法治。公元前 1 世纪后期，诗人维吉尔借朱庇特之口说道，罗马的命运"就是要安抚投降者，战胜骄傲自大者"（parcere subiectis et debellare superbos），给世界制定法律，建立世界的秩序。从罗马的角度来看，这些就是庞培所做的事。[28]

返乡以及"前三巨头"

公元前 62 年，庞培在布伦迪西乌姆登陆。在抵达之前的几个月里，据说有些元老担心庞培在战胜米特里达梯后会像苏拉一样通过武力夺取权力。克拉苏大张旗鼓地带着家人离开了罗马，去往乡下的一处住所，虽然这可能并非出于发自内心的恐惧，而是克拉苏故作姿态想要加剧人们与日俱增的不安。然而，情势与公元前 83 年完全不同，没有武装力量准备迎战庞培，而且回来后庞培很快就明确表示，自己无意做独裁者。相反，庞培返回了罗马，在 9 月末举行了为期两天的盛大凯旋式，既是庆祝对海盗的作战胜利，也是庆祝其他东方战事的胜利。在此之后，庞培便解散了部队。后来，庞培用一些从战争中获得的战利品修建了罗马第一座石制剧场。该剧场包括一系列的建筑，比此前为纪念胜利而建的所有纪念建筑规模都要大。作为将军，庞培取得的成就使任何当世的元老都相形见绌，也要超过绝大多数的前人。值得注意的是，庞培举行的三次凯旋式所庆祝的是在不同大洲（非洲、欧洲和亚洲）取得的胜利。

然而，回到罗马之后的庞培也并非万事如意。庞培几乎是刚回到罗马就跟妻子离了婚，因为有丑闻显示，在庞培外出征战期间其妻对他不忠，但是庞培一时半会儿找不到合适的替代者。在庞培凯旋之前，元老便对他感到惧怕，而现在这种惧怕则转变为了敌意，因为元老憎恨任何享有如此之高的威望的个人，他们开始想方设法削减庞培的羽翼。在第二年进行的执政官选举中，庞培因贿赂选举人为自己的前副帅卢基乌斯·阿弗拉尼乌斯投票而受到批评。更重要的是，庞培在东地中海地区的安置计划未能获得元老院的正式批准，元老院也不允许将土地授予他尚未安置在亚细亚的老兵。这两个提案有其合理之处，也不违背罗马共和国的最大利益，但仍然有许多极具权势的元老选择阻挠这两项安排，而且还是那个原因，庞培缺乏做政客的经验，这使得他很难在罗马得到自己想要的结果。

最终，庞培不得不采取更为极端的手段，在公元前61—前60年间与自己的老对手克拉苏，以及盖乌斯·尤利乌斯·恺撒结成了秘密的政治联盟。为了加强这一纽带，庞培娶了恺撒的女儿尤利娅。尽管两人年纪差距很大，但实际证明这桩婚姻十分幸福。起初，这次政治同盟也很美满。恺撒在得到了另外两人的金钱和权势的支持后，在公元前59年当选执政官，在这一年通过法律确认了庞培在东部的安排，并将土地分配给了庞培手下的退伍士兵。同时，恺撒也迈上了与庞培竞争财富和军事成就的道路。10年之后，罗马共和国就会又一次陷入内战，那时，这两位前盟友将会为争夺最高权力而战。

8

恺撒在高卢

他作战不仅按预定的计划进行，也伺机行事，他常常在行军结束时立即投入战斗，有时在极端恶劣的天气里，出其不意……他击溃敌人之后总是立即夺取他们的营垒，不让惊慌失措的敌人有喘息的机会。[1]

"高卢全境分为三部分"（GALLIA EST OMNIS DIVISA IN PARTES TRES）——恺撒《高卢战记》一书的开头仍然广为流传。[2]对于后来的许多代学童来说，恺撒那优雅简约、文法精确的散文，是其与拉丁语文学的初次相遇，因此这句话经常勾起人们痛苦的记忆。即使是在古典著作很少出现在教学大纲中的今天，尤利乌斯·恺撒也是能被人记住的寥寥无几的古人之一，而这部分要归功于他与埃及女王克里奥帕特拉著名的风流韵事及其所遭到的刺杀。这两件事为戏剧和电影的创作提供了很多灵感。

无论其主攻方向是什么，军事历史学家都可能对恺撒的军事行动多少知道一些，因为恺撒一直身处古往今来中最为成功、最有天赋的将军之列。在拿破仑看来，从许多伟大的将军所指挥的战役中可以学到很多东西，而他将恺撒列为所有伟大将军之首，而且在圣赫勒拿岛用了一些时间参阅了恺撒所著的《高卢战记》和《内战记》，并对文中所体现的罗马将军的指挥之道进行了详细的评论。这位法国皇帝不是第一个指出恺撒的记叙有些自夸之嫌的人，不过，既然拿破仑自己写在帝国公报中的官方告示促生了"如《公报》一般撒谎"这一谚语，那么，他认为这种自夸有多不可取，我们就不得而知了。在更近的一段时间里，许多历史学家用恺撒自己的叙述来评价恺撒作为指挥官的能力。

恺撒在战记（Commentarii）中对战争做了极为细致的描写，这使得人们对恺撒作战情况的了解程度要超过其他任何一位罗马将军。一共有七卷书描写公元前58—前52年恺撒在高卢的战事，还有三卷描述公元前49—前48年罗马内战的。在恺撒死后，其手下官员还写了一些书记叙公元前51年恺撒在高卢的最后战役以及内战的尾声。不清楚的是，每卷书是在当年战事结束后分别出版的，还是所有卷作为一个系列一起出版的。更有可能的是前一种，并且它们的出版意图可能就是要在战争仍在继续的时候向罗马人民宣传恺撒所取得的成就。有几个文献都证实，恺撒的写作速度极快，而且像西塞罗这样的权威都声称，恺撒的战记是拉丁语文学的最高杰作之一。绝大多数人都认为恺撒的作品是可以信任的，尽管恺撒的一位下属说，对于没有亲眼所见的事情，恺撒也不太注重考察其真伪。几乎没有任何线索显示，其他文献中有对于这段时期的不同描述，尤其是对于高卢的战事。因此，恺撒的指挥能力几乎只能通过其自述来评估，可能历史上的许多将军都会对恺撒的这种情况感到嫉妒。

战记对于事件的描写当然对作者有利，虽然恺撒全文都使用第三人称，使得这种偏向性不是那么明显。然而，恺撒绝不可能有随心所欲杜撰的自由，要知道许多随军出征高卢的元老院官员经常给在罗马的家人和朋友写信。西塞罗的弟弟昆图斯就是恺撒手下的一名副帅，兄弟俩定期通信。罗马军队在高卢活动的很多情况通过这种方式而广为人知，因此很可能的是，战记中记载的基本事实是准确的。

毕竟，许多历史学家正是读了恺撒自己的叙述后，才感到能够对恺撒在战斗中的一些做法提出批评。对于许多人来说，恺撒看起来是个有缺陷的天才，一个容易因为心血来潮而行动的人，而恺撒的才华发挥得最淋漓尽致的情况便是，他通常能将军队从绝境中解救出来——而绝境正是他自己的过失所致。还有很多人认为，恺撒是个标新立异的人，指挥方式与大多数罗马将军极为不同，而后者则经常被现代的评论家贬斥为一群埋头苦干的业余者。的确，罗马人从没有建立过任何培养指挥官的正式机构，在这一意义上，包括恺撒在内的所有罗马指挥官都是业余的。现在很重要的一点是，要将恺撒的作战放在其他罗马将军的作战背景之下加以讨论，尤其是诸如庞培这样的同时代人，这样才能判断恺撒的指挥方式与其他罗马将军是否存在根本性的不同。[3]

公元前 58 年之前的早年生活和职业生涯

盖乌斯·尤利乌斯·恺撒大约于公元前 100 年出生，是尤利乌斯·恺撒家族的一员。该家族是贵族，号称是维纳斯女神的后裔，不过在整个公元前 2 世纪里总共只产生了一位执政官。恺撒第一次吸引广泛关注是在苏拉独裁时期，他在其姑母，即马略遗孀尤利娅的葬礼上当众展示马略的画像。公元前 80—前 78 年期间，恺撒开始在军中服役，他在亚细亚作战，并赢得了"公民冠"。在返回意大利时，恺撒乘坐的船遭到海盗袭击，恺撒本人也被劫为人质。在被俘期间，恺撒一直扬言，他将来会回来，亲眼见证每一名海盗被钉死在十字架上。支付了赎金之后，恺撒自发从附近的部落中征募了一支军队，然后回去践行自己的诺言，虽然为了体现自己的仁慈，恺撒先割断了海盗们的喉咙，之后才将其钉上十字架。公元前72年，恺撒可能当上了军事保民官，并与斯巴达克斯作战。公元前63年，恺撒当上了大法官，同时，一位保民官通过了一项更改选举程序的法律，帮助他成了大祭司长（Pontifex Maximus，罗马的高级神职）。[4]

从许多方面来说，恺撒早年的职业生涯是中规中矩的，但由于其行为有些张扬，因此似乎招致了一些争议，也树了很多敌人。为了赢得穷人的支持，恺撒奢侈地花钱，他大摆宴席、提供娱乐来款待穷人，并将自己与当时民心所向的事业紧紧相连，远远超过其经济承受能力。所有想从事公众事业的年轻元老都想从同辈中脱颖而出，但恺撒凡事都做到极致，所以遭到许多人厌恶，尤其是因为其才华和智力极为出众。许多元老认为，恺撒与喀提林在公元前63年图谋发动的叛乱有关，而且恺撒还在元老院为阴谋者辩护，反对对其施以死刑，因此更加受到怀疑。虽然大多数人都相信克拉苏也参与了此次叛乱，但由于欠克拉苏钱的罗马贵族实在太多了，因此大家都讳言此事。

人们认为，恺撒在政治上并不可靠，他是一介浪子，其天赋和过度的野心使其有着潜在的危险。恺撒的风流韵事很多，而且几乎总是同其他元老、骑士的妻子有关，这也常常成为人们的谈资。始终有传闻称，恺撒在东方服役期间与比提尼亚的老国王尼科美德斯有同性恋情，因此他得到了"所有女人的男人、所有男人的女人"这一称号。这种粗鲁的辱骂在罗马政治中极为常见，很难知道它究竟是否真实，但恺撒的确常常勾引女性，而且毫不掩饰。据说，恺撒既勾引了克拉苏的妻子特尔图里亚，也勾引了庞培的第三任妻子穆西娅，而庞培从亚细亚回来后就与穆西娅离了婚。一个世纪后，高卢贵族若是宣称自己的曾祖母是恺撒出外征战期间的情妇，竟成了某种足以为之自豪的事情。

在罗马，恺撒似乎总能和丑闻扯上关系，虽然并不全是自己的所作所为引起的。作为大祭司长，恺撒的一个职责便是用自己的房子来庆祝玻娜女神（Bona Dea，良善女神）的节日，而且这一庆典只允许女士参加。然而庆典当天，一位名叫克洛狄乌斯的声名狼藉的元老伪装成女人参加了这一秘密仪式，而且有与恺撒的妻子通奸的嫌疑。恺撒公开宣称，这种传闻不足为信，但与妻子离了婚，宣称"恺撒的妻子不应给人怀疑的理由"。恺撒又一次将自己与其他男人区分开来，同时也凭借个人魅力赢得了许多人的喜爱，尤其是成为其情妇的众多女人的喜爱。但是，恺撒的这种充满优越感的态度让许多反对者对他深恶痛绝。在这些人中，小加图是最突出的代表。小加图在生活中严于律己，让人想起了其著名的祖先老加图并因此名声大振。小加图对恺撒的痛恨不仅因为两人在政治主张上的分歧，同时也因为两人性格上的差异，而后者比前者有过之而无不及。在对于喀提林阴谋的辩论中，小加图注意到恺撒被塞了一张字条，他显然觉得这里面有足以证明恺撒罪行的证据，因此要求将这张纸条的内容大声读出来。恺撒反对，但迫于压力，最后将纸条交给了小加图。后者沮丧地发现纸条实际上是自己同母异父的姐姐塞维利娅（其儿子布鲁图斯将在公元前 44 年策划刺杀恺撒的阴谋）写给恺撒的热烈的情书。[5]

　　担任过大法官后，恺撒去往远西班牙做行省总督，并在那里控制住了当地部落的叛乱，还因此获准举行凯旋式。然而在返回罗马后，由于受到政敌的蓄意阻挠，恺撒为了参加执政官竞选，自愿放弃了举行凯旋式的荣耀。从这件事可以看出，他对自己能够担任更高职务，取得更大的荣耀是多么自信。他对于迅速成功的急不可耐很快赶上了克拉苏和庞培，而且这份成功也与那两人的支持密不可分。庞培的老兵成群结队地活跃在罗马广场，为恺撒的竞选提供武力支持，使得他的竞选活动以及当选后的一年任期都充满了动荡和暴力。然而，大多数元老是后来才逐渐意识到，这三人已经结为了同盟，试图支配罗马共和国。公元前 59 年另一位当选的执政官马库斯·卡尔普尼乌斯·比布鲁斯受到元老院更为保守成员的支持，他起初试图阻挠恺撒所有的行动。作为回应，恺撒采取愈发极端的手段强行推动自己的提案通过。他的许多提案遭到反对不是因为其内容，而仅仅因为这是他提出的。有一次，有人将一筐大粪扣在了比布鲁斯的头上，在这一年剩下的时间里，比布鲁斯基本上从公共生活中退隐了。有一句俏皮话说，那一年有两位执政官——尤利乌斯和恺撒。

　　按传统来说，元老院仍然有权分配行省的指挥权。恺撒的反对者以及一大批对恺撒所使手段不满的人决心让他担任虚职，即照管意大利的道路和森林。这样，这位危险的极端分子获取荣耀、赢得财富的机会就被剥夺了——众所周知，恺撒债台高筑。然而，这一举动再次遭到挫败：又一次，保民官将一份法案交给平民会议批准，将行省的指挥权授予恺撒。恺撒获得了山南高卢和伊利里亚行省的指挥权。后来有消息传来，山北高卢的现任总督去世，恺撒又获得了那里的指挥权。恺撒的指挥权将持续 5 年的时间——后来延长到 10 年。虽然规模比不上庞培在地中海和东部地区的指挥权，但对于一位行政官员来说，这也是巨大的责任了。更不同寻常的是，这一地区没有战争，甚至都没有重大的战争威胁，因此将如此之多的资源置于一人之手很不合理。恺撒前往自己的行省，迫切想赢得荣誉和战利品，但并不清楚此刻他是否已经想好去哪里赢得自己想要的东西。很可能的是，恺撒计划在巴尔干地区对强大而富庶的达契亚王国（大概相当于如今的罗马尼亚地区）发动战争。然而，山北高卢边境突然出现了作战的机会，因此恺撒转而将作战计划投向那里。[6]

赫尔维蒂人的迁徙（公元前 58 年）

公元前 58 年开春，一个名为赫尔维蒂的民族开始迁徙。这个民族属于高卢人，大概居住在如今的瑞士所在的地区。他们渡过罗讷河，并穿过罗马在山北高卢的行省。迁徙的原因是人口逐渐增长，因此需要找到更为广袤和富饶的土地去耕种。恺撒声称，这些人计划迁徙到加龙河河口附近的高卢的西海岸。他还声称，由于居住在群山之间，赫尔维蒂人感觉很受拘束，因为他们劫掠邻居的机会很有限。高卢和日耳曼部落非常好战，经常会发动以劫掠为目的的远征，酋长通过这种远征可以赢得荣誉和战利品，从而能够在身边维持一支勇士队伍来担任他们本人的侍从。许多部落，特别是高卢南部和中部的部落，逐渐从原始的酋长制发展为有组织的邦国，由选举出来的官员进行管理。然而，个体的贵族仍然掌握着很大的权力，其掌权的基础便是随侍的勇士队伍，同时他们也能得到因亲缘或债务关系而依附于自身的人所提供的支持。

在恺撒的叙述中，这些贵族总是试图夺取部落内部，甚至是部落之外的最高权力。奥吉托里克斯就是这样一个贵族，他为了获得更广泛的影响力，曾巧妙地将自己的女性亲戚嫁给了相邻部落有权有势的贵族，并于公元前 61 年最先激起了赫尔维蒂人迁徙的欲望。然而，就在赫尔维蒂人为迁徙做准备时，奥吉托里克斯却因为自己的野心与部落的官员发生了冲突。奥吉托里克斯试图通过展示自己手下士兵的武力来恫吓部落官员，但没有成功，反而受到审判，而后在略显神秘的情况下死去。即使如此，也至少有一位奥吉托里克斯的亲戚——他的女婿、埃杜伊部落的贵族杜姆诺里克斯将会在赫尔维蒂人迁徙过程中对其进行援助。很有可能在一些高卢部落中，有一些派别欢迎这批移民的到来，这些人希望通过移民的帮助在自己的部落中赢得权力，或主宰相邻部落。几年前，有一个名为塞夸尼的高卢部落就曾邀请在阿利奥维斯塔国王统领下的一支日耳曼部落加入其中，后者很快统治了该国中部地区很大的一片土地。赫尔维蒂人的迁徙很可能也有许多政治背景，但恺撒选择不予解释，也许有些背景恺撒自己也不知道。[7]

奥吉托里克斯之死当然不会延缓赫尔维蒂人迁徙的脚步，部落中的人继续为征程储备食物。他们在出发前将自己的村庄和农场烧毁，以示自己永不回来的决心。恺撒声称，共有大约 36.8 万人进行迁徙，说这一数字来源于自己麾下士兵在战争结束后缴获的赫尔维蒂人自己用希腊字母做的记录。这个说法的可信度一如既往地无法验证，我们只知道确实有大量的战士带着家人进行了迁徙。与辛布里人和条顿人一样，赫尔维蒂人没有排成一个纵队前进，而是分成了许多小群体，分散在一片广阔的区域。恺撒曾在一处记载道，移民一度用了 20 天的时间渡过了阿勒河（如今的索恩河）。这种描述进一步刻画了移民以多个小群体活动的场景，就像 19 世纪横扫美国西部的马车队一样。在叙述中，恺撒不断试图重提辛布里人和条顿人的往事，在好几处都详细地提醒读者，赫尔维蒂人，特别是其中的提古林尼氏族，曾参与了辛布里人和条顿人之前的迁徙，并在公元前 107 年击败了执政官希拉努斯所率领的军队。[8]

尚在罗马之时，恺撒就接到了有关移民的报告，而后他立刻火速赶往山南高卢——恺撒的行进速度总是令同时代的人惊诧，不论是骑马的速度还是驾驶轻马车的速度。恺撒已下定决心，不让任何外来势力侵入罗马领土。更重要的是，恺撒迫切地想要打一场大规模的战役，并取得成功，而现在机会就在眼前。被分派了山南高卢、山北高卢和伊利里亚 3 个行省的恺撒，手下共有 4 个军团，分别是第七、第八、第九和第十军团，同时还有人数不明的辅助部队提供支持。辅助部队包括：西班牙骑兵、努米底亚轻装步兵（可能也有骑兵）、克里特弓箭手、巴利阿里投石手，以及许多从当地征募的高卢部队。然而，只有一个军团（恺撒没说是哪一个）以及一些辅助部队在山北高卢，可以立刻应对威胁。为了延缓赫尔维蒂人的推进，恺撒下令将日内瓦附近横跨罗讷河的大桥毁掉。[9]

赫尔维蒂人派了代表找到恺撒，请求通过罗马行省的部分土地，许诺自己届时不会造成任何伤害。恺撒已经决定拒绝这一请求，不过当时却回话说自己需要时间考虑一下，让赫尔维蒂的代表几天之后再回来。同时，恺撒命士兵沿日内瓦湖到汝拉山修建防御工事带，该工事带绵延超过 17 英里（19 罗马里）。代表返回后，接到了同执政官严厉的通知，不允许他们进入罗马领土，若有违反，将面临武力抵抗。

在接下来的几天里，小队小队的赫尔维蒂人借助夜色的掩护试图涉水或乘坐小筏渡过罗讷河，并突破罗马防线的封锁。由于需要设法爬过罗马人修建的壕沟，或翻越土墙，因此赫尔维蒂人会耽误一些时间，这使得罗马的后备军能够及时奉命赶到现场，用投掷出的大量武器打退敌人的每次进攻。受阻之后，赫尔维蒂人回身走了另一条路。杜姆诺里克斯在塞夸尼部落中很有影响力，于是帮助赫尔维蒂人安排，无害地通过了塞夸尼人的土地。恺撒留下副帅提图斯·拉比埃努斯负责指挥镇守在防御工事中的军队，自己则回到山南高卢去接手驻扎在阿奎莱亚的 3 个军团，并集结了两支新的军队，分别是第十一军团和第十二军团。很可能恺撒在赶到之前，就已经令人传命让这里的军队行动起来。恺撒率领着这 5 个军团，挑选最短的路径返回——他不顾当地部落的袭击，强行穿越了阿尔卑斯关口。阿尔卑斯山地区此时尚未完全处于罗马人的控制之下，那是后者在统治周围地区很久之后的事情。在山地作战困难重重，而且战利品又少得可怜，对于一位志在赢得名声和金钱的官员来说，在这一地区作战显然没什么吸引力。直到公元前 1 世纪末，在恺撒的养子、罗马的第一位皇帝奥古斯都的指挥下，罗马的权威才最终在这里确立。[10]

接到来自同盟部落的报告时，恺撒已经渡过了罗讷河。报告最主要来自埃杜伊人，该部落抱怨称赫尔维蒂人在其土地上劫掠。恺撒立刻前去与赫尔维蒂人作战，在索恩河追上了主要由提古林尼人组成的纵队尾部。夜间，恺撒离开营地，率 3 个军团发动了突袭。这次行动完全出乎敌人的预料，高卢人或遭屠杀，或被驱散，而罗马军队几乎毫无损失（恺撒不仅提到此役给罗马共和国在公元前 107 年的败仗雪耻复仇，意义重大，还提到了自己个人对于击败提古林尼人所感到的欣慰，因其岳父的祖父就是在希拉努斯麾下服役时遭到提古林尼人杀害的）。之后，罗马军队在索恩河上架起桥梁，追击赫尔维蒂人的主力。现在，恺撒率领着 6 个军团，合计约 3 万人，还有 4000 名辅助骑兵，其中包括一支由杜姆诺里克斯率领的埃杜伊骑兵部队。赫尔维蒂人派遣使者向罗马人索要土地，声称自己愿意前往罗马指定的任何地点定居，但一口回绝了恺撒让其将人质交给罗马的要求。第二天，赫尔维蒂人撤退了，但其人数占劣势的骑兵却打败了前来追击的罗马辅助骑兵，因为罗马骑兵太过大意。这一败仗让罗马军队十分尴尬。有传言称，失败的正是杜姆诺里克斯所率领的骑兵。一些赫尔维蒂人受到鼓舞，停止撤退的脚步而主动要求与罗马军队作战。恺撒拒绝与敌军作战，在接下来的两周里一直尾随敌军，其先锋始终与敌军后部保持着 5 到 6 罗马里的距离。

对于任何指挥官来说，给部队提供补给一直都是最主要的问题之一，而现在恺撒的部队开始缺乏补给了。之前，恺撒可以获得索恩河上的船运来的物资，但随着部队愈发深入内陆，这已变得不现实了。埃杜伊人本应向罗马军队提供大量的粮食，但到目前为止他们没有履行这一义务。恺撒将埃杜伊部落的两个"执法官"（Vergobrets）召来，其中一个便是杜姆诺里克斯的兄弟狄维契亚库斯。杜姆诺里克斯由于故意拖延征收小麦而受到指责，并在众目睽睽之下被逮捕，但恺撒给狄维契亚库斯卖了个人情，没有进一步惩罚杜姆诺里克斯。[11]

同一天，恺撒接到侦察兵报告称，赫尔维蒂人当晚在距罗马军营 8 罗马里左右的一个周围是高地的平原停下过夜。恺撒派了一队巡逻兵去探明平原周围的山地，以及去往山地的路线。结果显示，去往山地的路很好走，于是恺撒决定在夜色的掩护下再次发动突袭。在之前参与过侦察的人的指引下，拉比埃努斯率领两个军团前去占领高地。恺撒给拉比埃努斯下了严格的命令：在看到部队其他部分向敌军发动攻击之前，不得擅自与敌军交战。一小时后，恺撒带着主力部队沿着相同的路径进发。在纵队前部行进的是骑兵，而经验丰富的普布利乌斯·康西迪乌斯指挥的巡逻兵则在骑兵前引路。此人曾在克拉苏和苏拉麾下服役，现在很可能是一位保民官。拂晓时分，拉比埃努斯已经占领了山顶，而恺撒距其不到 1.5 罗马里。赫尔维蒂人同其他部落一样，移动笨拙缓慢，不注重预防敌人的突袭，对于两支罗马部队的到来仍然天真地一无所知。然而，康西迪乌斯骑马驰回，向恺撒报告称敌军已经占领了山地，声称自己是通过敌军部队手持的武器和标志（很可能是盾牌或军旗）判断出来的。恺撒还距离太远，无法亲自观察上述细节，只能判断，他的先头部队可能只是迷路了，也可能在不幸的情况下遇难了。恺撒停止了行进，将部队带回到最近的山上，排好战斗队形。几小时后，巡逻兵才确认，拉比埃努斯在预定的地点，而赫尔维蒂人仍然不知道罗马军队的活动，现在已经继续向前进发了。恺撒率军尾随，在距离最近部分的敌军 3 罗马里的地方安营。[12]

突袭敌军营地的尝试失败了，但这次事件却富有启示。这次突袭使用的方法是，侦察兵先行侦察，而后巡逻兵再次考察地形，确认侦察兵的报告，并作为向导引领主力纵队前进。这种方法基本上也是现代军队的惯例。大规模部队能够在夜间自信地行进，标志着部队的军事效率很高。汉尼拔的军队夜间行军能力明显优于其罗马对手，这一点在特拉西梅诺湖之战之前和从法勒努斯平原撤退的过程中体现得尤为淋漓尽致。在旧的军事体系中，只有少数极为训练有素、纪律严明的军团才敢于在夜间行军，但到了庞培和恺撒时期，这种行为似乎已经司空见惯。夜间行军反映出在庞培和恺撒领导下的部队有更强的专业性和军事技能，正如恺撒在一天之内搭建起横跨索恩河的桥梁这件事所体现的。然而，夜间行动总是有可能出现混乱，在此次行动中，由于情报错误，致使突袭计划未能落实。

此时，恺撒的部队补给十分短缺，而且由于埃杜伊人尚未将承诺提供给罗马军队的粮食带来，因此恺撒决定率军前往他们在18罗马里之外的主城比布拉克特寻找补给。罗马军队改变行进方向的消息通过一些叛逃的高卢辅助骑兵传到了赫尔维蒂人耳中。赫尔维蒂人将此举归因于罗马人的胆怯，于是认定现在就是摆脱追击者的最佳时机。罗马军队转向之后，高卢军队也转向并跟随罗马军队，不断骚扰罗马军队的后翼。恺撒率军上山，并派骑兵延缓敌军，同时将部队排成战斗队形。4个曾经服过役的军团在半山坡上排成常规的三线战阵，身后是新征募的第十一和第十二军团以及辅助步兵和辎重车队。后面这些人得到命令要搭建营地，尽管不清楚这项工作进行到什么程度。恺撒并不放心将新近征募的军团安置在主战线上，但是希望敌军在看到山坡上全是罗马士兵时会感到胆怯。

每个军团除了有保民官，可能还被指派了一名地位更高的指挥官。（在同年稍后发生的一场战争中，恺撒让财务官和5位副帅分别指挥一个军团，这样"每个人都可以证明自己的勇敢"。）[13]
恺撒在众目睽睽之下让人将自己的战马连同其他军官的战马一起
送到军队的后部。此外，恺撒还做了振奋人心的演讲——很可能
做了好几次演讲，因为不可能同时向整条战线做演讲。有趣的是，
恺撒很少详细记述自己演讲的内容，除非想阐述自己的政治观点。
正当罗马人做战斗准备时，赫尔维蒂人将罗马骑兵赶了回去，并
在山坡下排成了一条极为密集的战线——在恺撒的描述中，敌军
排出的是方阵。战士的家眷就在他们后面，坐在车中观战，见证
男人们英勇的表现。

赫尔维蒂人极为自信，很快就向山坡上推进，攻击罗马军队
严阵以待的战线。罗马军团等待着敌军前来，在敌军进入自己标
枪的 15 码射程（考虑到是山坡，可能距离还要稍远一些）内时，
向敌军投掷出密密麻麻的重型标枪。这与马略的军队在阿克韦塞
克斯提亚所采取的战术相同，而两次战役的结果也相同。锥形的
枪尖刺穿了盾牌，有时还将两个重叠的盾牌钉到了一起。而且正
如设计的那样，细长的标枪从盾牌的洞里穿过，攻击到了盾牌后
方的士兵。一些高卢人被杀或身受重伤，更多士兵的盾牌由于插
上了标枪而变得极为沉重。由于标枪并不好拔出，因此士兵只能
将盾牌扔下，在没有防护的情况下作战。罗马军队居高临下，再
加上那一轮标枪齐射的威力，高卢军队的阵形已经混乱了，前进
的动力也丧失了大半。此时，罗马军队拔出利剑，按照排好的阵
形向山下冲锋，优势非常明显。

但即使如此，赫尔维蒂人仍然抵抗了一段时间才开始后退。
恺撒的表述是"最终"（tandem），但这样的表述总是很难量化。
赫尔维蒂人后退了大约 1 罗马里，但在后退期间很可能没有与罗

马军队交战。当罗马军队准备前进并发动新一波攻势的时候，却突然发现新的威胁出现了。移民大军中有两个小部族，波伊人和图林吉人组成了部队的后卫，因此更晚才参与到战斗中。现在，这两个部族组成的军队威胁到了罗马暴露在外的侧翼。罗马军团将方阵第三线的步兵大队分离出来，单独组成一条战线应对新出现的威胁，而前两线的士兵继续向前与敌军的主力部队作战。战争在两条战线上一同进行，持续了大约 5 个小时。罗马人逐渐将赫尔维蒂人向另一座山坡上驱赶，而波伊人和图林吉人则已经撤退到后方的推车和行李之中，并将推车堆在一起以阻碍罗马军队的进攻。有些战士站在这座临时搭建的防御墙上向罗马军队掷标枪，其他人则利用推车做掩护向罗马军队投掷武器。不过，罗马军队最终还是强行突破了障碍。罗马一方伤亡惨重，恺撒不得不用接下来的 3 天时间照顾伤员、埋葬死者。而高卢军队作为战败的一方，其死伤人数则比罗马军队还要多得多。许多身份高贵的赫尔维蒂人成为俘虏，其中包括奥吉托里克斯的一个女儿。[14]

赫尔维蒂人撤退到了林格内斯人的领土中，但恺撒已派出使者嘱咐林格内斯人，不要给赫尔维蒂人任何援助和食物，否则就会面临罗马的攻击。赫尔维蒂人饥饿难忍，于是派出使者向罗马求和，而且这一次同意交给罗马人质。部族社会中，领导者很少有绝对权力。可能正是在这种独立精神的驱使下，一天夜里有6000 名赫尔维蒂人逃跑了。在逃跑者可能途经的地区，恺撒都向当地的部落派去了使者，要求抓捕逃跑者。基本上所有逃跑的人都被抓了回来，并被变卖为奴隶。恺撒令其他赫尔维蒂人返回自己的故土，并吩咐阿洛布罗基人送给赫尔维蒂人大量的谷物，帮助他们在下一年重建家园、种植作物时渡过难关。阿洛布罗基人住在罗马行省内，与赫尔维蒂人相邻。然而，在埃杜伊人明确的请求下，恺撒同意让移民大军中的波伊人定居在埃杜伊的领土上。此举旨在保护罗马的行省以及罗马的盟友。恺撒声称，只有 11 万名赫尔维蒂人踏上了回乡的路途，暗示约有 25.8 万名赫尔维蒂人死于战争或成为俘虏。考虑到罗马人很愿意用看上去精确的庞大敌军伤亡人数来衡量自己的军功，因此这里的数字很值得怀疑。[15]

恺撒的作战（公元前 58—前 53 年）

在打败赫尔维蒂人后不久，恺撒就接到了包括埃杜伊人在内的许多高卢部落的求助信息，因为据说阿利奥维斯塔率领 12 万名日耳曼战士发动了入侵。这件事有点讽刺，因为就在前不久，在恺撒自己的执政官任期中，元老院授予阿利奥维斯塔"王和罗马人民的朋友"这一头衔。[16] 但为了保护罗马的盟友和行省，恺撒说自己顾不上那么多，立刻前去对抗新敌人。虽然恺撒信心十足，但是却有商人和高卢辅助兵传言，日耳曼勇士身材高大、骁勇剽悍，因此在一段时间里军中似乎士气低落。首先是保民官和其他高级军官受到了谣言的影响，很快恐惧就在普通士兵中弥漫开来，军队为了拒绝前进几乎要发生哗变了。

恺撒将军队中所有百夫长（每个军团有 60 个百夫长）和其他军官召集起来，试图使其安心。恺撒最后说道，不管其他人去不去，他都会带着第十军团前去迎敌，他相信第十军团是可以依靠的。这番恭维立刻就赢得了第十军团士兵的支持。对于指挥官的信任，该军团的士兵表达了感谢，而其他军团的士兵很快就感到惭愧，不希望自己比其他军团逊色。恺撒第一次展现了自己操控

恺撒在高卢的作战

强烈的军团荣誉感的技巧，后来还多次展现过。恺撒从俘虏口中得知，日耳曼部队中的女预言家曾宣称，日耳曼战士在新月出现之前无法取得任何一场胜利，因此恺撒立刻发动了与日耳曼人的交锋。经过一场苦战，罗马军队取胜。这一次，新征募的军团没有充当后备军，而是加入了主战线的作战，这说明前一次的作战经历增强了这些军团的作战能力。在此次作战期间，恺撒试图让新军可以迎敌，他将老军团里能力出众的百夫长提拔为高级军官，安排他们到新军队伍里，并逐渐让新军接受战争的考验。[17]

一年之内相继彻底击败赫尔维蒂人和阿利奥维斯塔，意味着极大的成就。只要取得这两场战争的其中一次胜利，罗马官员通常就能获得令自己满意的显赫名声和丰厚的战利品。在两场战争中都取胜，则可以奠定指挥官在元老院中的显赫地位。然而对于牢牢掌握自己特殊的指挥权的恺撒来说，这仅仅是开始。一年后，高卢东北部的比尔及人攻击了另一个与罗马结盟的部落雷米人。作为回应，恺撒率军前去作战。起初，两军分别占据了一处有利地形，都不愿意离开自己的位置去攻击占有地利的对手。对峙因比尔及军队粮食耗尽而结束——没有组建补给部门的部落军队常常会遇到这种问题。在与敌军距离如此之近的情况下撤退从来都风险巨大，比尔及战士在夜色的掩护之下涣散地撤退，结果死伤惨重。恺撒率军推进，开始系统性地劫掠所经过的每一个部落的领地。比尔及人用了一些时间才重新集结起主力部队，但是，一旦集结成功后，他们就趁罗马军队在桑布尔河附近搭建营地之时对其发动了突袭。恺撒对于这次混乱的战斗的描述是《高卢战记》中的著名段落：

> 这一来，恺撒就得在瞬息间做好许多事情，战旗要升起来——这是急须拿起武器来战斗的表示——信号要利用军号发出去，士兵们要从工事上叫回来，跑到远处去为壁垒寻找材料的人要集合拢来，阵伍要布列起来，战士要鼓励一番，还得把战斗号令发布出去。[18]

恺撒及其副帅——他们之前收到命令，在军营的防御工事搭建好之前不要离开自己的士兵——试图调整出某种战线的样子，与此同时，恺撒沿着战线骑马从一个军团奔赴另一个军团。

恺撒在鼓励了第十军团之后，向右翼赶去，他看到自己的部下正受到沉重的压力，第十二军团所有部队标志都集中到一个地方，军士们也都拥挤在一起，使自己的战斗受到了妨碍。第四大队的全部百夫长都已阵亡，扛标志的人也被杀掉，连标志都已失落；其余各大队的全部百夫长，几乎不是负伤便是阵亡，其中一个极勇敢的首席百夫长（prima pilus）塞克司图斯·尤利乌斯·巴库勒斯已经受了好几处重伤，无法再支持。其余的人都松下劲来，有些人由于自己身后失掉了掩护的人，就退出战斗，以避锋刃。另一方面，敌人却只管在正面从低处向上进攻，同时还冲击两面侧翼。看来形势已经十分危急，而且没有任何可以动用的后备力量。恺撒在后军的一个兵士手中抢过了一面盾——因为他自己来的时候没有带——就向战线的第一列赶去，一面叫着百夫长们的姓名，鼓励着其他兵士，吩咐他们把战线向前推，作战单位与作战单位之间拉开，以便更自由地运用剑。他的到来，给士兵们带来了希望，他们的精神重新振作起来，各人都想在统帅的目睹之下，表现出自己即使身历险境时还骁勇善战到何等程度。敌人的攻势稍稍被遏止了一些。[19]

在战斗中，恺撒经常四处移动，骑马紧贴战线后侧巡视战况并做出反应——除了与赫尔维蒂人的战争中有记载恺撒步行指挥战斗之外，在其他战争中均没有这样的记载。在这次战斗中，诚如恺撒所说，"没有任何可以动用的后备力量"，因此指挥官亲自加入了战线。投身于战线中后，恺撒试图将低落的士气鼓舞起来。他大声地一个个喊着众百夫长的名字——他认识这些具体的人（因此之后可以奖赏他们），也喊着自己不太认识的普通士兵，命令军队重新排好阵形，并向前推进。恺撒借了盾牌，承认自己所处的情况非常危险，但他没有在任何地方提到自己参与了实际的战斗。相反，恺撒强调的是自己在激励军队和指挥军队方面所发挥的作用。

传说，庞培曾手持剑或矛与敌人战斗，亲手杀敌或光荣负伤，但是恺撒没有这种传说。在玛尔凯路斯身上，以及一定程度上在庞培身上所体现的英雄主义传统，并没有出现在恺撒的指挥风格之中。在通篇的战记中，他身体上的勇武被视为理所应当，而他能够勇敢地应对危机、从不怀疑胜利终会属于自己的精神上的勇气则更加突出。在恺撒的叙述中，他的士兵纪律严明、坚定可靠、善于应变、勇往直前；无论是某位百夫长还是百夫长这个群体，都值得信赖，不惧危险。恺撒对于更高级别军官的描述则不一致。有时，高级军官做出了错误的决定，或者变得紧张不安或陷入恐慌，而百夫长和士兵很少会动摇。将军本人则始终冷静地相信，自己一定会取得最终的胜利。战斗中，恺撒紧贴着第一线后方移动，从一个发生危机的地方来到另一个发生危机的地方。沿着战线，所有高级军官也以同样的方式鼓励士兵并指挥战斗（虽然可能不如恺撒那么具有天赋），不过由于每位高级军官有自己固定管辖的一片区域，因此也不能随意四处走动。只有在少数情况下，恺撒承认自己没有预料到危机的发生，但通常会有另一位军官对危机做出反应。在与阿利奥维斯塔的战斗中，是普布利乌斯·克拉苏发现了日耳曼军队对罗马军队侧翼构成的威胁，并命令方阵的第三线士兵前去应对。普布利乌斯·克拉苏就是恺撒政治盟友克拉苏的小儿子，他"统率骑兵……比在行列中战斗的人行动可以自由一些"。[20]

桑布尔战役是恺撒打过的最艰难的战役之一。从很多方面来说，这是一场属于士兵的战役，获胜的原因就是罗马士兵的不屈不挠，不过将军和其他军官也在拼尽全力指挥战斗。恺撒设法稳住了由第十二军团和第七军团组成的面临巨大压力的右翼，不过真正化解险情的是拉比埃努斯。率左翼部队打退敌军后，拉比埃努斯占领了敌军营地，此时他发现了右翼部队的危急情况，于是派第十军团从后面直取比尔及人部队。

在之后的夏季时光里，罗马军队一直在镇压比尔及部落。公元前56年，由于没有遇到强大的部落联盟的威胁，恺撒将部队分成几部分，分别在高卢的不同地区作战。当年恺撒取得的最显著的成就可能就是在海战中击败了居住在如今布列塔尼的威尼提人。这一年，恺撒有点为政治所忧心，因为三巨头同盟一度似乎要土崩瓦解。恺撒与庞培、克拉苏在山南高卢的卢卡匆忙开了一次会，会议还有一百余位想要赢得三位巨头支持的元老陪同参加。正是这次会议才使恺撒平息了庞培与克拉苏之间的争执，那两人同意一同担任下一年的执政官，并设法将恺撒的指挥年限延长至10年。[21]

恺撒在高卢的作战与庞培在近东的作战极为相似，两人都享有绝大多数罗马总督所无法拥有的大量资源以及行动自由。而且，两人也都得到保证不会有新的同执政官突然前来取代自己的位置，因此可以从长计议，而不必汲汲于眼前的胜利。至少以罗马的标准来看，两人所打的仗都合情合理，而且是为了罗马共和国的利益——恺撒在战记中拼命强调这一点。发动这些战争的目的是保护罗马盟友或罗马本身的利益，或只是维护罗马的权威。没有对罗马的强权展现出应有的尊敬的独立民族是犯了傲慢之罪，因此是罗马潜在的威胁，理应接受罗马的教训。拉丁语动词 pacare 意为"平定"，是罗马人对于用武力将自己的意志强加于别人身上的一种委婉说法，这个词在《高卢战记》中也时常出现。罗马军团就这样在高卢境内侵袭着，直到部队抵达了西部的大西洋、北部的英吉利海峡和北海，以及东部的莱茵河。

与多数罗马战争不同的是，在很大程度上恺撒和庞培能够自己决定去哪里作战，而不受元老院的指挥。元老院绝大多数的元老也都承认，两人的征战对罗马有益。不论这些元老对两人取得如此之大的个人荣誉有多么憎恶或嫉妒，但是作为一个整体，元老院对这两位指挥官几乎没有控制权。然而，即使是政敌也不禁对军团所取得的成就欣喜不已。有一次，恺撒因在与日耳曼部落首领谈判期间对该部落发动进攻而涉嫌失信——这一指控并非无中生有，即使在恺撒自己的记述中也有一些证据。小加图在元老院发表了演讲，建议将恺撒交给日耳曼人处理，但小加图这么说，可能只是想证实自己铁面无私的名声，因为他也知道自己的提议不可能付诸实践。即使是小加图，也从未质疑过恺撒在高卢发动的战争是否真正符合罗马的利益。正如庞培在东方的作战一样，恺撒的政敌任由他为了罗马共和国的利益去赢得战争，待其回到罗马、成为普通公民时再与他作对。[22]

恺撒有意识地想让自己在高卢的征战显得令人瞩目，因为他一直关注着罗马的舆论。公元前 55 年，恺撒修建了跨越莱茵河的桥梁，并在《高卢战记》中饱含情感地描写了这个工程的细节，因为这样的工程壮举是值得称赞的，堪比在野战攻城中的胜利。恺撒穿过这座桥，成为第一位踏上日耳曼的土地与日耳曼部落作战的罗马将军，虽然事实上日耳曼人避免与他作战，他最多也不过是展示了自己的实力以及自己能够抵达敌军领土的能力。第二年，恺撒重复了此举，向日耳曼部落强调罗马军团有能力随心所欲地完成这样的壮举。在公元前55年和前54年，恺撒还曾率军渡海远征不列颠，那是一个神秘的岛屿，几乎都不属于现实世界的一部分。

恺撒称，自己之所以发动这次入侵，是因为在他看来高卢人近几次在与罗马军队作战时受到了不列颠人的援助。这有可能，但援助的规模肯定不会太大。苏维托尼乌斯给出了另一个动机，他主张恺撒入侵不列颠是因为那里富产珍珠，而恺撒对珍珠极为喜爱。不过最关键的一点是，恺撒和其他罗马人一样，渴望取得其他指挥官从未取得过的成就。不列颠是神奇之地，那里的居民乘坐双轮战车彼此战斗，有如荷马史诗《伊利亚特》中的英雄。高卢人在几个世纪之前就已经不再这样战斗了。不列颠东南部的部落正式向恺撒投降，恺撒则令其每年向罗马进贡，虽然这笔贡品是否缴纳过我们无从得知。更重要的是，元老院为庆祝此项成就宣布举行一次感恩祈祷仪式，为期比历次都长。虽然两次远征的结果都几乎是灾难性的，因为多数舰队在暴风雨中受损或报废，而且似乎军队要滞留在不列颠岛上了，但这些都不重要。在现代许多评论家看来，罗马军队在出征不列颠前没有做好充分准备，而是匆忙上路，甚至可以说是因鲁莽而涉险。但没有迹象表明，与恺撒同时代的人也持这种观点。恺撒大胆的程度并不超过大多数领军的元老，但可以肯定恺撒要成功得多。[23]

公元前 54—前 53 年的冬季，恺撒经历了第一次严重的反叛事件，当时厄勃隆尼斯人发动叛乱，很快叛乱便蔓延到了其他比尔及部落。新近招募的第十四军团以及 5 个步兵大队在冬季营地遭到攻击。在与敌军酋长阿比奥里克斯协商后，双方达成停战协议，罗马部队可以离开此地去与其他军队会合。但罗马部队在行进到一片林地中时却遭到伏击，几乎全军覆没。这次袭击是蓄意为之还是只是某些战士的自发行动呢？这类事情的真实情况通常难以查明，正如同其他几次在达成停火协议后发生的大屠杀，比如在 1757 年的威廉-亨利堡、1842 年的喀布尔，以及 1857 年的坎普尔所发生的事情一样。恺撒将这次灾难归咎于指挥的不统一，虽然恺撒自己并没有提及这一点，但很明显他应该为此负责，而且尤其要为副帅萨宾努斯给罗马人抹黑的懦弱行为负责。其他文献将这次屠杀称为恺撒为数不多的重大失利之一，哪怕恺撒本人并不在现场。据苏维托尼乌斯记载，得知屠杀的消息后，恺撒发誓，在为死去的士兵报仇之前自己绝不刮胡子或剃头发。

得胜之后，厄勃隆尼斯人的主力部队分散开来，每个战士都一时沉浸在获得战利品、取得荣耀的喜悦之中。不过阿比奥里克斯却率卫队骑马找到内尔维人，劝说他们对在其领地内过冬的罗马军团发动攻击。昆图斯·西塞罗（著名演说家西塞罗的弟弟）是这支部队的指挥官，其防守更为严密，且拒绝与敌军展开和谈。恺撒很快召集了手头仅有的部队——两个兵员不足的军团以及一些辅助骑兵，加起来不超过 7000 人。他率领这支部队前去解救西塞罗。虽然人数处于劣势，而且所带的补给只能供军队打一场简短的战斗，但恺撒设法诱使内尔维人在不利的条件下与罗马军队作战，并很快击溃了内尔维人。受困的军团得救后，人们发现几乎每一位受困军团的士兵都负了伤。

现在仍然是冬季，很难找到食物和饲料，所以战争暂停了数月。但在作战季还没开始之前，恺撒便再次上阵，远征反叛的部落，对其发动了一系列惩罚性的攻击。这次措手不及的换成了反叛部落，他们眼睁睁看着自己的土地遭到蹂躏而无法做出有效的抵抗。多数部落投降了，而厄勃隆尼斯人不愿投降，于是恺撒宣称所有人都可以劫掠其土地而不受惩罚。很快便有来自高卢和日耳曼各地的盗贼群体急切地来到此地。恺撒希望的是，在因土地遭到蹂躏而必然爆发的一些小规模冲突中，由这些强盗而非自己的军团来承受伤亡。[24]

维钦托利和大叛乱（公元前 52 年）

恺撒起初之所以到高卢进行干预，是因为受到了与罗马结盟的部落领导者的邀请，就像阿利奥维斯塔受到召唤来到高卢帮助塞农人与埃杜伊人作战一样。虽然高卢部落拥有相同的语言和文化，但每个部落彼此独立，并且彼此之间有很强的敌意。部落或试图统治族人的部落酋长会毫不顾忌地寻求外部力量的援助来对付内部的敌人。许多部落，尤其是埃杜伊人，由于罗马军团的到来而获益匪浅。但是到公元前 53—前 52 年的冬季，高卢部落已普遍对罗马人在高卢的存在感到厌恶。许多部落的贵族秘密聚到一起，计划对罗马军队发动联合反叛。这些部落中，有些受到过罗马军队的攻击，而有些起初欢迎罗马军队的到来。发动反叛的动机既非民族主义，也不全是利他主义，因为许多贵族希望通过打败罗马来挣得荣耀，从而使自己获得权力，成为自己部落或其他部落的首领。

阿维尔尼部落的维钦托利很快成了叛乱的主要领导者，被追随者拥立为王的他首先要解决来自族人内部的反对。不过很快，维钦托利就征集了一支部队，士兵不仅来自他自己的部落，也来自高卢西部和中部的大多数部落。与常规的部落军队相比，维钦托利的军队规模更大，更有组织，也更有纪律，虽然在这两方面仍然逊色于罗马军队。与高卢部落往常的战事相比，维钦托利更注重为军队提供足够的补给，这使得其部队可以战斗得更持久，而不会在几个星期内就因缺少食物而不得不解散，并在不利情况下被迫与敌军作战。公元前 52 年，高卢人能够采取比之前与恺撒交锋时更为精妙的战略。[25]

年初，叛乱首先在卡尔努特人的领地凯纳布姆爆发了，当地的两位酋长及其手下将城内所有的罗马商人全部杀害了。当时，罗马军队分散在所征服的领土上过冬，而恺撒本人则在山南高卢。恺撒在征战过程中已养成了习惯，冬季就在当地度过，在作为那里的长官完成相关的司法和管理工作的同时，也严密观察着罗马的政治动态。得知叛乱的消息后，恺撒迅速赶往山北高卢。当时他能够立即调动的只有一些新近招募的步兵大队和从当地征募的士兵，但恺撒不愿派信使召集军团与自己会合，以免每个军团被各个击破。这样一种明显的退缩姿态也可以理解为罗马军队恐惧和软弱的迹象，于是其他部落也受到鼓舞，加入了反叛。因此，恺撒将不得不亲自去接军团，不过在那以前，重要的是尽可能想办法保卫罗马行省。

此前已经出现了一些针对罗马行省内部社群的袭击，而这些社群的居民也是高卢人，因此有可能被说服参加叛乱。恺撒派了一些部队去往受到威胁的地区，并在塞文山脉的关口附近集结了一小支攻击部队，通过关口可以抵达阿维尔尼人的领地。当时仍然是冬季，这个时候主关口通常是无法通过的，但恺撒率军通过了，清除了道路上 6 罗马尺 ① 深的积雪，而后对敌军发动了突袭。敌军完全没有防备，在两天的时间里罗马军队肆意劫掠，辅助骑兵则策马向前，尽可能将恐慌感传播到更远的地区。很快，维钦托利就淹没在了同胞们惊慌失措的求救信中。他率主力部队向着受侵略的方向进发，但此时恺撒已将部队交给德基姆斯·布鲁图斯指挥，而自己骑马离开，并公开宣称三天之内会带回更多的士兵。但实际上，恺撒迅速骑马来到了维埃纳，与一支骑兵部队会合。在此之前，恺撒已经命令这支部队在这里集结，其中很可能包括一支由 400 名日耳曼人组成的队伍。恺撒给这些日耳曼骑兵配备了骏马，并让他们随时听候自己的调遣。之后，恺撒连夜率领骑兵通过埃杜伊人的领地，进入了林格内斯人的领地，并与两个正在那里过冬的罗马军团会合。恺撒还派出信使告知所有其他罗马军团集合，等到恺撒已经离开突袭部队的消息传到维钦托利的耳中时，恺撒已经集结了所有罗马军队。[26]

罗马军队虽已集结，但春天还没到来，因此还没有收集到足够的粮食能让军队在较长一段时间里一同作战。公元前 58 年获许定居在埃杜伊人领土上的波伊人的主城戈尔戈比纳被维钦托利率军包围了，这使得恺撒陷入两难的境地。一方面，军队没有足够的补给，无法长期作战，而且在冬季想要收集到大量的食物和饲

---

① 1 罗马尺约合 30 厘米。——编者注

料几乎没有什么希望；但另一方面，如果不能保护盟友，那么敌人可能会将此举理解为罗马军队的软弱，从而使得更多部落受到鼓舞向敌军变节。叛乱在早期阶段通常是最为薄弱的，因为还有许多潜在的叛军在观望成功的可能性，判断值不值得冒险加入叛乱。罗马军队只要遭遇一次哪怕轻微的失败，也会鼓舞动摇的部落加入叛乱，而且即使罗马军队什么也不做，各个部落也会将此理解为软弱。一年前的冬季，恺撒率领一小支补给不足的部队迅速前去攻击内尔维人，并解救了西塞罗的营地。如今，恺撒同样勇敢迎敌，认为最好的做法就是冒险立刻对敌军发动攻击，而不是原地不动，显得自己无能。这是处理叛乱的典型罗马式做法，即一有机会就挫败叛军的计划，夺取主动权，之后调集手头一切能够迅速集结的部队，发动一次又一次的攻击不断压制敌军，而不是等待强大的部队集结好后再发动进攻。这种方法体现出罗马人对于胜利终将属于自己的极度自信。即使进攻部队只是佯攻，而且人数不足、战力不高、补给不够，也总能镇住叛军，并将其击溃。[27]

恺撒命令埃杜伊人收集粮食并尽快将其运送给自己。在留下了两个军团看管部队的辎重后，恺撒立刻率军援助波伊人，攻陷了途中遇见的所有敌方据点，并将能够找到的所有补给品和驮畜归为自己的部队所有。其中有一个堡垒便是凯纳布姆，在充分进行了劫掠之后，作为对杀死罗马商人的惩罚，恺撒将这里付之一炬。看到罗马军团向前推进，维钦托利决定放弃对戈尔戈比纳的围困，转而向罗马军队逼近。当时，恺撒刚刚接受一座名为诺维奥杜努姆的城池的投降，现在城内居民看到高卢军队出现，重新燃起了抵抗的热情。两军的骑兵率先开战，战势是骑兵作战一贯的胶着状态，双方骑兵交替占据优势地位。最后，恺撒把日耳曼骑兵投入了战场。这支骑兵部队作为后备力量，仍然精力充沛，而且日耳曼战士比高卢人的士气高昂很多，很快就打得高卢骑兵溃逃。诺维奥杜努姆城再次投降，罗马军队继续前进，进攻比图里吉人最重要、最富有的城市阿瓦里库姆。恺撒自信地认为，之前自己已经取得了数次胜利，如果再攻下这座城，那么敌方部落应该会投降。[28]

维钦托利决定，此刻最好还是避免与罗马军队正面作战，而要通过断绝其食物的方式慢慢消磨敌军。维钦托利把营地安在距离阿瓦里库姆约 16 岁马里处，并命令骑兵骚扰罗马的征粮部队。罗马人变得更为小心谨慎，尽量不重复使用一条路线，以避免中敌军的埋伏，于是一场猫捉老鼠的好戏上演了。维钦托利说服比图里吉人将驮畜以及食物运走或销毁，以免落入罗马军队手中，甚至还让比图里吉人烧毁许多自己的城市和村庄。恺撒频繁派人催促埃杜伊人和波伊人提供粮食，但波伊人人数很少，他们提供的粮食很快就被消耗殆尽。埃杜伊人本可以提供更多粮食，但现在其对罗马的忠诚却出现了动摇，所以实际上没有给罗马军队提供多少粮食。

恺撒并未气馁，他开始包围阿瓦里库姆，并命令在营地与这座山顶城池之间的山谷修建一条巨大的攻城斜坡。最终，经过 25 天的苦干，一道高 80 罗马尺、宽 330 罗马尺的斜坡修建好了，直达高卢人的城墙。这又一次体现了罗马军队在工程方面的造诣，也体现出罗马军队的意志——哪怕像在这次战役中一样，天气寒冷，雨水频繁，而且粮食不足，他们也甘愿长时间吃苦耐劳。恺撒亲自监督此项工程，与从各个军团抽调的士兵所组成的工程队进行交谈。恺撒告诉士兵，如果他们觉得无法忍耐粮食的短缺，自己就会放弃对阿瓦里库姆的包围。士兵自身的荣誉感，以及对所在单位的荣誉感促使士兵坚持下去，因此每一组士兵都向指挥官保证，一定会完成已经开展的工程。

随着围困的进行，高卢人也开始缺粮了。维钦托利在军队里并没有绝对的权威，虽然其判断很正确，但其他酋长纷纷劝说维钦托利放弃自己的想法，率军靠近阿瓦里库姆城以将其从罗马军队的围困中解救出来。高卢军队试图伏击罗马的征粮部队，罗马人察觉了，恺撒立即率主力军队出战。维钦托利依托山顶的有利地形迎战罗马军队，却拒绝下山与罗马军队在平地上作战。虽然罗马士兵渴望战斗，而且对自己在所有地形作战的能力都很有信心，认为肯定能击败敌军。不过，恺撒拒绝攻击敌军，他对士兵宣称，自己很珍惜士兵的生命，如果有办法能够用更小的代价取胜的话，就绝不会让士兵付出高额的伤亡代价来换取胜利。维钦托利设法将1万名战士送入城内增援守军，但除此之外也没有其他援助的办法。

在整场包围战中，守城士兵很主动，发动了多次突围去烧毁罗马军队的封锁工事。这些工事的建筑规模逐渐变大，攻城塔也立了起来，罗马士兵可以从塔上居高临下对城墙上的守军投掷武器。高卢人也加建了木制塔楼，并用抻长的兽皮将其保护起来，以此增加自己的地势高度。许多当地人都曾在附近的铁矿中工作过，并将这种工作经验加以充分利用，在罗马人修建的攻城斜坡下方挖了一条隧道。当斜坡即将完工的时候，高卢人在隧道中放满了易燃物质，试图在夜间火烧斜坡。同时，还有一些高卢士兵冲出军营，向罗马人的工事投掷火炬，而另一些士兵则在城墙上射下燃着的箭，配合这次破坏行动。

在包围期间，罗马军队总会安排两个军团随时备战，此时这两个军团快速赶往事发地应对敌军的攻击。战况极为惨烈，恺撒对其中一位高卢战士表现出了特别的敬意。这位战士高站在一座城门上，向罗马工事投掷一块块的油膏和沥青。之后，他中了罗马军队一种名为蝎弩的轻投射器发射出来的重头弩箭而倒下了。这种投射器发射的弩箭又准又狠，但另一位高卢战士立刻填补了他的位置，却再次被射中。高卢人前仆后继，却一个个都中箭而亡。在罗马军队将突袭的高卢军队打退并将大火熄灭之后，高卢战士才放弃了。

高卢人现在意识到，城是守不住了。战士们尝试突围，但也失败了。第二天一早，在暴风雨中，恺撒命令士兵发动攻击，而这是高卢人最料想不到的时机。罗马士兵很快攻占了城墙，但短时间内一群排列紧密的高卢战士就集结在街上和集市中，抵抗罗马军队的进攻。罗马军队绕过他们，将注意力放在占领城中的防守要地上。很快，高卢军队就因恐惧而土崩瓦解了。罗马军队极为残忍地洗劫了阿瓦里库姆城，既是因为士兵在长时间从事艰苦劳动后需要发泄怨气，也是为凯纳布姆罗马商人被杀一事复仇。罗马士兵横冲直撞，不分男女老幼将城内几乎所有人屠杀殆尽。罗马军队在城中逗留了几日进行休整，恺撒高兴地发现城中粮食储备很多。现在马上就要进入春季了，恺撒当然不会耽误时间延缓自己进攻的步伐，在短暂休整后便率领主力部队的 6 个军团前去攻打阿维尔尼人的城市日尔戈维亚，同时让拉比埃努斯率领其余 4 个军团前往北方与巴黎西人和塞农人作战。恺撒很少在战记中给出自己所指挥部队的精确人数，不过其麾下每个由老兵所组成的军团人数可能大约为 2500—4000 人，也就是一个常规军团人数的 50%—75%，而新近招募的军团规模可能要更大一些。[29]

当初维钦托利并不同意阿瓦里库姆城的防守策略，因此，如果说阿瓦里库姆的失陷对高卢人有什么影响的话，那就是维钦托利更具号召力，并得以说服更多高卢部落加入其反叛大军。连受到罗马恩惠的埃杜伊人都一度反叛，不过恺撒很快采取行动将此次反叛扑灭。高卢的主力部队驻扎在日尔戈维亚城外的山脊上，恺撒在亲自骑马侦察后很快断言，直接进攻该城不可能成功。同时，恺撒也不愿意进行长时间的封锁，除非能够安排好军队的补给供应。于是，恺撒也安营扎寨，等候时机。在接下来的几天，双方的骑兵和轻装步兵时常发生小规模冲突。一天夜里，恺撒突袭了城市附近的一座小山丘，打败了那里的一小支守军，还派了两个军团在此驻守并修建防御工事。那时，罗马的军营之间都有用以保证通讯畅通的小路，路的两侧各有一道壕沟保护。恺撒先是抽出了一段时间对付埃杜伊人，而后开始策划对高卢军队驻扎的山脊的一处暴露区域的大规模攻击。与往常一样，恺撒的作战计划基于自己对地形的观察，以及从俘虏那里审问到的信息。恺撒从俘虏口中得知，高卢军队在那里的部队人数有所减少，因为有些部队调到了一处在高卢人看来防御薄弱的地方去加固工事了。

这天晚上，罗马人派出骑兵向四面八方出动，弄出尽可能大的噪声。拂晓，恺撒派出了一大群部队的随员和奴隶，他们穿戴着基本的武器装备，骑着骡子。这与庞培曾经使用过的手段极为相似。恺撒命令这些人围绕着敌军占据的高地漫山遍野地兜圈子，希望远处的敌军能误将这些人视作真的骑兵。恺撒还派了一个军团张扬地跟在"骑兵"后面，但是一到敌军的死角便让其藏到树林中。佯攻生效了，大部分高卢军队从各处集结过来应对这一表面上的威胁，而主营却几乎无人看守。在整个上午，恺撒逐渐让部队小股小股地从主营逐渐转移到小的军营，最终全部军队都转移了位置。之后，恺撒率军发动进攻，每个军团从山脊一系列凹角中的一个向上进攻。另外，再度效忠罗马的埃杜伊人也派出了1万名辅助步兵从另一条路上山。攻击很快就成功了，罗马军队在攻入高卢人分散在山脊上的3处军营时，几乎没有遇到任何抵抗。在一个军营中，尼提奥布里吉人的国王透托马图斯差点被俘，他刚刚从睡梦中醒来，急匆匆骑着一匹负伤的马，半裸着逃跑了。

攻击取得了圆满成功，此时恺撒记载，他让号手吹响了回营的军号。和恺撒在一起的第十军团，也是他最喜欢的军团，立刻停下了脚步。但是号角的声音随着起伏的山脊线传播得并不好，因此其他军团的士兵没有听到。恺撒声称，在进攻之前，自己曾特别命令副帅和保民官不要让手下士兵脱离控制，太过深入敌方。然而，军官无论如何努力也控制不了兴奋的士兵。他们在山坡上聚集，而后向上攻打日尔戈维亚城。起初，在士兵的热情之下，这样鲁莽草率、组织混乱的进攻似乎就要取得成功了，恐慌在城内为数不多的守军中蔓延：

> 妇女们把衣服和银器从城墙上掷下来，敞开胸，伸出手，探身出来，要求罗马人饶过她们，不要像在阿瓦里库姆那样，连妇女和儿童也不放过。有些妇女们手拉手吊下城墙，自动投向我军士兵。第八军团的一个百夫长卢基乌斯·费边，据说那天曾在同伙中宣称：他已经被在阿瓦里库姆获得的战利品打动了心，决不让任何人比他先爬上城墙。他在那个军

团中找到三个人作为伙伴，由他们把他抬起来爬上城墙，然后他又转过来把他们三个人也——一拉了上去。[30]

然而，高卢人很快缓过神来，大量战士行动起来，在城墙后面排成紧密的方阵应对入侵，妇女也不再乞求怜悯，而是开始鼓励自家男人们。此时，只有一小部分罗马人闯进城去，而且疲惫不堪，组织混乱。恺撒的士兵在很长一段时间里还保持着热情，不肯撤退，但是他们处于很大的劣势，伤亡惨重。这时，埃杜伊辅助部队出现在了罗马部队的侧方，却被误当成了敌人，使罗马军队出现了恐慌，虽然埃杜伊人露出了右肩以表明自己是盟友，而非敌人。

与此同时，那百夫长卢基乌斯·费边和那些跟他一起爬上城墙的人，都被包围杀死，从城上掷下来。同一军团的一个百夫长马库斯·佩特罗尼乌斯试图砍开一道城门，却受到多数敌人围攻，陷于绝境。虽然受了许多伤，他还是对他那一队的跟着他的人说："既然我和你们不能一起脱身出去，我无论如何要保全你们这些热心博取光荣却被我带进绝境来的人。一有机会，你们就各自设法保全自己吧！"说完这些，他冲入敌人丛中，杀死两个人，把其余的逼得从城门口后退了一段路。当他的部下企图救他时，他说："别浪费时间救我，我已经血枯力竭，不能再动了，趁还有机会，快走，回到军团去吧！"一会儿后，他战死了，但把部下都救了出来。

此役恺撒的部队共有将近700名士兵和46位百夫长战死，费边和佩特罗尼乌斯就是其中的两位。恺撒在战记中对军队唯一的批评，就是部队过于自信，急于赢得自己的表彰，而对一些有英雄主义行为和自我牺牲行为的个人给予突出表扬，这有助于掩盖此次失利的规模。在战斗中，本来第十三军团有两个步兵大队留下看守小军营，而恺撒将其召来为第十军团提供支援，掩护部队撤退。第二天，恺撒检阅了部队，并对部队不服从自己命令的行为提出了严厉批评，但没有采取惩罚措施。之后，恺撒令部队出营，在一处地形极为有利的地方排成了战斗队形。不出意外，维钦托利拒绝在如此不利的条件下进行攻击，而恺撒则得以让士兵相信，虽然己方刚刚遭遇失利，但高卢人仍然害怕罗马军队。之后，恺撒决定撤退，因为继续待在日尔戈维亚城外没有意义了，而且埃杜伊人又出现了问题，有些埃杜伊人屠杀了罗马在诺维奥杜努姆的守军。之后，埃杜伊人将该城付之一炬，大量堆积在那里的粮食或被掠走，或遭烧毁、破坏。

在这次成功之后，叛军派出多支小股骑兵部队扰乱从山北高卢到罗马部队的补给线。恺撒对日尔戈维亚的进攻已经失去了先机，这足以鼓舞更多的部落加入反叛的队伍。不过此刻，恺撒向一个完全不同的方向发动了反击，他率部队强行军迅速返回罗马行省，渡过了水位上涨的卢瓦尔河。渡河时，骑兵在上游排成一道屏障，步兵则将武器装备举过头顶，蹚过齐胸的河水，正如庞培的军队渡过居鲁士河一样。在更北部的地方，拉比埃努斯在与巴黎西人和塞农人的作战中取得了巨大的成功，但此时觉得还是与恺撒会合全力迎敌更好。恺撒完全同意这一决定，并在记述中详细记载了拉比埃努斯是如何骗过高卢首领的，他让后者错误判断了自己的意图，并在没有受到任何抵抗的情况下渡过了一条河，然后与敌军交战并大败敌军。据《高卢战记》记载，战争开始后，拉比埃努斯让手下士兵想象恺撒本人就在现场观察其表现，以此鼓励士兵。但不论这位副帅多有天赋，《高卢战记》明确指出，作者本人才一直是那位真正的英雄。[31]

在一小段时间内，双方都进行了重新组织。维钦托利得以把更多战士补充进主力部队，并鼓励其他部落从各个可能的方向进攻罗马军队。恺撒也与拉比埃努斯会合，并从行省中征募了更多士兵，还从莱茵河另一侧雇佣了更多日耳曼骑兵和轻装步兵，同时将其所骑的小矮马换成了更昂贵的马匹，这些马匹主要是恺撒手下的军官提供的。之后，恺撒率军与高卢东部的塞夸尼人和林格内斯人作战。维钦托利率领一支庞大的骑兵部队攻击行进中的罗马军队。高卢战士庄严宣誓，每位骑兵要穿越对方军队纵队两次，在此之前绝不离开战场。这位高卢部队的领导人将部队一分为三，同时从罗马军队两翼和正前方发起攻击。作为回击，恺撒也将辅助骑兵一分为三，每一支骑兵分队对上敌军的一支分队。每当高卢骑兵占据上风的时候，恺撒便命令步兵大队排好队形，为骑兵部队提供近距支援。此举有助于稳定战斗的局面，因为步兵大队有如坚实的庇护所，让辅助骑兵可以在其后方重新集结和排列队形，之后再重返战场。不过，这也拖慢了军队的前进步伐。

最后，在罗马纵队右翼迎敌的日耳曼骑兵强行登上了某座高地的顶端，然后沿着山坡向下冲向了正在攻击该侧的高卢军队，一举将其击溃，高卢骑兵部队的其他部分见状开始撤退。高卢人认为自己的骑兵最强，但是此次进攻却遭遇失利，维钦托利及其军队士气大为受挫，撤退回了阿莱西亚城。恺撒在后面追赶，强行让主力军队加快追击的脚步，而把辎重存放在一座就近的山丘上，留下两个军团照管。在这一天里，罗马军队不断骚扰高卢军队的后翼，使其蒙受惨重损失。第二天早上，罗马军队向阿莱西亚进军，到了之后发现高卢部队在城外一处高地上安营了。[32]

由于部队全部集结在此，而且补给充足，恺撒毫不犹豫地开始了对阿莱西亚城以及维钦托利军营的封锁。罗马军团开始建造一排长约 11 罗马里的防御工事带，其中共有 23 个堡垒，通过防御土墙和壕沟彼此相连，而骑兵则在前面作为修筑防御工事的屏障，与高卢骑兵打了很多次小规模战斗。在防御工事带还有缺口的时候，维钦托利命令骑兵逃离出去，让每个分队返回自己所在的部落，集结一支庞大的援军，而后回到这里打败罗马军队。恺撒记载，大约有 8 万名高卢士兵仍在城外的营地中驻扎，而且有足够的粮食，至少可以维持 30 天的时间。然而，高卢军队似乎不可能有如此庞大的规模，尤其是不可能让大约 4 万名罗马士兵包围自己——恺撒没有记载自己的兵力，而且公元前 52 年每个罗马军团的规模以及辅助兵的数量都不是很清楚。

恺撒听说敌军骑兵在外跑，也听说维钦托利决定顽抗到底。他将军团派来加固罗马的包围圈，它最初只有一条壕沟和一堵不高于 6 罗马尺的防御土墙，而现在罗马军队又修建了一条宽 20 罗马尺、两边都是陡坡的壕沟，将敌军阵地包围起来。修建这条壕沟旨在延缓试图突围的敌军士兵的速度，同时如果敌军发动进攻，罗马军队也能得到足够的示警并及早赶到事发地点。以泥土和木头为材料修建的主防御墙在这条壕沟后面大约 400 步的位置，而主防御墙又有两条壕沟进行保护，每条壕沟宽 15 罗马尺，而且里侧的壕沟里能填水的地方都填满了水。主防御墙本身高 12 罗马尺，墙的上方修有一堵女墙和一条人行路，而且每隔 80 罗马尺还修有一座高耸的塔楼。在防御土墙前方紧密地竖立着几排一头削尖了的木桩，在木桩的前面还有几排坑洞，每个坑里都立着更小的木桩——这是一种陷阱，由于呈圆形，士兵将其戏称为"百合花"。甚至在这些陷阱前面，还有好几排铁钉固定在底下的木头上，而木头又埋在地下，因此只有铁钉的尖伸出地面。在某些情况下，如果敌军士兵冲过障碍的时候速度太快，或者太不小心，就会被这些障碍伤到甚至致死，但这不是修建这些工事的主要目的。只要敌军士兵足够小心，缓慢地绕着这些障碍走，就不会受伤，但敌军也因此无法发动大规模的猛烈攻击。[33]

在阿莱西亚建造的防御工事是一项浩大的工程，而当恺撒下令再建造一条几乎相同的对垒带（也就是朝向外侧的墙）时，工作量加倍了。建造这条对垒带，是为了防止敌军的援军攻击之前为封锁敌军所修建的防御带（也就是朝向内侧的墙）。考古挖掘已经证实了恺撒描述的准确性，这些考古活动很大程度上是在拿破仑三世的支持下发起的，后来还有更多的现代考古队前去挖掘。由于已经精心储备了足够支撑一个月的食物和饲料，因此当防御工事完全建好后，恺撒的部队可以抵御来自任何方向的进攻。虽然维钦托利一度试图发动袭击来阻挠罗马军队的工作，但未能阻止其最终完工。同时，高卢部落集结了一支庞大的援军。《高卢战记》称，这支部队有8000名骑兵和25万名步兵。虽然我们对这一数字不可尽信，不过，这支救援部队的确非常庞大，而且很可能相比罗马军队有显著的人数优势。这样一支部队组建起来比较缓慢，需要花很多时间准备好充足的食物和其他补给。随着罗马军队包围时间的增长，阿莱西亚的所有非战斗人员（妇女、儿童和老人）都被驱逐出城，以减少对食物储备的消耗。恺撒不愿放这些难民通过自己的封锁线，于是这些不幸的人只能在两军中间的无人地带活活饿死。恺撒没有说明，自己不愿意放行究竟是因为害怕敌军趁乱发动进攻，还是单纯想让高卢人在看到这一可怕的场景时感到沮丧。[34]

不久之后，救援军队到来了，他们驻扎在距罗马封锁线 1 罗马里的高地上。第二天，高卢人在平原上炫耀武力，骑兵部队绵延 3 罗马里，而步兵则在其后。在阿莱西亚城中可以清楚地看到这一景象。维钦托利率领部队从军营和城中出来，开始填平距罗马封锁线 400 步距离的壕沟。恺撒将军队一分为二，分别应对来自两个方向的进攻，然后派自己的骑兵与高卢骑兵交战。起初，罗马士兵并没有看到高卢骑兵中夹杂着小队小队的弓箭手和标枪手，罗马的辅助部队因其放出的暗箭而遭受了一些伤亡。在打退了部分罗马骑兵之后，救援部队以及城中的战士们大声欢呼着胜利。然而，在骑兵作战中，通常撤退的一方很快会重新集结而后再次向前，此役也不例外，几乎整个下午双方骑兵都在拉锯作战。恺撒的日耳曼骑兵又一次显示出了其相比高卢骑兵的优越性，在最后一次冲锋中击溃了敌军部队。高卢骑兵溃逃后，高卢的轻装步兵几乎全军覆没。[35]

第二天，高卢人在准备用于爬上防御土墙的梯子，以及用于填充壕沟的柴捆，因此没有战事发生。半夜，高卢军队发动了正式进攻，外侧的援军率先发难，发出战斗的叫喊，宣告着他们的到来，于是维钦托利下令吹响号角，让自己的军队投入战斗。高卢军队潮水般地发起进攻。他们在障碍之间穿行着，一边填平壕沟，一边向防御土墙上射出雨点般的箭矢和标枪，试图将防守之人逼退。罗马军队也回以标枪和石块，这些武器之前就已收集好，

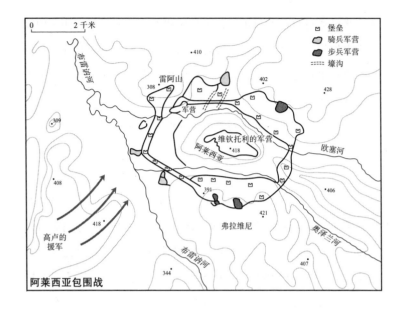

阿莱西亚包围战

安放在土墙上的人行路上，随时可以使用。罗马军队还从塔楼上用蝎弩对付敌军。战斗很惨烈，因为是黑夜，场面也很混乱，不过恺撒的副帅中有两人（其中一人是马克·安东尼）从未受威胁的区域的堡垒那里率军支援受到攻击的军团士兵。高卢军队两个方向的进攻最终均被击退。

　　第二天早上，高卢军队集中力量攻击罗马防线最脆弱的部分，即一个由两个军团把守的堡垒。这个堡垒位于一个坡度和缓的反坡上，因此守军没有明显优势。黎明之前，一支高卢的精兵部队（恺撒说有 6 万人）便出发了，他们藏在一处高地的后面。这个位置是侦察兵之前发现的，从这里可以攻击这座堡垒。正午，这支部队发起了进攻，而其他高卢战士则在战线其他部分示威或佯攻。维钦托利没有与援军取得联系，因此又一次在看到战争打响之后才命令士兵投入战斗。

罗马的防线是依起伏不平的地形轮廓而建的。现在，恺撒骑马来到了一处有利位置开始指挥战斗，每当看到防线某处吃紧，便命令后备部队前去支援。最大的威胁是敌军对山坡上罗马军营发起的进攻。高卢军队设法将罗马军队的防御壕沟填平了，甚至要成功闯过木桩和坑洞的防区，看起来马上就会突破防线。这一次，恺撒派拉比埃努斯率5个步兵大队支援防守堡垒的那两个军团。恺撒很信任这位副帅，给了他很大的自由行动的权力，而且明确授权拉比埃努斯，如果觉得堡垒守不住可以将部队集中起来杀出去。恺撒本人也开始巡视防线，激励那些陷入苦战的士兵。

维钦托利的部队清楚自己急需与援军取得联系，他们向防御墙的某一部分集中投掷武器，将大部分罗马守军驱逐开来。而后，高卢战士发起冲锋，有些士兵开始用工具将防御土墙推倒。恺撒命令德基姆斯·布鲁图斯率领几个步兵大队去将敌军打退。不久后，恺撒又令另一位副帅盖乌斯·费边带领更多后备部队增援那个区域。最后，恺撒从没有受到猛烈攻击的堡垒中征调了一些士兵，亲自指挥这一批步兵大队。他命令麾下的一些骑兵从远离战斗的大门离开战线，兜一大圈绕到位于山上的军营，而后自己率领剩下的人解救军营。在那里，拉比埃努斯陷入苦战，被迫从防御土墙撤退，但他已将自己的部队以及所有能找到的其他人在堡垒内排成了一条坚实的战线。战争已经到了最危急的时刻，也许我们最好听听恺撒自己对战争结局的描述：

> 恺撒的到来是从他的罩袍的颜色上辨认出来的，他习惯在战斗中穿着它，作为特殊的标记。奉命跟着他的几个骑兵中队（turmae）和那几个步兵大队也被注意到了，因为斜坡和

低平的地方，在高处是一目了然的。因而敌人马上发动了攻击。双方都发出一片喊声，这阵喊声又被壁垒上和整个壕堑里的战士接着回应下去。我军掷出他们的矛，开始用剑挥砍。突然（高卢人）看到了出现在身后的罗马骑兵，别的一些步兵大队也在逐渐逼上来，敌人转身便逃，骑兵在他们奔跑中追上他们，接着便是一阵屠杀……携来交给恺撒的军旗达七十四面之多。大批敌人中只有少数人无恙回到营中。[36]

第二天，高卢人派出使者到恺撒的营地，接受了恺撒令其无条件投降的要求，罗马军队取得了最终的胜利。恺撒庄严地坐在防御土墙前的台座上，看着敌军各个将领依次过来投降。据普鲁塔克记载，维钦托利身穿最华丽的铠甲，骑着最好的战马过来了。在骑马绕行台座一圈后，维钦托利下马，放下武器，沉默不语地坐在草地上，听从发落。俘虏的人数众多，每位罗马士兵都获得了一位敌军俘虏，可以将其卖为奴隶。罗马军队在高卢作战期间本已俘获大量俘虏，而现在俘虏人数就更多了。普林尼认为，在征服高卢后，共有超过 100 万俘虏被卖作奴隶，还有同样多的人被杀。恺撒在出征时背负巨额债务，但战争带来的利益使他不仅得以还清债务，还成为罗马共和国最富有的人之一。元老院宣布，为了庆祝打败维钦托利，要举行为期 20 天的公众感恩祈祷仪式。[37]

在高卢的作战还没有完全结束。公元前 51 年又发生了一次小规模叛乱，恺撒则以惯常的方式进行回应，立即派出军队镇压任何反叛的苗头。罗马军队包围并攻陷了乌克赛洛杜努姆城，而后把城内所有守军的双手砍下，以这一显眼而不可复原的标记警告其他人：谁若愚蠢到反抗罗马，这就是下场。这不是恺撒第一次做出如此严厉的惩罚，他曾经下令将某部落统治阶级的全部成员处决。其他罗马指挥官也经常如此行事。同样，与其他罗马指挥官一样，如果宽恕敌人能带来实际利益，那么恺撒也将大度地对待敌人。公元前52年的叛乱发生后，阿维尔尼人和埃杜伊人都得到了恺撒的仁慈对待，准许被俘的战士返回部落，而不是将其卖为奴隶。他的态度在很大程度上促使这些部落恢复自己对罗马一贯的友好态度。而恺撒对维钦托利则毫不手软，正如之前罗马将军对待朱古达以及其他带头反对罗马的人一样。维钦托利先是遭囚禁多年，而后被拖着参加恺撒的凯旋式，并在凯旋式收尾的仪式上被绞死。

9

恺撒战庞培

这一切让恺撒过于强大，与之抗衡的希望只落在一个公民身上了。我希望那个公民［庞培］之前不要给恺撒那么大的权力，而不是现在在恺撒实力最强之时与之抗衡。[1]

骰子已经掷出

恺撒在高卢取得的胜利让他得到了在公元前 59 年梦寐以求的军事荣耀和财富，但是现在的问题是，他是否能获准在罗马的公共生活中担任重要职务。恺撒也知道，自己在动荡的职业生涯中树立了许多死敌，因此可能面临指控——尤其是小加图，他曾希望将恺撒交给日耳曼人。在罗马的政治审判中，是否有罪对判决结果影响不大。到了公元前 50 年的秋天，恺撒也不确定自己在元老院中有多少朋友可以依赖。克拉苏已经在公元前 53 年的一场毫无必要的战争中被帕提亚人杀死，而他发动这场战争的原因，很大程度上在于想取得足以与"三巨头"中另外两人匹敌的军事成就。一年之前，尤利娅也在生产时去世，这样恺撒与庞培之间最重要的纽带断裂了。虽然这桩婚事是出于政治利益的考量，但婚姻促生的联盟对双方来说却都很愉快。庞培似乎总是渴望得到忠诚，而且对忠诚也能做出良好的回应，无论是妻子的忠诚还是部队的忠诚。

虽然在公元前55年第二次当选执政官后（当年另一位执政官是克拉苏），庞培并没有想获得自己的行省，但是他却得到了极大的权力。因为政治原因，暴乱不断发生，罗马城陷入了混乱，因此公元前52年元老院任命庞培为唯一的执政官。他获得了所有西班牙行省的指挥权，可以指挥那里的守备部队5年，而且获许留在罗马，通过副帅管理西班牙行省。从许多方面来说，这一次对罗马共和国传统政治体制的颠覆程度要更甚于庞培之前所有的政治活动。同年，庞培娶了另一个可以做他女儿的年轻新娘，她是昆图斯·凯奇利乌斯·普布利乌斯·梅特卢斯·西庇阿的女儿科尔内利娅，而其父是恺撒著名的批评者。庞培和恺撒这一对盟友似乎要渐行渐远了。

恺撒宣称希望直接从高卢指挥官的位置上第二次担任执政官，竞选时可以不在罗马，而是留在高卢，直到自己能够回到罗马举行凯旋式并在同一天成为执政官，就像庞培当年那样。成为执政官后，恺撒就可以免于遭到指控，还可以再获得另一个行省，继续指挥军队赢得更多荣耀。人们都在谈论，应该洗雪克拉苏在卡莱战败的耻辱，报复后来帕提亚人对叙利亚发动的袭击，因此应该让庞培或恺撒负责率军与帕提亚人作战。但恺撒最激烈的反对者却决意不让恺撒通过这种方式逃脱指控，并着手采取措施确保恺撒作为一名普通公民返回罗马。庞培一直态度暧昧，不过他似乎希望这个曾经的盟友，公元前59年时三人中最小的一位只要相信自己的保护就行了。

恺撒不愿这么做，部分原因是庞培之前在保护朋友免受政敌攻击时表现得时好时坏。公元前 58 年西塞罗遭到放逐的时候，庞培什么都没做，虽然第二年庞培帮忙召回了西塞罗。另外，恺撒也不愿意承认自己需要其他元老的帮助和保护。在恺撒看来，自己在高卢取得的成就足以使自己获得与庞培一样，甚至高于庞培的影响力。而庞培在近 30 年中都是罗马共和国最伟大的军事人物，并不希望见到一个最近才取得名声的人与自己平起平坐。也可能是庞培担心，如果恺撒返回罗马后参与公共生活，那么恺撒的风头可能会盖过自己，因为即使是他都很可能意识到了这个比自己年轻的人的政治谋略远在自己之上。恺撒经常宣称，自己宁可在最小的村庄做第一人，也不愿意在罗马做第二人；还常说，在罗马共和国，比起从第一人到第二人，自己从第二人滑落成为最后一人要容易得多。这些言论可能也让庞培紧张不安。[2]

在内战发生前的几个月，罗马政治极为复杂，各种提案层出不穷，却没有哪条付诸实践。有些人要求恺撒放弃军队指挥权，另外一些人则要求庞培也这样做。之后，有人建议，两人都应该放弃军权，但这只是让问题转向了谁应该先放弃的争论。庞培没有支持恺撒提出的要求，这让小加图以及元老院中恺撒的其他反对者相信可以借一个人之手来对付另一个。两恶相衡，庞培显然是两人中较轻的一个，因为庞培的政治能力较弱，将来可能更好解决。作为回应，庞培也毫无疑问地认为自己成为元老院中贵族派（optimates，本义是"最好之人"）的斗士，反对一门心思藐视共和国法律之人是有用的。庞培和恺撒现在都意识到一场斗争在所难免，很难弄清双方支持者提出的和解方案是否只是想在这场斗争中占得道德高地。恺撒认为，自己面临着一个选择，是放

《贺拉提乌斯兄弟的誓言》 雅克－路易·大卫绘。这幅油画表现了当时人们心中罗马早期历史中的决斗场景。那时的战争相当原始，胜利取决于战士个人的勇武，而不是巧妙的战术或严格的纪律。在战斗中表现突出的人会获得巨大的威望，得到人们的拥戴和追随，他们的家族渐渐成为了"贵族"，代代拥有优势地位。

《西庇阿的自制》 文森佐·卡穆奇尼绘。大西庇阿在攻陷新迦太基后，对城中作为人质的西班牙贵族女子无所侵犯。在那个战争暴行极为普遍的年代，这是非常可贵的。西庇阿的举动在当时为罗马争取到了忠实的盟友，也被后世看作理想指挥官的高贵举动，一直受到推崇和效仿。

《埃米利乌斯·保卢斯的凯旋》 卡尔·韦尔内绘。保卢斯在皮德纳战役中决定性地击败了强盛的马其顿王国，并因此举行了凯旋式。凯旋式彰显了胜利带给罗马的巨大财富和权力，同时也是罗马元老宣传自己的好机会。每个举行凯旋式的元老都会力求超越同辈，甚至是前人。

《马略战胜辛布里人》 弗朗西斯科·萨维里奥·阿尔塔穆拉绘。公元前 101 年，马略在韦尔切利战胜入侵的日耳曼部落辛布里人。他身边带着预言家玛莎和帮助他训练军队的角斗士，而背景中是溃败的辛布里人。日耳曼部落往往赶着大车迁徙，男人在前方战斗，妇女带着孩子待在车上。见到大势已去，日耳曼妇女砍死战败逃的男人，杀死孩子，最后自尽。

庞培头像　庞培在年轻时非常美貌，堪比亚历山大大帝。他也乐于模仿后者的形象，比如他额前总会有一绺翘起的头发。这个习惯一直保留到了他晚年的雕像中，以此宣传自己的军事成就，特别是征服东方的成就。

福斯图斯·科尔内利乌斯·苏拉为庞培所铸第纳里乌斯银币　罗马的铸币也承载着政治宣传的功能。这枚第纳里乌斯银币正面是赫拉克勒斯头像，背面是 4 个花环围绕着球体。庞培很喜欢把自己的形象与赫拉克勒斯相联系，法萨卢斯之战时，他颁布的口令就是"不可征服的赫拉克勒斯"。银币背面的 3 个小花环象征庞培的 3 次凯旋式，大花环象征他在公元前 63 年被颁发的金冠。

阿莱西亚遗址的工事复原 阿德里安·迈克尔拍摄。在公元前 52 年的阿莱西亚战役中，恺撒下令修建了工事阻断守军与援军会合。这是当地在考古发现的基础上，根据文献复原的罗马军队防御工事。

《维钦托利把武器扔在恺撒脚下》 莱昂内尔·罗耶尔绘。恺撒决定性地获得了阿莱西亚战役的胜利，高卢抵抗军无条件投降。虽然战败，维钦托利依然维持着高傲的姿态。恺撒在《高卢战记》中也多次用敬重的口吻描述这位对手。

第一门的奥古斯都雕像 奥古斯都并没有多少军事才能，而是委任手下的将军们作战。但在官方宣传中，他却以身着华丽胸甲的英武形象出现。在他开创的元首制下，对外的军事胜利与维持内部和平是最重要的成就。他之后的每位元首都会强调自己的军事才能，并努力确保其他元老不会超过自己。

马库斯·维普撒尼乌斯·阿格里帕头像 阿格里帕是屋大维从少年时代就开始交往的密友。他极具军事才能，为屋大维赢得了众多胜利，包括击败安东尼与埃及女王的亚克兴海战。正是这场战役奠定了屋大维作为元首的统治地位。

瓦卢斯惨败 奥托·阿尔伯特·科赫绘。瓦卢斯被日耳曼部落打得惨败、3个军团全军覆没是罗马历史上最广为人知的军事灾难之一。日耳曼部落首领阿米尼乌斯的形象在后世的德国民族主义中也十分重要。

《日耳曼尼库斯平息哗变》 弗朗索瓦·安德烈·文森特绘。日耳曼前线哗变的士兵们在看到日耳曼尼库斯的妻子大阿格里皮娜带着孩子离去的时候恢复了秩序,开始祈求原谅。平息士兵哗变是罗马指挥官最重要的工作之一,优秀的指挥官总能安抚士兵,而如果失败,他的职业生涯可能就此终结。

马库斯·凯利乌斯的墓碑 这座墓碑是瓦卢斯惨败的重要物证之一。其铭文是："马库斯·凯利乌斯，提图斯之子，来自莱蒙尼亚地区，博洛尼亚。他是第十八军团的首席百夫长，53½ 岁。他在瓦卢斯战役中身亡。他的遗骨可能埋在此处。普布利乌斯·凯利乌斯，提图斯之子，来自莱蒙尼亚地区，他的兄弟立（此碑）"

耶路撒冷第二圣殿复原模型 耶路撒冷以色列博物馆的这一模型展现了由大希律王大规模重建的第二圣殿的样子。这座建筑极其宏伟，是犹太人的精神支柱，同时也是坚固的要塞，它最终毁于公元 70 年的惨烈战争。

提图斯拱门浮雕 提图斯去世后，他的弟弟图密善建成了提图斯拱门以纪念韦帕芗家族镇压犹地亚叛乱所取得的军事胜利。拱门的浮雕上刻有提图斯凯旋的场景，士兵们列队扛着从犹地亚夺来的战利品，其中最显眼、最具代表性的就是七枝灯台。提图斯拱门和罗马大斗兽场一样，为当时的罗马贫民提供了工作机会，同时也昭显了新政权的威望与统治的合理性。

罗马弩炮复原 这是罗马两种弩炮的复原：蝎弩（上图，马提亚斯·卡贝尔拍摄）与投射器（左图海法的赫克特博物馆复原，罗森·奥伦拍摄）。弩炮大多属于攻城器械，用途在于杀伤和吓退城墙上的守军。罗马军队的弩炮比起周边民族有相当大的优势，但当时的弩炮一般不能直接破坏城墙。

罗马攻城锤　在古代战争中，只有攻城锤才能破坏城墙。这个攻城锤藏于罗马尼亚布加勒斯特的国家军事博物馆，克里斯蒂安·彼得·马里内斯库－伊万拍摄，其形状如同羊头。需要建造巨大的攻城斜坡才能将攻城锤运至城墙下。

劳尔斯堡牌饰　牌饰（phalera）是罗马军队颁发给士兵的一种勋章，用来嘉奖士兵或单位在战斗中的突出表现。士兵在阅兵典礼时可以把它佩戴在自己的胸甲外边，甚至死后也会在墓碑上把自己刻画成佩戴勋章的形象；而战斗单位则往往会把牌饰装饰在军旗下。牌饰的材质包括金、银、铜以及玻璃。这组银质牌饰出土于德国劳尔斯堡。

卢基乌斯·杜奇乌斯·鲁菲努斯墓碑　这块墓碑现藏于约克博物馆，铭文是："卢基乌斯·杜奇乌斯·鲁菲努斯，卢基乌斯之子，出身沃尔提尼部落，维埃纳，是第九军团旗手，28岁，长眠于此。"在墓碑上，这个年轻人一手拿军旗，一手拿盒子。盒子可能象征着旗手也负责百人队内的财务，尤其是士兵退休金的发放。

克劳狄乌斯拱门浮雕 在征服不列颠后，克劳狄乌斯皇帝修建了凯旋拱门以庆祝这次胜利。这块浮雕上刻画了禁卫军的形象以及鹰旗。禁卫军的服饰非常华丽，他们驻扎在罗马城中，靠近权力核心，一直活跃于罗马的政治舞台。虽然设立禁卫军的初衷是保卫皇权，但在很多时候，皇帝的废立乃至生死就取决于这些士兵。

图拉真多瑙河大桥现代复原图 第二次达契亚战争期间，大马士革的阿波罗多洛斯奉图拉真之命修建了横跨多瑙河的大桥。尽管它并没有运转多久就遭到了破坏，这座大桥仍然是罗马最伟大的工程成就之一。本图是迪佩雷于1907年绘制的艺术复原图。

图拉真柱浮雕：辅助兵向皇帝献上敌军的首级　图拉真柱并不能详细还原他在达契亚的征战历程和战略战术，但能真实地反映出罗马军队服饰、装备、阵形等诸多细节。这幅浮雕呈现了辅助兵向图拉真献上敌军首级的场景。辅助兵往往没有罗马公民权，有些还是被视为"蛮族"的部落战士，他们猎取人头的做法在更正规的军团士兵中是不会出现的。

图拉真柱浮雕：龟甲形攻城阵　这幅浮雕清楚展现了龟甲形攻城阵。士兵将长盾牌互相重叠，从而在前方、侧方和上方形成保护。这种阵形能抵挡绝大部分的矢石，罗马士兵往往会在它的掩护下逼近城墙，然后在盾牌底下用镐和撬棍破坏城墙。

图拉真柱浮雕：战地医院 这幅浮雕显示了战地医院救治伤员的场景。罗马军队的医疗技术在当时相当先进，可以处理多种伤病，军医也能积累大量经验。图拉真也曾在绷带紧缺的时候捐献自己的衣物给士兵包扎。

罗马军团士兵装束复原 奈梅亨的法科夫博物馆复原了罗马军团士兵的装束。士兵身穿束腰外衣，外罩盔甲，配备西班牙短剑和用来投掷的重标枪，还有巨大的方盾。他们在被招募后会经受长时间的严格训练，来熟练使用这些武器。

帕提亚战士 现藏于大英博物馆的两枚陶瓷板上刻画了帕提亚弓骑兵（左）和甲骑具装（右）的形象。东方的帕提亚王国是罗马最强大的对手之一。帕提亚人主要依靠弓骑兵和甲骑具装战斗，灵活机动，极具杀伤力。与帕提亚（以及之后的萨珊波斯）的战争几乎贯穿了整个罗马的历史。

伊朗西部塔格博斯坦浮雕　该浮雕刻画了萨珊波斯国王阿尔达希尔二世（居中者）在密特拉神（左一）庇佑下从沙普尔二世（右一）手中接过王权的情景。他们脚下踩踏的敌人就是在东征时惨败的罗马皇帝尤利安。（菲利普·查文拍摄）

意大利拉文纳的圣维塔教堂内的马赛克画　这幅马赛克画表现了东罗马皇帝查士丁尼及其近臣的形象，其中包括著名的贝利撒留与纳尔塞斯。此时皇帝与将军的关系更类似元首制早期，贝利撒留与纳尔塞斯也一度获得了巨大的成功。

弃指挥权、受到审判而后结束自己的政治生涯，还是发动内战。而他的对手无论如何都想要毁灭他，因此，为了维护个人地位，或拉丁语中所谓"dignitas"的战争打响了。对于"dignitas"这个词，我们无法找到合适的翻译来完全展现它在罗马贵族心中的分量。恺撒的对立方也没有显著不同的意识形态甚至政策。相反，是个人尊严，以及小加图和其他一些元老的私人仇恨，使罗马共和国陷入了又一场内战。这场内战使整个地中海地区都生灵涂炭，有成千上万人丧生。

公元前 49 年 1 月 11 日凌晨，一辆由两匹马牵引的马车到达了卢比孔河，这条小河正是山南高卢行省和意大利的分界线。在马车一段距离后面是 300 名骑兵，再往后是第十三军团。在河的这边，恺撒仍然有法定的绝对统治权，有权指挥军队，可一旦率军渡河，他就会违反法律。《内战记》对这一时刻并没有提及，不过其他文献却称，恺撒从马车上下来，犹豫了许久。这些文献可能引用了恺撒手下某些军官的描述。最后，恺撒似乎下定了决心，并用了赌徒们的说法——"骰子已经掷出"（引用时通常是拉丁语"alea iacta est"，不过恺撒实际上可能是用希腊语说的），然后继续前进渡过了卢比孔河。内战就这样公开爆发了。但其实，有些百夫长和士兵身穿平民服装于早些时候就渡河来到了意大利，并夺取了最近的城市阿里米努姆（今里米尼）。因此从某种意义上说，内战早已开始了。[3]

马其顿战争（公元前 48 年）

双方都假意希望达成协议，因此都没有公然集结大规模的部队。在之前的几个月里，庞培乐观地声称，只要自己跺跺脚，军团就能从意大利的土地中冒出来。可供庞培直接调用的只有两个经验丰富且训练有素的军团，不过这两个军团近来都在恺撒的指挥下在高卢服役，因此其忠诚度成疑。庞培在1月中旬离开罗马，宣布罗马守不住了，并与其盟友着手征募士兵。虽然这一决定在军事层面上可以理解，却令西塞罗等元老陷入了恐慌。这些元老在情感上支持庞培的事业，但并没有投身其中。恺撒只有一个军团和若干辅助部队，其他兵力距离最近的也远在山北高卢，但他决定立刻发动进攻。在接下来的几个星期里，恺撒的部队小股小股地深入意大利，夺取城镇，将对抗自己的庞培部队打败或迫使其投降。在这个阶段，训练、经验、侵略性和高度自信的重要性尤为突出，显示出这不是一场纯粹比拼数量的战争。

从一开始，庞培的行动就因许多盟友拒绝服从命令而受到了阻碍。许多元老心高气傲却能力平平，而且由于他们在政治上举足轻重，庞培不得不对他们委以重任。这些元老鲁莽地率领训练不足、准备不充分的军队急匆匆地迎战了恺撒。结果，恺撒那虽已壮大，但在人数上始终处于劣势的部队不断地取胜，在短短两个月的时间里就横扫了整个意大利半岛。随着局势愈发令人绝望，至少有一位元老刻薄地提议，到了庞培跺脚的时候了。然而，庞培对于其前盟友取得的胜利并没有特别担心，因为他已经下定决心将战争转移到另一个战场。庞培将所有新征募的部队集中到了布伦迪西乌姆。在打了一场很有技巧的后卫战之后，庞培用船将军队运过了亚得里亚海，抵达了马其顿。恺撒眼下控制住了意大利，但还远没有获得完全的胜利，战争还将继续。[4]

我们不知道庞培是何时认为意大利守不住了，并决定将自己的部队转移到马其顿的，不过在恺撒渡过卢比孔河之前，庞培的脑海中可能就曾掠过这个想法。庞培知道，要训练出一支适合作战的部队需要时间，尤其当对手是在高卢经过多年战争磨炼的常胜军队时。元老院中只有少数年轻的，或是名声不好的元老支持恺撒，多数元老和行省都积极支持或至少倾向于支持庞培及其盟友。如果双方立刻交战，恺撒很可能有优势。不过如果打持久战，庞培更能发挥他作为组织者和规划者的才能。将军队转移到马其顿，庞培便能够获得罗马共和国东部行省现成的大量资源。他对那里的几乎每一个社群和统治者都有恩，因为是庞培在公元前 1世纪 60 年代将他们安顿在了这里，于是军队、金钱和补给便很快涌入了庞培的军营，同时有一支大型舰队组建了起来。庞培将全部精力放到了整顿部队、训练士兵上，在陪士兵训练的过程中炫耀着自己使用武器和作为骑兵的技巧，这个 57 岁的人身上展现出了年轻时的旺盛精力。在这一年余下的时间中，庞培建立了一支庞大的强劲部队。如果恺撒选择进攻的话，这支部队足以对抗他了。不过，庞培的长期目标一直是重返意大利。正如庞培自己经常说的："苏拉能做到的，为什么我不能？"[5]

公元前 49 年 3 月，恺撒无法追击敌人，因为自己的许多军团还没有抵达意大利，而且也没有舰队能将士兵运过亚得里亚海。如果恺撒无所行动，那就正遂了庞培心意，因为庞培正在打造自己的部队。因此，恺撒选择向西进攻庞培在西班牙行省的军队。庞培在这里有 7 个军团，都配有良好的装备，也受过充分的训练，还有至少同等规模的西班牙辅助部队。双方的指挥官似乎在整个内战期间都在创造一些引人注目的宣言。恺撒宣称，自己将先去和"一支没有将军的军队"作战，之后再去攻打"一位没有军队的将军"。战争从 4 月打到了 8 月，最终庞培的军团投降。恺撒特意避免与敌军打对阵战，以避免罗马人不必要的牺牲。相反，他智取敌军，切断了敌军的水源，迫使其投降。接下来，恺撒延续了自己从战争一开始就采取的做法：释放了被俘的罗马贵族，不限制其去向，同时把他们手下的军队就地解散或收为己用。恺撒此役取得了巨大成功，既体现了军队的决心，也展现了个人的战术能力。然而，虽然庞培损失了自己最好的几个军团，但这场战争却为其赢得了宝贵的时间。庞培的一些副帅在败给恺撒后很快又与庞培会合，不过这是否能够增强庞培的实力值得商榷。此外，恺撒的一位下属率军远征阿非利加，起初取得了胜利，不过随后遭遇了完败，这在一定程度上使双方的损失不至于太悬殊。

到公元前 49 年底时，恺撒的地位仍然极不稳固。消息传来称，在意大利北部的普拉肯提亚，有 4 个恺撒的军团哗变了，这十分打击士气。暴动的军团以由老兵组成的第九军团为首，这个军团在整个高卢战争期间一直服役，士兵们抱怨服役时间过长，而且恺撒在春季曾许诺给每位士兵 500 第纳里乌斯（相当于两年多的薪水），但没有人得到这笔报酬。恺撒对此的反应很强硬，告诉士兵们，打赢战争就会获得一切，自己之前从未食言。而后，恺撒宣称，将对第九军团执行十一抽杀，但是在手下军官和士兵的"劝说"下，自己只处决了 120 名士兵当中被视为罪魁祸首的 12 名。与历史上的其他哗变一样，此次哗变出现的部分原因也是部队进入了一段空闲的时期，致使轻微的不满情绪开始发酵。这也是恺撒不能采取守势，等待庞培打回意大利的其中一个原因。[6]

公元前 48 年的 1 月 4 日，恺撒用他设法搞到的商船组建了一支小型舰队，让集结在布伦迪西乌姆的 12 个军团中的 7 个登上了这些舰船。这些军团的规模很可能大多都不超过正常建制的一半（到了年底，第六军团才集结了 1000 名能作战的士兵），因此加起来远不到 2 万人，其中有 500 名辅助骑兵。为了尽可能多地运送作战部队，军队携带的奴仆和辎重都被压缩到了最少，只是刚刚够用。恺撒只率领了少量骑兵，这更多是因为，运送马匹需要更多的空间，并不代表罗马人更为看重重装步兵。在渡海的过程中，恺撒只有几艘战船可以掩护运输船，避免比布鲁斯指挥的庞大舰队对其发动攻击。恺撒与比布鲁斯是公元前 59 年的两位执政官，两人之间有私仇。不过，由于此次渡海行动不是发生在正常的作战季，所以敌军没有准备，再加上恺撒的运气一如既往地好，因此没有遇到阻碍就抵达了伊庇鲁斯行省的海岸城市帕埃勒斯特。

在恺撒的舰队返航时，比布鲁斯截获了一些空船，而后很快进行了封锁，有效切断了恺撒军队的增援和物资补给。食物是最关键的问题，这个季节是当时罗马历法中的一月，正是深秋时节，这意味着，在接下来的几个月里，军队都无法直接从土地上收集到多少食物和饲料。此外，恺撒的部队在人数上也处于极大的劣势。庞培在短时间内就集结了 9 个军团，基本每个都是正常建制，同时还有 5000 名轻装步兵和 7000 名骑兵进行辅助。另外，庞培的岳父西庇阿正率领 2 个军团从叙利亚赶来与其会合。[7]

在登陆当晚，恺撒强行军到奥里库姆。庞培在这里囤积了大量的补给，恺撒迫使这座城市投降了。虽然有一支庞培的运粮船队设法带走或销毁了部分货物后逃走了，但恺撒仍然有丰厚的收获。不久后，更大的城市阿波罗尼亚也投降了，恺撒因此获得了更多的物资。连续的胜利促使恺撒立刻进攻了大型贸易港口底拉西乌姆（位于今阿尔巴尼亚境内），这是庞培最大的补给储存地之一。庞培的侦察兵报告了敌军的动向，于是两军展开了速度竞赛，最终还是庞培的军队早一步到达了底拉西乌姆。恺撒兵力不够强，不敢冒险发动进攻，于是退守阿波罗尼亚和奥里库姆。

几周过去了，恺撒比以往更迫切地需要马克·安东尼的增援，而后者还和剩余的部队一起留在布伦迪西乌姆。安东尼几次尝试渡过亚得里亚海，但均以失败告终。很多文献都提到，恺撒愈发焦虑，确信只有亲自到场才能促使运兵的任务尽快完成。在天气恶劣的一天，恺撒乘坐一艘小船起航了。他乐观地告诉紧张的船长不要害怕，因为船上载着的是"恺撒和恺撒的好运"。虽然暴风雨肆虐，但恺撒命令船员按原定航向行驶，不过恺撒强烈的决心最后也不得不向恶劣的环境低头，他们被迫返回了海岸。这几个月是极为艰难的时光，恺撒的部队为寻找食物而不得不涉足越来越远的地方。庞培感到心满意足，因为无须自己动手，饥饿就在替他打击恺撒的部队，更重要的是，即便是自己做了充分准备的军队也在这个季节里举步维艰。直到 4 月 10 日，安东尼才率领剩下的 4 个军团和 800 名骑兵渡海来到了希腊。安东尼很幸运地成功渡海，而且在敌舰的攻击下只遭受了轻微损失。庞培反应不够及时，没能阻止恺撒的两部分军队成功会合。[8]

恺撒现在手握 11 个军团，虽然每个军团人数都比敌军军团的少，但恺撒的军队更有经验。然而，恺撒的轻装步兵和骑兵数量仍然明显少于对方。恺撒的军力增加了，想用现有的少许资源为部队提供补给肯定不容易，因为他无法从意大利运来大量的食物，而且春季尚有几周才会到来。这一次，采取守势可能还是对敌军更为有利，因此恺撒决定进攻底拉西乌姆，并成功赶在了庞培的部队之前，把后者的军队和该城隔离开来了，不过，恺撒也没能占领该城。庞培的部队在一座叫佩特拉的小山上安营扎寨，从这里能够支配山下的海湾作为天然港口。因此，庞培能够为军队运来足够的食物，而驻扎在北部内陆一处高地上的恺撒军队则仍然缺少粮食。

为了让巡逻兵和粮草征集队更好地完成任务而不受敌军骑兵的骚扰，恺撒下令依山建造一条防御工事带，正对着庞培军队驻扎的位置。而后，恺撒很快决定对防御工事带进行扩建，目的是完全包围敌军，有效地困住对方人数更多的军队。为了阻止恺撒，庞培命令自己的士兵在恺撒军队的防御工事对面也修建一条防御工事带。在争夺关键位置时，双方展开了一些散兵战。恺撒的士兵加紧扩建防御墙和壕沟，希望使其延伸至海边，而庞培的士兵则试图修建自己的防御工事带，以阻止恺撒部队的工程。庞培有人数上的优势，而且修建的距离更短。由于庞培的部队距离海岸更近，因此庞培部队修建的防御带长度为 15 罗马里左右，而恺撒的则是 17 罗马里。

罗马军队在过去就曾使用过修建防御工事带的方法来完全或部分包围敌军，限制其活动，切断其补给，最典型的案例就是克拉苏对斯巴达克斯、庞培对米特里达梯，以及恺撒对维钦托利之间的战争。职业军队的典型特征就是具备工程学技巧和坚忍不拔的精神，足以开展大规模工程，修建防御工事带正体现了这一特征。在传统的战争中，对战双方在开战前总要相互试探几天或几周，现在两军的防御工事从许多方面来说，是这种试探的延伸。修建防御工事可以为军队带来防御上的好处，但也有不可忽略的高度攻击性，因为这些工事可以限制敌军的行动，迫使敌军将领在不情愿的时候作战，或是迫使其撤兵，甚至能在极端情况下，使其眼睁睁地看着自己的部队被饥饿摧毁。[9]

双方在向南部的海边艰难地扩建防御工事带的时候都存在补给问题。有时，恺撒的士兵几乎只能吃肉过活，而不是吃正常情况下定量发放的包括谷物、蔬菜和肉类的平衡的膳食。有一种说法是，罗马军团是素食主义者，很少吃肉或根本不吃，这是讹传，可能是误读了下面一段信息或者恺撒所写的其他内容。有些士兵采集了一种名为"charax"的植物的根茎，将其制成了一种能替代面包的食物——虽然味道很差，但至少能果腹。据说，庞培有一次见此情形后宣称，自己是在和野兽作战，而不是和人作战。恺撒军队的士气似乎并没受到打击，许多老兵回想起了在阿瓦里库姆一战中遭遇过的相似的饥荒。比起食物短缺，庞培的部队面临的更严重的问题是饮用水短缺，因为恺撒的部队修建了水坝，阻断了通向庞培军队驻扎位置的主要的溪流。庞培的军队挖凿了水井，但无法完全解决饮水问题。除了士兵，庞培的部队还有大量的战马和驮畜。有限的水资源首先供人使用，其次供战马使用，因此为部队驮运行李的骡子和马匹很快开始死去，或不得不被大量宰杀。疾病（可能是伤寒）也开始在部队中蔓延。

恺撒的部队想要完成对敌军的包围圈，做出了最后但徒劳的努力，双方的争斗也在此过程中升级。安东尼率领第九军团试图占领一座重要的山丘，但庞培方率军反击，将其击退，所幸安东尼顺利撤退，人员伤亡很少。之后，庞培对恺撒一处防区的堡垒发动了一系列的进攻。起初，庞培的军队取得了一些成果，但恺撒守军顽强抵抗，争取到了时间，让后备部队得以抵达战场打退了庞培的军队。庞培的进攻部队有大量的弓箭手和投石手辅助，他们向恺撒的壁垒发射了密密麻麻的箭矢和石头。在一处堡垒中，由3个步兵大队组成的守军中大多数人负了伤，其中一个步兵大队的6名百夫长中有4名都失去了一只眼睛。有一位名叫斯凯瓦的百夫长，人们后来发现他的盾牌承受了120下攻击，而且他也有一只眼睛受伤了。斯凯瓦佯装投降，等到两名庞培的士兵靠近后突然砍下了其中一名士兵的胳膊，并将另一人杀死。这座堡垒最后还是守住了，庞培的进攻部队在天黑之前溃逃了。据记载，恺撒的许多军官都认为，如果趁此优势全军出击，他们也许就可以赢得战争，但恺撒的副帅苏拉对此表示反对，认为下级军官无权做出如此关键的决定。恺撒当时在战线的另一位置，后来在叙述中表示他对副帅这一态度完全赞成。[10]

这座堡垒的守军因表现得极为英勇而得到了慷慨的奖赏，既得到了额外的赏金，也有不少士兵得到了提拔，同时还获得了额外的口粮。最后一项在当时可能是最令士兵高兴的奖励了。有两位高卢贵族带着私人护卫和侍从叛逃到了庞培一方，向庞培提供了信息，肯定地告诉了庞培自己知道恺撒防线有一个薄弱区域，而庞培也在这一信息的帮助下准备发动新的攻势。这次，从庞培的战线向前推进的主力队伍得到了轻装步兵的支持。庞培将这些轻装步兵通过海路送出，使其在恺撒的后方区域登陆，去攻击一部分未完工的防御工事。这次还是一样，起先庞培的部队取得了一些成果，但后来就无法再继续了。恺撒和安东尼一同率军前来增援这一受到威胁的区域，庞培的军队之后便溃逃了。

这次，恺撒亲自率军反击，进攻目标是一处营地，它最初由他自己麾下的第九军团修建，但已被弃用，目前被敌军占领。恺撒的部队隐藏在树林和盲区中，成功避开了敌军耳目，然后突然对此地发动了袭击。然而，正如庞培的部队此前所亲身体会的那样，这样的成功常常会导致部队迅速失去队形、陷入混乱。恺撒的一个纵队走丢了，误把工事的一道墙当成了营地的壁垒，结果顺着这道墙去往了另外一个方向。现在，轮到庞培集结所有可调动的后备部队来击退他们了。恐慌从恺撒的先锋部队蔓延到了所有参与进攻的 33 个步兵大队。恺撒本人也在现场，在看到旗手逃跑时亲自将其捉住，试图以此阻止军队的溃败。罗马指挥官在面对这种情况时，经常会亲自抓住旗手或夺过军旗，试图说服逃兵重新集结到这个象征部队荣誉和身份的标志之下。苏拉在希腊与米特里达梯的军队作战时就曾成功做到了。两年之后，恺撒在阿非利加战场亲自抓住了己方的一名旗手，扳着他让他转身，告诉他："看！敌人在那儿呢！"不过这次，恺撒的存在却没能稳定军心，不止一名旗手将军旗交给指挥官后就逃跑了。虽然《内战记》中没有记述，但其他文献甚至记载，有一名逃兵用军旗沉重的铁杆刺向恺撒，恺撒的卫队将其胳膊砍掉，才阻止了这次袭击。

此役，恺撒的部队损失非常惨重，共有 960 名士兵、32 名保民官和百夫长战死，还有其他一些人被俘。庞培并没有乘胜追击，恺撒也因此宣称，敌军"如果有一个知道怎样利用胜利的指挥官的话，战争会在今天以敌人胜利而告结束"。然而，双方都曾在战斗初始阶段取胜之后迅速遭受了惨痛的失利，因此庞培不追击的选择可能是正确的。层层的堡垒防卫森严，在强力后备部队的防守和紧密支持下几乎牢不可破，即使来犯的是另一支罗马军队也不例外。本来就崎岖不平的地形在被防御墙和壕沟进一步分割后令指挥官很难掌控部队的袭击，因此每场战斗的结果都具有极高的不确定性。庞培取得了一场胜利，而且就像战争开始阶段一样，时间在他这一边，仓促地做出决定对他也没有什么好处。被俘虏的恺撒士兵遭到了处决，但恺撒说处决的命令不是庞培下达的，虽然庞培也没有反对这个决定。做出此举的是恺撒曾经的副帅拉比埃努斯，他先是辱骂了俘虏们，然后把他们杀了。在意大利战争开始的时候，拉比埃努斯就易帜了，具体原因不明——有可能是不满于恺撒授予其的奖赏，有可能是早年曾效忠庞培，也有可能完全是因为政治主张不合。拉比埃努斯走后，恺撒命人为其送去其个人行李。不过无论恺撒在公开场合对这次倒戈表现得如何轻描淡写，这都是一次沉重打击，恺撒就此失去了最有才干的指挥官。相比《高卢战记》，《内战记》中的拉比埃努斯要残酷得多，续写了恺撒战记的军官们更是恨他入骨。[11]

第二天，恺撒像当年在日尔戈维亚那样，集结士兵，试图恢复士气。许多旗手因表现懦弱而当众受到了降级处分。恺撒没有像在高卢一样主动向敌方挑战，可能是觉得，若敌军应战的话，己方会面临过大的风险。恺撒现在明显无法通过封锁迫使庞培投降，于是决定率军开赴希腊中部，重建军队的信心，并让士兵恢复健康。恺撒先送走了伤病人员，然后在夜里让辎重车队先行，主力部队随后跟上。一些庞培的骑兵很快发现了恺撒在撤退，并对其后卫发动了攻击，但很快就被打退了。恺撒的骑兵数量处于劣势，因此恺撒派了一支由400名精兵组成的步兵大队给骑兵提供支援。这些士兵不携带行李，可以随时投入战斗。恺撒巧妙地摆脱了近在咫尺的敌军，这向来都很难实现。但是，这次成功的撤退和战记中自信的语气均无法掩盖恺撒遭遇重大失利这一事实。[12]

此时，庄稼已经开始成熟。恺撒部队行经的未遭战争蹂躏的土地上已经产出了足够满足他们所需的粮食。在一些希腊人眼中，恺撒的部队已经战败了，因此不愿向他们提供援助，以免惹怒胜利的一方。戈姆斐紧闭城门，拒绝向恺撒的军官提供食物，于是恺撒对其发动猛攻，并在城内大肆劫掠。根据一些文献记载，恺撒的部队在第二天行军时简直像一群狂欢的醉鬼，而不是一支纪律严明的军队。见到戈姆斐的惨痛遭遇后，大多数希腊城镇都不敢再拒绝恺撒所提的任何要求。[13]

庞培尾随着恺撒，但保持了一段距离，似乎想继续采取之前的策略，即断绝敌军补给，逐渐消耗敌军。军营中许多显赫的元老都对该策略提出了严厉批评，要求庞培迅速出战，击败恺撒，结束战争。不无偏见的恺撒称，庞培阵营的人已经开始就如何分配目前由恺撒及支持者拥有的一切，谁该担任什么官职、得到什么头衔而争执了。庞培承受了很大压力，但我们不清楚这是否是最终促使其与恺撒作战的原因。现在已是8月了，正是丰收的季节，而且恺撒的部队可以自由移动，因此补给压力得到了很大缓解。庞培的步兵有明显优势，骑兵的优势更大，因此庞培若是与恺撒作战，特别是在开阔地带作战，会有很大的胜算。月初，双方部队来到了法萨卢斯附近，几天以来一直按部就班地向对方发出挑战，并试探性地移动部队。公元前48年8月9日早上，恺撒的部队已经把目前驻军地点所能找到的大部分粮草消耗殆尽，因此准备向一处新营地进发。这时，恺撒注意到，庞培的军队又一次发出了挑战。这是庞培的军队第一次从其营地前的高地下来，在平原上摆开战斗阵形，平原的一侧是埃尼培乌斯河。这标志着，庞培的部队决心如恺撒所愿，冒险作战。恺撒令士兵卸下辎重，准备战斗，并亲率部队迎战敌军。

恺撒将 2.2 万名士兵分成了约 80 个步兵大队，另外还有 7 个步兵大队留守营地。同时，恺撒还有 1000 名骑兵。恺撒将左翼部队置于河岸边，并将部队排成了惯用的三线战阵。恺撒最得力的由老兵组成的第十军团占据了战线中象征荣耀的右侧位置，所有骑兵以及辅助他们的一些轻装步兵在第十军团外侧。左侧则是由第八和第九军团组成的混合部队。这两个军团都兵力不足，尤其是第九军团，曾在底拉西乌姆遭受惨重损失。恺撒将战线分成了三部分，马克·安东尼指挥左路，格奈乌斯·多米提乌斯·卡尔维努斯指挥中军，普布利乌斯·苏拉指挥右路。恺撒自己可以随意移动到战线的任何位置，不过实际上是在右翼指挥战斗，大部分时间都与他钟爱的第十军团在一起。

庞培也将自己的 11 个军团，共计 4.5 万名士兵，在平原上排成了三线，每个步兵大队的纵深为 10 排。相比之下，恺撒的步兵大队仅有庞培队伍一半的规模，因此纵深很可能只有四五排。庞培最精锐的军团部署在了两翼，然后是中军。整条战线也分为三部分，卢基乌斯·多米提乌斯·阿赫诺巴尔布斯指挥左路，庞培的岳父西庇阿指挥中路，卢基乌斯·阿弗拉尼乌斯指挥右路。庞培自己与阿赫诺巴尔布斯一起坐镇左路正对恺撒。据弗朗提努斯记载，庞培将 600 名骑兵部署在右翼，紧邻河边，剩下的 6400 名骑兵（其他文献的记载是全部骑兵部队）全部集中到左翼，有大量的投石手、弓箭手和散兵为其提供支持。这些部队由拉比埃努斯指挥，负责发动主要（且庞培希望是决定性的）进攻：扫除恺撒寡不敌众的骑兵后，再去攻击他的军团侧翼和后方。这个计划部署得并不隐蔽，因为数千骑兵集中在平原的一个区域不可能不被发现，但恺撒要想出对策也并不容易。对此，恺撒从每个军团的第三线分别抽出了一个步兵大队，让其到骑兵后方组成了第四条战线，可能排成梯形延伸到了右侧。恺撒的骑兵在前面挡住了敌军的视线，没让他们看到这一动作。

双方军队都很有信心。由于双方的制服和语言都相同，因此为了减少不可避免的混乱，双方都颁布了口令。恺撒部队的口令是"带来胜利者维纳斯"，因为女神维纳斯是恺撒家族的祖先。庞培部队的口令是"不可征服者赫拉克勒斯"。盖乌斯·克拉斯提努斯之前担任第十军团的首席百夫长，现在指挥由120名老兵组成的临时单位。他向恺撒喊道："今天，统帅，不管是死还是活，我一定要让你好好感激我！"这段对话与拿破仑和士兵的许多对话相似，在其传奇中也是必不可少的元素。克拉斯提努斯所在的第一战线开始向庞培的军队逼近，以此拉开了战争的序幕。庞培的军队没有动，这并不是常规的战术，因为罗马步兵通常都会上前迎敌。即使是马略的部队在阿克韦塞克斯提亚作战时，以及恺撒的部队在面对赫尔维提人时，虽然也是原地不动，等待敌军在攻上山的过程中耗尽力气，但也都在距离10码到15码的最后时刻掷出了标枪，而后立刻冲锋与敌军短兵相接。恺撒记载，按兵不动是盖乌斯·特里阿里乌斯给庞培出的主意，原因是这样可以防止步兵大队的阵形陷入混乱，并使己方军队能用盾牌最大程度地防御对方矢石的攻击。特里阿里乌斯认为上前迎战会自乱阵脚的观点，很可能反映出他认为庞培的军队素质不如恺撒的军队。另一方面，庞培可能只是希望引诱恺撒的部队尽可能深入，这样自己左翼的骑兵就更容易包抄恺撒的军队。恺撒在《内战记》中对这一决定进行了严厉批评，他认为，让部队前进有助于鼓舞士气，而消极防守会打击士气。

在双方步兵战线交锋之前，拉比埃努斯率骑兵向敌军骑兵冲锋，经过短暂交手后将其打退了。但在这一过程中，庞培的骑兵部队陷入了混乱。双方队伍之间的空地很狭窄，将如此众多的骑兵集结在这样的地方是极为罕见的，而且许多骑兵都基本没有作战经验。拉比埃努斯及其手下军官都没有指挥和控制这么多骑兵的经验，再加上众多马蹄扬起了厚厚的尘土，指挥就变得更艰难了。不仅如此，大量马匹如此紧密地挨在一起，它们自然就会变得兴奋，因此庞培的左翼从秩序井然的一个个中队变成了混乱的一窝蜂。不等庞培的部队集结重组，恺撒便命令第四线进行反击。这些步兵大队突然从尘土和混乱中杀出，冲向呆在原地且乱作一团的敌军骑兵。恺撒命令这些士兵将重标枪当成长矛使。在其他战争中，当罗马步兵试图恐吓敌军骑兵的时候，他们会高声呐喊，用兵器敲打盾牌。恺撒的步兵在开阔的战场上成功地向庞培的骑兵发起了冲锋，这是极为罕见的案例。拉比埃努斯的部队开始后退，陷入了混乱，而当一大群骑兵奔向部队后方时，混乱就变成了溃败。我们不清楚恺撒自己的骑兵是否重新集结了起来去追击敌人，但可以肯定的是，庞培的骑兵再也没能在这场战争中发挥作用。

庞培的主攻失败了，重装步兵的左翼也暴露在了敌军面前。这也许从另一个角度说明，让他们前进迎敌不是明智之举。恺撒的步兵大队向前推进，并在离敌军战线至多30码到40码时，开始像往常一样加速至跑步冲向敌军，准备向敌军掷出标枪。当他们发现庞培的军队没有像常规的战术那样，终于开始前进迎敌时，恺撒的军队就停了下来，没有急着投掷标枪，因为现在敌军仍在有效射程之外。有那么一会儿，恺撒的战线停止了前进，因为队形在这次无果的冲锋中被打乱了，百夫长及其手下军官开始重整队列。在距离敌军战线如此之近时还能够冷静地重整队形，这足以说明恺撒的士兵以及军官是多么训练有素和经验丰富。在这一停顿之后，战线再次向前推进，在距离敌军 10 码到 15 码远的时候部队掷出了密密麻麻的标枪，然后士兵们高喊着拔剑向敌军发起了冲锋。庞培的军队值得赞扬的地方是，他们沉稳地与冲上来的敌军交战，也向敌军掷出了密集的标枪。这在某种程度上印证了庞培所采取战术的有效性。战况非常激烈。庞培的步兵大队有额外的纵深，而且队形紧密，因此能够与经验更丰富的恺撒军相持。那位前百夫长克拉斯提努斯在这场战役中被一把短剑刺入口中，剑尖从他的脖子后面伸出，就此阵亡。恺撒一方通常为第一线提供近距支援的第二线的步兵大队也很快投入了战斗。

双方一度相持不下，直到恺撒的第四线转而攻击庞培战线的左侧时，局势才出现了转折。庞培的战线开始缓慢后退，恺撒则命令自己部队的第三线上前加入战斗。由于设立了第四线，因此第三线的人数要比往常少，但第三线的士兵都是生力军。在重压之下，庞培的部队溃逃了。恺撒声称，此役共击杀敌军 1.5 万人，俘虏 2.4 万人，还俘获了 9 只军团鹰旗和 180 面军旗。据说，恺撒下令尽可能放过敌军中的罗马公民，而是屠杀外国的辅助兵。恺撒损失了 200 名士兵和 30 位百夫长。这个比例反映出恺撒鼓励下属军官采取积极进取、因此也风险很大的指挥方式。[14]

骑兵进攻失利后，庞培似乎在战斗中就没再有什么作为了。恺撒甚至认为，庞培对最终取胜已经不抱希望，没等战斗结束就离开战场返回了营寨，这是罗马人所不齿的做法。当庞培看到自己的军队即将崩溃，就摘下了身上的将军徽章，骑马离开了。即使在偏向庞培的文献中，庞培也没表现出之前战争中所展现的气魄。就《内战记》的记载来看，明显是更优秀的那个人——当然也是更优秀的罗马人——获得了胜利。

庞培与妻子会合，逃去了埃及，但国王托勒密十三世的侍臣却为了讨好胜利的恺撒，命人谋杀了庞培。第一个攻击庞培的人是曾经追随他参与东方战役的一位百夫长，此人现在于留在埃及的两个罗马军团中的其一服役。由于这两个军团已经在埃及待了很长时间，因此通常认为它们已经"本地化"了。公元前48年10月2日，恺撒抵达埃及，士兵呈上了庞培的头颅。恺撒拒绝查看，并给这位前盟友安排了体面的葬礼。恺撒公开宣称，自己后悔没能让这位最值得尊敬的对手接受自己的宽恕，毕竟他一直以仁慈著称。可能恺撒仅仅是在故作姿态，但也可能是他仍然敬爱这个老朋友。[15]

独裁与3月15日

在接下来的6个月里，恺撒都在埃及，因此庞培的余部有时间在北非组成一支新军。恺撒迟迟不回罗马，这让包括西塞罗在内的许多希望内战已经结束的人感到困惑不已。可能恺撒觉得，庞培死了之后，反对自己的势力就崩塌了，也可能恺撒此刻并没有像自己所希望的那样，从胜利中获得足够的满足。恺撒卷入了年轻的托勒密与其21岁的姐姐克里奥帕特拉的王朝斗争之中。后者思维敏捷，天资聪慧，而且富于领袖魅力，虽然以当时的标准来看并不算漂亮。克里奥帕特拉既受过希腊文化的教育，也受过传统埃及文化的教育。她很有名的一个事迹便是将自己裹在了一条地毯或毛毯中，让人把自己送进了恺撒的指挥部。地毯被打开后，里面非凡的"乘客"就现身了。恺撒和克里奥帕特拉都很有智慧、学识和野心，很快成了情人。埃及女王给这位生活混乱的罗马中年人留下的印象之深，很可能超过了恺撒之前所有的情妇，只有塞维利娅可能是例外，她是布鲁图斯的母亲，从年轻时起就是恺撒钟爱的情人。

恺撒打败了托勒密，后者在混乱中死去，并将克里奥帕特拉扶上了埃及王位。即使这时，恺撒也不愿离开埃及。据说，这两人在尼罗河上展开了长时间的巡游，尽享奢华，直到坏消息从地中海传来，才把恺撒从幻梦中惊醒。米特里达梯的儿子法纳塞斯曾与父亲为敌，后来罗马允许其保留了面积被大幅缩减的王国。现在，法纳塞斯入侵了罗马的本都行省，击败了一支罗马军队。公元前 47 年 5 月末，恺撒从手边可用的士兵中集结了一小支军队，前去与法纳塞斯作战。8 月 2 日，罗马军队在泽拉大获全胜。就是在这场迅速取胜的战争中，恺撒说出了那句著名的话："吾至，吾见，吾征服"（veni, vidi, vici）。但这场战争的胜负也一度悬而未决，因为法纳塞斯打破了这一时期所有将军的守则：他在恺撒军队还在高地上搭建营地时发动了进攻。本都军队攻击处于有利地形的罗马军队，在战争伊始由于出其不意而取得了优势，但罗马军队很快调整了过来，迅速击败了本都军队。恺撒有次取笑庞培时说，一位将军通过打败这样脆弱的对手而取得了名声，是多么幸运啊！[16]

恺撒返回西部，开始与他的罗马敌人作战。在接下来的内战中，恺撒表现出了充沛的精力，也愈发急不可耐、残酷无情。公元前 47 年 12 月，恺撒率领一支准备不充分的军队入侵阿非利加，这次行动在某些方面比两年前登陆马其顿更为大胆。他高超的应变能力，对自己终将取胜的绝对信念，再加上手下的军官和士兵的优秀素质，使得军队再一次在一开始战况不利的情况下，坚持到了援军的到来以及补给情况的好转。公元前46年4月，恺撒在塔普苏斯城外遭遇了庞培余部。《阿非利加战记》的作者在这里指出，恺撒没有完全掌控他的军队——这种情况在全书中只出现了一次：

> 恺撒还在迟疑，反对他们这股热情和干劲，反复声明他不喜欢用突然出击的办法开始战斗，而且一而再、再而三地压住自己的阵脚不让乱动。但在右翼，一个号手在大家的迫促之下，不经恺撒的命令就突然开始吹起进攻号来。这一下，每个大队都开始向敌人冲去，尽管百夫长们在前面迎头拦住，竭力阻止士兵们，叫他们不要在统帅没发命令时冲出去，但毫无用处。
>
> 当恺撒知道士兵们的激动心情已经不再可能压制时，就用"幸运"（felicitas）作为信号发出去，一面催动自己的马，急速向敌人的第一列冲去。[17]

另一则对恺撒不太正面的文献称，由于癫痫发作，恺撒不得不离开战场。无论哪种描述是真实的，总之恺撒的军团干脆利落地赢得了战斗。然而，战争并未就此结束，庞培的儿子格奈乌斯·庞培控制了西班牙，直到公元前45年才在蒙达被打败。[18]

恺撒赢得了内战，在维护个人荣誉的过程中使整个意大利以及众多行省生灵涂炭。但他能否赢得和平还有待观察。恺撒成了终身独裁官，在过去只有苏拉的权力能与之匹敌。恺撒将苏拉称为政治文盲，因为后者后来退隐了。经由投票授予恺撒的荣誉比以往任何人得到过的都要大，而恺撒策划实行的项目也的确规模远胜于他人。虽然在内战中恺撒展示了自己的仁慈，俘虏的敌人都得到了宽恕，有些人还得到了不止一次的赦免，但许多人担心，这只是恺撒出于自身利益考虑而采取的手段，当年苏拉最开始也曾表现得很温和，但取胜并大权独揽之后却展开了极为残忍的复仇。事实证明，这种担心完全是无谓的，因为没有人被放逐或处死，而且元老院还吸纳了一大批曾经反对过恺撒的人，其中一些人甚至被委以重任。然而，虽然恺撒的独裁不是压迫性的，但选举明显受到了严密控制，元老院没有实权，也受到了约束。谣言四起，说恺撒想称王，希望众人像景仰神一样景仰自己。虽然罗马人已经摆脱君主制几个世纪之久了，但他们仍对国王这一头衔很反感。还有谣言称，恺撒希望让已经来到罗马的克里奥帕特拉成为他的王后，与自己共同统治，建立一个新的王朝。布鲁图斯和卡西乌斯所领导的密谋者们有许多不同的动机，但这些人密谋反对恺撒更多是因为惧怕他将来的计划，而不是他已经做过的事。

我们无法确定独裁官恺撒的意图，因为在他死后，其支持者和反对者发起的政治宣传使这一时期的文献看起来十分混乱。比如，我们无法确定男孩恺撒里翁是否是恺撒与克里奥帕特拉的私生子。恺撒可能自己也不清楚自己最终想要实现何种目标，因为他的首要计划就是继续做自己最擅长的事，即领兵打仗。公元前44年3月15日，恺撒在元老院会议中遇刺身亡。不久前，恺撒曾公开解散了自己的护卫队，而他死前正准备出发与达契亚人作战，然后再进攻帕提亚。后一项任务肯定得好几年才能完成，我们不知道恺撒有没有想过，在自己外出征战时，罗马城内会发生什么。随着恺撒遇刺身亡，罗马又一次陷入了内战。恺撒临终的一幕极为讽刺，他倒在了一尊庞培的雕像脚下，因为元老院那天开会的场所是一座附属于庞培剧场建筑群的神庙。[19]

士兵和将军：领导者恺撒

前面几章主要讨论了 4 位将军——马略、塞多留、庞培和恺撒。这 4 位将军都曾率领自己的军团对抗其他罗马军队。从罗马共和国建立初期开始，罗马的政治就竞争激烈，但直到公元前 1 世纪，敌对元老之间的纷争才演变为内战。虽然罗马的政权迫使大西庇阿提前退隐，但他似乎根本未曾想过要与之对抗。即使大西庇阿真想这样做，我们也很难想象其手下已经退伍回家、散居各处的老兵会愿意用武力维护自己的老指挥官。当时的罗马军团是从有产阶级中招募的，所有士兵都能通过在公民大会上投票参与罗马共和国的政治生活。

然而一个世纪内，军队、指挥官以及共和国之间的关系就发生了改变。从公元前 88 年开始，罗马将军就能够率军与其他罗马军队作战了，而他们也确实这么做了。这一剧变与职业军队的兴起有关，因为职业军队的多数士兵都是从社会最贫困的阶层当中招募的。对于这些人来说，参军不是中断正常的生活去履行国家义务，而是一份能够提供稳定收入的工作，即使这份工作收入不高。一旦复员，无产者回到平民生活，既没有财产需要打理，也没有能做的工作。诸如马略、苏拉、庞培和恺撒这样的成功指挥官都曾极力要求为退伍士兵建立殖民地，提供耕地。然而，这种计划每次都受到强烈反对，因为没有元老希望另一个人有恩于如此之多的公民。元老院也不愿承认军队如今是从穷人中征募的，并拒绝在其复员后负责为其提供福利。这使得指挥官和部队之间的关系变得更为紧密，士兵对指挥官个人的忠诚远远超出了对国家的忠诚，因为国家没有给过他们什么。军队实实在在地成了广受欢迎、能力出众的指挥官的"受庇护人"或私人军队。

马略改革引发了一系列变化，而上述对此变化的传统看法有点过于简单，也因此广受批评。特别是一些学者认为，军队是逐渐变化的，而非是马略领导下发生的突然变化。比如，他们指出，在公元前1世纪时，显然不是每位罗马将军都能率军与国内政敌作战。卢库鲁斯率军在东方连续作战数年，且取得了巨大成功，但并没能赢得士兵的爱戴。因此，尽管卢库鲁斯多次恳求士兵抵制庞培对自己的取代，士兵却并不买账。在内战期间，有好几位不受欢迎的将军被士兵遗弃，甚至被自己的手下私刑处死。然而在共和国末期，即便许多甚至大多数将军都无法说服部队与其他罗马军队作战，核心的一点却是到底有人能够并且成功说服自己的军团为他而战了。在民兵制或者征兵制为罗马赢得地中海地区统治权的鼎盛时期，这种行为根本不可能出现。尽管那时的政治竞争的激烈性和风险性可能都有所上升，但直到罗马军团的性质发生了改变时，内战才有了发生的可能。持"渐变论"观点的学者无法充分解释这一点，但"突变论"也并不比"渐变论"更具说服力。[20]

既然有些罗马指挥官能与士兵建立如此紧密的关系，以至于士兵愿意为了指挥官而与其他罗马人作战，那么我们就需要考虑，这是如何实现的？当时庞培尽管还很年轻，而且没有得到任何法律的许可，但他还是自掏腰包组建了军队，而且士兵大多出身自庞培家族的地产。很少有人有如此雄厚的财力能够冒这个险，不过庞培的成功很大程度上得益于其个人魅力以及当地人长期以来对于庞培家族的依附。公元前88年，苏拉之所以能说服部队开赴罗马，是因为士兵们担心马略会率领其他军团前往东方作战，从而获得丰厚的利益。然而，尽管有时一位将军可以获得从未跟随过他作战的士兵的支持，但是把将军和士兵联系在一起的最重要因素还是双方曾一同作战并且取胜的经历。庞培和苏拉就是通过这种方式赢得了士兵的忠诚。恺撒率军在高卢艰苦奋战了十年，取得了胜利，因此恺撒的军队毫无疑问会跟随他渡过卢比孔河。通常来说，长期作战并取得成功会在指挥官与士兵之间建立起很强的纽带，尽管卢库鲁斯的经验说明，有时情况也并非如此。卢库鲁斯不受欢迎的主要原因是，他在给士兵分发从敌军那里获得的战利品时总是很小气。马略、苏拉、庞培和恺撒在奖赏手下士兵，特别是军官时都很慷慨。恺撒一度（很可能是在内战期间）付给士兵两倍的薪酬，一名士兵每年可以得到225第纳里乌斯。

在《内战记》中，恺撒反复为自己的事业正名，这种内容经常出现在他对士兵发表讲话的部分。这是恺撒借此向其文学受众强化自己要传达的信息的一种手段，但大多数史家在描述内战时也会写到指挥官采取类似的手段。参与内战的所有士兵对战争的性质很可能都或多或少有所了解。百夫长和诸如保民官这样级别更高的军官肯定有自己的政治诉求，因此将军需要让军官信服作战的合理性和正当性。虽然军官，特别是普通士兵对政治纷争的看法无疑与元老阶级不同，但这并不意味着他们对正当性的关切和想法不那么根深蒂固。很多时候，发动大规模倒戈，或者策划暗杀将军的就是军中的一名军官。在内战初期，恺撒手下每一名百夫长都正式提出由自己掏钱支付一位骑兵的装备费用和薪水，表现出了他们对恺撒事业的强烈认同。[21]

马略因推行一种不那么严厉的军纪而闻名，但作战时除外。有时，恺撒也会允许士兵撒野庆祝，比如在戈姆斐。据说，恺撒曾炫耀称，"即使士兵满身香水味"，也一样能打好仗。[22] 马略和恺撒都不会姑息严重的违纪行为。在士兵看来，两位将军在处罚上都很公平，无论违纪的人级别多高，都照罚不误。有许多军官由于未能达到恺撒的要求而公开受辱，后被开除。马略、庞培和恺撒都为部队制定了严格的训练项目。苏维托尼乌斯称，恺撒

> 不通知行军或作战的时间，而是让他们枕戈待命，随时准备到他突然想要他们去的地方去。他常常甚至无缘无故地带他们出去，尤其是雨天或节假日。他常常警告他们：必须密切注视着他，他会或在白天或在夜里突然溜出营地，作一次比平常更长途的行军，以便狠狠地累累那些行动迟缓跟不上他的士兵。[23]

与塞多留一样，恺撒为自己的士兵配备了精美的铠甲和武器，他们的武器或剑鞘通常镶嵌着金银，让士兵们对自己及自己的仪容引以为豪。同时，恺撒也努力让士兵感觉，将军以及定期向将军汇报的高级军官始终在关注着自己的举动，勇敢的表现会很快得到奖励，而懦弱的表现同样会很快受到惩罚。恺撒在对士兵发表演讲时，总会称其为"战友们"（commilitones）。在高卢的时候，据说恺撒的行李车队中有雕花或精工镶嵌的石板，用作自己帐篷里铺的地板。这样做的部分原因可能是想给当地的酋长留下

深刻印象。尽管恺撒享受着这样的奢华，但他还是尽量与士兵同甘共苦。苏维托尼乌斯提到了恺撒如何

> 具有难以置信的耐力。行军中他走在队伍前面，有时骑马，但更多的是步行。他总是光着头，不论顶着太阳晒还是冒着雨淋。他以惊人的速度长途行军，他乘坐雇来的四轮大车，一天 100 罗马里。遇到河流挡道，他便游过去或用充气牛皮筏子渡过去。因此，经常出现这样的结果：他派出的信使还未到达而他已先到了。[24]

虽然战记记叙了很多个体士兵的英雄行为，但很少提到普通士兵的名字。恺撒通常表扬士兵这个群体的勇敢，有时也会单独表扬具体的军团。我们已经见识过恺撒操控部队荣誉感的能力，比如在与阿利奥维斯塔作战时他就曾宣称，如果其他军团都害怕的话，自己将只率领第十军团前去作战。有一次，第十军团的一部分士兵暂时需要骑马充当恺撒的护卫。此后，这支小队便有了一个非正式的称号："骑士"（equestris）。士兵开玩笑称，慷慨的指挥官恺撒会将自己提拔到骑士阶级。士兵对自己的军团有强烈的认同感，其中最出色的部队更是如此。每个军团都争相证明自己是全军最优秀的，恺撒也积极鼓励这种竞争。[25]

恺撒在叙述中格外注重对百夫长们的英勇行为的描写。他将胜利在很大程度上归功于百夫长的勇敢及其示范效应，并认为百夫长的英勇行为降低了失利的影响。凡是恺撒在正式记述中表扬过的百夫长都在现实中立刻得到了物质奖励，并获得了提拔。在高卢战争期间，恺撒的部队规模增加了一倍多，因此对百夫长而

言，有许多高级职务虚位以待。对于这一时期百夫长职务的起源，人们知之甚少，也无法确定百夫长大多是直接任命的还是从行伍中提拔的。不过在战记中，恺撒没有明确提过后一种方式。百夫长有可能主要从罗马社会的（用今天的话说）"中产阶级"中选拔。这个阶级并没有严格的定义，大概指那些有一些财产、受过一定教育，甚至是意大利某些小地方较为显赫的家族。当然，一旦成为百夫长，这些人所享有的薪酬和服役条件就会远远优于普通士兵，晋升和受到奖励的可能性也会大大提高。百夫长斯凯瓦在底拉西乌姆守住了一座堡垒，表现十分突出，因此被提拔成了首席百夫长，并获得了 5 万第纳里乌斯的赏金（普通士兵 100 年的薪水）。有一处大约是公元前 30 年左右所刻的铭文提到了一支高卢辅助骑兵部队，名为"斯凯瓦部队"（ala Scaevae），很可能就是因他命名。在恺撒独裁期间，许多恺撒军队中的百夫长甚至进入了元老院。百夫长能得到丰厚的报酬，但这些渴望建功立业的人也承受了格外严重的伤亡。阿庇安声称，恺撒命令士兵在法萨卢斯的遍地尸体中仔细寻找克拉斯提努斯的尸体，并在集体墓地之外单独为他修了一处坟墓。据说，恺撒在其尸体上放了许多军事荣誉奖章。如果事实确实如此，那么这是一种对他的极高认可，因为罗马人通常不会在人死之后为其颁发奖章。[26]

　　恺撒给予手下士兵表扬和奖励，在战场上与其共担风险，平时则对其严格训练。他的部队接连取胜，中间偶有几次失利，但很快就能报复回来，这证实了士兵们对恺撒指挥技能的信任。恺撒总是不断提醒世人，自己并不只是一名有天赋的将军，而且还是一名交了好运的将军。历史上，只有少数指挥官在士兵那里赢得的忠诚能与恺撒相媲美。有时，军队与将领之间的关系也不尽如

《内战记》中所描述的那样绝对忠诚。内战期间有两次大型哗变。公元前49年末，第九军团抗议称，许多士兵已经超期服役，而且薪水也拖欠未发。恺撒到来后指责其不知感恩、信念不坚，哗变很快就平息了。恺撒当时佯装愤怒，宣称要对第九军团处以十一抽杀，但最终只处决了12位主谋，士兵们可以说是松了一口气。

在阿非利加战争开始前，包括恺撒钟爱的第十军团在内的多数部队发生了哗变，恺撒这次则表现得更为强势。当时，恺撒远在埃及，部队很可能又是无事可做，缺乏目标，致使旧有的不满爆发。后来的史家撒路斯提乌斯当时是恺撒手下的军官，在哗变的士兵愤怒地要求补发拖欠的军饷以及发放奖金时险些被他们私刑处死。后来，恺撒突然到来，出现在了台座上，邀请士兵们倾诉不满。聚集在此的士兵没有应对此举的心理准备，一时陷入了沉默，过了一会儿有人喊道，他们想复员。恺撒当时正要发动一场大规模战役，因此明显正处于用人之际，但他面无表情地宣布，他们被遣散了，自己会率领其他部队赢得战争，但取胜之后，之前允诺过的东西依然会一样不少地发给他们。恺撒可能并不真想解散军团，而哗变士兵们的敌意则转变为了痛苦和羞耻，因为自己的指挥官似乎并不重视自己过去的效力。

之后，恺撒没再多说一个字，直到一些高级军官（可能提前被吩咐了该怎么做）大声请求恺撒原谅这些跟着他走过了风风雨雨的士兵，希望恺撒不要计较他们一时冲动而说的话。士兵本来期待恺撒会同意这些军官的请求，但希望很快破灭了，因为恺撒再次开口时称呼这些士兵为"公民们"（Quirites），而不是之前一直称呼的"战友们"。哗变的士兵们开始高喊忏悔之词，乞求恺撒同意他们重返行伍服役。恺撒转身准备离开台座，呼喊声变得更大了，士兵们恳求恺撒惩罚挑起哗变的主谋，并带部队其余人去阿非利加。恺撒假装犹豫不决，令士兵们变得更加迫切。最后，恺撒终于宣布，除了第十军团，其他军团都可以跟随自己去阿非利加，因为自己向来偏爱第十军团，后者却不知感激，因此无法得到原谅。第十军团的士兵甚至乞求恺撒对其施行十一抽杀，只要能带自己上战场。最后，恺撒觉得士兵的情感本身就已经足够了，自己不用再采取更多举措了。在塔普苏斯，第十军团作战骁勇出众，在蒙达也取得了关键性的突破。恺撒遇刺后，第十军团余部仍然忠于恺撒，为恺撒的养子屋大维作战多年，并取得了巨大的成功。[27]

　　恺撒知道如何操纵士兵的感情，最擅长的就是利用士兵对其所在队伍的自豪感，以及作为一名优秀、勇敢的士兵的荣誉感。要想在公共生活中取得成功，罗马元老需要培养与人交往、赢得人心的能力，对象包括个体公民、罗马广场上的人群，也包括军营中的士兵。恺撒通过直觉和经验拥有了赢得士兵的支持和激励他们的本领，他在这方面的能力是其他罗马指挥官无法匹敌的，唯一的例外可能是庞培。

IO

帝国"王子"

莱茵河另一边的日耳曼尼库斯

> 日耳曼尼库斯是多么出色地接受了他［提比略］的教
> 导，在其指挥下完全吸收了军事知识的精髓，以至于他日后
> 征服了日耳曼，得到了提比略的热烈欢迎！虽然日耳曼尼库
> 斯还很年轻，但提比略赏赐给他的奖励堆积如山，只有这样
> 辉煌的凯旋式才配得上其伟大的功绩！[1]

谋杀尤利乌斯·恺撒的凶手们似乎不是很清楚接下来要做什
么，可能是指望着只要独裁官死了，公共生活就会自动回归传统
模式。几个月之内，马克·安东尼集结了许多恺撒旧部为其报仇，
一场新的内战爆发了。元老院的成员普遍支持密谋者，一度试图
将恺撒的养子盖乌斯·尤利乌斯·恺撒·屋大维（传统上，历史
学家就将其称为屋大维）用作傀儡来削弱安东尼对恺撒旧部的控
制。屋大维年仅19岁，除了他的名字，似乎无足轻重。据说，西
塞罗曾说，元老院应该"赞扬这个年轻人，奖赏他"，最终在达到
目的后"抛弃他"。同时，元老院授予屋大维同执政官的绝对统治
权，正式任命其为许多恺撒旧部的指挥官，其中就包括第十军团，

这个军团已经集结了起来，准备为屋大维效力。屋大维很清楚元老院对自己的态度，而且自己反正也渴望与密谋者作战，因此在公元前 43 年转而投向了安东尼和马库斯·雷必达，与其合作。这三人共同形成了"后三巨头"。与克拉苏、庞培和恺撒第一次的三头执政不同，这一次三人的地位在法律上得到了明确，每个人都得到了"维持共和的三人之一"（triumvir rei publicae constituendae）这一头衔。这一表述与苏拉作为独裁官的地位相呼应，而"后三巨头"在攻占罗马后的行为也与苏拉相似，他们开出了一份新的公敌宣告，将一大批元老和骑士处死。

西塞罗曾公开发表了一系列恶毒攻击安东尼的演讲，名为《反腓力辞》，而他也为此付出了代价：安东尼下令，将西塞罗的头和双手钉在罗马广场的演讲台上。一年之内，布鲁图斯和卡西乌斯在自己的军队于腓立比两次作战失利后双双自杀。三个巨头分别控制不同的行省，但其同盟逐渐解体了。通过和平手段，雷必达首先被边缘化了，屋大维和安东尼的斗争则是经过公元前 31 年在亚克兴的一场海战才分出胜负。安东尼战败，逃往了埃及，并在那里与克里奥帕特拉一同自杀。两人已是超过 10 年的情侣，而且已经公开成为夫妻一年了。[2]

亚克兴一役后，屋大维成为迄今为止控制的军队规模最大的将军：有超过 60 个军团发誓效忠于他。不久之后，屋大维便将全军缩减为 28 个永久服役的军团。安东尼一死，再也没有能够威胁到屋大维绝对权威的对手了，而且元老院中的元老阶层由于战争、公敌宣告和自杀等原因，人数大为减少。恺撒因为过于张扬地行使权力而遭刺杀，而其养子屋大维之所以能够存活，是因为他设立了一套政治体制，掩盖了自己对国家事务的实际控制。后来被元老院投票授予"奥古斯都"这一名号的屋大维既不是独裁官，也不是国王，而是"首席元老"（princeps senatus），这是传统上对最尊贵的元老的敬称。"奥古斯都"的名号有助于屋大维逐渐摆脱自己后三头时期的残忍过去。而基于"首席元老"这一头衔，人们如今把奥古斯都创立的政治体制称为元首制（Principate），有时也称为帝国，与之相对的是共和国。虽然奥古斯都及其继任者事实上都是握有绝对权力的皇帝，不过他们都佯装自己不过是国家里的最高长官而已。

罗马的许多传统政治机构继续存在，但实际权力毫无疑问牢牢地掌握在"元首"（princeps）手中。元老院也继续存在，而且在明面上规模还扩大了，不仅承担了新的责任，而且地位更加高贵，只不过代价是失去了独立性。年轻的贵族仍然在公共生活中追求自己的职业生涯，而且现在公共生活中有更多军事和民政职务可以担任，但是所有重要的职位都是由奥古斯都任命的，而不再通过公开选举。奥古斯都小心谨慎地控制着公共生活，防止倒退回内战的状态。奥古斯都的政权不是一蹴而就的，而是逐渐发展的结果，经过了一些试探和摸索，也走了一些弯路。而最终的成功很大程度上归功于奥古斯都的政治手腕，以及数十年动荡后人们对于稳定的渴望，还有奥古斯都本人的长寿。奥古斯都死于公元 14 年，那时能够记起罗马共和国传统运转方式的人几乎都已不在人世了。

奥古斯都本人不是伟大的指挥官，有传言说在腓立比首场战役中，当军队侧翼溃败时，他逃离了战场。他勇敢地承认了自己的缺陷，主要依靠几个自己信任的部下帮自己控制军队。奥古斯都对在其麾下效力的士兵的态度要远比恺撒严厉和正式。在亚克兴一役后，奥古斯都在演讲时再也没有称呼部队为"战友"，而总是称其为"士兵"（milites），并且制定了严格的纪律。有几次，奥古斯都对部队实施十一抽杀，以处罚那些在战场上惊慌脱逃的士兵。如果军队官员没有履行义务，就有公开受辱的风险。苏维托尼乌斯记载，奥古斯都曾命令百夫长在自己的帐篷外立正一整天，可能手里还拿着一块草皮。奥古斯都通常要求军官解下系武器的腰带。没有了这一束缚，军事制服长长的外衣就会耷拉下来，几乎到脚踝处了，看上去更像是女人的裙子，而非军服。但伴随着惩罚，如果在服役时表现出色，士兵们也会得到嘉奖和提拔，虽然相比内战时期，指挥官在颁发这类奖赏时不再那么自由。更重要的是，奥古斯都按时发饷，士兵复员时要么得到土地，要么得到一大笔奖金。公元 6 年，奥古斯都设立并直接控制了一笔名叫"军事国库"（Aerarium Militare）的基金，负责拨款给退伍士兵。奥古斯都不想重蹈元老院之前犯的错误，即忽视士兵的需求，使其开始效忠有个人魅力的将军。[3]

　　奥古斯都给罗马带来了内部的和平，这也是在奥古斯都元首统治期间一直大肆宣扬的一项成就。奥古斯都的政权严重依赖于不断对外发动的大型战争中所取得的胜利。在第一位皇帝治下，罗马帝国继续扩张，其规模比过去几十年并不逊色。到了公元 14 年，罗马控制的地区基本上就是接下来 400 多年帝国的疆土了。在奥古斯都的陵墓外立有青铜柱，上面刻有一篇名为《功业录》（Res Gestae）的长铭文，记述了奥古斯都的成就，而且列有他曾击败过的众多民族和国王。这篇铭文在风格上与过去历代凯旋的将军刻在纪念碑上的铭文相同，但仅就击败的敌人数量而言，即使庞培和恺撒也不能与奥古斯都相提并论。

国家最伟大的仆人,即作为首席元老的皇帝的显赫地位就是通过这些辉煌的军事胜利而以一种典型的罗马人的方式得到正名的。实际上,大部分的胜利都是奥古斯都的副帅为其取得的,可是主要的赞誉同往常一样还是要归到最高指挥官头上。奥古斯都不想有前人的功绩超过自己,更不想有当世之人比自己厉害。公元前 29 年,恺撒的盟友克拉苏的孙子马库斯·李锡尼乌斯·克拉苏在与巴斯塔奈国王的单独决斗中将其击杀,从而击败了巴斯塔奈人,但却因为法律中的一处细节而被剥夺了举行仪式的权利,不能祭献"最高战利品",也就是与敌军国王决斗时所夺取的武器。不久后,奥古斯都自己举行了这一仪式,尽管他从来没有完成过这样的壮举。奥古斯都不许其他人获得过多的个人荣誉,以免自己这位元首的功绩显得相形见绌。从公元前 19 年开始,只有与奥古斯都或其家族有关系的元老才能得到举行凯旋式的权利,虽然有时得胜将军能获得凯旋荣誉物(triumphalia),可以展示这一象征胜利的标志,但不能骑马列队穿过城市。除了阿非利加,所有有军团驻军的行省都由奥古斯都直接控制,他把绝对统治权委托给他的副帅,由其负责管理。除一个军团外,其余所有军团均由奥古斯都的代表直接指挥,不仅如此,后来所有重要战争的指挥权都交给了与皇帝有亲缘关系的家族成员。[4]

从职业生涯一开始,屋大维就严重依赖自己的密友马库斯·维普撒尼乌斯·阿格里帕统领军队。正是阿格里帕率领海军,在公元前 36 年在纳洛库斯击败了塞克斯图斯·庞培("伟人"庞培最后一个在世的儿子),也正是他于公元前 31 年在亚克兴击败了安东尼。阿格里帕出身于平民家庭,对这位恺撒的养子不构成威胁,因此可以跟随他一路晋升,最终还娶了奥古斯都的女儿尤利娅。直到公元前 12 年去世为止，阿格里帕经常得到委派，指挥罗马帝国最重要的战争，包括在西班牙、高卢、日耳曼、巴尔干以及东方的战争，而且取得了巨大成功。很显然，阿格里帕是位极其出色的指挥官，但很少有记载其作战经过的文献留存下来，而且留存下来的这些都无法帮助我们还原其作战细节。这可能不完全是偶然，因为阿格里帕取得的最伟大的成就在明面上都算到了皇帝的头上。

大多数奥古斯都家族中的年轻成员在长大后，很早就承担了重要职责。在军事上最为成功的是屋大维的继子提比略和德鲁苏斯。两人都是在二十出头的年纪就开始指挥庞大的军队。这两人是屋大维的妻子利维娅与其前任丈夫所生，在很大程度上算得上是传统的元老院精英，因为父母都是克劳狄乌斯氏族的成员。很少有家族的性格像克劳狄乌斯氏族这样与众不同。所有克劳狄乌斯氏族的成员都十分骄傲、自信，而且很清楚自己所具有的价值。因此，该氏族既诞生了罗马最伟大的英雄，也诞生了罗马最遭人憎恨的恶徒。德鲁苏斯就是罗马传统观念中的英雄，他极富个人魅力，在军队和罗马公民中都极受欢迎。德鲁苏斯很渴望能夺取敌方将领的武器这一最高战利品，据说他为此绕着战场追着日耳曼酋长跑，希望自己能在个人决斗中将其打败。公元前 9 年，德鲁苏斯在日耳曼作战后，于归途中堕马受伤，最终不治。德鲁苏斯死时，罗马弥漫着悲伤的情绪。[5]

提比略缺少弟弟德鲁苏斯那样的魅力，似乎从来都不知道如何赢得别人，特别是其他元老的喜欢。即使在年轻的时候，提比略也没有采取像德鲁苏斯或者庞培那样张扬的指挥方式。在人们眼中，哪怕按照奥古斯都设定的标准，提比略也是个严格执行纪律的人，他重新在军队中引入了古时候进行惩罚的方法。有一次，指挥一个军团的某位副帅派了一些士兵护送一名奴隶去敌军的领土上远征打猎，结果提比略开除了这名副帅。据苏维托尼乌斯记载，在率军远渡莱茵河时，提比略下令，不得将多余物品放到辎重车队中，而且在部队开拔前亲自检查每辆马车所运载的行李。既然不让军官享受奢华，提比略自己也公开摒弃那一套，他就睡在土地上，而且通常连帐篷都没有。提比略对自己每天的日程安排得很仔细，确保自己下达的命令都记录在案，而且如果军官对他的命令有什么不清楚的地方，他总会亲自向他们解释明白。维莱伊乌斯·帕特尔库鲁斯是提比略手下的军官，负责指挥辅助骑兵，后来升至副帅。据他的叙述，行军时提比略总是骑着马，而不是坐在马车里。吃晚饭也是坐着吃（通常还会邀请军官），而不是像罗马人放松时会做的那样斜卧在榻上吃。

虽然提比略对自己和别人都很严格，但从不亏待手下军官。如果有人生病或是受伤，提比略便把自己的医生和仆人给他使用，并且为其提供交通工具。作为领导，提比略虽然严厉，但是公正；作为将军，他小心谨慎，取得了成功，而且深受士兵信任。维莱伊乌斯的记载写于提比略接替奥古斯都当了皇帝之后，因此肯定是在恭维自己的老首长，但也可能准确描绘了军队对提比略的尊敬，甚至是爱戴。[6]公元4年，提比略来到日耳曼接手军队的指挥权，受到了士兵近乎狂热的欢迎。维莱伊乌斯对此的描述与一些对拿破仑的描述有得一比：

> 言语实在是无法描述士兵与提比略见面时的反应。士兵流着激动的泪水，欢呼雀跃地与提比略打招呼，迫切地想要触

碰提比略的手，而且情不自禁地大喊："我们真的见到你了吗，将军？""您真的平安地回到这里做我们的统帅了吗？""将军，我在您手下服过役，在亚美尼亚的时候。""我是在雷蒂亚！""我是在温德利西亚受过您的表彰！""我是在潘诺尼亚！""我是在日耳曼！"[7]

公元 14 年莱茵边境的局势

奥古斯都很信任提比略，就像之前信任阿格里帕那样，在他当元首的后半段时间里，他几乎把所有重要战争的指挥权都交给了提比略，但在很长时间里却并不倾向于让提比略做他的继承人。屋大维的候选名单里是其他一些人，他们通常更为年轻，是与其有血缘关系的男性家族成员，而不只是联姻关系。不过，这些人相继过早地去世。谣言称，屋大维的妻子利维娅策划谋杀了这些人，以确保其儿子继任皇帝。卡利古拉皇帝后来称利维娅为"穿裙子的奥德修斯"（ulixem stolatum）——奥德修斯是荷马史诗中诡计多端的英雄。现在真实的情况已经无从知晓，不过即使以当时的标准来看，皇族的死亡比例也确实高得异乎寻常。可以肯定的是，奥古斯都最终同意了让提比略做继承人，他将其收为养子，在生命的最后几年与其共享权力。提比略自己有个儿子，名叫小德鲁苏斯，但奥古斯都还让提比略收养已故的兄弟德鲁苏斯的儿子日耳曼尼库斯。这个名字是奖励给德鲁苏斯的敬称，因为德鲁苏斯在与日耳曼部落的作战中取得了很多胜利。德鲁苏斯在公元前 9 年意外身亡后，这个名字传给了他的孩子们。那一年，日耳曼尼库斯 6 岁，不过这个名字对他来说格外合适，因为长大后他在日耳曼战争中获得了极大的声名。日耳曼尼库斯的母亲是安东尼娅，为马克·安东尼和屋大维的姐姐屋大维娅所生。当初，安东尼为了克里奥帕特拉而抛弃屋大维娅的行为也为内战增添了个人因素。[8]

尤利乌斯·恺撒称霸高卢的时候曾明确表示，自己无意永久占领莱茵河以东的土地，不过他已经控制了莱茵河以西全部的土地。《高卢战记》强调，莱茵河是高卢人与日耳曼人的分界线，这表明恺撒完全"平定"了高卢人。在罗马人眼里，日耳曼人比高卢人更为原始、野蛮，只有将其阻挡在莱茵河外，使其无法效仿辛布里人和条顿人的迁徙，才能保证罗马（包括新近征服的高卢、罗马的传统行省山北高卢以及意大利本身）的安全。实际上，恺撒也承认，情况要更为复杂一些，而且有许多日耳曼部落已经在莱茵河以西定居了。从考古方面来说，基于物质文化——定居点建造的模式和风格、金属制品以及最重要的陶器，去辨认在恺撒以及其他古代作家眼中有着明确区分的日耳曼人和高卢人是很困难的。这倒不是说日耳曼人和高卢人没有区别，只是说这类证据既不能证实，也不能证伪这种区别。对流传下来的人名和地名的语言学分析总体上来说是支持古代文献中所描述的情况的。这些文献明确指出，在高卢人，尤其是日耳曼人内部，除了语言和文化相同外，基本没有身属同一个整体的意识，也没有共同的事业。一名战士会认为自己属于某个部落或氏族，比如卡蒂人、马尔西人或者切鲁西人，有时也会认为自己属于苏维汇人，苏维汇人就是一个更大的群体，里面有很多彼此有亲缘关系的族群。对他而言，自己是否属于日耳曼人是个无足轻重的问题。[9]

在恺撒的描述中，高卢人内部极不稳定，野心勃勃的酋长为了追求权力几乎每年都会与相邻的部落作战，结果高卢各部落就在这样的权力纷争中四分五裂。有时高卢部落的首领会向日耳曼人寻求援助，有时某支日耳曼部落会迁徙到莱茵河以西，想要寻找更为富饶、安全的土地来定居，这时，日耳曼部落就会深度参与到这个地区的事务中来。恺撒可能故意夸大了情况的严重性，给自己的出兵干预提供正当理由，说要保护罗马和盟友的利益——其本质正如阿利奥维斯塔所指出的那样，与恺撒对塞夸尼人的支持并无二致。不过，恺撒的描述很可能大体上是准确的，他所描述的状况与青铜和铁器时代欧洲大部分地区的模式一致。战争，特别是劫掠，都是地方性的。有时某个部落（经常在极富个人魅力的战争首领的统治下）实力有所增长，甚至会控制相邻的其他部落。通常，这种控制是暂时的，一旦这位强势的首领去世，统治便难以为继。内战与对外的强势侵略会频繁导致部落内受排挤群体或邻近部落进行迁徙，而这会给迁入地区的民族施加很大压力。一支部落的迁徙可能会在很广阔的区域里引发连锁反应。恺撒将日耳曼人描述为半游牧民族，在这点上他也有所夸张。恺撒利用了一种几个世纪以来的成见，即认为游牧民族比耕种土地、最终得以为自己建造城市的民族更为落后和野蛮。因此在荷马史诗《奥德赛》中，独眼巨人出于懒惰不种庄稼，以肉为食、以奶为浆，而且不举行政治大会。所有这些都说明其野蛮性。而考古发现表明，日耳曼有许多农场和村庄，其历史已有好几百年了，但部落（或部落中的一部分人）也可能突然迁徙到别的地方，这种迁徙的倾向与上述这种稳定性并不矛盾。[10]

恺撒留下了一个被征服的高卢，在他离开这里参加内战期间，没有证据表明高卢发生过严重的叛乱。不过，高卢还没有完全确定成为罗马的行省。成为行省的过程包括新的管理体系的确立，包括统计人口，从而为公元前27年之后的至少3次征税提供佐证，但这有时会遭到广泛的抵制。在公元前38年到前19年间，阿格里帕多次在高卢作战，其他罗马指挥官也指挥了几场小型战役。和恺撒时期一样，莱茵河附近的高卢部落经常向日耳曼战士团体寻求帮助，而后者则更频繁地袭击高卢富庶的土地，有时这种袭击规模很大。公元前16年，苏刚布里人、滕克特利人和乌西佩特人组成了一支联军伏击了罗马骑兵分队，并乘胜追击，突袭了行省总督马库斯·罗利乌斯的主力军队，把罗利乌斯打得惨败。此役，第五军团"云雀"丢了自己的鹰旗，受到了羞辱。实际上，这场战役开始得更早：日耳曼人捉拿了自己领地上的罗马商人，并将其钉上了十字架。像在其他地方一样，罗马和意大利商人会先于军队在各地活动。他们的活动和行为可能会为当地人所厌恶，因此如果当地部落对罗马有敌意，商人自然就是首先被针对的目标。一方面为了维护高卢的和平与稳定，另一方面也是要回击日耳曼人对罗马公民发动的袭击和暴力事件，奥古斯都的军队比以往更频繁地对日耳曼人发动惩罚性的战争。

日耳曼尼库斯的父亲德鲁苏斯是第一个抵达易北河的罗马指挥官。据官方记载，德鲁苏斯到达此地后，有一位女神显灵，警告他不要再往前走了。德鲁苏斯死后，提比略在这一地区打了几年仗。逐渐地，在莱茵河与易北河之间，一个罗马行省渐渐成形。马罗博杜斯是苏维汇及其邻近众多部落联盟的国王，控制着莱茵河与多瑙河之间的地区。公元6年，罗马人计划并准备着对马罗博杜斯发动进攻。然而，潘诺尼亚和达尔马提亚地区却意外爆发了大面积的叛乱。为此，提比略不得不将注意力转向那里，率领大量军队前去镇压。潘诺尼亚人极为好战，其部队也是依据罗马军队的模式建立的，因为许多潘诺尼亚人曾经在罗马军队中做过辅助兵。此役中，提比略麾下曾一度有 10 个军团，另有 70 个辅助兵步兵大队、14 支侧翼辅军（每支侧翼辅军的规模与步兵大队规模相当），还有大量的同盟部队提供支援。有趣的是，提比略认为一个指挥官难以有效指挥如此庞大的部队，于是将部队分成了独立的两部分，并进一步将其划分为规模更小的纵队。平叛的过程持续了将近 3 年的时间，而且战争打得很艰苦，罗马方面伤亡也很大。[11]

几乎就在同时，屋大维得知了在日耳曼发生重大灾难的消息。正如在高卢一样，罗马想要把征服的领土变为正式的行省，却遭到了新一轮的抵抗。叛乱最重要的领导者是切鲁西部落的王子阿米尼乌斯，他之前曾在罗马军队中领导一支由本族人组成的部队，一度不仅获准成为罗马公民，而且还得以成为骑士阶级的一员。阿米尼乌斯也是行省副帅普布利乌斯·昆克提利乌斯·瓦卢斯的密友。瓦卢斯家族的军事名声很成问题，因其父亲与祖父都在内战中站错了队，并最终选择自杀。不过瓦卢斯很有军事经验，曾做过叙利亚总督，并于公元前 4 年在任上平定了发生在犹地亚的叛乱。奥古斯都任命瓦卢斯为日耳曼战争指挥官，这与其一贯依赖家族成员的做法一脉相承，因为瓦卢斯娶了阿格里帕的女儿。

公元 9 年的夏末，瓦卢斯接到报告称发生了叛乱，随后按照典型的罗马人的处理方式，像自己在公元前 4 年那样，立即集结部队前去平叛。罗马将军需要在最短的时间内做出反应，有时必须带着能在短时间内集结的部队上战场，因此他们补给不足或人数不够也是有情可原的。然而，瓦卢斯派出了许多小分队，削弱了军队的战斗力，自己率领的主力又携带了笨重的行李车队，同时出征的还有一大批随军侍奴以及士兵的家属。阿米尼乌斯和日耳曼侦察兵先行离开，而瓦卢斯动作迟缓的部队慢慢移动到了条顿堡森林，这是一处树林茂密、难以通行的沼泽之地。阿米尼乌斯手下的战士在这里设下埋伏，突然袭击了瓦卢斯的军队。经过几天的战斗，日耳曼战士逐渐削弱了罗马军队的力量，并最终将少得可怜的剩余部队彻底击败。第十七、第十八、第十九这 3 个军团全军覆没，同时还有 6 支辅助兵步兵大队以及 3 支侧翼辅军惨遭屠杀。瓦卢斯犯下了罗马将军所不该犯的错，十分绝望，在战争结束之前便自杀了。近年来，在卡尔克里泽（今奥斯纳布吕克附近）挖掘出的一些令人毛骨悚然的证据揭示的很可能就是罗马军队在此打的最后一场主要战役的情形。在接下来的几天里，分散在行省各处的小分队也大多遭到了相同的命运，只有少数幸存士兵设法逃到了莱茵河。有两个幸存的军团聚集在那里，随时可能被敌军攻击。[12]

条顿堡森林的惨败对于年迈的奥古斯都打击很大，他一个月都没有修剪自己的头发和胡须，以示哀悼。据说，他在宫殿中来回走动，把头往墙上撞，大喊着："昆克提利乌斯·瓦卢斯，还我的军团！"罗马军队的规模一度缩减至 25 个军团，而第十七、第十八、第十九这 3 个番号再也没有使用过。屋大维立刻派提比略前往莱茵河边境，并把其他行省所有可调动的部队全部调去支援提比略。很快，在莱茵河西岸的上、下日耳曼尼亚两个行省就聚齐了 8 个军团，以及至少相同数量的辅助部队。日耳曼人没有像罗马人预想的那样入侵，因为他们与历史上大多数的部落军队一样，在取胜后就各回各家，炫耀夺取的战利品，并沉浸在荣耀之中了。在部队实力足够强后，提比略率军远征、严惩日耳曼部落。瓦卢斯的战败令罗马军队不可战胜的名声就此破灭，需要经过几年的苦战才能恢复这一名声。公元 11 年，日耳曼尼库斯也加入了提比略的远征队伍中，22 岁那年，他正是在跟随提比略镇压潘诺尼亚叛乱时拥有了第一次作战经验。奥古斯都此时已经非常年迈了，公元 13 年，提比略返回罗马，既是为了辅佐元首，也是要确保他死后自己能够顺利继位。日耳曼尼库斯则接替提比略成了莱茵河边境的最高指挥官。[13]

哗　变

日耳曼尼库斯与父亲一样，在士兵和罗马民众中间极受欢迎，这种爱戴之情在他死后多年依然牢牢地留存在人们心中。就我们所知，公元 3 世纪初，至少有一支辅助部队还在每年庆祝日耳曼尼库斯的生日，或许全军都是如此。日耳曼尼库斯有一头金发，英俊潇洒，体格健壮——他天生腿细，因此他特别努力地锻炼腿部力量——同时待人随和，彬彬有礼。日耳曼尼库斯也像父亲那样将自己的妻子和孩子带到了作战的行省。他的妻子是阿格里皮娜，为阿格里帕和奥古斯都的女儿尤利娅所生，因此也是日耳曼尼库斯的从表妹。皇室家族很愿意安排同族不同支的家庭成员结婚，防止让太多外人与皇帝有某种血缘关系。从许多方面来说，阿格里皮娜都代表了理想的罗马主妇。在奥古斯都时期的宣传中，这个群体饱受赞扬，她们品德高尚，努力勤勉，既要持家，也要支持丈夫的事业，同时还要孕育下一代的罗马公民。日耳曼尼库斯和阿格里皮娜共生有 9 个孩子，在一个元老家族和骑士家族的出生率都在下降的年代，这一数字远远高于当时的平均水平。不过，这9个孩子中只有6个（三男三女）长大成人。最小的儿子盖乌斯出生于公元12年，在婴儿时期父母就经常给他穿上迷你版的罗马军服，士兵们还因其脚上的钉有平头钉的军靴（caligae）而给他起了个昵称：卡利古拉（"小靴子"）。[14]

公元14年，奥古斯都的去世震惊了整个罗马帝国，因为多数人都记不起没有"元首"的时代是怎样的了。那年夏天，由于情形不甚明朗，而且又没有对外发动战争，因此罗马军团发生了哗变，首先是在潘诺尼亚，而后是在莱茵河。士兵抱怨，自己的收入被克扣得太多，一方面是支付军服、装备和帐篷这些正规的费用，另一方面是非正规的开支，必须掏钱贿赂百夫长才能躲开不必要的杂役。在奥古斯都执政期间，罗马军队基本上已经完成了向职业军队的转型。成为元首伊始，奥古斯都便规定服役时间为16年，之后士兵还要以老兵的身份继续服役4年。在这4年里，士兵可以免于一般性的义务，但仍然需要作战。由于之后几十年里战事几乎接连不断，因此上述两个服役时间分别延长为20年和5年。这一改变招致了士兵的反感，尤其是公元6年和9年发生大危机后，大量士兵的服役时间甚至要更久。在那两年中，由于奥古斯都迫切需要士兵，因此重新引入了征兵制，而该制度已经很不得人心了，特别是在意大利。苏维托尼乌斯称，有一位骑士砍掉了儿子的大拇指，这样儿子就会因无法握住武器而不具备参军资格，结果奥古斯都把这位骑士卖作了奴隶。构成罗马军团新增的这股力量的要么是一群不愿意服役的士兵，要么是能力达不到通常征募要求的人。更极端的是，国家出钱购买了大批奴隶，并将其释放成为士兵，这种做法与第二次布匿战争局势最危急的那段时期类似。虽然这些奴隶拥有了罗马公民身份，获得了自由，但屋大维坚持把这些人单独放入"罗马志愿公民步兵大队"（cohortes voluntariorum civium Romanorum），而不让其加入军团。[15]

最严重的哗变发生在下日耳曼尼亚由奥鲁斯·凯基纳指挥的军队中。凯基纳是很有经验的军官，是那种经常被指派到皇族年轻成员手下做高级副官的类型。在此次哗变中，很奇怪的是，凯基纳反应迟缓，直到其麾下的 4 个军团（第一、五、二十和二十一军团）丢掉了所有的纪律。心怀怨恨的士兵的首要目标就是百夫长，许多百夫长被捉住并鞭挞。日耳曼尼库斯远在高卢监督征税，但很快便赶往哗变的军营。一般情况下，指挥官到军营时会有一个检阅部队的仪式，而日耳曼尼库斯到达军营时，士兵装模作样地戏仿了正常的阅兵式。而且，日耳曼尼库斯此时想要下达任何命令都有些困难，因为士兵围着他抱怨服役时间过长，还抱怨自己虽然忠诚服役，待遇却非常糟糕。有些士兵甚至大喊，愿意迎立日耳曼尼库斯取代提比略当皇帝。日耳曼尼库斯大吃一惊，想要离开聚集的人群，无奈士兵拦住了去路。日耳曼尼库斯甚至不得不拔剑相威胁，称如果士兵不立刻重新忠于国家，自己就要自裁。罗马元老在集会或者军队中经常做出这种夸张的姿态。不过，这一次它却没有发挥应有的效果，尽管有一些士兵抓住日耳曼尼库斯的胳膊阻止他，但据说还至少有一名士兵把自己的剑递给他，称自己这把剑更锋利。

日耳曼尼库斯暂时向士兵做出了妥协，因此没有发生更严重的暴乱，但提比略派来调查士兵牢骚的一些元老却受到了粗暴对待，有一位前执政官侥幸才逃脱一死。日耳曼尼库斯接受了战前会议中的提议，决定把阿格里皮娜和两岁的卡利古拉送到附近的一个高卢城市中，以确保其安全。罗马士兵都是硬汉，有时可以做出极端凶残之事，但也常常很感性。看到许多逃难的人眼泪涟涟地离开军营的场景时，士兵们的心情发生了极大的转变。日耳曼尼库斯抓住这一时机再次对士兵发表演讲，而这次士兵们听从了他的命令将哗变的元凶带了过来。日耳曼尼库斯简要控诉了其罪行，然后将其就地处决。不过，为了彻底解决问题，日耳曼尼库斯也开除了许多向士兵索要贿赂、罪证确凿的百夫长。

日耳曼尼库斯做出了很多妥协，包括立刻解散超期服役的士兵，同时，服役时间重新回到之前的"16+4"模式。缩减服役时间的决定似乎并没有持续多长时间，很快就又回归到"20+5"的模式，但在其他方面，哗变士兵的主要要求看上去真的得到了满足。在另一批肇事者受到处决，另一个军营发生武斗之后，下日耳曼尼亚的哗变终于平息了。据说，日耳曼尼库斯在经历了这次哗变之后曾说："这不是解决问题的办法，而是灾难！"随着麾下的全部军队恢复了纪律（没有公民身份的辅助兵部队似乎一直保持着忠诚），日耳曼尼库斯得以把目光转向外部敌人。[16]

现在已是作战季的末期，但日耳曼尼库斯还是从刚刚发生哗变的4个军团抽调了大约1.2万人组成了一支纵队进行复仇，同时集结了26个辅助兵步兵大队和8支侧翼辅军。部队渡过了莱茵河，直取马尔西。在进入马尔西人的领地时，人们通常会走一条很好走的路，但日耳曼尼库斯没有走这条路，而是走了一条距离更长、鲜为人知的路。辅助步兵打头阵，他们只带着自己的装备快速地前进，负责探路并扫清障碍。军团的主力跟在后面，带着很少的辎重车队。罗马军队在夜里行军，由于夜空晴朗，星光明亮，因此很轻松就能找到路。那天晚上，日耳曼人正设宴过节，因此罗马军队突袭的效果更加出其不意。尚未破晓，罗马军队就包围了很多马尔西人的村庄，他们在发动进攻时几乎没有遇到抵抗，直接对马尔西人展开了屠杀。之后，日耳曼尼库斯将军队分为更小的战斗小组，每个小组都依托于参战的 4 个军团中的一个，并派遣他们独立行动去蹂躏方圆 50 英里范围内的土地。罗马军队发动的复仇战通常都极为残酷，公元前 51 年恺撒在一次大获成功的突袭战中，对士兵的要求仅仅是不要烧掉经过的每栋建筑，而这次作战的凶狠程度比以往更甚。罗马军队不要俘虏，只要见到日耳曼人就将其屠杀，不论男女老少。通常，罗马军队都会对当地的宗教场所有一定的尊重，不过这次却故意焚毁了当地的一个重要圣所。[17]

罗马纵队一直到重新集结，准备行军返回莱茵河时，都没有遇到强烈的抵抗，因为部落的军队需要时间才能集结。马尔西人遭遇屠杀后过于惊慌失措，根本无法反应，不过相邻的布鲁克特里人、图尔班特斯人以及乌西佩特人组织了一支军队，猜对了罗马军队的返程路线，而后埋伏在途中的一个地方。日耳曼尼库斯知晓了其意图，于是把军队排成中空的正方形，将辎重车队放在中间（由于俘获了战利品，车队的规模也增大了），步兵大队在四周，随时准备快速投入战斗。罗马军队行进到一个狭窄的地方时，日耳曼人发动了伏击，主攻罗马军队的后侧。据塔西佗记载，日耳曼尼库斯骑马来到位于左翼的第二十一军团"贪婪"（Rapax，意指对胜利的贪婪）那里，"喊着对他们说，现在是他们洗刷他们叛乱污点的时候了。前进！快把耻辱变为光荣"。于是，这个军团的各步兵大队斗志焕发，把日耳曼军队打退，让敌军蒙受惨重的伤亡。领教了罗马军队的厉害后，日耳曼部落放走了罗马军队，不敢再侵扰。日耳曼尼库斯率军回到了位于下日耳曼的冬季营地。[18]

罗马的复仇（公元 15—16 年）

从许多方面来说，接下来两年罗马发动的战争与对马尔西人发动的复仇战很相似，但规模要大得多。此次战争是要为公元 9 年的灾难复仇，而且更重要的是，要重新让日耳曼部落对罗马强大的军力感到深深的恐惧。阿米尼乌斯是首要的作战目标，不过由于切鲁西人在与罗马军队的作战中取得过胜利，因此许多其他部落也都受到鼓舞公然反抗罗马。这些部落中，酋长并不拥有绝对权力，而且权力的基础是自己的威望。许多战士会选择追随善战的酋长，但酋长不能强迫他们追随自己。阿米尼乌斯不是切鲁西部落中唯一声名显赫之人，有些其他的王子对于阿米尼乌斯的主导地位感到不满。因此，部落军队在作战时通常无法凝聚起来，有的部落根本不承认切鲁西的主导地位。也因此，罗马的战争是同时对许多不同的敌人发动的，而且每个部落都需要被说服：除却与罗马帝国结盟并达成和平协定，其他的选择代价太高，难以承受。此时，罗马人似乎没有打算切实地收复易北河以西陷落的行省。在作战季，罗马军队开赴日耳曼，蹂躏土地，使其荒芜（拉丁语中的动词"vastare"就是专门描述这一举动的），谁反抗就击败谁。但到了秋季，罗马军队便回到安全的莱茵河基地。恺撒在高卢作战时，总是把部队留在最新征服的高卢地区越冬，而这一次日耳曼尼库斯没有把重要的守备部队留在日耳曼的土地上过冬。

日耳曼还在许多重要的方面与高卢不同。在日耳曼，几乎见不到像高卢的奥皮达①那样的成规模的聚居区；相反，许多日耳曼人住在分散的村落里。恺撒在高卢时会从城镇中得到粮食和补给，有时是向同盟部落索要，有时是从敌军手中武力夺取。这样得到的粮食和补给数量巨大，足够支持恺撒部队数周的活动。日耳曼尼库斯可不能指望这样做，因为搜集粮草会拖慢纵队的行进速度，负责执行这项任务的小分队也容易受到敌军攻击。因此，日耳曼尼库斯只能随军携带部队的必需品。塔西佗称，日耳曼地区主要是森林和沼泽，这种说法有些夸张了。不过可以肯定的是，日耳曼大部分地区的地势确实会让大规模的军队难以穿行。即使在春夏两季，也很难找到可供运辎重的马车行驶的路线。这些路线很多都是之前提比略和德鲁苏斯率领的罗马军队在此地作战时开辟，并以桥梁和堤道改善的路径。罗马军队很少使用现代意义上的地图，他们思考的常常是去往某地的路线。但在日耳曼，可供罗马军队选择的路线要少得多。日耳曼人也知道这点，因此经常能够及时预测罗马军队的动向，并集结军队在途中适合伏击的地点设伏。

日耳曼部落的军队集结需要时间，因为战士要从分散的村落前来会合，而且由于缺乏正式的纪律，再加上对首领也不是绝对服从，因此战士们走得很慢。正因如此，部落军队发动的大规模伏击战通常是在罗马军队返程之时，正如公元14年的伏击战那样。也有可能的是，罗马军队在进攻之后的撤退在部落人看来是胆怯的标志，后者会因此受到鼓舞。与其他在日耳曼作战过或将要在此地作战的罗马指挥官一样，日耳曼尼库斯在发动惩罚性的

---

① 拉丁语为 oppida，意思是寨堡。

远征作战时需要极其小心谨慎地平衡兵力。如果军队人数太少，就有寡不敌众的危险，在深入敌军腹地的情况下尤其如此；如果军队规模太大，那么辎重车队和驮畜的数量就会很庞大，即使尽可能地轻装前进，部队的行进速度也会不可避免地放缓。正是由于这个原因，提比略在渡过莱茵河发动远征的时候仔细地检查了辎重车上装载的物品。如果辎重车很多，罗马纵队就不得不拉得很长，占地更宽广，特别是当纵队穿越狭窄的关口或堤道之时，此时若遭遇敌军伏击将很难防守。

罗马军队的目标是能快则快、能狠则狠地打击敌人，在尽可能大的范围里制造破坏和恐惧，然后在几乎没有伤亡的情况下撤退。罗马军队的意图是告诉各个日耳曼部落，他们的实力并不强，如果罗马军队想要攻击的话，谁都阻挡不了。无论罗马军队在进军还是在撤退过程中击败了日耳曼部落军，都能加深日耳曼人对罗马军威的印象，但这不是最重要的。最重要的是，罗马军队不能吃败仗，连轻微的失利都不能有，这样才能让日耳曼人彻底死心，不再反抗自己。[19]

在新一次的作战中，日耳曼尼库斯计划同时调用上、下日耳曼尼亚的军队，这样他的总兵力达到了 8 个军团，还有辅助兵提供支援。公元 15 年开春，日耳曼尼库斯就发动了进攻，亲率 4 个军团的主力部队和大部分辅助兵主攻卡蒂人，而凯基纳则领剩下的军队佯攻切鲁西人。刚刚过去的冬天异常干燥，河流比正常情况浅得多，因此罗马的主力纵队毫不费力就可以蹚过河去。有一个分队留在后面，负责修筑一条易通行的道路，并在需要的地方搭建横跨河流的桥梁。卡蒂人完全没有防备，许多卡蒂人成了俘虏，或死于罗马军队的刀下，不过大部分的战士游过了埃德尔河。在轻弩兵和辅助弓箭手的掩护下，罗马军队快速搭建了一座横跨埃德尔河的桥梁，并过河进攻，将这支队伍杀散。在接下来的几天里，罗马军队将卡蒂部落的中心马提乌姆付之一炬，并蹂躏了周围的土地。之后，日耳曼尼库斯率军撤退，完全没有受到阻拦，因为卡蒂人已经无法再集结一支军队，而凯基纳的部队则阻止了切鲁西人或马尔西人进行干预。

与所有优秀的罗马指挥官一样，只要对自己有利，日耳曼尼库斯也愿意在武力的基础上配合使用外交手段。塞格斯特斯是切鲁西部落的一位老首领，在阿米尼乌斯崛起后影响力逐渐降低。他派来了使者，称自己受到了对手的威胁，请求罗马军队提供保护。这位日耳曼人首领强调了自己过去对罗马的忠诚，特别是他曾警告过瓦卢斯日耳曼部落以及阿米尼乌斯计划叛乱，但未获听取。在经过初步的协商后，日耳曼尼库斯在率军经过时将塞格斯特斯和他那一派的族人一并带上。许多塞格斯特斯手下的战士，甚至包括他的儿子，都曾在公元 9 年与罗马作战，甚至带着从瓦卢斯手下士兵身上取下的战利品。如此著名的酋长的投诚可以带来政治优势，因此过去的不当行为也可以不予追究。提比略赦免了所有这类罪犯，给了这些流亡之人一处罗马帝国境内的土地居住，还向其发放了一笔生活补贴。不过，塞格斯特斯的女儿却没那么心甘情愿，因为之前阿米尼乌斯先是引诱，后又娶了她，但后来塞格斯特斯强行把女儿带了回来。现在，她怀上了阿米尼乌斯的孩子，这个孩子只能在流亡中出生和成长。[20]

阿米尼乌斯暴跳如雷，既是因为塞格斯特斯变节，也是因为失去了自己的妻子。很快，阿米尼乌斯就集结了一支庞大的军队，他的叔叔因吉奥梅鲁斯也加入阵中。因吉奥梅鲁斯也是部落中颇具权威之人，过去曾被认为是亲罗马派。两个人合起来的威望很高，邻近部落的大批战士加入了切鲁西的军队。日耳曼尼库斯接到报告后，与凯基纳一同对支持敌军的部落发动了攻击，特别是蹂躏了布鲁克特里人的领土。在这些战斗中，罗马人发现了第十九军团的鹰旗。由于此地距瓦卢斯惨败的地点不远，因此日耳曼尼库斯决定向条顿堡森林进军，掩埋阵亡士兵的尸体。凯基纳先行一步侦察情况，在必要的地方修建桥梁和堤道，使军队能够渡过沼泽地带。有那么一段时间，部队所走的路跟瓦卢斯部队行进的路线重合了。对于部队所见的景象，塔西佗进行了戏剧性的描述：

> 他们看到瓦卢斯的第一个营地，营地广阔，每隔一段距离都有安置军官和军旗的地方，这一情况表明这乃是三个军团的劳动成果；此外还可以看到一些已经一半颓圮的土墙和一道浅沟，那是残兵败将们在被击溃之前用作掩护的所在。在这附近的平原上是分散的或是成堆的白骨，因为有的人是分头逃命，有的人则没有跑动。在那里还有残破的投枪和战马的肢体，还有钉在树干上的髑髅，十分显眼。在附近的森林里有一些蛮族的祭坛，罗马军队的保民官和高级百夫长就是在这里被日耳曼人处死的。当时逃出战场或挣脱他们的锁链的那些幸免于祸的人则叙述副帅们在什么地方阵亡，鹰旗在什么地方被夺走，瓦卢斯在什么地方第一次负伤，在什么地方他用自己那不幸的手结束了性命。他们还指出阿米尼乌斯是在哪个座坛上发表演说的，他们指出了为囚犯准备的所有的绞架和地牢，以及他侮辱军旗和队旗时的那种横傲态度。

　　就这样，罗马军队在六年之后，来到这个灾难场所掩埋了这三个军团的士兵的遗骨；谁也不知道自己掩埋的是一个生人还是一个亲人的尸骨，但是……他们在内心中满怀对敌人的愤怒，他们感到悲哀和憎恨。[21]

在集体坟墓的一侧堆起了纪念的土丘。日耳曼尼库斯亲手放上了第一块草皮，以示对死者的尊敬，虽然作为占卜祭司团的一员，这样的行为并不合适，因为罗马人很忌讳祭司与死人有身体接触。完成了这一肃穆的任务后，罗马军队向阿米尼乌斯发起进攻。起初，日耳曼人撤退，罗马军队在后追赶。不过当打头阵的罗马辅助骑兵与主力纵队的距离较平常稍微远一些时，日耳曼人伏击了罗马的辅助骑兵，并将其击败。前去增援的辅助步兵被恐慌情绪传染，于是也被打退。日耳曼尼库斯带着主力军团赶到，并排成了战斗队形，这时日耳曼人才停止了追赶。阿米尼乌斯不敢冒险与罗马军队全面对决，因此撤军，满足于之前取得的胜利。作战季已快结束，日耳曼尼库斯不知道对方是否会应战，而且哪怕对方被激出战，己方也没有十足的把握能在一场决定性战役中战胜对方，因此不愿再冒险待在这里，延后返回冬季营地的时间。他决定撤退，亲率半支部队走北部的路线，在那里可以将部分士兵从海上或河上运送回去。凯基纳则率领剩下的 4 个军团走一条名叫"长桥"、过去军队经常走的路。这条路最初是罗马指挥官卢基乌斯·多米提乌斯·阿赫诺巴尔布斯在十多年前修建的，因此穿越沼泽的堤道已经年久失修，得先进行修整，确保安全后才能让辎重车从上面通过。然而，由于罗马军队选择了这条如此广为人知的路线，因此阿米尼乌斯很快就得到了消息，并迅速率领战士赶在凯基纳前从另外一条捷径来到了长桥，并占领了面向罗马军队侧翼的林中高地。[22]

凯基纳让一部分士兵修建带有防御工事的军营，让另一部分士兵修复堤道，同时还派了几支部队排好阵形掩护这两组施工的士兵。一整天罗马部队都在遭受日耳曼人的骚扰。对方主要是在一定距离开外与罗马军队进行小规模交锋，偶尔也会在发现罗马稀疏的战线的弱点之后向罗马军队发起全力冲锋。对于一支训练有素、纪律严明的部队来说，此地不适合作战，因为这样的部队需要在开阔、坚硬的地面上排好阵形，而这里却几乎没有这样的战场。阿米尼乌斯手下的一些战士还在一条溪流上筑堤，把水流引到了本已淹没大半的平原上，情况因此变得更加糟糕。装备轻便的日耳曼战士更擅长在这种沼泽地带作战，比笨重的罗马军队更能应付自如。塔西佗称，当夜幕降临，一天的战斗结束时，罗马军队在敌军的压力之下几乎崩溃了。之后，塔西佗对比了当天夜里双方的情况：一边是紧张不安、鸦雀无声、彻夜未眠的罗马军队；另一边则是饮酒作乐、酩酊大醉的日耳曼军队，他们高谈阔论的声音从军营中传了出去，清晰可闻。这种对比成了一幅文学上的布景板，多少世纪以来，许多作家都曾在作品中使用过，最著名的便是莎士比亚的戏剧《亨利五世》。

第二天一早，凯基纳将军队排成了中空的正方形，这种阵形在这样的战争中经常使用。在前后左右的分别是第一军团、第二十军团、第二十一军团"贪婪"以及第五军团"云雀"。凯基纳希望这些军团能够在沼泽地中构筑起一条足够强大的战线，掩护辎重车和伤员通过"长桥"。然而，无论是因为对指令不清楚，还是像塔西佗暗示的那样是出于某种程度的恐惧，第五军团"云雀"和第二十一军团"贪婪"走得太快，先走出了沼泽地来到更为开阔、平坦的地带,然后才排成了战斗队形。于是,当阿米尼乌斯率战士大举进攻的时候,罗马军队的辎重车是暴露的。日耳曼战士冲向辎重车和前行的罗马纵队,场面极为混乱。凯基纳试图恢复部队的秩序,但战马却在此时负伤,将这位60岁左右的老将摔到了地上。幸好第一军团的士兵动作迅速,及时解救了凯基纳,他才没有被敌人杀死或俘虏。

最后,罗马的大部队杀了出来,抵达了已被另外两个罗马军团占据的开阔平原,本来这两个军团应该掩护军队侧翼的。此时,罗马军队已疲惫不堪,不过还是得苦干几小时在军营周围构筑简陋的壕沟和防御土墙。日耳曼人夺去了大部分的辎重,而罗马主力军队之所以能够逃脱,也与日耳曼人热衷于夺取战利品有很大关系。当晚,罗马的伤员基本上都得不到包扎,也没有合适的药品治疗,连供士兵睡觉的帐篷都很少。有匹马挣脱了缰绳,飞奔着穿过了营地,造成了部队的混乱。有一群士兵受到了惊吓,匆忙向营门跑去,认为敌军已经攻打了进来。凯基纳亲自躺在大门口,告诉士兵要想出去的话就从自己的身体上踩过去,这才阻止了混乱。随后,保民官和百夫长详细地解释了事情的经过,安抚了士兵的情绪。

阿米尼乌斯和因吉奥梅鲁斯似乎已将罗马军队玩弄于股掌之间了,日耳曼军队不仅将罗马军队困在了险恶的地形中,而且连续几天对其发动了伏击,使其疲惫不堪,就像公元9年瓦卢斯率领的军队一样。阿米尼乌斯打算放凯基纳离开军营,待其再次进入一处隐蔽难行的地点时再发动进攻。然而,因吉奥梅鲁斯却认为,日耳曼军队已经取得了胜利,因此建议战士们应该立刻包围罗马军营,直接发动进攻。这一建议得到了其他酋长的热烈支持。

凯基纳也正希望日耳曼人这样做，并为此做了准备。凯基纳的士兵排好了阵形，随时准备从军营的四个门杀将出去，而打头阵的是精心挑选出的最勇敢的士兵。凯基纳及其高级军官公开把自己的战马授予这些士兵，让他们骑在马上。在这样绝望的情况下，凯基纳想让士兵知道，自己不会丢下大家骑马逃跑，而将与士兵一起接受命运的安排。

天亮时，处于严密控制之下的军团士兵看到了围得密密麻麻的日耳曼战士，他们正在靠近营地，准备发起攻击。凯基纳让敌军靠近，希望蛮族以为罗马人不愿意出来作战，因此更加轻敌。直到最后一刻，凯基纳才命令士兵冲出营门，一时间号角发出嘹亮的响声，罗马士兵也高声呐喊。日耳曼人高涨的士气几乎一下子就泄掉了，恐惧在他们中间迅速蔓延。有些日耳曼人没有立刻逃跑，但由于是在开阔的平地作战，因此罗马军队可以充分发挥其训练有素和装备质量高的优势。罗马人乘胜追击了日耳曼人一整天，结果日耳曼人伤亡惨重，因吉奥梅鲁斯也受了重伤。凯基纳率领的罗马纵队之后得以顺利返回莱茵河，途中未曾再遭到任何攻击。但是，在凯基纳抵达之前，谣言已先一步抵达莱茵河边境，守备部队听说凯基纳的部队遭遇了惨败，极为恐慌，要拆掉位于维提拉（如今的克桑滕）的渡河桥梁，幸亏日耳曼尼库斯的妻子阿格里皮娜及时进行了干预。阿格里皮娜还亲自前去迎接了返回的部队，向士兵表示感谢，给没有衣服的士兵分发衣服，同时救治伤员。[23]

日耳曼尼库斯率领的那一半军队没这么多灾多难，但也有一部分军队在沿海岸边的平原（大概在今日荷兰北部沿海地区）前进时因潮水异常上涨淹没平原而陷入困境，而且有些伤亡。这一波折，加上凯基纳率纵队撤退的不顺利，削弱了这一作战季罗马军队的胜利给日耳曼人带来的印象，因为这两件事都意味着罗马人不是不可战胜的。阿米尼乌斯虽然没有取得伟大的胜利，但也避免了被罗马军队一举击溃，因此威望很高。日耳曼尼库斯决定，来年要与阿米尼乌斯正面对抗。这一次，8 个罗马军团会合为一支部队作战。为了达成目标，日耳曼尼库斯在冬季做了准备，重组了军队。罗马帝国西部的各个行省，特别是西班牙和高卢，争相给部队送来了粮食、战马和驮畜，但日耳曼尼库斯很清楚自己在日耳曼长时间的作战已经使这些地区的资源快要消耗殆尽了。在这种情况下，在明年的作战季与敌军展开对决，取得重大的、

日耳曼各部落

最好是最终的胜利显得尤为紧要。

罗马方面决定，尽可能多地将士兵通过水路安插到敌军领地，即用船将士兵沿着北海海岸运经弗里西亚群岛，而后让其登陆，深入敌军领土。因此，大部分军队都开始着手完成造船的任务，在停靠在莱茵河畔的现有舰队基础上又新造了将近1000艘船。争取日耳曼酋长投诚的外交活动也没有停止，塞格斯特斯的兄弟塞基莫鲁斯及其子也投靠了罗马帝国。塞基莫鲁斯的儿子不仅在公元9年与罗马军队作战过，据说还侮辱过瓦卢斯的尸体，不过就像以往一样，欢迎从敌方脱逃的人所能带来的直接利益远比罗马的愤怒重要。除了物质上的准备，日耳曼尼库斯也特别注重士兵的健康和士气，他亲自走访冬季营地里的医院，与士兵交谈，并赞扬其英勇的表现。[24]

公元16年春，罗马陆军与舰队在巴塔维人的领地上会合，这个部落占据着莱茵河与瓦尔河之间的"小岛"，并为罗马军队提供了许多辅助兵。巴塔维人是卡蒂人的一个旁支，在一次内部的纠纷后穿过了莱茵河，定居在现在的位置。在主攻开始前，日耳曼尼库斯派了一支小型游击部队去袭击卡蒂人。同时，有消息传来，罗马军队在瓦卢斯惨败之处附近建的堡垒受到了攻击，于是日耳曼尼库斯率领6个军团前去解围。上述军事行动都没有引发大规模的战斗，但日耳曼尼库斯发现，日耳曼人毁坏了瓦卢斯士兵集体坟墓旁建起的坟冢，而他的父亲在几十年前于附近修建的祭坛和纪念碑也同样遭到破坏。对于当地战士来说，这些建立在其领土上的标志象征着罗马强权，极富羞辱意味。日耳曼尼库斯重建了祭坛，但决定不再修复坟冢。[25]

罗马军队返回巴塔维人的小岛，登上舰队沿着海岸航行，抵达了埃姆斯河河口，并从西岸登陆。但这一方向是错误的，罗马军队不得不为渡河而建造一座桥梁，阿米尼乌斯也得以利用这一延误集结军队。安格里瓦里人反叛的消息传来，日耳曼尼库斯立刻派了一个纵队去蹂躏其土地，以示惩罚。之后，日耳曼尼库斯率军来到威悉河，发现日耳曼军队已在东岸集结。塔西佗记载了一个故事，说阿米尼乌斯把他的兄弟弗拉伍斯叫出阵外。弗拉伍斯一直效忠罗马，现在还是罗马辅助兵指挥官。两人隔岸发生了争吵，向对方大喊大叫，并对比双方的命运。不过这个故事更可能是夸张的杜撰，至少也是对真实的情况进行了演绎。日耳曼尼库斯不肯直接渡河发动进攻，而是想先在对岸占据一个立足点，并给军团一些时间建造桥梁。于是，日耳曼尼库斯派了一队辅助骑兵涉水过河，巴塔维人的首领（dux）卡里奥瓦尔达率手下的战士一同出战。一开始事情很顺利，但后来巴塔维人中了切鲁西人的埋伏，很快遭到包围。巴塔维战士围成一个圈，盾牌冲外，与部落间战争的英雄传统如出一辙。一段时间后，卡里奥瓦尔达率军突围，但却在突围过程中战死。罗马骑兵前来增援，营救出了剩下的人。[26]

在接下来的几天，全部罗马部队都渡过了威悉河。侦察兵报告称，阿米尼乌斯撤退到了一片神圣的森林附近，准备在那里与罗马军队作战。这座神圣的森林是日耳曼人用于纪念某位神灵的，其之于日耳曼人大致相当于赫拉克勒斯之于罗马人。一位日耳曼逃兵声称，阿米尼乌斯计划在夜里突袭罗马军营，但当日耳曼人发现罗马军队已有所警觉时，便没有强行进攻。同一天晚上早些时候，据说日耳曼尼库斯乔装打扮，头戴兽皮兜帽（很可能是旗手戴的那种），在帐篷区四处漫步，想估量一下士气。（这一事件很可能直接或间接地启发了莎士比亚在《亨利五世》中创作类似的情节。）日耳曼尼库斯偷听了围在营火前的士兵的谈话，据说这位 31 岁的罗马指挥官从谈话中听到了士兵对自己的爱戴和信任，大为感动。不过，更让日耳曼尼库斯感到鼓舞的事情还在后面。有一位会说拉丁语的日耳曼战士（可能是在罗马辅助兵部队服过役）骑马来到防御土墙附近，大声招呼罗马士兵叛逃，承诺每位叛逃的士兵都能得到土地和一位妻子，并且在这场战争结束之前每天发放 25 第纳里乌斯。当时，罗马士兵一年的薪水也只有 225 第纳里乌斯，因此这位日耳曼战士开出的价码极具诱惑力。然而，罗马士兵觉得这种以为自己会变节的想法本身就是一种侮辱，并高兴地宣称这是一个好兆头，说明日耳曼的土地和美女会最终落入自己手中。[27]

第二天早上，日耳曼尼库斯向全军发表了演讲，但由于现在有 8 个军团以及辅助兵，所以很可能是他本人或者军官向几个更小的作战单位重复讲了这些话。据塔西佗记载，日耳曼尼库斯对士兵说道：

> 平原并不是有利于罗马士兵的唯一的战场：如果罗马士兵在行动中随时注意的话，森林和林中的空地同样是有利的战场。在树干和丛生的灌木林当中，蛮族的巨大的盾和投枪是不可能像我们的投枪、短刀和贴身的甲胄那样灵便的。他们［军团士兵们］要用的战术就是又快又狠地把锋刃指向敌人的面部。日耳曼人既没有胸甲也没有头盔，甚至他们的盾牌下面都没有金属或牛皮垫着，而只是柳条编成的盾牌或是薄薄的一层涂色的板子。他们只是最前面一排的士兵使用相

同样式的枪。其余的人只有投枪，而且这种投枪不是枪头用火煅烧尖了的就是太短。再说，他们的体格尽管看起来很可怕，而且在短时间的进攻中也很孔武有力，可是一旦受伤，他们的精力便支持不住了。[28]

日耳曼尼库斯贬低了敌军，而且向士兵承诺取胜之后就不用继续辛苦打仗了，罗马军队为此热烈欢呼，而后阅兵结束，军队到外面排成了战斗队形。阿米尼乌斯和因吉奥梅鲁斯率日耳曼军队在威悉河附近一处林地等候着，身后有一处高地作为依托。此地名叫伊狄斯塔维索，但是它的准确位置尚未确认。阿米尼乌斯率领大部分切鲁西人作为后备部队留在高地上。这对部落军队来说是一种非同寻常的精心改进。罗马军队以一种可以随时转变为战斗队形的方式向战场进发。塔西佗记载，罗马部队中，高卢和日耳曼辅助兵在前，徒步的弓箭手为其提供支援。后面是 4 个罗马军团，日耳曼尼库斯跟这 4 个军团在一起，另有两个禁卫军步兵大队（罗马皇帝的精英卫队）以及精锐骑兵部队。再后面又跟着 4 个军团，轻装步兵和弓骑手负责殿后。每个部分排成何种阵形不得而知，比如不知道 4 个军团是否排成了在当时的战争中常用的中空正方形阵形。战争伊始，日耳曼尼库斯声称看到了 8 只鹰朝着罗马军队前进的方向飞去，并向士兵宣布这是胜利的吉兆。

塔西佗对于这场战斗的记述无法帮助我们清晰地再现事情发生的顺序。有些切鲁西战士似乎违抗了阿米尼乌斯的命令向罗马军队冲锋，但罗马的辅助骑兵很快就从两侧和后面将其击垮。罗马步兵也稳步向前推进，逼迫日耳曼人向后撤。阿米尼乌斯亲自率部向罗马部队最前面的弓箭手发起冲锋，罗马辅助重装步兵前来支援，才拦下了阿米尼乌斯。阿米尼乌斯几乎与大部队彻底分开了，他用自己的血将脸涂污，以免被认出，并最终逃脱了——多亏他那匹优秀的战马。有谣言称，罗马军队中来自卡乌基部落的日耳曼辅助骑兵故意放走了阿米尼乌斯。战况很激烈，日耳曼军队大败，伤亡惨重。有些战士试图游过威悉河，却溺水而亡，或是中箭而死。还有些日耳曼人试图躲藏在树枝后面，但罗马弓箭手发现后将其射杀。虽然塔西佗没有给出罗马军队伤亡的人数，但应该非常少。战斗结束后，罗马部队进行了游行，赞扬提比略为"得胜将军"，因为只要取得了胜利，哪怕是其继子取得的，荣誉总是归于元首。罗马军队用夺来的武器制作了一个胜利纪念柱，上面刻有战败部落的名字。[29]

　　这个代表其失败的实物标志激怒了日耳曼人，当罗马纵队撤退时部落战士开始对其进行骚扰。他们再次集结了一支军队，在罗马军队行进道路上的某处设伏，此处距离一道防御土墙很近，而这道墙是安格里瓦里人领土的分界线。旁边是一片水涝的狭窄平原，平原两侧是森林和沼泽地。日耳曼步兵藏在土墙附近，而骑兵则藏在更为靠后的森林中，准备袭击罗马纵队的后部。罗马人知道敌军在这里设伏，日耳曼尼库斯认为与敌军再一次大规模作战对本方有利。罗马骑兵负责在开阔的平原作战，而步兵则一分为二，一支部队袭击防御土墙，另一支袭击主路附近的林地。日耳曼尼库斯亲自指挥攻击防御土墙的部队，因为他觉得这可能是敌军防守最严密的地方。

　　第一次进攻没什么斩获，部队在试图爬上防御土墙的时候蒙受了相当大的损失。日耳曼尼库斯命令部队撤退，而后让投石手和散兵向敌军投掷石块。轻弩手（蝎弩手）瞄准最显眼的战士，在很远的距离处发射箭镞，其射程比任何人手投掷的武器攻击范围都要大，而且力量更猛，盾牌和铠甲都无法阻挡。守军受到压制，无法做出有效回应，因为日耳曼军队中似乎很少有弓箭手，结果罗马军队发动第二次进攻时攻下了防御土墙。罗马部队再接再厉，突破防御土墙后向森林进发，日耳曼尼库斯率两个禁卫军大队在前面开路。他摘下了头盔，让士兵更容易认出自己。战斗很激烈，不过罗马军队似乎比对手更能适应丛林中视野不佳的境况，而日耳曼人虽然兵力庞大，却很难从中获得很大的优势。这一次，阿米尼乌斯的领导显得有些乏力，塔西佗猜测这可能是因为阿米尼乌斯在上一次战斗中负了伤。天色将暗时，日耳曼尼库斯抽调出一个军团去建造营地。这一仗，日耳曼人又遭受了惨重的伤亡，罗马人又制作了一个胜利纪念物。[30]

时值夏末，是时候撤军回到莱茵河附近的行省了。大部分的罗马军队怎么来的就怎么回，也就是坐船沿着北海海岸返航。但一场暴风雨打散了舰队，有些战船被风吹到了不列颠海岸，还有些船沉了。在归途中，日耳曼尼库斯一度发现自己身边只有一艘战船，并登陆了盟友卡乌基人的领土。之后，他快速组织了几次惩罚性的攻击，以此证明罗马军队仍然是强大的。罗马军队再次攻击了卡蒂人和马尔西人，并在攻击后者的过程中找回了一面瓦卢斯丢失的鹰旗。[31]

召回和离奇死亡

公元 16 年末，提比略把日耳曼尼库斯召回罗马。为了庆祝对日耳曼人作战胜利，日耳曼尼库斯举行了凯旋式。本来只有两个禁卫军步兵大队受命身着游行的军服接受检阅,但日耳曼尼库斯人气很高,最终所有9个禁卫大队都坚持要求参加阅兵,以示尊重。塔西佗宣称,日耳曼尼库斯要求延长自己的指挥权一年,以彻底取胜。这有可能是官方默许的谣言,以此表明只要罗马人想的话,就可以轻松取得完胜。很快,日耳曼尼库斯被派往叙利亚统领东方行省,因为罗马与帕提亚在亚美尼亚问题上可能会发生矛盾。

提比略对于继子的态度如何无法确定,有传言说提比略嫉妒日耳曼尼库斯,将他视为潜在的对手。提比略仍然忘不了公元14年哗变士兵所提出的,要将日耳曼尼库斯这位年轻的指挥官拥立为皇帝的建议。此外,在提比略看来,阿格里皮娜建立的关爱士兵的公众形象,还有这对父母为他们的儿子穿上迷你军服的举动,当中都藏有颠覆军队忠诚的欲望。据说,提比略命令派往叙利亚的副帅格奈乌斯·卡尔普尔尼乌斯·皮索监视并阻挠日耳曼尼库斯。日耳曼尼库斯与这位副帅之间无疑有很大矛盾,最终皮索遭到免职。可此后不久,日耳曼尼库斯就暴病而亡。一时间,流言四起,说他是被下毒害死的,凶手就是提比略或者皮索。皮索试图再次进入行省重新指挥军队,并集结了一些军队为自己效力,但之后被击败。后来,皮索在元老院接受审判,在被宣布有罪前不久,皮索就自尽了。日耳曼尼库斯去世的消息传来,民众反应很强烈,这也证实了人民对他的爱戴。日耳曼尼库斯的骨灰被非常隆重地运回罗马。[32]

提比略是否嫉妒日耳曼尼库斯、日耳曼尼库斯是否遭人谋杀,这些现在都无法确定。但确定无疑的是,在接下来的几年,提比略放逐或处决了阿格里皮娜及其年龄最大的两个儿子。奥古斯都的政权把自己包装成对传统罗马共和政体的调整,但在这层表象之下，它从一开始就是一个君主政体——而君主对可与自己匹敌之人很少不抱有疑心，无论是真实的还是想象的。在罗马，皇帝的声名很大程度上依赖于军队的捷报频传，但很重要的一点是，其他人，哪怕是君主的亲戚，都不可以取得过多的军事荣誉。在元首统治期间发生的局势变化使得许多皇族成员在很小的年纪就得到机会指挥军队，但皇帝仍然会怀疑其阴谋反叛。

　　说来奇怪，巧合的是日耳曼尼库斯最大的对手阿米尼乌斯也于公元 19 年去世，其手下的酋长觉得他权力过大，因此将其谋杀。同年早些时候，提比略拒绝了切鲁西一位贵族主动提出的暗杀阿米尼乌斯的提议，声称罗马不需要采取这种不光彩的手段。这种姿态很显然是因为日耳曼尼库斯的胜利已足以为条顿堡森林一役报仇，阿米尼乌斯也不再对罗马构成威胁，而不是因为罗马真的鄙夷这种手段——罗马之前是有过类似的通过收买叛徒来结束战争的做法的，其中最著名的便是朱古达战争。在部落里，权力总是不稳定的，可能提比略也认为到一定时候阿米尼乌斯就会以这种方式遭到铲除，而事实也果真如此。阿米尼乌斯反抗罗马，但最终没有被其彻底征服，在这一点上，相比维钦托利等其他人，他是成功的。历史学家塔西佗在公元 2 世纪初向阿米尼乌斯致敬，而阿米尼乌斯也的确配得上这份敬意：

> 他毫无疑问是日耳曼的解放者，他和他先前的那些首领和国王不同，他不是对童年时期的罗马，而是对一个权力正如日中天的罗马作战。他对罗马进行的战斗有胜有负，但整个战争没有失败过。他一共在位十二年，直到今天他本族的歌谣还在传颂他的事迹。[33]

II

帝国副帅

科尔布罗和亚美尼亚

多米提乌斯·科尔布罗曾说，击败敌人的武器是镐。[1]

　　说到底，奥古斯都及其继任者的权力建基于其对军队的控制。皇帝需要政治手腕安抚元老院，也要防止民众的不安演变成威胁，但如果皇帝手下的将军能效仿苏拉或恺撒，率领军队向最高权力进发，那么其他的一切就都不重要了。奥古斯都任元首期间依靠其家族成员打了很多重要的战争，但很少有继任者有能力这样做。提比略起初赋予日耳曼尼库斯和小德鲁苏斯相同的角色，但两人分别于公元 19 年和 23 年死后，没有人能够在提比略剩余 14 年的元首任期内替代他们。卡利古拉、克劳狄乌斯和尼禄则没有成年的男性亲戚可以为其作战（即使有，他们对其可能也不信任）。奥古斯都和提比略取得过巨大的军事胜利，但其他三位继任者则与二人不同，他们没有军事经验，因此更不愿意让其他将军赢得过于显赫的名声，或是赢得部队的爱戴。

　　皇帝无法忍受自己在某一位元老前黯然失色，特别是在军事成就方面，因为军事成就对罗马贵族来说仍然是最重要的。但元首不得不从元老中选出绝大多数的行省总督，他们同时负责指挥行省内的驻军。人们（尤其是元老自己）认为，最能胜任上述工作的是元老，而让元老有机会按照传统的方式扬名立万也同样重要。一位优秀的皇帝会给元老院成员提供足够多的重要职位，这样元老院便会默许自己的统治，减少针对自己的阴谋叛乱。理想的情况是，皇帝与元老互利共赢，但这里总是隐含着一种风险，有可能会出现某一位元老因权力过大而威胁到皇位。据说，提比略曾认为皇帝是在"抓着狼的两只耳朵来控制一匹狼"，他这样说很大程度上就是因为皇帝与元老之间这种不安定的关系。[2]

在元首制里，罗马军队实际上是由元老指挥的，这与共和时期的情形是一样的，但现在将军所处的环境已经变得完全不同。最明显的体现就是头衔，如今的将军不再是同执政官或同大法官了，而是皇帝的代表或者副帅。奥古斯都时期，只有一个军团没有驻扎在皇帝控制的行省中。（例外的这个军团是阿非利加的守备部队，由一位同执政官控制。这个安排终止于提比略时期。）这种安排令人想起庞培在第二个执政官任期后对西班牙行省的间接统治。皇帝拥有高于其他同执政官的绝对统治权（maius imperium proconsulare），只是奥古斯都政权的这一根基很少公开提及，而且也不像其拥有的其他头衔，尤其像是他掌握着平民保民官（tribunicia potestas）的权力这件事情那样被夸耀。皇帝派代表管理某一行省，该代表被称为"同大法官级皇帝副帅"（legatus Augusti pro praetore），他在行省的绝对统治权是皇帝委托的，而不是自己具有的权利。士兵要向皇帝宣誓效忠，而且还要定期重新宣誓，这与过去向将军、元老院和罗马人民宣誓效忠不同。现在，士兵领薪水、拿奖赏、受嘉奖都是以皇帝的名义。此外，军

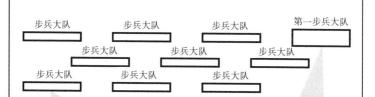

第二至第十步兵大队

百人队	百人队	百人队	百人队	百人队	百人队
青年兵后排百夫长	青年兵前排百夫长	壮年兵后排百夫长	壮年兵前排百夫长	后排百夫长	前排百夫长

每个百人队由 80 名士兵组成，由百夫长指挥，方格中即为其头衔。

第一步兵大队

百人队	百人队	百人队	百人队	百人队
青年兵后排百夫长	青年兵百夫长	壮年兵后排百夫长	壮年兵百夫长	首席百夫长

每个百人队由 160 名士兵组成，由一名百夫长指挥，方格中即为其头衔。第一步兵大队的百夫长也被称为"第一级百夫长"（primi ordines），而且拥有很高的威望。

第二到第十步兵大队中的一个百人队

● 百夫长

○○○○○○○○○○○○○○○○○○○○
○○○○○○○○○○○○○○○○○○○○
○○○○○○○○○○○○○○○○○○○○
○○○○○○○○○○○○○○○○○○○○

● 副官

罗马帝国的（步兵大队）军团

队在携带其他军旗外，还得携带元首的上身像，以时刻提醒士兵自己的主人是谁。

在元首制下，元老的政治生涯仍然与传统的方式相同，需要担任一系列民事和军事职务。一位元老在不到 20 岁的时候，通常会担任军团的宽带军事保民官（tribunus laticlavius，即副军团长），任职时间 1 到 3 年。军团中其他 5 个窄带军事保民官（tribuni angusticlavii）则都是骑士，他们的职业路径与元老不同，需要指挥辅助部队。在 30 出头的时候，元老便有希望成为副帅指挥一个军团。（恺撒时期，军团指挥官的任命通常是临时性的，但奥古斯都将军团指挥官变为了正式的职务——军团副帅，其拉丁语是 legatus legionis）。平均来说，元老会在军团副帅的位置上干 3 年左右，而后在 40 多岁的时候有希望成为同大法官级皇帝副帅，管理一个行省，行省中通常驻有不超过 3 个军团，偶尔会有 4 个。元老在这一职位上待的年限有很大差别，但平均来说也是 3 年左右，而一部分人可能会到另一个行省再次担任这一职务。

元老在政治生涯中可能担任许多不同的职务，而且能够增加军事经验的职务相对有限，这一点在元首制下和在共和制下区别不大。不过，在共和国时期，元老要想取得成功就要赢得选举，并在元老院获得影响力；而在帝国时期，元老的成功与否则依赖皇帝的青睐。不仅如此，所有的军事职务，尤其是指挥军团或者管理行省的职务，都由皇帝指派的人来担任，而不是谁都可以。恺撒曾宣称，副帅所享有的行动自由远不及军队的指挥官。这句话可能反映出了一个广为接受的观点。而在元首统治时期，情况更甚，行省副帅的活动相比于共和国的总督受到了更加严密的监视和管制。这不仅影响到行省副帅何时可以发动战争，而且也影响到了其作战的方式。据苏维托尼乌斯记载，奥古斯都"认为没有什么比仓促和轻率对于一个训练有素的将军更不相称的了。因此，他的口头禅是：'欲速则不达'；'作为一个将军，谨慎比勇猛更重要'；以及'事情做得好才谈得上快'"。[3] 在继任者到来之前，副帅不应该为求迅速取胜而冒险作战，而应该以使皇帝的利益最大化为行动宗旨。每个副帅都会接到元首的指示（mandata），虽然学者之间对于指示下达的范围和频率仍存在激烈的争论，但可以肯定的是，重大的作战行动，尤其是攻击性的作战，必须要得到皇帝的特别许可。[4]

皇帝将元老派去指挥各个行省，并决定其任职的时间。同时，皇帝对总督们活动的控制也远比之前元老院的控制更为严密。但单纯从距离远这一点来说，皇帝就不可能事无巨细地控制副帅的行为，因此副帅仍然有许多机会，也掌握着较大的权力来展现自己的能力。如果行省内部发生了叛乱，或者有外敌入侵行省，那么总督不必事先征得元首同意便可率军作战。公元 1 世纪下半叶，提比略·普劳提乌斯·西尔瓦努斯·埃利亚努斯曾担任多瑙河附近一个行省的同大法官级皇帝副帅，有一篇铭文记录了这位副帅取得的成就，从中可以看出行省长官需要承担的军事，尤其是外交任务：

在任职期间，他说服多瑙河对岸超过 10 万人向罗马纳贡，其妻子儿女，领导者和国王也不例外。虽然他将很大一部分部队派去远征亚美尼亚，但当萨尔马提亚人爆发叛乱时，他仍然成功镇压。他促使罗马人所未曾听闻，或是对罗马有敌意的国王在他所守卫的河岸敬拜罗马军旗。他将巴斯塔奈人和罗索拉尼人的王的儿子送还回去，后者是罗马军队从敌军那里俘虏的。他会将一部分俘虏扣为人质，以维护和加强行省的和平和安全。斯基泰人的国王被逐出位于玻里斯提尼斯河之外的克森尼索地区。当罗马出现粮食供应困难时，他从自己的行省向罗马运送了大量小麦，是第一个为罗马提供粮食的人。[5]

在韦帕芗皇帝的提议下（所有优秀的皇帝面对元老院都是这样谦恭有礼），元老院授予西尔瓦努斯凯旋荣誉物（triumphalia），以嘉奖其在行省总督位置上取得的成功。纪念碑上的文字与罗马贵族颂扬自己功绩的传统文字别无二致，因为纪念碑上记录的许多行为都是自打行省建立后总督就应该做的事，比如重新安置迁徙的部落、进行外交活动以让当地人建立起对罗马权力的尊重、镇压叛乱，以及在盟友遭到袭击时提供保护。帝国副帅应当很好地履行这些义务，但在履行时不可自作主张，更不可以为了获取荣耀而在未经授权的情况下发动新的对外征服战争。

科尔布罗在日耳曼

格奈乌斯·多米提乌斯·科尔布罗长得高大健硕，怎么看都是一位军人，而且天生就懂得如何赢得别人，特别是士兵的尊重。对于科尔布罗早年生活的记载相对较少，不过其家族很富有，而且久负盛名。科尔布罗的父亲曾任公元 39 年的执政官（实际上是补位执政官），而且科尔布罗有个同母异父的妹妹，即卡利古拉的最后一任妻子米隆尼亚·卡桑尼娅——科尔布罗的母亲至少结过

6 次婚。公元 47 年，克劳狄乌斯任命科尔布罗为下日耳曼尼亚行省的副帅。在他赴任之前，下日耳曼尼亚饱受卡乌基人的劫掠之苦。这些日耳曼战士居住在北海沿岸的土地上，他们乘坐着小船袭击海路以及河流能够通往的所有北部高卢地区。生活在这一地区的民族都喜欢从事这类袭击活动，几个世纪后的维京人是其中最著名的。卡乌基人的领袖是甘纳斯库斯，但此人最初来自另一个名叫坎尼内法特斯的部落（与巴塔维人有亲族关系）。甘纳斯库斯曾是罗马的辅助兵，后来叛逃。这样的逃兵在罗马人看来极为危险，因为罗马人已经教会他们如何作战。

抵达下日耳曼尼亚后，科尔布罗迅速做出反应，同时动用陆军和正在莱茵河以及北海上巡逻的 "日耳曼尼卡舰队"（classis Germanica）。他派多支小股部队前去拦截登陆的袭击者，罗马军舰则追击日耳曼人的战船。这些劫掠的部队能够发动快速进攻，很难阻拦，但他们在撤退时却往往因携带大量战利品而易于遭到攻击。在短暂的战斗后，卡乌基人被逐出了罗马行省，而后科尔布罗集结了手下军队，让部队进行了一次时间虽短但极为严苛的训练。据说，有两名士兵搭建行军营的防御工事时，把剑扔到了一边，科尔布罗处决了此二人。记载了这则故事的塔西佗认为这是夸大，但即便如此，这种说法的出发点也是科尔布罗在部队真的施行了严厉的军纪。如前所述，在罗马文献中，有许多将军刚刚上任的第一件事就是重新训练、强化自己手下军纪涣散、毫无斗志的部队，这不禁令人怀疑这种描述只不过是一种用在所有著名罗马将军身上的陈词滥调。然而，在科尔布罗到来之前的十多年里，莱茵河的部队打过的大仗很少，因此许多部队和士兵可能在近年来没有实战经验。另外，公元 43 年，上、下日耳曼尼亚行省的大部分部队，包括 3 个军团和许多辅助兵，参与了克劳狄乌斯入侵不列颠的远征军。有可能备战最充分的部队都被选中参加远征军，而剩下的则是训练不佳的士兵以及最没有上进心和攻击性的军官。但无论如何，军团和辅助部队都不可能始终保持战备状态，特别是士兵还有许多其他的任务要完成。[6]

　　科尔布罗觉得部队做好了准备，于是率军渡过了莱茵河，进入北海沿岸的土地。科尔布罗首先遇到的是弗里西人。这个部落曾于公元 28 年公然攻击罗马军队，而且至今还未受到大规模报复。看到科尔布罗的军队规模庞大，士气高涨，弗里西人的首领大为震撼，当即投降，并且允许罗马人在其领土上驻扎守备部队。科尔布罗继续向东推进，直抵卡乌基人的领土。罗马使者先行一步，让卡乌基人投降，而且也策划安排了对甘纳斯库斯的谋杀行动。甘纳斯库斯于是不必亲眼看见卡乌基军队的失败。

　　结合之前罗马人策划的对朱古达的背叛和对维里亚修斯的谋杀，此次事件再次说明，如果敌军首领存活下去会导致战争的延续，那么罗马人也愿意使用不光彩、不名誉的手段来结果敌军首领。但这一次，对首领的暗杀却激起了卡乌基人对罗马更为激烈的抵抗，因此科尔布罗率军向前与卡乌基人开战。在科尔布罗看来，这应该会是一场大规模战役。但这时，他却接到了克劳狄乌斯的指令，要求他停止作战，率军返回行省。塔西佗没有记载皇帝是如何知道副帅的行踪以及举动的，不过这份信息最有可能来自科尔布罗自己派出的信使。克劳狄乌斯不想在莱茵河东岸重新发动大型战争，特别是目前远征不列颠的行动仍在进行当中。克劳狄乌斯天生瘸腿，一直以来连其家人也觉得他智力低下。塔西佗称，这样一位毫无军人气质的皇帝并不想让科尔布罗通过对外征服赢得盛名。公元42年，有位行省总督就曾发动叛乱反对克劳狄乌斯，因此皇帝不希望再出现一个更危险的对手。

科尔布罗立刻服从了命令，否则就有立刻被处决的风险。他伤感地评论道："在我以前的罗马将领是多么幸福啊！"这句话让人追忆起共和国时代，那时行省总督在追求荣誉时受到的限制要少得多。虽然皇帝召回了科尔布罗，但还是授予其凯旋荣誉物。罗马军队全部撤回莱茵河以西，包括驻扎在卡乌基人领地的守备部队。科尔布罗命令全军建造一条沟通莱茵河和默兹河的运河。这样的工程带来的劳动虽然达不到军事训练的强度，但有助于让士兵充实起来，保持其体魄的强健，而且也能造福行省。通常，发起这种工程的行省副帅会受到皇帝的嘉奖。塔西佗在记述了科尔布罗的日耳曼战争后，也提到了相邻的上日耳曼尼亚行省副帅库尔提乌斯·鲁弗斯。这位副帅让士兵建造一座新的银矿，尽管在施工过程中士兵伤亡很多，而且银矿出产的银量也很少，但皇帝仍然授予其凯旋荣誉物。塔西佗讥讽地写道，在这之后，士兵给克劳狄乌斯写了一封信，让皇帝在每位副帅上任时就将这个荣誉自动授予他，不必等到副帅命令士兵从事这样艰苦却无意义的工程时再授予。[7]

罗马、帕提亚和亚美尼亚问题

科尔布罗在日耳曼的所作所为使其名声大振，但奠定其公元1世纪罗马最伟大将军之一的名声的，是他后来在东方的征战。在仔细了解这些战争之前，我们有必要回顾一下罗马与帕提亚之间的关系史。

公元前 2 世纪末，塞琉古帝国瓦解后形成了许多新的王国，其中最强大的就是帕提亚。帕提亚阿萨息斯王朝的国王最终控制了包括大部分现代伊朗和伊拉克在内的辽阔领土。在这个区域内，人口构成极为复杂，既有诸如塞琉西亚和泰西封这样的希腊化城市，也有游牧和半游牧部落。帕提亚社会本质上是封建制，许多权力理论上属于皇帝，但实际上掌握在 7 大贵族家庭领导者的手中。帕提亚军队由两部分组成，一部分是国王自己的军队，另一部分是显赫贵族的家臣。这些贵族在其他时候可以轻易变为皇位的竞争者。因此，国王无意让任何贵族建立过于庞大或高效的军队，以免这支军队被用来反对自己。帕提亚自身体制的脆弱使其无法成为罗马帝国的劲敌，甚至都无法与罗马竞争东方各行省的控制权，但帕提亚无疑是罗马在共和国晚期和帝国时期遇到的最强的独立国家。

与西部地区的部落战士不同，帕提亚军队以骑兵为主，这给罗马军团带来了新的问题。大多数的帕提亚骑兵都是弓骑兵，他们使用极具杀伤力的复合弓，并且在长期的训练后能够在移动中射箭。这使敌军难以瞄准他们，而且除非具有压倒性优势，帕提亚弓骑兵从不陷入近战。最威名远扬的是帕提亚的甲骑具装（cataphracts），人和马都披着沉重的铠甲。这套装备价值不菲，因此甲骑具装主要来自贵族及其最亲密的随从。有时，甲骑具装会向敌军全力发起冲击，每个骑兵都用双手抓着一根长长的骑枪（kontos）向前猛攻。弓箭手和甲骑具装会配合作战：首先，弓箭手会消耗敌军，甲骑具装再发动进攻。这样一支骑兵队伍的进攻能毁灭性地打击敌军，但帕提亚军队中两个军种的兵力却并不总是平衡的，有时指挥官也缺乏技巧。然而，虽然其他国家的军队中也有看起来差不多的队伍，但是在这一时期，他们在使用这种作战方式时都不是最优秀的帕提亚军队的对手。[8]

庞培在东方战役接近尾声的时候遇到了帕提亚人，他明智地选择了外交手段，而不是通过军事对抗进一步获得荣耀。然而，公元前54年，克拉苏发动了对帕提亚的入侵战争，想借此匹敌其盟友庞培和恺撒所取得的成就。即使按照罗马人的标准，这场战争也基本上师出无名，而当远征以惨败告终时，师出无名的观点就更为盛行了。克拉苏年过六旬，最后一次作战的对手是斯巴达克斯。起初，克拉苏对于战争的把控有些散漫，在第一年的大部分时间里没有压制敌军。罗马和帕提亚军队都过于自信，因为两军都习惯于轻易地击败这一地区其他王国的军队。

公元前53年，克拉苏在卡莱遇到了从帕提亚主力军队分解出来的一支部队，指挥官是苏雷纳斯（这也可能不是一个人名，而是头衔）。那片地带很适合骑兵作战，帕提亚骑兵射出的箭如雨点一般打在罗马士兵的身上，而罗马士兵却无法捉到灵活机动的对手。罗马骑兵（其中有许多高卢辅助兵）在克拉苏的儿子普布利乌斯的鲁莽指挥下离开了主力部队，结果遭到包围并被歼灭。在这一天剩下的时间里，帕提亚弓骑兵不停地向罗马方阵射箭。罗马士兵盼着帕提亚骑兵的箭用光，但一直没有等到它发生，因为苏雷纳斯拥有一支组织得当的运输补给的骆驼队，它一直在为部队提供弓箭等武器。

克拉苏手下许多士兵都负了伤，多数是在脸部、腿部以及没有盾牌遮盖的右臂。不过，罗马军团仍然保持着一定的战斗力，还不至于让敌军的甲骑具装直接冲垮。在普布利乌斯死后，克拉苏曾一度一扫之前的懒散，试图以最好的罗马方式监督、鼓励士兵。然而此刻，克拉苏却绝望了，下令部队撤退。在与敌军近距离接触时撤退总是很危险的，而当敌军有大量骑兵，而且战场的地形很开阔时，撤退就是在自取灭亡。大部分罗马士兵很快被杀或被俘。（有种有趣的说法是，一些罗马俘虏之后被卖作奴隶，最终来到了中国服役，但这种说法的证据不够确凿。）克拉苏在试图媾和时被杀，帕提亚军队将其首级送到了国王面前。只有很少的士兵活了下来，他们在财务官卡西乌斯·朗吉努斯（后来谋杀恺撒的人之一）的带领下逃到了叙利亚，并设法打退了敌军几次无力的进攻。在接下来的一段时间里，帕提亚忙于内部纷争而无暇扩大战争的胜利成果。在几个月内，国王就将苏雷纳斯处决，因为国王视其为潜在的危险对手。很显然，这种做法让其他有才华的指挥官不敢崭露头角。[9]

由于罗马很快陷入了内战中，因此罗马也无暇为克拉苏报仇。恺撒本来计划入侵帕提亚，但在行动前就遭到谋杀。公元前40年，帕提亚国王奥罗德斯派军队去征服亚细亚和叙利亚。随军出征的有一些庞培党中的死硬分子以及昆图斯·拉比埃努斯，其父是恺撒曾经的副帅，后来与恺撒为敌。这几乎是共和国时期罗马贵族投靠敌国的唯一案例，但即便在这个例子中也有一定模糊的成分，因为也可以将其视为内战的延续。经过卡莱一役，帕提亚人充分相信，自己的战士要比任何敌人都更为优秀，包括罗马。公元前39和前38年，帕提亚军队鲁莽地进攻据守有利地形的罗马军队。帕提亚人过于自信，而且指挥无方；而罗马军队准备充分，指挥有度。结果，帕提亚军队惨败，并在吃到第二场败仗时折损了国王的儿子帕科鲁斯，而且帕提亚也放弃了对叙利亚的征服。马克·安东尼没有参加这场战役，而是让其精明强干的副帅普布利乌斯·文提第乌斯·巴苏斯指挥。一年后，安东尼另一位下属在犹地亚驱逐了一个帕提亚支持的政权。

公元前 36 年，安东尼亲自发动了对帕提亚的大规模进攻。他吸取了克拉苏惨败的教训，集结了更多骑兵和配有弓箭与投石器的轻装步兵来支援军团，并尽可能让部队待在不适合骑兵作战的地带。安东尼的部队穿过了亚美尼亚，进入了米底亚-阿特洛帕特内（现代的阿塞拜疆），包围了弗拉普萨城。帕提亚派了一支救援部队过来解围，罗马士兵则用武器敲打盾牌发出噪声，并大喊着惊吓敌军马匹。帕提亚军队失利了，但战败的部队逃离了战场，而且没有受到很大损失。安东尼之前率军推进时的速度很快，他那携带沉重的攻城设备的车队被落在了后面。帕提亚人将目光转向了罗马军队的补给线，并派一支骑兵部队劫掠了这支车队。没有了弓弩以及其他重型装备，安东尼攻下弗拉普萨城的希望渺茫，因此犹豫之后最终撤退。与通常的情况一样，帕提亚军队不断骚扰行进中的罗马纵队，给动作笨拙的军团纵队造成了严重的损失。安东尼的远征不像卡莱战役那样是一次惨败，但也算得上是重大失利了。由于安东尼和屋大维的关系越来越紧张，因此安东尼也无法重新发动入侵帕提亚的战争。[10]

奥古斯都在亚克兴海战之后近 10 年的时间里都没有理会帕提亚，但在公元前 20 年，他派当时还很年轻的提比略到亚美尼亚，扶持一位新的统治者，取代现任的帕提亚傀儡。通过外交手段和武力威胁，罗马人达到了所有的目标，拿回了全部的军旗，特别是宝贵的罗马军团鹰旗，并且带回了被俘虏的克拉苏和安东尼手下士兵。罗马人把军旗带回了罗马，并在盛大的仪式中将其置于复仇者马尔斯（Mars Ultor）神庙，即新建的奥古斯都广场最中心处。当时，奥古斯都的军队全部在别处作战，此次外交的成功避免了罗马与帕提亚的全面战争。这时，罗马和帕提亚都对对方的军事实力有所敬畏。双方分歧的焦点就是亚美尼亚，因为双方都认为亚美尼亚属于自己的势力范围。对于罗马人来说，亚美尼亚是自己诸多附庸国之一，因此希望亚美尼亚国王公开承认其权力经过了罗马人的批准。公元18年，日耳曼尼库斯前往阿塔克塞塔的主要目的之一便是正式授予亚美尼亚新国王权力。但从文化上来说，亚美尼亚与帕提亚有更多共通之处，而且阿萨息斯王朝的国王认为用亚美尼亚的王位来奖赏忠于自己的亲戚不仅合理，而且有利。

公元35年，一位帕提亚国王将自己的儿子之一扶上了亚美尼亚王位，但是罗马人支持的王位继承人很快就击败了他。公元52年，亚美尼亚国王被自己某个不得人心的侄子谋杀，亚美尼亚一度出现了混乱。帕提亚国王沃洛吉斯一世利用这个机会拥立自己的弟弟梯里达底登上了亚美尼亚王位。年迈的克劳狄乌斯起初并没有对此举做出回应，但在公元54年他死后，其继子尼禄上台，决定采取行动。第二年，尼禄派科尔布罗前往亚美尼亚。这一用人决定受到人们的热烈欢迎，因为这似乎意味着新的政权任人唯贤——当然，从元老的角度来看，这人还得有好的出身和大量的财富。[11]

科尔布罗在亚美尼亚

科尔布罗获得了一个极为庞大的行省，包括了卡帕多西亚和加拉太。这两个地方通常都是元老院行省，不过奥古斯都的政体极为灵活，派一位皇帝副帅统领这样的地区不会造成麻烦。实际上，由于副帅能够临时调派军队的官员和士兵做参谋，因此副帅可调配的行政人员通常要比元老院的同执政官多得多。有一段时间，科尔布罗获得了同执政官的绝对统治权，而不是同大法官，因此其手下有一位低级别的副帅负责在扩大了的行省中处理大部分日常行政管理工作。卡帕多西亚是最方便通往亚美尼亚的行省，加拉太则人口众多，许多人都是公元前3世纪肆虐这片区域的三个高卢或加拉太部落的后代。因此，加拉太地区的潜在兵员十分充足。守备加拉太地区的是辅助部队，不过这两个地区都没有罗马军团，新副帅可用的大部分兵力都是从叙利亚抽调的。科尔布罗得到了叙利亚4个军团中的两个，还有该行省一半辅助兵作为支援。其他的部队则由这一地区的罗马附庸国提供。科尔布罗与叙利亚副帅乌米狄乌斯·夸德拉图斯从一开始就有摩擦，后者不得不交出自己军队很大的一部分，并且知道自己这位更出名的同僚的风头注定要盖过自己。然而，由于科尔布罗有级别更高的绝对统治权，因此两人的矛盾引发的最多不过是吵嘴而已。

从一开始，罗马就希望可以使用外交手段解决问题，希望梯里达底同意前往罗马，然后尼禄正式授予其国王权力。相应地，科尔布罗向沃洛吉斯派出了使者（通常是百夫长），不过同时也整军备战，以防外交手段不成功。尼禄早已下令征兵（dilectus）对叙利亚的军团进行补强，尽管不清楚在元首制背景下这意味着什么。理论上，每个罗马公民都有服兵役的义务，但奥古斯都在公元6年和9年的经历已经显示出强制征兵是多么不得人心，特别是在意大利。征兵在东部行省的形式可能是有组织地进行征兵，或是派部队四处抓壮丁，或直接派一支比正常征兵队伍人数更多的部队

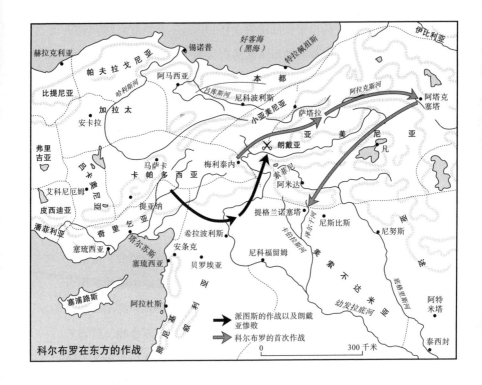

科尔布罗在东方的作战

→ 派图斯的作战以及朗戴亚惨败

→ 科尔布罗的首次作战

0 　　　300 千米

去寻找志愿者。到公元 1 世纪中期，军团中出生于意大利的士兵人数有所减少，多数士兵都来自各个行省。确实，从很早的时候开始，罗马就有意愿将东部比较稳定地区的非罗马公民征召入伍。而一旦征召入伍，这些人就会获得罗马公民身份。奥古斯都用加拉太士兵组成了整个第二十二军团，番号是"戴奥塔利亚纳"，而且在加拉太行省征募的士兵素质都很高。有趣的是，此次加拉太征兵大约发生在使徒保罗在传教过程中途经加拉太期间，虽然其在加拉太地区的传教路线尚有争议。保罗后来给加拉太的教会写过一封信，信中有多得惊人的军事词汇和意象。[12]

　　科尔布罗发现自己指挥的军队状况很差。塔西佗称，来自叙利亚的士兵许多年来都没有经历过战事，因此体格羸弱，纪律涣散。塔西佗还说，有些老兵从来没有见过或者搭建过行军营，还有一些连胸甲或头盔都没有。检阅过部队后，科尔布罗下令将所有年龄过大、体格太弱，因而不适合服役的士兵从军队开除。在这里我们再一次看到了这一老生常谈：一位伟大的指挥官抵达部队后发现军队士气低落，于是迅速施行适当的纪律，提高部队的效率。此外，军队在东部地区，尤其是在大城市长期服役后，道德堕落、军事效率降低也是文献中经常出现的一个主题。有学者已经正确指出，即使有这样观点的文献，也显示出并不是所有驻扎在东部的军队都战斗力低下，而且从东部行省征募的士兵素质也绝不比从西部征募的差。然而，这并不意味着科尔布罗的部队在公元 55 年就不需要高强度的训练。叙利亚的部队大部分时间都在维持行省内治安，因此士兵通常都是以小队为单位活动，这使得部队很少有机会进行常规训练，特别是进行军团及以上级别的训练。科尔布罗在日耳曼已经有过体会，军队如果处在没有战事的行省，很快就会丧失战备状态，因此这支叙利亚部队的情况也很正常。此外，科尔布罗在开除了许多老兵后，也立刻征募了新兵。后者很有必要接受训练，并完全融入新的作战单位。因此，科尔布罗给部队设立严格的训练计划是明智的。在打一场硬仗之前，通常都要做这样的准备。[13]

科尔布罗带部队上山，在寒冷的条件下训练，模拟士兵可能会在亚美尼亚高原遇到的情况。塔西佗记述了许多士兵冻伤的例子，有一次一个士兵的双手和一捆木柴冻在了一起，他卸下木柴时双手也从胳膊上掉了下来。还有一次，一个哨兵在站岗时活活冻死了。整个冬季，军队一直住在帐篷里，而没有修建更牢固的冬季营地，也没有回到城市的兵舍居住。科尔布罗与部队一同吃苦，"他本人穿的不多，也不戴头盔，在军队行军或干活时他始终同他们在一起，他称赞勇敢的人，抚慰软弱的人，他的行动对全军起了示范作用"。[14] 在积极鼓励士兵的同时，科尔布罗也比以往更为严厉地惩罚犯罪行为。在职业军队中一直存在士兵逃离军队的问题，因为士兵得服役 25 年，而且如果犯错，受到的惩罚极为残酷。在这种艰苦的条件下，选择逃离军队的士兵就更多了。科尔布罗下令，所有逃兵全部处死，虽然惯例是第一次和第二次逃跑的士兵的处罚没那么重。虽然士兵逃跑的现象还是时有发生，但由于这项命令的严酷，因此科尔布罗部队的逃兵数量要比其他罗马部队少。现在，又有一支部队加入了科尔布罗手下已有的两支叙利亚部队（第三军团"高卢"和第六军团"铁甲"）。这支部队很可能是来自默西亚行省的第四军团"斯基泰"，不过塔西佗称这支部队来自日耳曼。这支增援部队何时赶到的不得而知，不过这支军队很可能也进行了一段时间的训练，为战争做准备。即使如此，这支部队似乎在战争接近尾声之前并没有发挥重大作用。[15]

起初，沃洛吉斯向罗马的使者提供了人质，似乎单凭外交手段就可以达到罗马的目标了。虽然夸德拉图斯的使者与科尔布罗的使者发生了小争吵，两人都认为护送这些帕提亚贵族返回罗马帝国应该算作自己的功劳，但罗马与帕提亚的危机似乎已经结束，而元老院也投票决定将荣耀归于尼禄。然而，梯里达底在哥哥的支持下拒绝前往罗马，于是在下一年里罗马与帕提亚的关系再度紧张起来。

大部分军队都驻扎在亚美尼亚边境附近，而且科尔布罗建造了一系列的堡垒，这些堡垒主要由辅助兵守卫，其指挥官名叫帕克奇乌斯·奥尔斐图斯。此人之前是高级百夫长，或是首席百夫长。在元首制中，首席百夫长任职后就自动晋升为骑士阶级，因此奥尔斐图斯此时或是辅助骑兵长官，或是军团的保民官。此人极为自信，咄咄逼人，向科尔布罗报告称附近的亚美尼亚守军状况糟糕，请求立刻发动攻击。尽管科尔布罗明令禁止这种行为，但在新近抵达的辅助骑兵部队（turmae）的怂恿下，奥尔斐图斯头脑发热，发动了进攻。结果，亚美尼亚人要比预想中准备得更为充分，他们击溃了罗马突袭队伍的前卫部队，更糟糕的是，前卫部队的恐慌情绪蔓延到了其他部队，结果其他部队纷纷逃回堡垒。以一场失败，即使是小规模战斗的失败，来作为战争的开局是最不利的情况，对缺乏经验的军队来说尤为如此。通常，将军希望在一段时间的训练之后用一些轻松的胜利来提振士兵的信心，因此科尔布罗十分愤怒，狠狠训斥了奥尔斐图斯以及其他军官。当奥尔斐图斯的部队重回主力部队后，科尔布罗命令他们在军营的防御墙外设营，执行过十一抽杀后存活下来的部队常常会经受这种象征性的羞辱。

科尔布罗也许希望通过这种方式孤立战败的部队，使其受到其他军队的鄙视，以防止大部分士兵被他们影响，危险地认为敌军拥有强大的战斗力。后来，在全军的请愿下（更可能是在手下军官的请愿下），将军"被说服了"，同意战败者回到军营居住。科尔布罗可能觉得，部队已经接受了教训，知道服从自己命令的重要性了。弗朗提努斯所记载的一件事可能就是在这时发生的：有次一支辅助骑兵部队被敌军击败了，而科尔布罗发现，这支部队的长官没有给士兵配备应有的武器装备。为了惩罚这位名叫埃米利乌斯·鲁弗斯的指挥官，科尔布罗命他来自己的帐篷报到，并让自己的扈从将其扒光。然后，科尔布罗命令鲁弗斯就这样光着身子立正，直到科尔布罗决定让他走为止。[16]

在敌军大兵压境之际，梯里达底开始积极作战以镇压王国内部支持罗马的社群。除了自己的侍从，梯里达底还从哥哥那里获得了额外的骑兵。科尔布罗向梯里达底发起进攻，先试图阻击敌军对罗马的友好城市进行攻击。一开始，科尔布罗希望把敌军拖入对阵战，但梯里达底无意冒险与罗马军队这样作战，而是选择充分发挥己方部队的灵活机动的优势。科尔布罗将部队分为若干小纵队，希望在不同的地方同时压制敌军。此外，他还指示科马基尼国王袭击与其领土相邻的亚美尼亚地区。通过外交活动，他也争取到了莫斯奇部落的支持。该部落位于亚美尼亚东部边境，与罗马帝国有一段距离。科尔布罗说服了莫斯奇人从另一个方向攻击梯里达底。就在此时，沃洛吉斯遇到了内部的叛乱，无法向梯里达底提供大量的军事援助了。梯里达底向罗马派去了使者，询问为何在早期的谈判后送了人质却仍然遭到了罗马的进攻。科尔布罗又重复了一下之前的要求，即国王本人得去罗马从尼禄手中接过权力。

双方决定安排一次见面，梯里达底提议，科尔布罗由一队不穿铠甲的罗马士兵护送，而自己带 1000 名弓骑兵。科尔布罗无视梯里达底的提议，带了全部军队参加会谈，包括第六军团"铁甲"。该军团还得到了来自第三军团"高卢"的 3000 名士兵增援。这些士兵与第六军团的士兵在同一面鹰旗下接受检阅，看起来像是只有一个军团。科尔布罗所指定的会谈地点对罗马军队来说是个极为有利的作战地形，即使双方开战也不怕。梯里达底可能对罗马如此强大的军力感到担忧，因此拒绝走近罗马军队。几小时后，双方都撤回军营过夜，但梯里达底在夜色的掩护下撤退了，随后又派主力军队袭击了起自黑海港口特拉佩祖斯的罗马补给线。这是帕提亚人作战时的典型举动，在过去帕提亚人也凭此战胜过安东尼。科尔布罗早有准备，之前就命令部队沿补给线修建了一系列堡垒，守卫着这条穿越许多山间隘口、一路通往黑海的道路。同时，科尔布罗也安派了军队护送补给运输队。[17]

科尔布罗作战的时间顺序不可能丝毫不差地得到再现，因为塔西佗是唯一细致描述这些战争的人，但他在这方面的描述却不够清晰。对塔西佗而言，对于战争的描述不过是题外话，真正的主题是罗马的政治生活以及皇帝及其宫廷的恶行，即使这场战争的指挥者是一位真正的元老院英雄，而且表现得如此出色也不例外。我们不清楚上面所描述的行动是发生在公元 56 年还是 57 年，也有可能是 58 年。然而，由于未能在战争一开始就迫使梯里达底进行决战，科尔布罗决定转而攻击忠于梯里达底的重要城市和据点。此举意在分散敌军一些兵力，使其不再骚扰罗马的补给线，甚至迫使国王为了保护盟友而与罗马军队冒险决战。这些军事据点控制了其周围的地区，是税收和军事物资的重要来源，因此本身就颇具价值。更重要的是，如果国王不能保护忠于他的部落，在它们被攻陷时只是无能为力地看着，那么国王的威信就会一落千丈。

罗马军队穿过埃尔祖鲁姆高原，进入了阿拉斯河谷。科尔布罗亲率一支部队进攻沃兰杜姆要塞（可能是现代土耳其东部的厄德尔），同时另外两名手下军官率部进攻面积更小，或是防御更薄弱的城镇。科尔布罗亲自侦察了地形，然后用了些时间确定每位士兵都得到了足够的补给、都有合适的装备，之后下令进攻。科尔布罗鼓励士兵，说自己相信他们的勇气，让他们去争取荣耀和战利品。在弩炮、弓箭手和投石手的掩护下，罗马士兵排成了龟甲形攻城阵（testudo）——将盾牌举过头顶，让相互重叠的盾牌在上方形成坚硬的防护，除了最重的投掷物，其余的武器都可以抵挡。利用龟甲形攻城阵的保护，罗马士兵开始用镐和撬棍破坏城墙。另一队士兵则把梯子搭在防御土墙上，开始向上进攻。罗马军队在无一人死亡的情况下，仅用几小时就攻下了沃兰杜姆。他们屠杀了城里的守军，并把妇女、儿童以及其他非战斗人员卖为奴隶。其他所有的战利品全部奖赏给士兵。另外两个罗马军队攻击的据点也在类似的猛攻下于同一天陷落。看到罗马军队如此轻易地就攻下了这些据点，大部分周围的城市和村庄恐慌了，害怕同样的命运落到自己头上，因此不战而降。[18]

罗马军队再次集合，进攻阿塔克塞塔。在围困该城之前，罗马军队先要穿过阿拉斯河。但是，渡河的桥梁在城墙守军的攻击范围之内，因此科尔布罗率军绕了远路，涉水过河。罗马军队威胁到了这一地区的首府，梯里达底被迫率军驰援，他在罗马军队即将经过的道路上的一处开阔平原将部队排成了战斗队形。这片战场利于他数量占优的骑兵发挥威力，他希望要么在此与罗马军队一战，要么佯败以诱使罗马军队麻痹大意地追击。科尔布罗的军队在行进时排成了中空的正方形，每个步兵大队都可以随时变换为战斗队形。在方阵最前面的是留守在叙利亚的第十军团"海峡"派来支援科尔布罗的一支特遣队（vexillation，此名来自他们所持的方形军旗——vexillum）。方阵右边是第三军团"高卢"，左边是第六军团"铁甲"，而辎重则位于方阵的中间。殿后的是1000名骑兵，科尔布罗严令这些骑兵不得受敌军引诱或因任何其他原因离开其所在的位置。还有更多的骑兵排列在两翼，并得到步兵弓箭手的支援。看到罗马部队做好了充分准备迎接己方的直接进攻，梯里达底派了小股小股的弓骑兵前去试探。这些轻装骑兵策马向前，对着罗马士兵射箭，然后就撤退，而且经常佯装恐慌，企图引诱罗马军队麻痹大意地进行追击。科尔布罗严密控制着大部分军队，之前奥尔斐图斯遭受的处罚让士兵对违反命令的代价记忆犹新。然而，有一位十人长迫切地想扬名立万，他冲出阵中，结果中箭而死。这进一步警告了罗马军队，看上去正在逃跑的帕提亚士兵也仍是极为危险的敌人。夜晚，梯里达底撤军了。

科尔布罗在原地搭建营地，还考虑了一下是否当晚就强行军进攻阿塔克塞塔，因为科尔布罗猜测，梯里达底已经入城，所以希望在他组织起防守之前就发动突然袭击。但后来，侦察兵（exploratores）报告称，梯里达底已向另外一个方向进发，似乎是逃往了遥远的地区。于是科尔布罗放弃了之前的想法，等到第二天拂晓派轻装步兵包围了阿塔克塞塔，不让任何人逃到城外，而后率主力部队赶到。眼见国王弃自己而去，城中的居民打开了城门，向逼近的罗马军队投降。城内居民可以自行离开，但城市本身却被付之一炬，城墙也被夷为平地。因为科尔布罗手下的士兵人数太少，无法腾出一支人数适当的守备部队，而且该城距离罗马的基地太远，因此不好防守。在尼禄的副帅科尔布罗取胜之后，罗马军队欢呼称赞尼禄为"得胜将军"。这是一个皇帝乐于接受的头衔，正如阿谀奉承的元老院倾注在皇帝身上的其他众多荣誉一样。[19]

科尔布罗乘胜追击，向提格兰诺塞塔进发，很可能与一个多世纪前卢库鲁斯的军队走的是同一条路线。迎接罗马军队的部落和居民得到宽恕，抵抗或逃跑者则受到惩罚。有一次，科尔布罗发现当地人带着自己可以带走的财产退居山洞中，于是命令士兵在山洞入口处堆一些柴火，然后点燃，烧死或熏死山洞里的人。伊比利亚人现在与罗马结盟，于是罗马人让其劫掠拒不投降的山地部落马尔迪人。科尔布罗与其他罗马指挥官一样，用纯粹的实用主义来评估怎样做对自己最为有利，再决定是采取武力还是外交手段。优待投降之人可以促使更多人投降，有助于进一步削弱敌人。

地形复杂，行军艰苦，而且科尔布罗一直强行军，部队的补给消耗得差不多了，因为科尔布罗可能只带了刚刚够用的行李。有那么一段时间，发放给士兵的口粮几乎只有肉，而不是像往常一样平衡的膳食。抵达提格兰诺塞塔附近富饶的平原后，部队才有更多的机会寻找粮草。敌军在这里的抵抗组织性更强，罗马军队很快攻下一座戒备森严的城市，但是在攻打另一座时就遇到了挫折，只能进行正式的包围战。与此同时，有些叛逃加入罗马军队的亚美尼亚贵族遭到逮捕和处决，原因是有密谋暗杀罗马指挥官的嫌疑。最后，罗马军队抵达了提格兰诺塞塔，城内守军的领导者不确定要不要抵抗。在近来的一场战争中，罗马军队俘虏了一位名叫瓦单杜斯的显赫的当地贵族（也可能是密谋暗杀罗马指挥官的怀疑对象之一）。科尔布罗下令将其斩首，并让士兵用投射机（ballista）将砍下的头颅发射到城内。弗朗提努斯声称："碰巧的是，那颗脑袋正好落在亚美尼亚人正在议事的会场中央。这颗头似乎是一个征兆，会场的所有人看到后都大吃一惊，最终，他们决定投降。"[20] 城里的人向科尔布罗献上一顶金冠，而科尔布罗希望用自己的仁慈在一座如此重要的城市中赢得民众的好感，于是他对城内民众发表演讲，宣布他们不会受到任何方式的惩罚。

战斗在继续。罗马军队发起了一次包围战，并精心策动了一次进攻，方才击溃了一个叫作列格尔达的地方的守军。梯里达底无法有力地守卫自己的王国，因为住在里海附近的叙卡尼亚人发动了一次严重的叛乱，导致沃洛吉斯忙于应付。叙卡尼亚人派了使者去罗马，与罗马结盟。梯里达底确实曾试图回到米底亚，但军团副帅维鲁拉努斯·塞维鲁率领一支辅助兵部队拦住了他。在得知科尔布罗正率主力部队火速赶往这里时，梯里达底快速地撤退了。亚美尼亚哪个地区若是仍然对阿萨息斯国王保持忠诚，科尔布罗就派军出征惩罚这个地区。不过在整个亚美尼亚境内，再也没有对罗马军队的全力抵抗了。尼禄派了卡帕多西亚王室的一位王子到亚美尼亚担任新的国王。此人名叫提格兰，与希律家族有血缘关系，曾在罗马当了多年人质，因此罗马皇帝认为此人可以信赖。科尔布罗率主力部队撤出亚美尼亚，前往叙利亚。由于夸德拉图斯几个月前去世，因此叙利亚目前没有副帅。科尔布罗将 1000 名军团士兵、3 个辅助兵步兵大队以及两支骑兵侧翼辅军留在亚美尼亚，辅佐新立的国王提格兰。[21]

结果，来自卡帕多西亚王室的新国王过于胆大，他于公元 61 年派军队越过边境大规模进攻帕提亚控制的阿狄亚贝尼地区。阿狄亚贝尼的统治者莫诺巴佐斯抱怨，主君帕提亚国王没有给臣民提供适当的保护。这迫使沃洛吉斯采取行动，因为颜面的丢失必然会导致土地的丢失。沃洛吉斯公开重申了弟弟梯里达底对于帕提亚的忠诚以及对于亚美尼亚王位的合法所有权，而后从自己的皇家骑兵部队中调出一些人手组成分遣队，让莫纳伊西斯指挥，并将这支分遣队以及一支从阿狄亚贝尼征募的部队一起借给梯里达底。同时，沃洛吉斯也与叙卡尼亚人媾和，让梯里达底能够在亚美尼亚更加自由地行动。有了这些军队，再加上自己剩下的部队，梯里达底开始要重新夺回王位了。作为回应，科尔布罗派第四军团"斯基泰"和第十二军团"掷闪电者"进入亚美尼亚。虽然科尔布罗麾下还有 3 个军团，但如果帕提亚国王决定进攻叙利亚，可立刻用于防守幼发拉底河的似乎只有一个军团。这个军团立刻着手部署防守，并修建了一个堡垒防御带以控制所有主要的淡水水源。科尔布罗也写信请求尼禄任命一位新的副帅指挥亚美尼亚战争，因为仅凭一人之力很难在守卫叙利亚的同时监督亚美尼亚的战事。[22]

莫纳伊西斯率军进攻提格兰诺塞塔，但发现新亚美尼亚国王提格兰已经做好了守城准备，在城内囤积了大量的补给物资，并集结了一支强大的守军，其中包括科尔布罗留下来的罗马军队。帕提亚骑兵不喜欢围攻城池，也不适合从事一些必要的辛苦劳作。同时，骑兵的马匹需要大量的饲料喂养，对当地的供给施加了很大压力。更糟糕的是，最近闹了蝗灾，蝗虫把当地的植被吃了个大半。因此，在接下来的攻城战里，来自阿狄亚贝尼的那支军队发挥了最重要的作用，而当罗马军队发动突围、把帕提亚军队打得大败的时候，也是这支军队伤亡最惨重。沃洛吉斯将宫廷和军队一同带到了距离提格兰诺塞塔约 37 罗马里的尼西比斯，这时科尔布罗派了一位百夫长作为使者来到沃洛吉斯那里进行协商。由于包围战的失利以及补给的短缺，沃洛吉斯不得不命令莫纳伊西斯率军撤回帕提亚。经协商，双方达成一致，帕提亚派使者去罗马见尼禄，同时罗马从亚美尼亚撤军。罗马任命的亚美尼亚国王提格兰似乎与罗马军队一同撤回了罗马，因为只要沃洛吉斯的弟弟梯里达底明确承认自己是在罗马皇帝的允许下进行统治，那么罗马就仍然打算承认其国王地位。然而，帕提亚人无法接受这一协议的细节，于是在公元 62 年，战争再度爆发。[23]

一位新的副帅前来接管卡帕多西亚（很可能还有加拉太），并负责在亚美尼亚作战。此人名叫凯森尼乌斯·派图斯，有传言说科尔布罗在前一年得知其上任的消息后，就不想再与帕提亚作战，而是选择谈判，因为科尔布罗不想在刚发动一场战争的时候就遭到取代，并由他人结束战争。塔西佗还记载了另一种说法，就是科尔布罗害怕作战有失利的风险，这样自己不败的纪录就会被打破。抵达之后，派图斯接管了两个叙利亚军团，分别是第四军团"斯基泰"和第十二军团"掷闪电者"，同时还有一个从多瑙河边境调过来增援的第五军团"马其顿"，而科尔布罗继续指挥第三军团"高卢"，第六军团"铁甲"和第十军团"海峡"。两人的部队都有很多辅助兵提供支持，但很明显的是，科尔布罗是把近年来随自己征战的部队留在了身边。派图斯指挥的军队很可能缺乏训练，而且作战经验肯定不足。派图斯没有像当年科尔布罗那样在准备战争的时候给军队制订训练计划，可能也根本没有时间进行训练。正如之前夸德拉图斯和科尔布罗的关系那样，科尔布罗与派图斯对对方几乎没有任何好感。派图斯迫切想要显示出自己可以做主，而不是从属于谁，而且也迫切地希望追上甚至超越其名气更大的同僚所取得的成就，而科尔布罗没有多少帮他实现愿望的热情。[24]

对于派图斯的记载很少，不过此人在接下来的战争里指挥得非常糟糕。战争的开局还是不错的，梯里达底率领帕提亚军队发动入侵，派图斯率军进入亚美尼亚作为回应。他只带了两个军团，把第五军团"马其顿"留在后方（原因可能是第五军团刚刚抵达，还没有时间融入整个部队）。罗马部队在托鲁斯山脉中穿行，向提格兰诺塞塔进发，但由于准备得很匆忙，补给供应开始不足。罗马军队攻下了几个要塞，但由于缺少食物，只能撤回卡帕多西亚边境地区，而无法在亚美尼亚中部过冬。帕提亚人起初想主攻叙利亚，但科尔布罗在幼发拉底河上用船搭建了一座浮桥，而且在大船上架了弩机掩护施工者，并在对岸的一处有利地形上让部队排好了阵形。帕提亚人对科尔布罗的自信及其强大的军力有所顾忌，于是转而派主力部队攻打亚美尼亚。派图斯对此没有做好准备，他让手下军团分散在各处，而且对于请假管得很松，尤其是军官的请求他都慷慨同意。等到沃洛吉斯率主力部队抵达时，派图斯的心情很快就由过度自信转而变为恐慌。一开始派图斯还大胆地率军渡过阿尔萨尼亚斯河（今天的穆拉特河），来到了朗戴亚附近的一个地点，但几次小规模散兵战的失利让派图斯放弃了与敌军作战的企图。派图斯的紧张情绪传染了军队中的很多人，结果许多在外的分遣队都遭遇耻辱性的失败。除此之外，潘诺尼亚辅助骑兵也被帕提亚军队击败，这让罗马军队进一步感到恐慌，因为潘诺尼亚骑兵部队在罗马人看来是精锐部队。乡村本来很有助于步兵部队进行防御，但派图斯却中了敌军的计，被敌军包围在自己匆忙修建、防御很不牢固的军营中。

派图斯给科尔布罗发去的求助信息愈发急迫，但他没等到援兵抵达，就已经开始与帕提亚国王交涉，结果是罗马军队屈辱地投降。据塔西佗记载，有传言称帕提亚人让派图斯的士兵过了轭门，而可以肯定的是，派图斯同意罗马军队全部从亚美尼亚撤离，其补给以及修筑的工事归帕提亚人所有。罗马军队甚至还花大力气修建了一座横跨阿尔萨尼亚斯河的桥梁，让沃洛吉斯可以骑着大象过河以庆祝自己的胜利。后来，有传言说罗马士兵精心设计过这座桥，它会因无法承受大象的重量而垮塌。因此，国王决定骑着大象蹚水过河。罗马军队的撤退更像是溃败，亚美尼亚当地人也兴高采烈地劫掠着纵队。他们一天就走了约 40 罗马里，无法跟上队伍的伤员和病号被丢下不管。此时，他们已经距离科尔布罗很近了，后者从自己手下的 3 个军团中各自抽出 1000 名士兵组成特遣队，并集结了一些辅助兵进行增援。在率军渡过幼发拉底河的时候，科尔布罗开始遇到失散的败兵。科尔布罗的纵队带了许多运粮食的骆驼，这样部队就可以快速前进而不需要搜集粮草。

根据塔西佗看到的科尔布罗后来所写的战记（现已不幸散佚），科尔布罗认为在派图斯离开营地时，其手下士兵烧毁了大量的粮食储备，而帕提亚军队由于补给就快耗尽，已经要准备放弃包围了。当时有人认为，这位老指挥官在率军营救时故意拖延，希望自己的到来更富戏剧性。然而，即使情况果真如此，这一灾难性的局面也是派图斯咎由自取。派图斯回来之后请求科尔布罗与自己一同入侵亚美尼亚，但遭到后者的拒绝，因为他现在是叙利亚的副帅，没有接到入侵亚美尼亚的命令。科尔布罗一边叹息自己之前的成就遭到破坏，一边率军回到了自己的行省。派图斯则回到卡帕多西亚过冬。在接下来的几个月里，沃洛吉斯要求科尔布罗放弃他在幼发拉底河上建立的桥头堡，将军队撤回叙利亚一侧的河岸。罗马方面反驳称，所有帕提亚军队先得撤出亚美尼亚，否则就不会放弃桥头堡。帕提亚又派了一个使团前往罗马，该使团提出的要求，还有陪同他们前来的罗马百夫长对一些质询的回答，都显示出派图斯在对皇帝的正式报告中隐瞒了失败的程度。尼禄很快就将派图斯召回罗马，但宣称自己只会严厉地批评他而已，并讥讽地评论说，如果再让这样一个胆小的人焦虑地等待着对自己命运的宣判，那他很可能就要吓出病来了。[25]

塔西佗没怎么说过尼禄的好话，即使是在尼禄执政初期，其统治还不算残暴时也是如此。然而，即使塔西佗也赞同皇帝的决定，宁愿冒险"发动一场危险的战争"，也不愿意接受"屈辱的和平"。尼禄派盖乌斯·塞斯提乌斯·加卢斯做叙利亚的新总督，这样科尔布罗再一次负责亚美尼亚局势，并且在必要的时候，为了实现罗马的目标可以发动战争。科尔布罗得到的绝对统治权高于这一地区其他的总督，因此塔西佗将科尔布罗的地位与当年庞培和海盗作战之时的地位相提并论。同时，科尔布罗还得到了第十五军团"阿波罗"的支援，这个军团是从日耳曼调过来的。这样，科尔布罗麾下便有 7 个军团了，但第四军团"斯基泰"和第十二军团"掷闪电者"已不再适合作战，因此科尔布罗将这两个军团发回叙利亚作为守军。作战的部队集结起来了，包括第三军团"高卢"、第五军团"马其顿"，第六军团"铁甲"、第十五军团"阿波罗"，此外还有一些从埃及和多瑙河边境军团调过来的特遣部队，以及规模庞大的辅助步兵和骑兵。在率军进攻亚美尼亚前，科尔布罗为了净化军队举行了一次宗教仪式，并向士兵发表演讲，重述了先前取得过的胜利，并将朗戴亚战役的失利全部归咎于派图斯。

沃洛吉斯和梯里达底看到如此阵容庞大而且领导有方的罗马军队到来后，立刻就愿意谈判。两军约定于朗戴亚附近会面。当时，派图斯的儿子在一个军团中担任保民官，科尔布罗派遣他带着一小支部队埋葬了公元 62 年战死的罗马士兵。经过一段时间的谈判，罗马将军科尔布罗与亚美尼亚国王沃洛吉斯各带 20 人在两军阵前会面，并且都下马向对方致意以示尊重。双方达成了协议，梯里达底把王冠放到尼禄的雕像前面，并且同意亲自去罗马从尼禄的手中再次取回。两军都炫耀武力，排兵列阵，并让部队按照一系列指令进行相应的演习。在罗马军队中央是一座指挥官的台座，上面摆放着高级长官的座椅，尼禄的雕像就安放在座椅上。之后，梯里达底及其随从受邀参加罗马人举行的宴会，科尔布罗借机向梯里达底详细地解释了罗马军营的日常运转情况，并且一直在强调部队的组织性与纪律性。这种对罗马军力的炫耀一直以来都是罗马外交的主要支柱，在之后的几个世纪中也将如此。对于罗马人而言，这种场合从来就不是实力相当者之间的会面，而是对罗马至高无上的展示。[26]

罗马人终于达到了自己的目标，让梯里达底正式承认其王权来自罗马皇帝的批准。这一点明确后，双方的冲突就正式结束了。科尔布罗不能占领亚美尼亚而创建新的行省，更不能发动对帕提亚的全面侵略战争。在这些战役里，科尔布罗的行动自由受到皇帝指令的限制。然而，尼禄及其顾问对亚美尼亚的监督，也使得东方的部队可以得到从其他行省调来的军队的增援。科尔布罗也获许延长指挥权，其指挥的时间比共和时代的任何一位将军在正常情况下指挥行省部队的时间都要长，只有庞培和恺撒例外。虽然在战略决策这一最高层面上，科尔布罗的自由大幅减少，但在其他方面科尔布罗控制和鼓舞军队的方式与共和时代的指挥官们差别不大。虽然政治环境变了，但罗马贵族仍然在为自己和家族争取荣耀。科尔布罗与邻省总督都想比对方挣得更多荣誉，因而彼此不和，这也与共和时期行省总督之间的竞争关系高度相似。

\

罗马帝国的副帅需要出色地完成任务，而多数皇帝也会挑选有才华的人指挥最重要的战争，因为战败会给皇帝本人带来恶劣影响。但是，共和时期的指挥官在卸任返回罗马之前的行动很少受到限制，而帝国时期的副帅则在距离和通信速度允许的范围内受到严密监控。

公元 60 年，不列颠行省大部分地区在爱西尼部落女王布狄卡的领导下发动了叛乱。叛乱爆发时，副帅盖乌斯·苏维托尼乌斯·保利努斯刚刚率领驻扎在不列颠行省 4 个军团中的两个攻占了德鲁伊教的中心莫纳岛（现代的安格尔西岛）。罗马人积极镇压的宗教很少，德鲁伊教就是其一，因为罗马人非常厌恶该教仪式对人祭的重视，而且罗马人也知道德鲁伊教有助于团结不列颠和高卢境内的反罗马分子。

在保利努斯忙于攻击莫纳岛、屠杀德鲁伊及其追随者的同时，行省东部的叛乱便有时间积蓄力量。卡姆罗多诺姆（科尔切斯特）的罗马殖民地是叛军的第一个目标，因为罗马没收了当地人的土地给退伍的罗马士兵居住，这引起了当地人的憎恨。有些退伍士兵在巨大的克劳狄乌斯神庙中坚持抵抗了两天，但由于这片殖民地上没有修建防御工事，因此结果是可以预想的。怒火中烧的不列颠人屠杀了全城的人，借折磨、残害他人宣泄自己的怒气。在接下来的几个星期里，维鲁拉米恩（圣奥尔本斯）和伦底尼乌姆（伦敦）也遭受了同样的命运。在这些城市的遗址中，考古学家都发现了厚厚的一层烧焦的物质，时间正是布狄卡反叛之时。

罗马军队对反叛做出的第一个重要回应是从第九军团"西班牙"抽调了一支大规模特遣队，令其直赴叛乱发生的腹地，希望通过炫耀武力摧毁不列颠人的士气。结果，罗马人遇到了一支比预想中要强大得多的军队。在一次伏击战（也可能是某天夜里对罗马军营发动的袭击）中，不列颠人几乎将罗马士兵屠杀殆尽，只有军团副帅带着一些骑兵逃离了。保利努斯成功在伦底尼乌姆陷落之前赶到，但他只有一小队骑兵跟在身边，大部队还在后面。有些难民在总督及骑兵部队的保护下逃离了，但大部分城内的民众只能等待屠杀的到来。保利努斯在撤离伦底尼乌姆与大部队会合之后，麾下共有约 1 万人。第九军团受到重创，无法再继续作战，不过保利努斯派使者召集驻扎在不列颠西南部的第二军团"奥古斯塔"，但该军团的代理指挥官博恩尼乌斯·波斯图穆斯却拒绝响应保利努斯的号召，其原因我们已不得而知。因此，保利努斯只得率自己的部队迎战布狄卡。保利努斯的部队主要包括第十四军团"双子"以及第二十军团的一部分，再加上一些辅助兵部队，而布狄卡的兵力则要比保利努斯多好几倍。

保利努斯选择了一条树木茂密的山中隘路作为战场，因为在那里部队的侧翼和后翼能够得到保护，不过现在已经无法确定那个地方的准确位置了。保利努斯的排兵布阵很传统，罗马军团排在中间，辅助步兵在其两侧，而骑兵则分布在两翼。保利努斯与马略在阿克韦塞克斯提亚以及恺撒与赫尔维蒂人作战时采取的策略一样，当大量的不列颠士兵冲过来时，命令士兵停在原地，保持安静。到了最后一刻，保利努斯才下令掷出标枪，并向敌军冲击。罗马军队掷出的密集的标枪让不列颠部队失去了冲锋的势头，而由于不列颠人在涌入隘路迎敌时挤在一起，现在也无法撤退。就像坎尼一役的罗马军队一样，不列颠军队陷入了混乱，不能有效地移动或作战。罗马人逐渐地斩杀了不列颠部队，但也付出了高昂的代价。保利努斯手下有将近一成的士兵在此役中战死或负伤，在古代，对于胜利一方的军队来说，这一伤亡比例是很高的。通过这一天的战斗，叛乱的主力部队就被瓦解。布狄卡逃脱了，但很快便服毒自杀。因为之前不列颠人的暴行，罗马人非常愤怒。保利努斯率手下士兵继续消灭所有抵抗力量，残酷的战争一直持续到冬季。

击败布狄卡是尼禄统治时期的一项伟大成就，参战的部队也被授予了新的战斗荣誉。第十四军团获得了"胜利的战神玛尔斯"的称号，第二十军团似乎也凭此役的出色表现而获得了"胜利者"这一称号。此时，人们纷纷认为保利努斯是科尔布罗的有力竞争者。然而，虽然保利努斯取得了如此的成就，但公元61年尼禄将其召回，因为皇帝的代表向尼禄报告称，保利努斯在清剿一切反抗势力时手段过于残忍。皇帝倒不是替行省人民的福祉考虑，主要是很现实地评估局势：仁慈更有可能使不列颠长久维持和平稳定。科尔布罗则在皇帝允许的范围内行事，因此在副帅这个位置上待的时间比一般人要长得多。另外一个得到皇帝相似的信任的是格奈乌斯·尤利乌斯·阿格利古拉。此人是历史学家塔西佗的岳父，在公元78至84年这7年间一直担任不列颠行省的副帅。在此期间，阿格利古拉也获许将行省向北扩张，并在新征服的领土上修建堡垒。塔西佗的《阿格利古拉传》也主要记叙了这几年间的事情，试图显示出即使在专制政体下元老仍然能以贵族应有的方式赢得名声和尊重。阿格利古拉当副帅的最后几年，罗马皇帝已经变成图密善了。这位皇帝后来下令处决另一位不列颠的总督撒路斯提乌斯·卢库鲁斯，原因仅仅是这位总督用自己的名字命名了一款新设计的骑枪。[27]

科尔布罗和阿格利古拉都设法在展现出过人的军事能力的同

时，又没有让皇帝怀疑自己有觊觎皇位的野心，因此能一直获得重要战争的指挥权。两个人都很忠诚，而且都把取得的成就归功于皇帝。与此同时，两人不仅为自己挣得了荣誉，还赢得了其他元老的尊重。弗朗提努斯是在阿格利古拉之前的不列颠副帅，他撰写了《谋略》(Stratagems)一书，汇集了历代将领的高明策略。在这本书所提到的名将里，身处帝国时期却并非出身皇族的，唯有科尔布罗一人。然而，一旦这些人取得了胜利，进入最显赫元老的行列，便有可能威胁到没有亲自取得过军事成就的皇帝。在元首制下，特别是在某几位皇帝统治的时期，身居高位也就意味着高风险。公元67年（也可能是在更早的公元66年），尼禄去希腊观光。此行主要是为了展示尼禄的艺术天赋，不过尼禄也参加了奥林匹亚运动会，而且成为史上唯一一位赢得所有项目冠军的选手，包括那些尼禄实际上并没有完成的项目。在尼禄及其随从离开意大利之前，尼禄处决了大批人员，说这些人参与了元老院的阴谋叛乱，这场阴谋是确有其事还是仅凭猜测的就不得而知了。科尔布罗的女婿卢基乌斯·安尼乌斯·维尼奇安努斯也被指控为元凶之一。此人也曾在亚美尼亚担任第五军团"马其顿"的副帅，而且曾护送梯里达底来到罗马。尼禄把科尔布罗召唤到希腊，并允许其在被处决前先行自杀。这样的话，犯人的家属可以继承其财产。不久之后，上、下日耳曼尼亚行省的副帅都受到皇帝召唤，并接到自杀的命令。在很多方面，帝国时期副帅的地位甚至比象征共和国陨落的内战中的罗马军队指挥官的地位更不牢固。[28]

年轻的恺撒

提图斯和公元 70 年的耶路撒冷之围

> 提图斯看到自己的安危全部系于自己的勇气时，便掉转马头，大声喊他的同伴跟上来，然后就奋勇冲入敌军，拼尽全力从敌军之中杀出一条回归本方部队的血路……提图斯既没有戴头盔，也没有穿胸甲，因为他……并不是来作战的，只是来侦察的……敌军的箭像冰雹一样射向提图斯，但却没有一支碰到他的身体。[1]

公元 68 年，被元老院和自己的禁卫军抛弃的尼禄命令仍然忠于自己的最后几个奴隶之一杀死自己。尤利亚-克劳狄亚王朝的最后一位皇帝就这样死去了。尼禄没有继承人，西班牙副帅伽尔巴夺取了权力。支持他的是其行省守备部队以及皇家禁卫军，后者是因为伽尔巴承诺，只要加入自己的部队就会得到一大笔奖金。然而，新皇帝没有兑现自己的承诺，在攫取权力 7 个月后，他就被一队暴动的禁卫军士兵私刑处死。继任者是奥托，他靠贿赂获取了权力，但也只当了 95 天的皇帝，在听说下日耳曼尼亚副帅维特里乌斯率军击败了自己的部队后就自杀了。维特里乌斯成功让大部分驻扎在莱茵河的军队效忠于自己，并率军入侵意大利。很快，维特里乌斯就要迎接率领东部各行省军团的犹地亚副帅韦帕芗的挑战。韦帕芗的部队在波河河谷击败了维特里乌斯，而后又攻下了罗马。维特里乌斯在执掌权力8个月后就被残忍地杀死了。

在12个月内，韦帕芗是第四个当上元首的人。最近发生的一切事情都清楚地说明，军团的力量才是拥立或废黜皇帝的关键。在经历了将近一个世纪的内部和平后，罗马帝国又陷入了内战中，其野蛮程度比起让共和国最后几十年伤痕累累的那些内战毫不逊色。与公元前1世纪的战争不同的是，公元68—69年的内战不是由长期对立的两位政敌引发的。战争的发起者大体说来是普通的副帅，在罗马帝国的中心出现权力真空时恰好掌控着强大的军队。除了韦帕芗，其他副帅近来并没有率部队打过仗，也没有机会通过与士兵的共同经历与彼此信任在自己和部队间建立起纽带。他们只能依靠自己行省以及邻省军队，特别是军官的支持。只要将军许以好处，罗马士兵便再一次展现出为将军个人效力，攻打其他罗马士兵的意愿。维特里乌斯解散了奥托的禁卫军，从自己的军团中征募了新的卫士组成了卫兵大队。有传言称，维特里乌斯打算将叙利亚的军团发配到莱茵河畔，而将莱茵河地区各行省的守备部队调往东方更为舒适的兵舍居住。叙利亚军团在听说后，更加死心塌地地支持韦帕芗。[2]

事实证明，韦帕芗是个能力出众而且为人正直的统治者，是为数不多的在最高权力的诱惑之下依然没有腐化堕落的人。韦帕芗并非出身传统的贵族家庭，在他与哥哥萨宾努斯进入元老院之前，家族里没有人在元老院任过职。进入元老院需要大量的财富，而韦帕芗兄弟的财富来源并不完全受人尊敬，比如征税和养骡子，而韦帕芗自己也从事过许多不同的职业。公元 43 年，韦帕芗是军团副帅，指挥第二军团"奥古斯塔"随克劳狄乌斯远征不列颠。此次远征最主要的一仗可能是在梅德韦河打的，对手是由卡拉克塔克斯及其兄弟托葛杜姆努斯领导的强大的部落联盟。韦帕芗在此役中发挥了关键作用，随后又率领自己的军团和辅助兵独立行动，与不列颠西南部的部落作战。克劳狄乌斯一生就发动过这一场大型战争，他对参与这场战争的罗马官兵慷慨地授予荣誉和嘉奖。韦帕芗也得到了凯旋荣誉物，这对于军团副帅来说并不常见。即使如此，韦帕芗也从未成为元老院中的举足轻重之人，而且一度已经基本上退出了公共生活。后来，尼禄也曾赏识过韦帕芗一段时间，但韦帕芗总是在尼禄的音乐会中早退或睡着，结果被尼禄逐出了宫廷。

韦帕芗虽然惹皇帝不高兴，但由于他太默默无闻，不至于成为皇帝潜在的对手，所以没遭到处决。公元 67 年，尼禄派韦帕芗去犹地亚做副帅，镇压前一年爆发的叛乱。韦帕芗担任过执掌皇帝行省之前需要的所有职位，而且凭借在不列颠的作战而小有名气，不过他之所以能获得任命，主要还是因为皇帝认为其对自己构不成威胁。此外，尼禄又加了一道保险，将韦帕芗的小儿子图密善留在自己身边，实际上就是控制人质。在内战真的打起来之前，恐怕没有人会真心认为韦帕芗竟有可能竞争皇位，就连他自己都不会这样想。甚至尼禄死后，韦帕芗也先后公开承认过伽尔巴和奥托的皇权，直到奥托自杀后才宣布自己为皇帝。[3]

下属们获得的胜利将韦帕芗推上了皇帝的位置，但稳固了统治，使其不至于像前几位皇帝那样短命的，是他本人的政治能力。

最重要的是，韦帕芗不能让其他行省总督有机会起兵反对自己。与奥古斯都一样，韦帕芗任命了自己的亲戚或坚定的支持者来指挥重大战役，因为新政权的延续符合这些人的切身利益。新继位的皇帝需要用军事胜利来庆祝，因为军事胜利的荣耀仍然是帝国元首最重要的特质之一。另外，发动战争也可以让士兵有事做，减少他们哗变或者叛乱的可能，特别是当部队领导是可信之人的时候。发动一场战争对于韦帕芗来说格外重要，因为虽然韦帕芗稳步镇压了叛乱，但内战却阻碍了他完成在犹地亚的作战。虽然该行省的大部分区域再一次处于罗马的控制之下，但耶路撒冷这座重要的城市以及周边一些小堡垒还掌握在叛军的手中。新皇帝的帝位尚不稳固，不能让人把他和一场没能获得罗马式完胜的战争联系起来。耶路撒冷需要尽快拿下，而且拿下该城的方式不能让人觉得韦帕芗之前的仗没取得什么成果。因此在公元 70 年春，去包围耶路撒冷，粉碎叛乱中心的任务就落到了韦帕芗的长子，时年 29 岁的提图斯身上。

对于耶路撒冷之围的记载要比罗马军队打的其他任何一场大型战争都详细。耶路撒冷的地理位置易守难攻，而且筑有三排防御墙，因此在 5 个月的包围战中，罗马军队不得不一点一点向前推进，一次又一次艰难地发动进攻。战争的代价很高，不仅伤亡人数多，而且存活士兵的热情也受到很大打击，有时部队的士气降到了谷底。提图斯面对的是极端困难的任务，但出于政治原因却必须尽快完成。耶路撒冷之围很好地说明了包围战的本质，以及指挥官在包围战中会遇到的问题。考古挖掘相当准确地重构了耶路撒冷在第二圣殿时期的布局，极有助于加深我们对这场战争的理解。对这场战争最主要的描述来自犹太历史学家约瑟夫斯。

在罗马，约瑟夫斯得到了韦帕芗和提图斯的赞助，写就了犹太叛乱史。在书中，约瑟夫斯经常吹捧韦帕芗和提图斯，尤其是后者，他经常直呼其为恺撒。以下面这段为例：

> 因此，如果要既不因奉承而夸大、又不因嫉妒而贬损，一字不差地吐露实情的话，可以说恺撒两次在整个军团陷入危险时亲自拯救了军团，让军队能够不受干扰地在营地周围挖壕沟。[4]

尽管约瑟夫斯有阿谀之嫌，但在作战期间他的确与提图斯一起在罗马军队的总部，他对各场战役的详细记载是目前关于罗马帝国时期军队如何作战的最好刻画。对于各方冲突，约瑟夫斯也是描述它的不二人选，因为在战争伊始，约瑟夫斯是叛军政权任命的将军，与罗马军队作战，而后才投降了罗马，成为罗马的盟友。约瑟夫斯对叛军的领袖充满了敌意，但仍很乐于描写许多犹太战士的英勇表现及其击败罗马人的场面。除了内战，其他的战争一般只留下了某一方参战者的记载，而有了约瑟夫斯的描写就可以从双方而非只从罗马一方的角度看待犹太人的叛乱。[5]

犹太反叛

公元前 4 年，大希律王死后，犹地亚就成了罗马直接控制的行省。这引起了犹太人的反叛，不过叙利亚副帅瓦卢斯将其残忍镇压。希律是个完美的政客，在罗马内战中支持安东尼，在亚克兴战役后又赢得了屋大维的青睐，因此成功保住了王位。但希律从来没有赢得自己臣民的欢迎，在他们眼中，他是一个外邦人强加于自己头上的外来统治者——希律是以土买人，因此不算是正统的犹太人。接任希律的罗马总督甚至更不得民心。犹地亚只是个不重要的行省，守备部队也只是一支小规模的辅助兵部队，因此这里的长官不是元老，而是有着长官头衔的骑士，虽然在公元40年左右这一头衔又变为了经管官（procurator）。

犹地亚可不是个容易管控的行省，因为那里的人信奉一神教，其宗教和文化与信奉多神教的罗马其他地区相悖。在多神教徒眼中，犹太人（以及后来的基督教徒）非常乖戾，和无神论者差不多，因为一神论者也不承认其他神的存在。[6]犹地亚贵族即使获得了罗马公民的身份，也因为宗教禁忌而无法在罗马帝国的体制内谋求晋升，因此他们无法被吸收进罗马帝国的精英阶层，像其他行省的显贵家族一样先在军队和行政机构任职，步步高升，最终成为骑士甚至进入元老院。经管官会让耶路撒冷的高级祭司家族在行政管理，特别是圣殿的管理方面起主导作用，不过，大祭司家族没有足够的能力控制更多的人口。许多犹太人愿意接受贵族阶层以外的人做其宗教领袖，这些宗教领袖往往是像施洗约翰和班努这样出身卑微的人。约瑟夫斯在青年时期还追随过后者一段时间。总的来说，犹太人比罗马统治下大部分其他民族有更强的民族认同感。每年，犹太人都要过逾越节，提醒自己他们是从埃及人的枷锁下挣脱出来的。犹太人对更近发生的事同样记忆犹新，即公元前2世纪马加比家族成功地发动了对塞琉古帝国统治的反叛。[7]

围绕着耶路撒冷的圣殿的宗教和诸多仪式不断地提醒着犹太人自己的犹太身份，不过犹太社会还是宗教派别林立，而且彼此之间分歧很大，对于律法的阐释有不同的主张。犹地亚人也不把加利利人看作正统的犹太人，而犹地亚人和加利利人又都憎恶撒马利亚人，后者占据了巴勒斯坦的中心地带，而且有自己的宗教和圣殿。犹太人的三个主要宗教派别法利赛派、撒都该派和艾赛尼派在大多数问题上都意见不一，经常由于内部的分歧而分裂。对于罗马的统治该持什么样的态度，教派间也是争论不休。许多受欢迎的宗教领导者似乎每过一段时间就会被视为煽动叛乱的革命分子。1 世纪 30 年代，耶稣因对征税的态度（"恺撒的归恺撒，上帝的归上帝"）而公开受到质询，最终作为叛乱分子遭到处决（"除了恺撒，我们没有王"）。经济问题进一步加剧了社会的分裂，违法行为和强盗行为持续威胁着社会的和平与稳定。福音书的记载中就显示出暴力的存在，比如旅行者受到攻击或殴打，比如在外地主的故事，以及耶稣门徒拥有奋锐党①西门或者加略人②犹大这样革命性的名字。在马可福音中，本丢·彼拉多放弃耶稣而选择释放的巴拉巴就是因为在耶路撒冷领导叛乱而入狱的。至少有一些强盗可能有宗教或政治动机，但受到其行为深切影响的是穷人阶层——历史上情况总是如此。

犹地亚是个多事的地区，它在融入罗马体系的过程中步履维艰，派来的经管官也常常无法理解它的独特性，而且总是实行腐败、压迫性的统治。从公元前 4 年开始，犹地亚就不时爆发零星的叛乱，而到了公元 66 年夏天终于演化为了一场大规模叛乱。经管官带着部队来到耶路撒冷，想通过威吓平息事态，但遭遇失利。

① 犹太激进组织，坚决反对异教罗马，因为极其看重犹太人的民族和宗教生活，也会敌视试图与罗马政权和平相处的犹太人。
② Iscariot，可能是拉丁文 sicarius（"暗杀者"）的变形。

几天之内，耶路撒冷的守备部队全部惨遭屠杀。叙利亚副帅盖乌斯·塞斯提乌斯·加卢斯匆忙集结了一支部队前去与叛军作战，并于 10 月抵达耶路撒冷城外。这支部队的主力是第十二军团"掷闪电者"。4 年前，派图斯就是率领这个军团在朗戴亚遭到了可耻的失败。另外，第三军团"高卢"、第六军团"铁甲"和第十军团"海峡"也都派出了特遣队进行支援。辅助部队有一些常规的辅助兵以及许多纪律涣散的征来的士兵。这支部队没有为战争进行准备和训练，补给也不充分，不过加卢斯是在按照罗马的传统做法尽快对叛乱做出回应，希望在叛乱集聚起力量之前就通过迅速、自信的反制将其扼杀。

加卢斯没料到敌军抵抗的顽强程度，遭受了些小失利，他看到没有攻下城市的希望，便放弃了包围，率军撤退。这场撤退很快演变为一场灾难，当罗马纵队穿过狭窄的伯和仑关口下山时，遭到了无情的攻击。战斗结束时，共有 5780 名罗马士兵阵亡，第十二军团"掷闪电者"也丢失了鹰旗。（约瑟夫斯没有提到叛军俘获了鹰旗，因此鹰旗可能是在混乱中丢失的。不过，这也不能改变丢失鹰旗的耻辱，它象征着军团的荣誉，十分珍贵。）此役后不久，加卢斯就死了，很可能是病死的。[8]

公元 66 年末或 67 年初，韦帕芗奉命到犹地亚指挥作战，而盖乌斯·李锡尼乌斯·穆基亚努斯成为叙利亚副帅，负责该行省的日常管理。此种安排与科尔布罗前往东部地区处理亚美尼亚问题时很相似。韦帕芗到犹地亚任职的时候，科尔布罗很可能已经死了，但即使科尔布罗还没失宠，也不太可能再次指挥作战。元老阶级的理想情况是（虽然对单个元老而言理想情况未必如此），有机会赢得军事荣誉的元老越多越好。57 岁的韦帕芗还没有做过行省副帅，但军事能力已经得到过证明。近来，皇帝很担心名声显赫的元老有野心，但哪怕这样一位皇帝，也认为韦帕芗值得信任。塔西佗把韦帕芗描述为理想的罗马指挥官，"在战争中是果敢的。他总是走在他的军队的前面，亲自选择设营的地点，随机应变地日夜同敌人周旋，而在必要时他还亲自参加战斗。他吃的东西很随便，遇到什么吃什么。在衣着和举止方面他同普通士兵也几乎没有任何区别"。[9] 公元 67 年，韦帕芗经过充分准备后，对加利利发动了一场全面入侵战争，强行攻占了那些不肯投降的城池和村庄。

在整个叛乱的过程中，犹太人始终没有组织起一支有力的野战军，因此战争的主要类型是围城战。在约塔帕他，韦帕芗接受了叛军指挥官约瑟夫斯的投降。约瑟夫斯此前一直与一群坚定的追随者躲在山洞中，这些人全都决定宁自杀不投降。这位未来的历史学家承认，自己并不想赴死，并说服了同伴依次报数，报到二的人杀掉报到一的人。奇迹出现了，报数结果是，约瑟夫斯和另外一人最后死（虽然读者可能怀疑这是由于约瑟夫斯的算计）。看到其他人依次被下一个人杀死之后，约瑟夫斯和另外一人决定，投降实际上才是唯一合理的做法。叛军将领约瑟夫斯被带到了韦帕芗面前，并谄媚地称韦帕芗有朝一日会成为皇帝——就是因为这句话，约瑟夫斯后来获释，并得到了优待，因为其"预言"实现了。[10]

公元 68 年，罗马军队兵分几路镇压以土买、比利亚以及几乎犹地亚全境。不过第二年没有多少战斗，因为韦帕芗把全部力量都集中在争夺皇位上了。在公元 66 年取得了首场战役的胜利后，犹太人就屡战屡败，毫无例外。成立于叛乱之初，由贵族组成的政府到了此时已经基本上失去了威信，倒是许多远为激进的领导人夺取了权力。公元 70 年伊始，耶路撒冷就分裂成 3 个派别，两个基于"奋锐运动"，另一个是由吉奥拉之子西门领导的。没有了罗马人的干预，这些领导人为了争夺权力开始内斗。经过了大量的流血事件后，"奋锐运动"两个派别的矛盾化解了，吉斯喀拉的约翰成了公认的领导者。此人曾是约瑟夫斯在争夺加利利控制权时的劲敌。奋锐党人和西门一派继续作对，大量平民因此无谓丧生，储藏的食物也被毁去了很多，几个月后，粮食短缺的问题就会明显地体现出来。只有在罗马军队兵临城下时，两派才不情不愿地结成联盟对抗共同的敌人，而且仍然互不信任。

提图斯及其军队

在父亲突然掌握最高权力之前，提图斯的职业生涯非常传统。他曾在不列颠和日耳曼的军团中担任过宽带军事保民官，时间可能是公元 60—61 年布狄卡叛乱之时。在韦帕芗接过犹地亚部队的指挥权时，提图斯获任第十五军团"阿波罗"的副帅。该军团曾在科尔布罗作战的尾声阶段参与过战争，但与其他多数军团相比还是缺乏经验。提图斯只有 27 岁，比绝大多数的军团副帅都要年轻，而对于提图斯的选择也体现出了罗马元老长久以来依靠家族成员担任自己手下高级军官的传统。科尔布罗在亚美尼亚作战时，有一个军团就是其女婿维尼奇安努斯指挥的；凯森尼乌斯·派图斯的儿子也在自己手下担任保民官。虽然元首制建立起来了，但有些做法并没有改变，这就是一个例子，不过可能只有那些得到皇帝宠爱的指挥官才有权自行挑选副帅。年轻的提图斯风度翩翩，体格健壮，容貌英俊，和父亲一样是圆脸，但面孔更为柔和。在提图斯的身上也有我们熟悉的千篇一律的记载，说他既善于骑马和使用武器，也同样善于指挥军队。在加利利和犹地亚的战事中，提图斯发挥了突出的作用。他成功率军袭击了雅法和塔里齐亚，并从塔里齐亚那里率领骑兵穿过波浪渡过了加利利海，从未设防的一侧进入了城内。而后他成功袭击了加马拉，并说服加利利小城吉斯喀拉投降，否则就以相似的方式对其发动进攻。[11]

相比于攻占较小的城市，攻占耶路撒冷是个更为重大、艰巨的任务。为了完成这个任务，提图斯集结了一支庞大的部队，就连其父韦帕芗都从来没有在一个地方集结过人数这么多的部队。部队的骨干是 4 个军团，分别是塞克斯图斯·维图列努斯·凯利亚里斯指挥的第五军团"马其顿"、奥鲁斯·拉尔基乌斯·雷必达·苏尔皮基亚努斯指挥的第十军团"海峡"，以及马库斯·提提乌斯·弗鲁基指挥的第十五军团"阿波罗"和第十二军团"掷闪电者"。在提图斯召开的战前会议（consilia）中，提比略·尤利乌斯·亚历山大也被委以要职，他是来自亚历山大里亚的犹太人，因在罗马帝国任职而放弃了自己的宗教。第十二军团的指挥官身份不明，这也是该军团在公元 66 年遭遇惨败后第一次参与作战。虽然约瑟夫斯称该军团的士兵极其渴望复仇，但军团的名声却依然很差。有两段铭文显示，在那次惨败后，第十二军团的一位高级百夫长调到第十军团"海峡"担任更低级的百夫长职位。在现有的关于百夫长职业生涯的文献中，这是唯一一个降级的案例，无论此次降级是被迫的还是为了使自己远离战败的耻辱而自愿申请的。

所有的军团战斗力都有所受损，尤其是第五、第十、第十五这 3 个军团，既因为在之前的战斗中有人员伤亡，也因为它们派了特遣队去意大利打败维特里乌斯。为了补充战力，有一支 2000名士兵组成的特遣队前来支援，他们来自驻扎在埃及的第三军团"昔兰尼加"和第二十二军团"戴奥塔利亚纳"，同时叙利亚的部队也精选了一些士兵进一步增援。[12] 这支来自埃及的特遣队中很少甚至没有人拥有实战经验，但在之后的战斗中，起码有一处记载显示出他们具有非凡的勇气。这支特遣队由弗龙托·哈特利乌斯指挥，并有 8 支辅助骑兵组成的侧翼辅军和 20 个步兵大队提供支援。同时，当地一些附庸国的国王也提供了一些部队，当中很多部队都是按照常规的辅助兵的模式进行训练和装备的。全部加起来，提图斯麾下可能有 3 万到 4 万的战斗兵力，还有数量众多的随军奴隶和跟随营地流动的平民。[13]

　　这是一支令人生畏的部队，而且部队中有许多久经战场的老兵，但所面对的任务却极为严峻，因为耶路撒冷有重重保护，既有天然的地形优势，也有人工修建的工事。耶路撒冷坐落在两座山上，东边的那座山要明显更矮。在旧约时代，耶路撒冷城只占据了那座较矮的山，而现在那座山上仍然围有围墙，而且圣殿也在其中——也就是第二圣殿（与最初由所罗门建造的第一圣殿相对）。第二圣殿由大希律王大规模重建，城中几乎到处都留下了他的印记。在圣殿东北角，希律修建了一座高塔，塔顶四个角各有一个塔楼。希律将其命名为安东尼亚堡垒，以纪念其庇护者马克·安东尼。即使没有这座塔，圣殿本身也是一座堡垒，尽管圣殿内部的施工直到反抗尼禄的叛乱爆发之前才刚刚完成。后来在哈斯蒙尼王朝时期，耶路撒冷城进一步扩张，将另一座更大的山丘也纳入其中，扩张出来的地区很快就被其北部修建的城墙围了起来，也就是人们所称的第二道城墙（第一道城墙是围在旧城周围的）。希律的宫殿以及许多其他纪念建筑建在新城中，最有名的便是以希律家人的名字命名的 3 座巨塔（如今称这一地区为"堡垒区"）。在公元 1 世纪，耶路撒冷继续扩张，在第二道城墙外又建造了许多住房，但直到公元 66 年才建起了第三道外墙防卫这一地区。这道防御工事是最薄弱的，因为它无法与之前的规模庞大、材质上乘、工艺精湛的建筑相比。东边较矮的山还有汲沦谷作为进一步的屏障，汲沦谷对面则是橄榄山。从这个方向发动进攻极为困难，而事实上罗马军队也的确没有尝试。[14]

现存的古代文献没有提供公元 70 年耶路撒冷城人口的具体数量，也没有守军的可靠人数。以罗马世界的标准来看，耶路撒冷无疑是个异乎寻常的庞大城市，但无论是约瑟夫斯记载的超过 100 万人口，还是塔西佗记载的约 60 万人口，似乎都言过其实。约瑟夫斯称，西门率领了 1 万名自己的党羽和 5000 名以土买盟军，约翰则率领了 8400 名奋锐党人。这些全副武装、斗志昂扬的士兵是围城期间的主力部队，但是也经常会有普通民众加入作战，使他们的人数大大增加。奋锐党人控制着圣殿及其周边大部分地区，西门的部队则控制着新城的绝大部分地区。[15]

战前准备以及攻下最外侧城墙
（公元 70 年的 4 月末到 5 月）

罗马军队分成了几个纵队向耶路撒冷进发，多数纵队是从西边过来的，只有第十军团"海峡"是从耶利哥过来的，因为去年大部分时间该军团都驻守在那里。虽然罗马军队不太可能在开阔地带遇到敌军主力部队，罗马军队也没有排成战斗队形前进，但他们仍然在提图斯及其手下军官的严密控制下小心翼翼地前进。主力纵队在前进时的队列与韦帕芗在公元67年采用的队列很相似。前卫部队是辅助兵和盟军士兵，大部分以密集阵形前进，不过骑兵警戒哨和弓箭手、轻装步兵组成的部队可能在前卫部队之前进行保护，负责侦察敌军潜在的伏击地点。紧跟在前卫部队后面的是负责规划、建造夜晚行军营的军官和士兵，再后面是军官的行李车，提图斯及其下属跟在行李车后面，由其私人卫队（singulares，从辅助兵部队中挑选出来的精锐骑兵和步兵所组成的精锐贴身护卫）以及从各个军团中抽调的120名骑兵进行保护。再后面跟着的是包围战所需要的弩车，弩车后面是辅助兵部队的指挥官，他们身边都有一小支护卫队。这些指挥官很可能集中在一起，而不是各自和自己的部队待在一起，这样提图斯更容易向其下达命令。跟在他们后边的是军团，每个军团的最前面都是本军团的鹰旗以及其他军旗，由号手护卫。军团士兵的行李车以及奴隶跟在军团的后面。最后面是由剩下的辅助兵和同盟军部队组成的后卫部队。[16]

在部队已经逼近耶路撒冷时，提图斯骑马来到部队前面进行侦察，身边有600名骑兵护卫，可能主要是其私人卫队。提图斯既没有戴头盔，也没有穿铠甲，因为他没打算作战，只是想观察和判断一下守军的士气如何。起初，罗马侦察部队的到来没有引起城内守军的反应，但当罗马人放松了警惕，沿着与城墙平行的方向骑行时，有一队叛军发动了突袭。一时间，叛军将提图斯及其身边的一小队卫兵与罗马部队的其他部分隔离开了（侦察部队剩下的人全都逃跑了，没想到有人落在后面）。提图斯只得对着敌军

1. 罗马人进攻第三道城墙，用了 15 天的时间打开了一个缺口。犹太叛军放弃了城市这一部分区域。

2. 罗马人在第二道城墙上打开了缺口，但进攻纵队在取得了起初的胜利后却被击败。4 天后，这道城墙永久地倒下了。

3. 攻城坡道依安东尼亚堡垒而建。由于守军挖掘地道，因此动摇了堡垒的根基，导致堡垒塌陷。

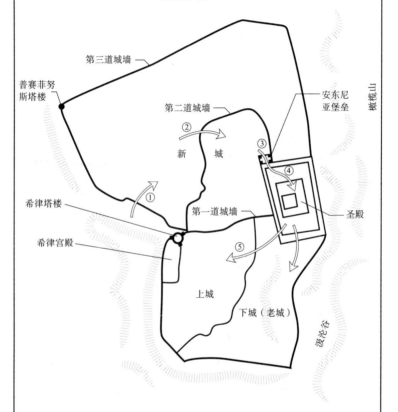

第三道城墙

普赛菲努斯塔楼

第二道城墙

安东尼亚堡垒

橄榄山

② 新 城

③

④

希律塔楼

①

第一道城墙

圣殿

希律宫殿

⑤

上城

下城（老城）

汲沦谷

4. 经过数周激战，罗马人攻入了圣殿并付之一炬。

5. 罗马人从圣殿向老城发动进攻。经过 18 天的准备，罗马人攻占了之前大希律王宫殿周围的区域。

耶路撒冷之围

强行冲锋以求突围。提图斯毫发无损地脱险了,他身边的两个侍卫却在奋力突围时被砍死。亲自侦察可以给指挥官提供有用的信息,但总是有一定的风险,几个世纪前玛尔凯路斯正是因此而死。[17]

第二天,3个军团沿着与4年前塞斯提乌斯·加卢斯大致相同的进军路线抵达了斯科普斯山。此山在耶路撒冷以北约一英里处,从山上可以俯瞰城市。第十二军团"掷闪电者"和第十五军团"阿波罗"一起在这片高地上安营,而第五军团"马其顿"则在距另外两个军团几百码的后方。辅助兵和同盟军可能分散在这些营地之间。第十军团"海峡"按照计划抵达了耶路撒冷的远端,开始在橄榄山上搭建营地,士兵分成了若干工作组,分散开来。犹太人决定一致对外,联合起来冲出东墙,穿过汲沦谷,对孤立的第十军团发动了进攻。此次进攻出其不意,而且势头猛烈,让罗马士兵大吃一惊。此前,罗马士兵似乎很得意地认为敌军没有能力发动真正意义上的进攻。在这种情况下,许多罗马士兵大为恐慌,纷纷逃跑。军官费力地想组织起连贯的战线,但敌军攻上了山坡,占领了罗马军队的营地。罗马军队占据的本是天然的有利地形,但犹太人如此轻而易举地就攻打了下来,说明罗马军队疏于防范。提图斯及其私人卫队骑马赶到,但更多的部队还需要一段时间才能行进到此作战。

提图斯将一些逃跑的士兵集结起来,令其排好阵形,重新与敌军作战,然后率领骑兵向敌军两翼冲锋来支援军团士兵的推进。在整场叛乱中,犹太人始终没有集结大量的骑兵,而罗马骑兵移动迅速、纪律严明,最终总能给犹太人造成很大杀伤。罗马的反击逐渐扭转了局势,犹太人被原路打回。在渡过了汲沦谷的一条小溪后,犹太人成功在岸边停下来,阻止追击者前进的脚步。在一段时间里，战斗似乎变得不那么激烈了，双方之间零星地投掷着武器，进攻时也没有用尽全力。到了正午，提图斯认为危机过去了，便命令大部分部队回去继续搭建营地，同时安排了一个辅助兵步兵大队进行掩护，剩下的部队进行增援。可是，叛军安排了一个人站在城墙上监视罗马军队的举动，看到有部分罗马军队撤退后，便挥动斗篷向己方示意。于是，另一队犹太士兵发动了新的一轮进攻，他们从一个城门蜂拥而出，并且

> 冲出来时势头很猛，简直如同最凶残的野兽。事实上，罗马人没有一条战线准备好了应对犹太人的冲锋，罗马人像受到了机械发射的弩炮袭击一般，乱了阵脚，转身向山上逃去，把提图斯和几个随从丢在了半路的斜坡上。[18]

提图斯环绕山坡骑马奔驰，率领能找到的士兵发动了一系列孤注一掷的冲锋，并在部队最前面与敌军展开肉搏战。过了一会儿，一些正在劳作的部队放下了工作投入了战斗，一些集结起来的部队也参与进来。一段时间后，提图斯终于能够阻止敌军的进攻，将负责在前掩护的部队再次集结起来，让军团士兵回去完成建造营地的工作。[19]

在接下来的几天，有一队罗马士兵受到诈降的叛军引诱，来到距离城墙不远、处于敌军投掷武器射程内的地方，结果伤亡惨重，勉强逃脱。提图斯对生还者愤怒地发表了演讲，谴责其不听从命令就孤军深入这种无纪律的行为。这位年轻的指挥官宣布，自己将按照最为严厉的军纪传统处决这些士兵。听到指挥官这样说，被斥责的士兵的一大群战友聚在提图斯身边求情，向他保证

这种错误不会再次发生。这是提图斯做出的姿态，如同当年恺撒在与部队对抗时的表现一样，也是罗马元老在与一大群士兵打交道时的典型做法，他们在罗马广场与群众打交道时也是一样。在士兵的请求下，提图斯屈服了，不仅是因为他知道一次性处决这么多人并不现实，也是因为他觉得自己要求士兵严格服从命令的目的已经达到了。

大约与此同时，提图斯命令手下 3 个军团从斯科普斯山向城西侧移动，在更靠近城市的地方安营。敌军已经显示出，一旦罗马部队派出分遣队，他们就会非常乐于攻击这一薄弱部分，因此罗马部队面向城市排好阵形，以掩护辎重的运输以及营地随从人员的移动。提图斯将步兵排成三行，并且让步兵弓箭手排成第四行提供支持，还有三行骑兵提供紧密的支持。这三个军团再一次分驻在两个营地，提图斯本人与第十二军团"掷闪电者"、第十五军团"阿波罗"驻扎在距离城墙不到 0.25 英里的地方，第五军团"马其顿"则在更远一些靠南边的地方，正对着最初由希律修建的三座雄伟的塔楼之一的希皮库斯塔。[20]

在攻击第三道城墙，也就是外墙之前，提图斯再次率领自己的骑兵卫队亲自侦察防御工事，选择最合适的攻击地点以突破城墙。最容易越过城墙的地方距一位大祭司的坟墓不远，其确切的位置已经无从得知，似乎距如今的雅法门不远。提图斯命令部队将城墙外的地面清理干净，为建造包围工事做准备，并收集建造工事所需要的木材。守军试图用蝎弩以及更大的投射机向施工的士兵发射石块，干扰其施工。这些投射装置是在城市的堡垒中俘获的，或者是在公元 66 年击败塞斯提乌斯·加卢斯时缴获的。罗马的逃兵指导犹太人使用这些装置，一开始犹太人的准确度极其糟糕，不过随着包围战的持续，他们的技术稳步提升。在压制城墙上的守军时，罗马军队使用的是自己的弩炮——有一份较晚的文献称，每个军团都有 60 个蝎弩和 10 个更大的用于投石的投射机，不过根据战争的性质不同，军团在每次行动中携带这些武器的数量也会有相当大的不同。各种弩炮在包围战中的主要作用就在于此：进攻的一方试图让守军无法待在城墙上，从而无法阻碍他们建筑包围工事，而防守一方正是在努力这样做。按照耶路撒冷城墙和塔楼的规模来看，古代攻城器械发射的石块是不能破坏其防御工事的。

虽然罗马军队在双方互相发射箭镞和石块的过程中有伤亡，但最终施工的进度并没有实质性的减缓。由于罗马方面的投掷机械数量更多、个头更大（第十军团"海峡"的投石机尤为著名），而且操纵机械的士兵也更为训练有素，因此在这场并非一边倒的弩炮之战中，罗马军队获胜了。约瑟夫斯说，起初罗马军队投掷的石弹颜色很浅（可能就是在当地开采加工的），因此石块在飞行过程中犹太人很容易看到，城墙上的哨兵会适时大喊"宝贝儿上路了！"来提醒守军伏低躲避或者寻找掩体。得知此事后，罗马军队开始将石头涂成深色，让敌人不容易看见，给敌军造成的伤亡也大幅增加。这种发射物力量惊人。约瑟夫斯回忆道，在约塔帕他包围战中，自己曾看见一个投石机发射出来的石块击中了一个人的脑袋，这个人的脑袋飞了出去，最终落在距离身体 0.25 英里远的地方。更令人毛骨悚然的是，约瑟夫斯还描述了石块击中一位孕妇的场景，不仅这名女子当场死亡，她那未出生的孩子也被抛了出来。[21]

由于弩炮不能摧毁城墙，因此打开缺口主要是靠巨大的攻城锤，其头部由铁制成，形状很像公羊的头，因此就以公羊来命名攻城锤①。罗马军队主要在建造三个攻城坡道上下功夫，使攻城锤能够运抵城墙下。罗马工程师想要在敌军射程之外计算自己距城墙的距离，只能用铅垂线进行测量。在计算完距离，确认攻城坡道就绪后，军团始架设这些巨大的设施。提图斯早已下令建造弩炮阵地对坡道进行掩护，防止守军阻碍罗马军队使用攻城锤。在约塔帕他一役，一位加利利的大力士就曾扔下来一块巨石把攻城锤的铁头砸了下来。还有一次，守军把装满稻草的袋子垂下去，垫在攻城锤撞击的地方，缓解它对同一个地方连续的冲力。在罗马人的传统观念里，只要攻城锤还没有撞上城墙，城内的守军就还可以投降，要想提出合理的条件，也是有希望的。据约瑟夫斯记载，当罗马人的攻城锤第一次撞上城墙之时，巨大的撞击声响彻城内的街道，耶路撒冷城内升起一片哀叹声。西门和约翰又艰难地达成了一项协议，西门允许奋锐党人穿过自己手下士兵把守的城区以奔赴城墙受到威胁的区域。在城墙上，犹太人向下投掷燃烧的武器，并向视线范围内的所有罗马人射击。有几队犹太士兵冲出城外，举着火把焚烧攻城锤和包围工事。虽然犹太人的突袭很勇猛，但在提图斯的指挥下，罗马的弓箭手和弩炮手联合起来，同时依靠骑兵冲锋的掩护，打退了每次进攻。[22]

　　虽然罗马人成功守住了他们建造的工事，但起初攻城锤撞击城墙的效果并不明显，只有第十五军团"阿波罗"使用的攻城锤破坏了一座塔楼的一角。天色不早了，越来越多的罗马部队鸣金收兵，因为看起来敌军主要的威胁已经消除。不过，罗马人再次

---

① 攻城锤的英文是"battering ram"，其中"ram"即"公羊"。

低估了敌军的决心，犹太人从希皮库斯塔附近一处隐蔽的城门发动了第二次进攻。此时，来自埃及军团的特遣队顽强抵抗，在敌军眼看就要成功的时候阻止了敌军前进，为自己赢得了名声。这次，提图斯亲自率领骑兵向叛军冲锋，据说亲手杀死了12名敌兵。在战斗中，罗马军队俘获了一名犹太士兵，罗马指挥官下令，将其钉死在十字架上，让城墙上的守军都能看到：与罗马作对，下场就是这样。但是，敌军突袭时所展现的士气使罗马士兵感到紧张不安。当天夜里，罗马军队建造的一座攻城塔倒下了，许多士兵大为恐慌，直到军官四处解释混乱出现的原因这种情绪才平息下来。罗马军队一共修建了三座这样的塔，每座对应一个坡道，目的是给罗马的弓箭手和发射蝎弩的人提供一个平台，可以居高临下射击城墙上女墙后的守军。犹太人渐渐失去了在己方工事里作战的能力，攻城锤开始显现出了效果，最后终于有一个攻城锤打开了缺口。大部分叛军认为外墙已经守不住了，于是退回第二道城墙后面。罗马的突击部队从缺口爬了进去，剩下的少数犹太士兵也纷纷逃跑。经过15天的包围，耶路撒冷外墙陷落。提图斯下令将大部分外墙拆除，并损毁城市这一区域的许多建筑、花园和其他设施。除了第十军团"海峡"仍然留在橄榄山，其他军团都来到这片刚被夷为平地的区域安营。[23]

第二道城墙

虽然守军放弃了第三道城墙，但其对第二道城墙的防守展现出了与之前相同的坚决和凶猛。在罗马士兵为进攻做准备时，犹太士兵不断发动突袭，双方发生了多次激烈的冲突。约瑟夫斯称，

叛军仍然有信心守住城市，并渴望赢得指挥官的赏识。而对于罗马士兵来说，

> 刺激他们勇猛作战的是习惯性地取得胜利而不经历失败，以及他们连续的战役、不辍的训练，他们帝国的庞大。更重要的是提图斯，这个始终待在每位士兵身边的将军就是最大的动力。当恺撒与士兵在一起并肩作战时，胆怯的行为是不可理喻的，而作战勇敢的士兵会被提图斯看在眼里，并受到奖励。[24]

在这个阶段，有一位来自辅助兵侧翼辅军部队的骑兵独自冲向了敌军在城墙外排成的紧密方阵，长驱直入，杀死 3 名敌军士兵后毫发无损地策马返回。罗马军队很久以来就有奖励这种英勇行为的传统，至少可以追溯到波利比乌斯时代。这次，提图斯表扬了这位名叫朗基努斯的士兵（这个名字很常见，特别是在辅助兵中），但也警告部队不要为了追求荣誉而鲁莽行事。

罗马人发现，接近第二道城墙比上一道更容易，他们在 5 天内就用攻城锤在一座塔楼上撞开了缺口。提图斯率自己的私人卫队以及 1000 名军团士兵进入城内，而且起初几乎没有遇到敌军的抵抗。然而，提图斯忘了命令施工队扩大缺口——约瑟夫斯称，这是因为提图斯仍然对耶路撒冷城内守军投降抱有希望，想尽量减少不必要的破坏，不过这似乎不太可能。很快，突击部队发现很难在城内错综复杂的狭窄街道内行进。叛军发动了反击，由于其人数众多，而且对当地的情况更了解，因此相比于罗马军队具有明显的优势。罗马军队伤亡惨重，很快就被迫撤退，但由于缺

口过于狭窄，部队很难快速撤出，援军也很难快速上前援助。提图斯率领一队弓箭手作为后卫部队掩护其他部分撤退，并与敌军展开了殊死的搏斗。据说在这场战斗中，提图斯箭无虚发地射中了12名敌军士兵，其高超的射术比他之前所展示出的用剑和用矛的技巧毫不逊色。[25]

看到罗马军队撤退，守军士兵大受鼓舞，恢复了决心，在城墙上又多守了三天，但第四天罗马军队发动了第二次进攻，并取得了成功。这一次，罗马军队奉命拆除了缺口那一面绝大部分的城墙和建筑，从而获得了更多的活动空间。罗马军队的失利只是暂时的，但也需要看到，罗马军队花了几天时间才准备好发起第二次进攻。要想攻击敌军把守的要塞，参与攻城的士兵必须要很勇敢，甚至要比在普通战场上厮杀的士兵更勇敢。为了给士兵更多时间恢复体力，同时提振士气，提图斯下令部队暂缓修建包围战的主要工事，举行正式的阅兵仪式以领取薪水。通常，部队一年有3个发放薪水的日子，分别是1月、5月和9月的第一天。耶路撒冷的阅兵发生在6月初，这说明薪水至少晚支付了一个月。

这次阅兵仪式极为盛大，持续了4天的时间，每个军团轮流接受检阅并领取应得的薪水。部队花了很多时间擦亮铠甲和武器，每位士兵和各个军团之间都在相互竞争，都想尽可能展现出最好的一面。因此，阅兵场面极为壮观，全城的人都能看得到。只见罗马军队队列紧凑，士兵将色彩鲜明的盾牌第一次从皮制的保护套中取出。对于罗马人来说，此次阅兵使其想起了自己以及军团的荣誉，也提醒其在军队服役可以得到看得见摸得着的好处。对于叛军来说，此次阅兵是对罗马军队力量和威势的展现。虽然阅兵并没有促使敌军立刻投降，但是让部队回到正式的日程安排，举行和平时期的仪式，有助于让部队对之后更加艰巨的任务做好准备。[26]

安东尼亚堡垒和圣殿

包围战进入了下一个阶段，即修建攻城坡道进攻安东尼亚堡垒以及第一道城墙。第五军团"马其顿"负责修建进攻安东尼亚堡垒的第一条坡道，而第十二军团"掷闪电者"在大约30英尺开外的地方修建另一条坡道。第十军团"海峡"和第十五军团"阿波罗"各负责修建一个坡道来进攻城墙，相距约45英尺，可能距离现在的雅法门不远。（还有一种说法是，四个军团两个一组修建一条坡道，各负责一端。但这种说法无法证实，而且即使真的是只有两条坡道而非四条，也不会影响对于此次包围战的基本叙述。）[27] 由于城墙，尤其是安东尼亚堡垒的外墙很高，再加上守军射击的精准度逐步提高，施工的难度极大。此外，守军也经常发动突袭，因此罗马军队需要有大量士兵始终手持武器保护修建的工事。尽管如此，罗马士兵坚持不懈，在17天的劳苦作业后终于完成了全部坡道的修建。由于施工需要大量木材，因此方圆几英里内山上的树木全部被砍伐一空。

坡道的完工给罗马人带来了巨大的成就感，但很快这种成就感就化为乌有，因为在攻城锤还没移动到指定位置时犹太人就把坡道破坏了。就在罗马人精疲力竭地建造坡道时，吉斯喀拉的约翰却率人从安东尼亚堡垒开始，在攻城坡道下面挖了一条地道。地道顶棚以木桩支撑，而且木桩上涂了沥青，周围也堆满了易燃材料。最后，犹太人将地道付之一炬，熊熊大火燃着了木材，导致地道塌陷，使罗马人的攻城坡道也一并塌陷。烈火很快就在修建坡道的干燥木材中蔓延，哪怕没有立刻塌陷的部分也很快就烧毁了。两天后，西门也取得了与对手约翰同样的成就，他派人出城突袭罗马部队，把面向自己这部分城墙的攻城坡道也点燃了。面对这次突袭，罗马人陷入了极大的混乱，犹太人甚至都快要洗劫部分罗马军营了，全靠军营防御土墙前誓不放弃阵地的警戒哨兵，犹太人的进攻才被打退。之后，本来在安东尼亚堡垒那里检查坡道损毁程度的提图斯率领私人卫队赶到，向敌军部队的侧翼发动冲锋，而且自己冲在最前面。面对罗马纪律严明的骑兵部队，犹太步兵再一次束手无策，伤亡惨重，不得不退回城中。但是，犹太人的胜利并未因此而打折扣，因为他们破坏了罗马士兵费了很大力气修建的工事。[28]

在遇到这些挫折后，罗马军队的士气大为低落，令人担忧。罗马历史学家卡西乌斯·狄奥称，有些士兵对于攻下耶路撒冷感到绝望，转而逃跑加入了城内叛军的队伍。提图斯召集高级军官开了一次紧急会议讨论此事。有些人提议，立刻全军出击攻打耶路撒冷，以图一举击垮守军并攻下城市。但是，这样一次进攻有遭到失败、伤亡惨重的风险，这样一来，部队士气就会受到严重打击，再也无法扭转。还有些人建议，在耶路撒冷周围修建围墙，将城内的人困在里面，使其因饥饿而投降。只是这样做不可避免地需要花很长时间，而且即使获胜也不够激动人心，提图斯的父亲不能指望这种胜利来巩固权力。提图斯赞同更为温和的观点，决定重新开始修建坡道并发动攻击，尽管这需要大量的木材，而现在的木材可能不仅难找，而且如果敌军再将其毁坏掉，肯定无法再快速地换上新的一批。

　　然而，在让军队重建坡道之前，提图斯先让部队修建了一排环城的围墙，每个军团及其下属单位负责修建围墙中的一段。围墙很可能是用于石块垒起来的，很像如今在马萨达仍然能见到的小型围墙。罗马军队在完成大型项目的过程中都会采用这种方法，比如哈德良长城上能见到很多铭文，记录着某段长城由某军团某百人队建成。这种分工有管理方面的实际考量，但另一方面也是为了利用士兵对于自己所在集体的荣誉感，因为各个军团都想抢在其他军团前面完成分配给自己的任务。提图斯不停地走访各个工作组，鼓励部队，让大家相信自己所做的一切指挥官都看在眼里，勤劳肯干的人和偷懒耍滑的人都会很快得到相应的奖励或处罚。3 天之后，一条环绕城市的长约 5 英里的围墙修建完成，上面还有 15 个堡垒。每天晚上，提图斯都要沿着围墙亲自巡视，探访沿途的哨兵和警戒部队。提比略·亚历山大负责第二轮的巡视，第三轮的巡视则通过抽签选出一名军团副帅来执行。[29]

　　提图斯给手下士兵的任务虽然艰巨，但可以在很短的时间内完成。围墙建成后的欣慰感使得士气也重新提振起来。对于守军来说，罗马人修建的围墙发出了一个明确的信号，即没人能从城内逃出，而小队士兵想要出城寻找食物也更加危险。耶路撒冷城内的食物开始严重短缺，受影响最大的是城内的平民，因为士兵会不顾一切地夺取找到的食物，对此平民无能为力。然而，如果试图出城向罗马军队投降，则有立刻遭到处决的风险。而且，进入罗马军营也并不总是件安全的事。在包围战进行期间，曾有人看到一些已经放弃抵抗的平民从自己的粪便中捡出金币。这些平民之前把金币吞了下去，防止任何一方的士兵将自己的金币没收。于是谣言蔓延开来，说逃亡者肚子里边都是金子，因此罗马军营的随员、辅助兵以及一些军团士兵会残忍地杀害所有抓到的敌军俘虏，剖开他们的肚子寻找财富。提图斯感觉很可怕，尤其令他担心的是这种暴行会让其他人再也不敢向罗马军队投降，于是他向部队训话，并且保证会处决犯下这种罪行的元凶，虽然实际上并没有找到元凶。即使如此，依然有人幻想着俘虏体内藏有金币，因此在没有高级军官在场的情况下，这样残忍的谋杀事件仍有发生。[30]

建好了围墙后，罗马军队开始面朝安东尼亚堡垒建造新的攻城坡道。建筑原料短缺，罗马军队不得不到 11 英里开外的地方砍伐树木。21 天后，新的攻城坡道建好了，中途守军不断的突袭仍然在令施工变得困难。但这一次，吉斯喀拉的约翰再次率军出城想烧毁坡道时，却发现罗马军队坚决地固守在坡道旁，而且还得到了弓箭手和蝎弩手强有力的支援。犹太人的突袭组织混乱，而且没有向罗马军队施加很大的压力。罗马人把攻城锤运来，开始撞击安东尼亚堡垒的外墙，同时从攻城围墙上居高临下发射了密密麻麻的武器，力图压制守军。一些罗马军团的士兵组成了龟甲形攻城阵（testudo），将盾牌举过头顶，相互重叠着组成了保护层，并在盾牌下用铁棍将城墙中的石头撬出来，从而破坏城墙。虽然罗马军队齐心协力地努力了一整天，但收效甚微。然而一夜之间，一切都变了。由于之前约翰的部队所挖的地道破坏了安东尼亚堡垒的地基，堡垒突然就塌陷了。罗马人惊讶地看到，安东尼亚堡垒裂开了很大的一个口子。奋锐党人之前预计到了可能出现的危险，已经匆忙在堡垒后面修建了一堵新墙，切断了直达圣殿的路线。然而，由于巨大的堡垒坍塌所产生的碎石堆积在附近，因此这座新墙攀登起来比较容易。[31]

虽然提图斯发表演讲激励士兵，并承诺会给第一个登上女墙的人奖励，但令人吃惊的是，罗马军队却不愿意进攻这个临时建成的工事。只有十几个辅助兵做出了回应，领头的是一位名叫萨宾努斯的叙利亚人，他体形消瘦，皮肤黝黑，绝不是人们眼中勇敢士兵的理想形象。萨宾努斯向在一旁观看的将军大喊着致意，然后率领其他士兵冲上斜坡，却为敌军所杀，还有 3 名士兵也一同战死。剩下的士兵也都负了伤，但他们撤回了罗马部队中。其余罗马军队无意在这些勇士的感召下冲锋陷阵。然而，两天之后的晚上，20 名前哨士兵自发组成一支小队登上了敌军的防御土墙，加入该小队的还有一名旗手（signifer）、一名号手，以及一些辅助骑兵。这支小队将犹太哨兵杀死或者打退，而后让号兵吹响了军号。

据现有的材料来看，这一事迹并不是由于上级指挥官的命令，而仅仅是一群想要赢得名声和奖赏的士兵的壮举。即使如此，提图斯立即知晓了发生的情况，并马上集结了一支部队守住已经占据的立足点，然后乘胜追击，派士兵进入圣殿院内。这里的战斗十分激烈，犹太人努力地要守住这个至为神圣的场所。由于现场一片黑暗，指挥官几乎无法组织部队作战，不过紧张的战局一直持续到第二天午后，犹太人才终于将罗马人打退。在这场战斗中，一位名叫尤利安努斯的比提尼亚百夫长曾孤身一人穿过圣殿的院落冲向敌军，将其逼退，却未能让其他罗马士兵跟着自己一同冲锋。最后，尤利安努斯的钉有平头钉的军靴（caligae，卡利古拉的绰号就来自这个词）在石板上打滑了，敌军见他摔倒，围拢过来，将他砍成了碎片。这些壮烈牺牲的英雄故事与恺撒在《高卢战记》中讲述的、用以减轻自己失败的影响的故事很像，因此很有可能的是，这些故事是收录于提图斯本人的战记中的——约瑟夫斯声称自己参考了提图斯的叙述。[32]

在第二次进攻圣殿之前，罗马军队做了更充分的准备，提图斯下令彻底夷平安东尼亚堡垒剩余的部分，并修建一条宽阔的通向圣殿院落的攻城坡道。他们只留下一座塔用作观察哨。罗马将军还让约瑟夫斯给吉斯喀拉的约翰递个话，正式向其发起挑战，告诉他可以到外边来打。提图斯摆出这一姿态，部分原因是想向城内广大群众强调，正是一些激进领导者的所作所为才导致其受苦受难；另一部分原因可能是想鼓励自己的军队，向其证明敌军害怕与罗马军队正面战斗。犹太方面叛逃的人员越来越多，尤其是贵族成员，只要能够躲开犹太士兵的监督，他们就会逃亡。

几天后，提图斯集结了一支特殊的攻击部队，由副帅凯里亚里斯指挥。这支部队分为几个临时作战单位，每单位有 1000 人，由一位保民官指挥，士兵则是从各个百人队中挑选出的最勇敢的 30 人。提图斯单单将这些人挑选出来，希望这支部队在自豪感的促使下更加奋勇地作战，以证明这一选择是正确的。进攻发生在夜里，提图斯在安东尼亚堡垒剩余的那座塔楼观察战况。约瑟夫斯宣称，年轻的指挥官本打算像此役早些时候那样亲自率军突击，只是被军官阻拦住了。当然，每个指挥官都会遇到这样一个两难的选择，是留在后方还是亲自上阵。留在后方就很难看到战场的情况，更难对战况施加影响；亲自上阵就有死亡或被俘的风险。公元 67 年，韦帕芗第一次进攻加马拉以失利告终。韦帕芗对无法亲自指挥战斗感到沮丧，于是率私人卫队入城。结果敌军发动反击，罗马军队在溃散之时，韦帕芗与其他军队被分割开来。他在脚部负伤的情况下，率自己的私人卫队杀了出去。在耶路撒冷，提图斯再次向士兵强调，自己留在后方的主要原因是想更好地观察每位士兵的表现。

起初，进攻起到了出其不意的效果，但守军迅速集结起来，争夺宽阔的圣殿院落，而且人数越来越多。这次的夜战同样延续到了第二天，双方不分胜负。大部分圣殿院落都掌握在犹太人手里，只有一个狭小的角落例外。罗马军队用了7天时间在安东尼亚堡垒的废墟上修通了一条路，以便更容易地派军队支援进攻。路修通后，罗马军队又开始修建攻城坡道，好把攻城锤运来，撞击第一道城墙，即便这些工事所需的木材现在得从约12.5英里开外的地方运过来。虽然在两次主要的进攻之间 度出现过短暂的休战，但每天仍会有散兵战和袭击。有一队罗马骑兵在外出搜集粮草时，放任自己的马随意游走，结果敌人把马偷去。提图斯下令将其中一名骑兵处决。由于罗马军队的封锁，城内的物资现在极为短缺。约翰和西门把部队合二为一，向第十军团"海峡"在橄榄山上的营地发动全面进攻，希望从这里冲破罗马人的包围圈。经过一场苦战，罗马军队将其打退，并且罗马骑兵一直追过了汲沦谷。一位辅助骑兵杀出来，在以步兵为主的大队中，他所属的骑兵部队薪酬较少，名望也较低，但这位辅助骑兵策马冲进溃逃的敌军之中，抓着一位敌军士兵的脚踝将其拎了起来。罗马骑兵使用的是四角马鞍，使他们能较为安稳地坐在马背上，但即便如此，这一举动也体现出了这位士兵惊人的力量，以及对敌军的轻蔑。这位士兵载着俘虏回去，把俘虏放到了提图斯面前，得到了提图斯的表扬。俘虏的犹太士兵则被钉在十字架上，让城墙上的人都能看到。在这次包围战中，罗马士兵多次用各种怪异的方式把敌军俘虏钉在十字架上，以此自娱。[33]

圣殿院落中的苦战仍在持续，双方都点燃了部分门廊来增强本方阵地的防御力。与此前一样，守军士兵仍然在全力骚扰建造攻城坡道的罗马士兵。这段时间，约瑟夫斯讲到了一个名叫约拿单的矮小的犹太人。此人向罗马人挑战，要求任何人出来跟他单打独斗。罗马的一名骑兵走上前去，却不慎滑倒，被约拿单杀死。这位骑兵明显是下了马，这表明在包围战中的危险行动里，罗马骑兵也有义务下马发挥其他作用。约拿单的胜利只是短暂的，因为很快就有一位名叫普利斯库斯的罗马百夫长用箭射死了他。守军放弃了一部分提前已经准备好要烧掉的门廊，引诱一些鲁莽的罗马士兵上前，进入自己设下的陷阱中，这些罗马士兵不是被烧死，就是被犹太人杀死、俘虏。这样，守军又取得了一些胜利。数天后，罗马军队试图通过攀登云梯攻占圣殿的其他部分。梯子搭在一座门廊上，罗马士兵登上梯子，却无法继续前进。前排有几名旗手，他们扛着沉重的军旗，几乎无法自保。围绕这些部队荣誉的象征，双方展开了一场苦战，结果犹太人杀死了所有爬到梯子顶上的罗马士兵，而且俘获了罗马军旗。在接下来的几天，罗马人又烧毁了更多外部的门廊，但由于圣殿规模恢宏，而且石材质量高，因此攻城锤没有起到多大效果。[34]

约瑟夫斯记载，提图斯之后召集军官举行会议，明确表示自己仍然希望不要破坏圣殿。对于这位犹太历史学家来说，很重要的一点是，圣殿毁坏这一可怕灾难的责任，不能落在自己的英雄提图斯身上，而要落在激进的叛军首领身上。在圣殿院落未遭毁坏的地方，战斗仍在继续。有一次，提图斯看到步兵战线似乎有崩溃的危险，于是派自己的骑兵卫队前去增援。这一次，提图斯又是在安东尼亚堡垒废墟上的有利位置注视着战况。罗马军队逐渐占领了越来越多的地方，而犹太军队则退到了内院之中。随后，在混战之中，罗马人将犹太人从内殿中驱逐了出去，而圣殿最中心、最神圣的地方也着火了。是谁点的火不得而知，但火势很快失去控制，而且很多罗马士兵并不想灭火。提图斯试图组织一支灭火部队，他告诉一位百夫长和自己的一些下属，如果有人不服从命令，就用武力处置。不过，这丝毫没有维持住现场的秩序。有传言称在圣殿中有很多财宝，士兵因此急切地开始劫掠，而且他们极为渴望摧毁敌军的至圣之所，因为自己遭到了如此坚决的抵抗。在罗马军队攻占圣殿的最后一幕中，场面极为混乱，许多建筑都在大火中化为灰烬，而许多在圣殿附近躲避的平民也遭到屠杀。现在是 8 月末了。[35]

后来，部队逐渐恢复了纪律，罗马军队开始了更为正式的庆祝，他们在圣殿院落中陈列军旗，并举行献祭仪式。很快，罗马军队又攻下了旧城，并进行了劫掠。约瑟夫斯提到，罗马军队在耶路撒冷多次劫掠，以至于士兵们返回自己的守备部队后，叙利亚的黄金价值都降低了一半。有时，罗马军队在劫掠时也会遇到叛军在做同样的事情。有一位罗马军团骑兵（在这一时期，每个军团都有一支由 120 人组成的小型骑兵部队）被俘，但在受到处决之前逃了回来。提图斯又开始了其戏剧性的表演，他先是在士兵的恳求下让步了，没有将这个被敌军俘虏的士兵处死，但也羞辱了这名士兵，把他从军团中开除。虽然罗马军队仍然偶尔会遇到小规模的抵抗，但圣殿陷落后，守军的士气已经低落了。吉斯喀拉的约翰和吉奥拉之子西门试图开启和谈，但为时已晚，罗马人予以拒绝。罗马军队用了 18 天修建攻城坡道攻打上城，而叛军如今已经士气涣散，而且由于饥肠辘辘几乎已经失去了抵抗的能力。攻城锤在城墙上撞开了缺口，结果罗马的突击部队甚至还没抵达缺口的时候，守军就已四散而逃。耶路撒冷包围战结束了。吉斯喀拉的约翰投降，被判处终身监禁。西门则成为提图斯凯旋式上最重要的俘虏。此时已快到9月末了。[36]

围城结束后，提图斯举行了一个正式的阅兵式来感谢和奖励手下士兵。

> 于是在提图斯之前所驻扎的军营正中间，建起了一座宽敞的台座。提图斯与部队主要的军官一起登上台座，向全军发表讲话。提图斯深深地感谢了士兵一直以来对自己的忠诚……
>
> 紧接着，提图斯指示军官宣读所有在战争中表现英勇的士兵的名字。每念到一个士兵，这名士兵就走上前来，提图斯给予其表扬，而且和领奖的士兵一样兴高采烈，就好像这些功绩是自己的一样。之后，提图斯将黄金冠冕戴在士兵的头上，给他们发放金项链、小型的金长矛以及银质的军旗，并将每位士兵的军衔提拔一级。在此之后，提图斯还从战利品中拿出了大量的金、银、华服以及其他东西奖励给这些士兵。在提图斯觉得所有的人都得到了应有的奖赏后，他向全军表达了祝福，而后在全体士兵的欢呼声中走下台座，开始为感谢罗马军队取得的胜利而献祭。士兵将一大群公牛带到了祭坛旁，提图斯献祭了所有的公牛，而后把牛肉分发给全体士兵来摆设宴席。[37]

通过这次阅兵仪式，指挥官作为评判士兵表现的裁判者的角色得到了强化。在三天的盛宴后，仪式结束了。此后，第十军团

"海峡"成为耶路撒冷的守备部队。第十二军团"掷闪电者"显然没有完全弥补之前遭遇的惨败，因为该军团没有获准返回其位于叙利亚拉法那埃的原本的基地，而是调到了卡帕多西亚和亚美尼亚交界处的一个地区，条件远为艰苦。在举行了多次的庆典和仪式后，提图斯回到了意大利，他在抵达之后立刻极为热情地问候了自己的父亲，打消了人们对内战的担忧。皇帝及其长子共同为庆祝平定犹地亚的胜利举行了凯旋式，吉奥拉之子西门在凯旋式上被绞死，将仪式推向了高潮。韦帕芗发现，游行队伍的行进速度缓慢，极其累人。有人听到韦帕芗小声抱怨，说自己这么大年纪还贪图这样的荣耀，真是活该受罪。不过，这个新的王朝取得了它所需要的伟大胜利，巩固了统治，而且努力地把这一成就向人们全方位地展示。在接下来的几年里，提图斯拱门建成了，上边描绘提图斯凯旋场面的浮雕一直留存到了今天。这是韦帕芗建筑计划的一部分，该计划还包括建造罗马斗兽场。通过这个建筑计划，韦帕芗给城市中的穷人提供了就业机会，而且帮助此前遭大火毁坏并进一步因尼禄兴建的各种浮夸工程而面目全非的罗马重建了它的市中心。[38]

韦帕芗成功恢复了罗马帝国的稳定。他遭到谴责的唯一缺点就是贪财，但其贪婪的主要原因可能是想重新充盈被尼禄挥霍一空的国库。韦帕芗死于公元 79 年，生前最后一句话是："我觉得自己正在成为神。"这是在讽刺罗马总是将去世的皇帝神化的惯例。在其葬礼的行进队伍中，一位演员戴着皇帝的面具以及官衔的象征物，扮成韦帕芗的样子，并大声问葬礼的组织官，这么大的排场花了多少钱。在得到了一个庞大的数字后，这位演员说，只要花百分之一就行，尸体可以直接扔进台伯河。

提图斯在父亲在世期间指挥着禁卫军，还替其父亲做了许多见不得人的勾当。继位后，他的统治温和仁慈，而且公平公正，使人们惊讶但也欣慰。为了符合规矩，提图斯送走了他长期以来的情妇，身为大希律王后裔的贝勒尼基女王，也放弃了经常陪伴自己娱乐的那群太监和男同性恋者。与父亲一样，提图斯在成为皇帝之后比之前更加受到民众的欢迎。但提图斯的任期很短，公元 81 年，他也去世了，年仅四十多岁，继位的是他的弟弟图密善，但其受欢迎程度和才华都远远不如提图斯。[39]

13

最后一位伟大的征服者

图拉真和达契亚战争

他总是与普通士兵并肩行进，在整个战役中一直认真下达命令、布置队伍，率领军队在不同的时候采取不同的队形。士兵蹚过的河流他都蹚过。有时，他甚至会让哨兵谎报军情，目的是让士兵可以进行军事演习，同时对任何危险都所所畏惧，时刻做好准备。[1]

奥古斯都死后，罗马帝国的领土就基本没有扩张过了。在公元 1 世纪余下的时间里，罗马帝国吞并了一些盟国，使其成为罗马直接统治的行省，领土真正有所扩张的情况只有公元 43 年克劳狄乌斯派军队入侵不列颠。罗马共和国最后几十年中的伟大征服者同时也是内战的主要发动者，这些内战将罗马共和国弄得四分五裂，因此皇帝不敢冒险让任何一位指挥官以相似的方式赢得名声和荣誉。任何元老都绝不能取得盖过元首的军事成就，这一点极为重要。就连奥古斯都也曾开除了一位埃及总督，并且迫使其自杀，原因是此人在庆祝胜利时过于张扬，尽管他仅仅是一位骑士，而不是元老院的成员。提比略、韦帕芗和提图斯在登上皇位前就已经取得过辉煌的军事成就，但卡利古拉、克劳狄乌斯、尼禄和图密善就没有此项优势了，因此更不愿意让潜在的对手获得过多威望。我们已经看到，克劳狄乌斯将科尔布罗从莱茵河对岸召回，不让其继续去收复公元 9 年失去的部分日耳曼行省。同样是克劳狄乌斯，在公元 43 年不列颠远征第一次战斗进行到高潮的时候，一定要确保自己在场。

克劳狄乌斯在不列颠一共待了不到两个星期，但当罗马军队在泰晤士河北部大败不列颠人以及攻占不列颠人首都卡姆罗多努姆（科尔切斯特）时，克劳狄乌斯都在场。在这些战役中克劳狄乌斯究竟发挥了何种作用是很可疑的，但重要的是，他觉得自己花了 6 个月的时间从罗马长途跋涉来到这里主持这场胜利是值得的。虽然克劳狄乌斯在不列颠逗留的时间很短暂，但这段经历有助于将皇帝本人与征服这座神秘的岛屿联系起来——尤利乌斯·恺撒也不过是到访过这里，而没有征服此地。之后，克劳狄乌斯在返回罗马后就得以行进于"圣道"上举行凯旋式。皇帝举行凯旋式的做法并不寻常，因为胜利都是其副帅代为取得的。这场胜利的宣传声势浩大，皇帝举行了运动会，建造了大量的纪念建筑，而且克劳狄乌斯及其儿子都开始使用"不列塔尼库斯"这一名字。所有这些宣传都是为了明确一点，那就是这场胜利是皇帝取得的。克劳狄乌斯初登帝位的经历并不光彩：卡利古拉死后，克劳狄乌斯在一片混乱中躲在一块帘子后面，禁卫军发现了他，把他拥立为皇帝，虽然他并不是元老院期望的皇帝人选。对于这样一个皇帝来说，不列颠之战足以证明其有权利和能力当罗马的"第一公民"。[2]

从长远来说，奥古斯都创立的政治体制不利于罗马帝国的进一步扩张。多数皇帝都不愿意用很长时间对外作战去征服新的土地，而且也不信任代替其作战的将领。在奥古斯都统治时期，有些作家就曾宣称，罗马已经控制了地球上所有的最好、最富庶的土地，进一步扩张的话代价大于收益。这话有一定道理。而有些现代学者的观点是，罗马帝国之所以停止扩张，是因为与帝国相邻的部落是罗马人依靠当时的军事体系无法轻易打败的，只是这种说法缺乏证据。但可以肯定的是，尤利亚-克劳迪亚王朝建立起的职业军队无法快速或轻易地扩大规模以进行新的军事探险。正如奥古斯都在公元 6 年和 9 年所发现的那样，征兵制极其不得人心，因此继任的皇帝只要能不采用征兵制就绝不会采用。从平均水平来看，罗马帝国军队作战的效率要远远高于马略之前罗马共和国的民兵部队，但罗马共和国时期的后备兵员仿佛无穷无尽，在布匿战争中这个优势发挥得淋漓尽致，罗马帝国就没有这个优势了。

在元首制下，军队的主要任务是控制行省（小到维持治安，大到镇压叛乱）以及保卫边疆，后者一般是通过外交与武力控制邻近民族相结合的手段而实现的。武力控制即扬言或实际派部队远征报复。征服性的战争很罕见，虽然在几个世纪中罗马帝国及其统治者的意识形态仍然是扩张性的。在罗马人看来，罗马的绝对统治权继续扩大是很好的一件事，但正如以往一样，这并不一定就真的要吞并更多的土地。即使某个地区没有罗马军队占领，也没有罗马官员统治，罗马的权力仍然可以在这个地区得到尊重。有许多地区从来没有罗马军队进驻，但罗马人也将其视为自己帝国的一部分。在元首制下，多数战争都是因罗马人决意捍卫、扩大罗马的绝对统治权而发起的。

图密善花了数年时间在莱茵河和多瑙河边境监督部队作战，虽然他本人不太可能直接指挥过战斗。在日耳曼，罗马军队修建了一排边境堡垒，位置要比过去推前很多，但通过这种方式也只吞并了一片相对较小的区域。罗马军队为了控制与边境行省紧邻的各个部落经常与其作战，而图密善发动的这些战争也是出于这个目的，只不过规模更大而已。下默西亚行省屡遭达契亚人袭击，作为回应，罗马军队入侵了达契亚，但罗马人不太可能打算永久占领入侵的土地，而且到头来这些作战行动并没取得多大成功。当时禁卫军长官科尔内利乌斯·福斯库斯指挥了一支军队——元老院成员对于这个安排很反感，因为在他们看来，军队的指挥官应该是自己这个阶级的一分子，而不应该仅仅是个骑士——结果这支军队在公元86年被达契亚人打得惨败，很可能全军覆没。[3] 在统治期间，图密善与元老阶级的关系不断恶化，使其不像父亲和哥哥那样得人心，在文献中也没有得到好的评价，因为现有的文献主要都是元老写给元老看的。最后，图密善在公元96年的一场宫廷阴谋中遭到谋杀。元老院任命了一位自己的成员做皇帝，那就是年迈的涅尔瓦。

涅尔瓦是爱德华·吉本所说的"五贤帝"中的第一位。这五位皇帝在公元2世纪统治了罗马帝国，而且当时正是帝国的权力和财富达到顶峰的时期。接任涅尔瓦的是图拉真，后者的主要精力都用于对外扩张。图密善曾在达契亚作战，但效果很不理想，而图拉真征服达契亚则是建立在这一基础上，其根源是疆界问题。形成对比的是，入侵帕提亚、进军波斯湾的战争则主要出于罗马贵族一直以来对于赢得荣耀、打败强敌的渴望。

图拉真的背景及其崛起之路

图拉真出生于西班牙的意大利卡城，并在那里长大。这座城市是大西庇阿在公元前 206 年赢得了伊利帕战役后建立的殖民地。图拉真的家族宣称，自己的祖先就是最初在这里定居的罗马和意大利士兵的一员。意大利卡不断地繁荣发展，逐渐成为西班牙面积最大，也最为重要的城市之一。城内的居民似乎具有拉丁公民权，不过当地的贵族可以通过担任当地的高级职务而获得完整的罗马公民权。如果有足够的财富（而且即使在地方层面想要取得政治成功也需要财富），这些家族就可以成为骑士，并将儿子送入帝国的官僚体系。随着时间的推移，有一些家族积累起了大量财富，并赢得掌权者青睐而进入了元老院。在公元前 1 世纪，尤其是在奥古斯都掌权时期，许多意大利贵族得以成为元老。而在继任的皇帝治下，有越来越多来自行省的人进入了元老院，其中有些人是罗马殖民者的后代，不过也有越来越多的人是获得了罗马公民权的本土贵族。克劳狄乌斯把许多高卢人带入了元老院。到公元 1 世纪末，元老院中还有来自西班牙、北非以及希腊东部的成员。

不论其种族背景如何，这些人无论从法律上还是文化上都是罗马人，而在公共生活中，这些人的行为举止也与意大利甚至罗马元老没有显著差别。在元首制下，罗马的统治精英阶层逐渐吸纳了大多数行省的有权有钱的人们，但依旧保持着其传统气质。这一举措也使得大多数行省极少发生大规模叛乱，而发生叛乱的地方就是当地贵族没有进入帝国政治体系的那些行省。在图拉真之前，还从未有罗马皇帝与意大利的联系如此微弱。图拉真的继位者是其表侄哈德良，他也来自西班牙，初到罗马时其浓重的乡音受到了许多元老的嘲笑。公元 2 世纪末时，来自北非大莱普提斯的元老塞普蒂米乌斯·塞维鲁登上帝位。后来，罗马皇帝中还有叙利亚人、希腊人、潘诺尼亚人以及伊利里亚人。[4]

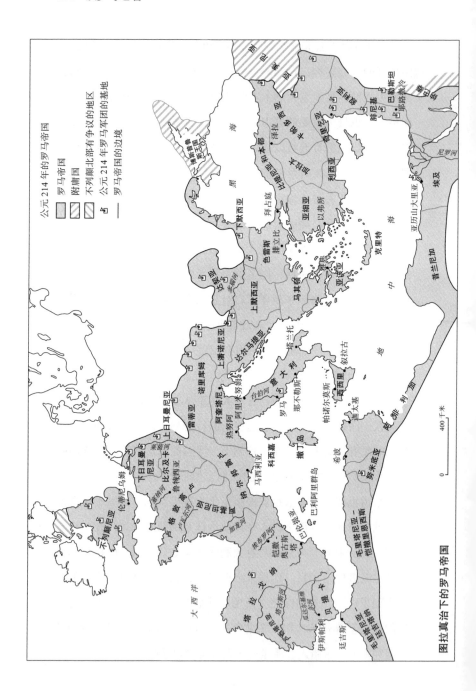

图拉真治下的罗马帝国

图拉真的名字来自其父马库斯·乌尔皮乌斯·图拉真，后者的元老生涯极为显赫，虽然不清楚他是不是家族里第一个进入元老院的人。公元67年，在加利利战役中，图拉真的父亲是韦帕芗手下第十军团"海峡"的军团副帅，并且在内战中支持韦帕芗，而这也使其当上了执政官（时间可能是公元70年），并先后成为卡帕多西亚、叙利亚行省的皇帝副帅。在这段时间里，罗马与帕提亚似乎有些摩擦，而图拉真的父亲以高明的手腕处理了这些问题，皇帝因此奖励其凯旋饰品。解决问题的方式是真的动用了武力，还是仅仅使用了强有力的外交手段，我们无法确定。在这些年中，其家族也被拔擢为贵族。到了此时，很少有正统的贵族留存下来，因为每位继任的皇帝都会展开清洗，而这些显耀之人不可避免地是重点清洗的对象。韦帕芗曾决定，创造新的贵族增加元老院的威严。在这一阶段成为贵族的人多数都是在内战时证明过自己忠心的人，包括塔西佗未来的岳父尤利乌斯·阿格利古拉的家族。[5]

以元老阶级的标准来看，图拉真本人受到的教育似乎相当循规蹈矩，虽然据说图拉真的辩论术以及在其他学业方面的能力只能说差强人意。图拉真在年纪还小的时候就对打猎产生了兴趣，而这也成为其一生的爱好。同时，图拉真体格超群，尤其擅长军事操练。大概在公元75年左右，图拉真在十八九岁的时候就成了叙利亚一个军团的元老军事保民官（tribunus laticlavius，也就是宽带军事保民官），在其父亲麾下效力，正如许多年轻贵族所做的那样。后来，图拉真调到了莱茵河边境，经历了更多与当地部落的战争。有些保民官因在任期内碌碌无为而饱受诟病，但图拉真却在军事生活中投入了满腔热情，服役的时间比一般情况要长得多。小普林尼在《颂词》(一篇在元老院里发表的演讲的文字版,内容是对皇帝图拉真的颂扬)中宣称,图拉真服役了10年,这是罗马共和国时期获得竞选政治职位资格所需的传统服役时长。小普林尼的说法可能有些夸张,不过他对图拉真担任保民官时期的描述也许准确地刻画出了这位热情洋溢的年轻军官:

> 作为保民官,你在帝国辽阔的边境服役并证明自己的勇气,因为命运指引你认真、耐心地学习一些东西,这些东西你以后又会教给别人。如果只是远远地看一眼军营,而且只闲散地服役一小段时间,那是不够的:作为保民官,你希望具备指挥部队的资格,因此当你需要把自己的知识传授给别人的时候,自己没有遗漏任何需要学的东西。在10年的服役中,你学到了各个民族的风俗、不同国家的位置、在不同地形下的作战方式,而且能够习惯于渡过各种河流、忍受各种天气……你的坐骑更换了多次,武器也更换了多次,都是在服役过程中用坏的![6]

在这段军旅生涯之后,图拉真担任过一系列民政职位,而后于公元80—90年期间成为驻扎在西班牙塔拉哥纳行省的第七军团"双子"的副帅——军团驻扎地即后来的莱昂(Léon),该名来源即"军团"(Legio)。这个行省没有战事。公元89年,上日耳曼尼亚行省副帅卢基乌斯·安敦尼努斯·萨图尔尼努斯起兵反对图密善。图拉真受命从西班牙前去迎敌,结果还没抵达萨图尔尼努斯就被击败了。不过,图拉真的忠诚以及行动的迅速还是赢得了皇帝的信任。之后,图拉真的军团似乎留在了莱茵河,对一个日耳曼部落发动了惩罚性的远征并大获成功——这个部落很可能是卡蒂人，因为他们与萨图尔尼努斯结盟了。在公元90—100年间，作为指挥官的图拉真赢得了更大的名声，而且可能在上日耳曼尼亚行省和多瑙河附近的潘诺尼亚行省都担任过副帅。在潘诺尼亚担任副帅期间，图拉真与一些苏维汇部落作战，并将其打败。在图密善遭谋杀、涅尔瓦继位后，时年四十多岁的图拉真作为一名极具天赋而且年富力强的将军而受到广泛尊重。禁卫军对涅尔瓦施加了巨大的压力，要求惩办谋杀图密善的凶手，而涅尔瓦自己也很担心有行省副帅跳出来抢夺元首之位，因此涅尔瓦在公元97年收图拉真为继子，将其立为自己的继承人。这个决定很受欢迎，尤其受到了军队的欢迎，对巩固新政权很有帮助。一年后，涅尔瓦去世，图拉真成了皇帝。上任一年内，图拉真一直在多瑙河边境进行巡视，而后在公元101年于此地发动了一场大规模战争，目的是打败达契亚国王德塞巴鲁斯。[7]

达契亚战争
（公元 101—102 年以及 105—106 年）

公元前58年，尤利乌斯·恺撒就考虑过攻打达契亚（大致相当于现代罗马尼亚的特兰西瓦尼亚），但攻打赫尔维蒂人为恺撒提供了一个更好的建功立业的机会。公元前44年，恺撒遭到谋杀，没能够重新执行最初攻打达契亚的计划。当时，达契亚人在布雷比斯塔国王的手下完成了统一。此人是一位极富魅力的战争领袖，手下有为数众多的战士，其军力远超其他的部落首领。恺撒死后不久，这位达契亚国王自己也遭刺杀，而在之后的一个多世纪里，达契亚再也没有出现可以与之媲美的强力领导者。直到公元 1 世纪最后二三十年，德塞巴鲁斯掌握权力后，情况才发生了改变。德塞巴鲁斯又一次集结起了一支强大的部队（此人尤其喜欢招募罗马军队的逃兵），征服了许多邻近民族，比如萨尔马提亚人和巴斯塔奈人。狄奥用传统的语言将其描述为理想的指挥官，他说德塞巴鲁斯

> 对战争有精深的理解，而且懂得如何打仗；他能准确判断何时该进攻，何时该撤退；他是打伏击战的专家，打对阵战的大师；他不仅知道如何乘胜追击，也知道如何率军撤退。[8]

在德塞巴鲁斯富有侵略性的领导下，达契亚人渡过多瑙河发动袭击，多次大败罗马军队。图密善对达契亚人发动了战争，但结果很不理想，最终与达契亚人签订和约。和约规定，罗马人每年要向德塞巴鲁斯付一笔赔偿金，并且要提供工程师和弩炮以增强达契亚王国的防御工事。这样的和约说明罗马没有赢得战争，甚至可能暗示罗马输了，而这也使得元老院更厌恶图密善了。公元 101 年，图拉真攻打达契亚，其主要目标就是要通过一场胜利与达契亚重新签订一份对罗马更为有利的和约，使所有人都知道罗马的实力明显优于达契亚。起初，图拉真似乎并没想要吞并达契亚王国。

图拉真后来写了《达契亚战记》描述自己发动的达契亚战争，但只有极少数残篇流传至今。公元 3 世纪初的卡西乌斯·狄奥是有着希腊血统的罗马元老，现存的对这场战争的最佳叙述就出自他笔下，但即便这份文献也只是在几个世纪后以摘要的形式保存

了下来，因此缺乏细节。还有一些其他的文献提供了少量信息，但对于这次战争的描述不可能像本书之前所描述的那些战争一样具体。图拉真用从达契亚获得的战利品在罗马修建了大型的议事广场，广场中心是高100罗马尺（97英尺9英寸）的柱子，上面雕有螺旋的带状浮雕，描述了战争的经过。除了这根柱子之外，议事广场其他的部分几乎都没有留存下来。柱子上刻有几百幅场景，描述了上千名罗马士兵及其敌人，从而形成了对于战争清晰的叙述。最初修建的时候，这根柱子色彩鲜明，上面的人物着了色，手里的武器是铜做的。整个浮雕上刻有许多战争的细节，只站在地面上是无法观察得到的。

图拉真柱讲述了战争的经过，但解读起来很困难。解读它很类似解读贝叶挂毯，只不过图拉真柱没有文字解说，对于战争和人物的描述也远比贝叶挂毯对诺曼征服的叙述模糊。虽然有很多人努力将浮雕的内容与罗马尼亚的地形相联系，从而重构战争的具体进程，但都没有得出令人信服的结果，而且总有一些内容需要自行猜测。不过从另一个角度来说，图拉真柱精美地展现出了罗马指挥官希望用什么样的艺术形象来刻画自己。有许多艺术传统都影响了图拉真柱的风格，但其中最主要的是已有几个世纪历史的罗马凯旋艺术。罗马将军在凯旋式中穿城游行时，总会在队伍中展示描绘自己及其部队丰功伟绩的图画。这些图画经常用于装饰神庙或者其他用战利品修建的纪念建筑。柱子上刻画的图拉真代表了罗马艺术中的理想指挥官，如果将柱上的图拉真与文献中伟大将军的形象进行比较将是件有趣的事。罗马尼亚的阿达姆克利西有一处纪念建筑，上面刻画的场景很可能也描绘了战争的经过，但想通过它来重构战争就更困难了。阿达姆克利西的柱间壁上刻画的军官之一可能就是图拉真，但由于这些画面损毁严重，已经很难做出明确的辨认了。[9]

罗马人对战争做了大量的准备，很可能准备了至少一年。最后，有 9 个全员到齐的军团（或者至少也是规模庞大的特遣队）集结于多瑙河，准备参加战争或者为战争提供支援。其他军团也派来小型特遣队，而且其他行省也派来整支的辅助兵部队或分遣队加强多瑙河本已庞大的辅助兵部队。加起来，罗马当时设立的全部部队的三分之一可能都参加了战争，不过参战部队从来没有全部集结于一个地方，而是分成了几股力量，有些只承担辅助的角色。这样的军力非常可怕，但面临的任务也并不容易完成。喀尔巴阡山脉构成了达契亚的天然屏障，而且达契亚王国有不少金矿，德塞巴鲁斯用这笔财富创立了一支庞大的军队，而且建造了许多堡垒，堡垒周边还设有各种防御工事，用以扼守山脉中主要的隘口。在该地区进行的考古挖掘已经证实，这些防御工事的确易守难攻，防御墙和防御塔在修建时结合了当地的、希腊的以及罗马的建造方法。

达契亚战士很勇敢，虽然其纪律性不比其他部落民更强。达契亚人的宗教以崇拜扎尔墨克斯神为中心，这种宗教通常会激励战士自杀而不是投降。在战斗中，很少有人穿铠甲，除了盟军萨尔马提亚的甲骑具装，人和马都会披着金属的或角质的铠甲。达契亚人使用的武器包括弓箭、标枪、凯尔特式的剑，以及"达契亚镰刀"（falx）。这是一种弧形的双手剑，刀刃在内侧，剑的顶端重量很大。它可以刺穿盾牌，造成重伤。有些罗马士兵似乎因此开始戴护胫甲和铰接的护具来保护暴露在外的右臂。

图拉真柱的第一幅画面展示了多瑙河沿岸的罗马边境驻地，

有一群正在行进的军团士兵，他们前面是密密麻麻的军旗，这些人正穿过用船在河上架起的桥梁——也就是罗马人的浮桥。然后皇帝出现了，他召集高级军官开战前会议，讨论马上就要来临的战争。通常，画面中的图拉真看上去要比周围的人略微大一些，但他的形象不会像其他古代统治者（如埃及法老）在纪念碑中的形象那样，单单凭借其巨大的尺寸就显示出其主导地位。制订高级作战计划的场景后是向高级指挥官下达命令的场景，再之后是部队在为战争做其他的一些准备。图拉真是罗马的大祭司长（pontifex maximus），头部也按照大祭司长的装扮蒙了起来，他将圆形的祭饼（popanum）放入一座祭坛上的火焰中。在皇帝周围，祭祀仪式（suovetaurilia）也同时进行，人们向战神玛尔斯献祭了一头公牛、一头公羊和一头公猪。这一重要的仪式是在某场大战在即之时，在军营的防御土墙外举行的，目的是让部队将士得到净化，并确保罗马神灵的保佑。正如在罗马政治生活中一样，官员在军队的常规宗教仪式中发挥着重要的作用。接下来的一幅图很有趣，表现的是图拉真注视着一位农民抓着一个从骡子上掉下来的巨大圆形物体。这可能与狄奥记载的一则趣闻有关，说罗马的同盟部落在一个巨大的蘑菇上用拉丁语写了信，并派人给皇帝送去。之后，图拉真登上了台座，并向列队的各军团发表了演讲，这种讲话称为 adlocutio。此后，罗马士兵在几处据点修建防御工事（很可能是在敌军那一侧的多瑙河河岸），图拉真则四处巡视，监督部队的劳作。

在确保了滩头阵地的安全后，罗马主力部队向山中挺进，很可能是向喀尔巴阡山脉中的"铁门"关口进发。画面中，图拉真与一名下属军官检视敌军在山中的一座疑似废弃的堡垒，而后返回部队监督一队士兵在茂密的林地中开辟路径。图拉真柱上一个突出的主题便是军队中的罗马公民士兵擅长施工，而且坚韧不拔，而画面中的图拉真及军官也总是在巡视士兵施工。当然，这也是许多罗马文献的主题。在其他画面中，图拉真在审问达契亚俘虏（就像恺撒以及其他罗马指挥官所做的那样），而后画面很快便进行到了与敌军的第一场大战。在这场战役中，罗马士兵排好阵形组成了后备军，而实际作战的则是手中挥舞着木棍的辅助兵，其中还有光着胸脯的蛮族——很可能是日耳曼人，甚至可能是不列颠人，而这些人也不是来自常规的部队，而是来自"努梅里"①。

包括这一场景在内的许多场景都着重表现了这些不具有罗马公民身份的士兵的野蛮。一名常规辅助步兵用牙咬住砍下的敌军士兵首级的头发，从而腾出双手继续作战。画面后方另有两个辅助兵将敌军士兵的首级献给皇帝。在这一场景中，图拉真似乎向一旁看去。不过在后面一幅相似的画面中，他却正在伸手接受这样两个恐怖的战利品。在帝国的行省中，法律禁止猎取人头的行为，但在与外国军队作战时，士兵的此种做法显然是可以接受的。不过在图拉真柱的画面中，只有辅助兵才会猎取人头——只有一处可能是个例外，而这也许说明这一行为只有不太开化的部队才能接受，正式的罗马军团是不能接受的。

在文献中也出现过士兵将战利品献给指挥官的情况，比如在耶路撒冷有骑兵拎起一名叛军带到提图斯面前。之后，将军，甚

---

① numeri，意为"一帮人"，一般在帝国边陲的蛮族部落中招募，是罗马化程度最低的单位。

至皇帝会对这种英勇的行为给予奖励，他们很重要的一个任务就是见证手下士兵的表现。要做到这一点，将军离战场要相对比较近，这样士兵就会相信每个人的作战情况将军都看在眼里。据说，图密善手下的一位将军曾让士兵把名字涂写在盾牌上，这样就更容易区分不同的士兵。图拉真柱后面展示了图拉真向辅助兵部队颁发奖赏的场景，不过有其他证据显示，辅助兵不会得到与罗马军团士兵一样的奖章（dona），因此他们拿到的一定是另一种形式的奖励。一支辅助兵部队会得到战斗荣誉，有时也会在服役期间提前获得罗马公民身份，而不必像通常那样等到服役结束，因此，一位辅助兵得到的最常见的奖赏也许是升职、奖金或者战利品。[10]

第一场战斗很可能是在塔帕伊附近打的。公元 88 年，图密善手下的一位将军曾在这里获得过胜利，在一定程度上洗雪了科尔内利乌斯·福斯库斯战败的耻辱。在浮雕的顶端，一位神祇在向达契亚人投掷雷电，不过不清楚这一画面只是想显示罗马人的神灵在与他们并肩战斗，还是指的是双方在暴风雨中作战，或者战斗因暴风雨而结束。有些评论家曾提出，让辅助兵与敌军交战，而让罗马军团士兵在后面担任后备部队，说明罗马人想在自己的公民不流血的情况下取胜。塔西佗就为此赞扬了阿格利古拉，后者曾以这种方式赢下了格劳庇乌山之战，不过事实上，表达这种观念的人是很少的。

到公元 1 世纪末，罗马指挥官经常会让辅助兵部队组成步兵方阵的第一排，而罗马军团士兵组成第二排以及后面的几排。这种做法当然有其道理，因为罗马军团的组织更加严密，10 个步兵大队都由一个副帅统领，而且惯于一起行动（不像辅助兵步兵大队那样互相独立），因此指挥官更容易控制罗马军团。正是出于这个原因，罗马军团作为后备部队在前线吃紧时投入更加有效。有时，辅助兵不需要后备部队的增援就可赢得战争。公元 101 年的塔帕伊之战是否是这种情况就不得而知了。另一种可能是，雕刻者刻画的只是战争的开局，即辅助步兵和骑兵向敌军发动进攻。狄奥记载称，战斗异常激烈，罗马军队在付出了惨重的伤亡代价后才取得了胜利。医疗救助站的绷带用完了（图拉真柱后面就有一幅画面是医生给伤员治疗），图拉真就把自己的许多衣物送到救助站，让工作人员将它们剪成条来充当绷带。为了纪念死去的人，图拉真在战场所在地建起了一座祭坛。[11]

在画面中，罗马军队乘胜追击，继续推进，把占领的达契亚人的定居区域全部付之一炬。画面里表现的一座达契亚堡垒的女墙上插了一排杆子，杆子上面挑着人头，而土墙前面则有许多坑洞，里面藏着木桩，很像恺撒的士兵在阿莱西亚建造的"百合花"。据狄奥记载，罗马人攻占了一个敌军堡垒后，在里面发现了从福斯库斯军队俘获的军旗和装备。[12] 之后，罗马人涉水渡过一条河流，这次画面中没有桥。有一名军团士兵在渡河时将铠甲和装备放到长方形的盾牌上，并将盾牌举过头顶。过了河，图拉真又对列队的士兵发表了讲话，之后会见了达契亚的使者，而后又见了一群当地的女子。接着，战斗转移到了另一个地点，画面显示，达契亚战士和萨尔马提亚甲骑具装游过多瑙河（有些人在游泳的过程中溺亡）攻击由辅助兵组成的罗马守备部队。有一队敌军甚至使用了攻城锤（其顶端是铁制的兽头）撞击罗马堡垒的外墙。这可能体现出，德塞巴鲁斯凭借着罗马的逃兵以及与图密善签订的和约掌握了许多包围战的技巧。

为了应对这一新的威胁，我们可以看到，图拉真率领手下登上了一艘战船和一艘驳船，其中既有禁卫军，也有辅助兵。这些士兵没戴头盔，穿着行军斗篷（paenulae），还背着包袱，里面可能装着折叠帐篷，或者只是补给。这支部队沿着多瑙河航行，而后登岸。图拉真总是在部队的最前面，骑着马率领一队辅助步兵、骑兵以及非正规蛮族士兵寻找敌军的袭击部队。有两名辅助骑兵似乎向皇帝报告了什么（可能是发现了达契亚部队的侦察兵），而后大批罗马骑兵向敌军发动了进攻。画面上方刻有黑夜女神，表示此次进攻是在夜幕的掩护下发动的。敌军完全措手不及，萨尔马提亚人和达契亚人溃败，在四轮马车周围被砍倒。恺撒曾提到，高卢军队旁边总是跟着马车，上面载着士兵的家人。达契亚人可能也采取了相同的做法。然而，这幅画面刻画的可能不是袭击部队，而是当地某些迁徙的部落，很可能是与德塞巴鲁斯结盟的部落。

阿达姆克利西的柱间壁上也刻画了罗马人围着蛮族的马车作战的情形，上面还刻画了罗马骑兵在一位高级军官（很可能是图拉真本人）率领下的一次引人注目的冲锋。虽然这些浮雕的风格更为粗糙，但与图拉真柱上的画面相比却不那么模式化。画面中似乎一共描绘了三种蛮族人，很可能分别是萨尔马提亚人、巴斯塔奈人以及达契亚人。阿达姆克利西的柱间壁上的画面可能与图拉真柱上面的画面彼此对应，但也可能刻画的是完全不同的事件。

此役罗马军队得胜后，柱子上出现了图拉真会见另一个达契亚使团的画面。这一次前来出使的是贵族的"戴帽者"（pileati），而不再是战争刚开始时德塞巴鲁斯派来的社会地位较低的战士。狄奥提到，罗马方面几次试图与达契亚进行协商，但都没有成功，可能是因为德塞巴鲁斯本性多疑，更可能是因为罗马的要求本质上就是毫不妥协。[13] 和谈不成，双方再次大战一场。画面中，罗马军团与辅助兵部队并肩作战。另外，罗马人用车载投射机（carroballista）为部队提供支援，也就是把蝎弩放到一辆推车上，用两头骡子牵引推车。图拉真在战线后面关注着战况，这时有一名辅助兵献上了一个俘虏——可能是这名士兵亲自捉住的。在图拉真身后就是战地急救站的画面。这幅画面很有名，可能也说明狄奥所提到的绷带的故事是发生在此役中，而不是更早的那次战斗中。图拉真柱一向无法提供准确的信息，此处也是一样。

达契亚人被打败了，许多俘虏被关在一个围场里。图拉真登上了台座，向士兵发表演讲，然后坐在一把可折叠的野营椅上，向作战勇猛的辅助兵分发奖赏。然而在这些罗马人庆祝的画面一旁有一幅阴森的画面，其中许多女人正在残忍地折磨着被紧捆着的、赤身裸体的男人。这些男人很可能是达契亚人俘获的罗马士兵，而女人则是达契亚人——在许多战士社会里，负责羞辱敌军俘虏，并将其折磨致死的往往是部落里的女人。因此，这幅画面可能意在说明战争还未结束，这样一个野蛮的敌人需要彻底打败才行。

柱上的叙述在此处出现了明显的停顿，可能说明第一年的作战结束了，因此后面的画面对应的应该是公元 102 年的事。罗马军队又渡过了一条河流，然后是一支罗马纵队从用船搭建的浮桥上走了过去，而后两支罗马军队会合到了一起。在接下来的几幅画面中，图拉真正式欢迎部队的到来，向列队的士兵们发表演讲，并再次用猪、牛、羊向战神玛尔斯献祭，再次接见了达契亚的使者，并再次接受了士兵献上的俘虏或其他战利品。罗马部队在群山中前进，修建道路和堡垒，与敌军战斗，包围敌军的堡垒，而皇帝则始终与其相伴，同时注视、指挥，并鼓励着士兵。图拉真没有手拿工具或武器加入士兵行列的场面，因为他的任务是指导士兵的工作，而不是分担士兵的工作。最终，罗马人克服了困难的地形，战胜了顽强凶狠的敌人。第一次达契亚战争以德塞巴鲁斯和达契亚人的正式投降而告终。图拉真坐在台座上，大量禁卫军士兵手持军旗聚集在图拉真周围，而德塞巴鲁斯和达契亚人则作为战败者跪或站在图拉真面前，乞求宽大对待。之后，图拉真站在同一个或另一个台座上向受检阅的士兵发表讲话。图拉真柱上刻画了战利品和罗马的胜利女神，代表第一次达契亚战争结束。

事实证明，和平是短暂的。德塞巴鲁斯同意放弃部分领土，交出他的攻城器械和工程师，并交还罗马逃兵，而且承诺不再招募罗马的逃兵。从大多数方面来看，罗马人对于战争的结果完全满意：敌人降格成为附属于自己的盟友，而且图拉真也当之无愧地采用了"达契库斯"这一荣誉头衔。但在之后的几年里，德塞巴鲁斯违反了和约中的多数条款，开始重建军队，扩充实力，占领了一个叫作伊阿居格的萨尔马提亚部落的领土，而且在占领之前没有征得罗马的同意。达契亚国王的所作所为明显不是罗马盟友应有的举动。公元104年，战争一触即发，而当公元105年达契亚人攻击罗马的守备部队时，战争公然爆发了。罗马最重要的守备部队的指挥官是格奈乌斯·庞培·朗基努斯，在与敌军谈判期间，被敌军以阴险的手段囚禁起来。朗基努斯此前是皇帝副帅，现在可能仍然担任这一职务。德塞巴鲁斯想把朗基努斯作为人质，但这位罗马将军却设法服毒自尽，因此德塞巴鲁斯的如意算盘没打成。达契亚人还曾招募了一队罗马逃兵暗杀图拉真，但这一计划也没有成功。[14]

　　第二次达契亚战争爆发时，图拉真在意大利。柱子上所刻画
的战争开始的场面是，图拉真渡过了亚得里亚海并受到了当地显
要人物以及广大民众的欢迎。紧接着是两幅献祭的画面。为了此
次战争，罗马似乎集结了一支更为庞大的部队。图拉真招募了两
个新的军团，都以自己的名字命名，分别是第二军团"图拉真娜"
以及第三十军团"胜利者乌尔皮亚"。这两个军团很可能都参加了
第二次达契亚战争，但是否参加过第一次达契亚战争就不得而知
了。公元 105 年，图拉真仍然按照罗马惯例，将武力与外交相结
合，接受叛离其国王的达契亚酋长的投降，并和所有达契亚周边
部落的使者进行谈判。于是，德塞巴鲁斯的盟友似乎就少得多了。
即使如此，在图拉真柱的画面中，达契亚部队还是对罗马的辅助
兵前哨发动了猛烈的进攻，后者守住了阵地，一直坚持到图拉真
亲自率军驰援。

　　罗马人主要的攻势可能是在公元 106 年发动的，而且战争的
经过很可能也与之前的战争不同。罗马军队先在多瑙河岸再一次
进行了献祭，然后从多布雷塔渡了河。这一次，罗马军队不再用
船搭建临时的浮桥，而是用石头和木材修建了一座具有纪念意义
的拱桥。支撑拱桥的是 20 个桥墩，每个桥墩高 150 英尺，宽 160
英尺，每两个桥墩相距 170 英尺。这座桥的设计者是大马士革的
阿波罗多鲁斯，此人后来还设计了图拉真议事广场，而且可能还
参与了图拉真柱的建造工作，而建造者是罗马士兵。罗马军队还
在多瑙河河岸的悬崖上开凿了一条路，使得部队能够更容易地来
到桥边。狄奥详细叙述了此项工程壮举，言辞之间充满了喜爱之
情，不禁令人想起了恺撒笔下的莱茵河大桥。这是罗马的一次伟

大而辉煌的工程胜利，其成就丝毫不亚于罗马的军事胜利。图拉真柱对于这座桥梁也有详细的刻画（虽然可能不够写实），它是作为部队献祭场面的背景而出现的。[15]

在此之后，图拉真来到了部队之中——画面上表现了士兵对他的热情欢迎，正如维莱伊乌斯笔下士兵欢迎提比略的情形一样。他又一次参加了献祭净化仪式，在仪式上献祭的队伍绕着军营行走。之后，图拉真向受检阅的士兵和禁卫军发表演讲。图拉真还举行了一次战前会议，与高级军官讨论了即将到来的战争，并简要地下达了指示。在常规的战前准备结束后，罗马军队去田地里收割粮食，补充补给。图拉真柱上描绘了一些战斗的场景，但可能不如第一次战争那么多。狄奥记载了一个故事，说一位负伤的辅助骑兵发现自己已没有生还的希望了，便离开营地重新投入战斗，在展现无畏的英雄壮举后死去了。战争的高潮是萨米泽盖图萨-雷吉亚包围战。此地是达契亚王国的宗教和政治中心，高居于喀尔巴阡山上。达契亚人顽强抵抗，貌似抵挡住了罗马军队的一次进攻，但最终绝望的达契亚守军纵火烧毁了这座城市，然后服毒自尽。战争还没有完全结束，但大局已定，罗马军队追击着剩下的达契亚军队。最终，一队罗马巡逻骑兵把德塞巴鲁斯逼至绝路，不过德塞巴鲁斯割喉自尽，没有让罗马人生擒自己。

罗马巡逻兵的领导名叫提比略·克劳狄乌斯·马克西穆斯，在参军时只是普通的军团士兵，后来成了辅助部队中的下级军官。画面中，此人向德塞巴鲁斯逼近。而且，此人的墓碑也恰好保留了下来，碑文上面描述了其职业生涯，而且对德塞巴鲁斯之死进行了另一种描述，说德塞巴鲁斯的首级被取下来带给图拉真，而图拉真则下令将其首级在全军之前进行展示。战争结束了，罗马的俘虏在辛苦挖掘之后，从一条河流的河床下挖出了国王的宝藏，罗马人终于算是取得了完全的胜利。[16]

罗马人新建起了一个行省，由两个军团进行守卫，还有辅助兵提供支援。行省的中心位于萨米泽盖图萨-乌尔皮亚。这是新建立起来的殖民城市，很是壮丽，不同于德塞巴鲁斯在山中建立的堡垒，它位于喀尔巴阡山脚下富饶的土地上。在此处定居的人来自帝国各处，不过主要是来自东部行省。很快，罗马治下的达契亚就繁荣起来。达契亚人的命运在近几个世纪引起了很大争论——他们是全部遭到驱逐了，还是以更为正常的方式被吸纳进了罗马帝国呢？罗马尼亚人对这个问题的争论尤为激烈，因为当代政治对其身份认同（是认达契亚人为祖先还是认罗马人为祖先）施加了巨大影响。

作战的皇帝

为了庆祝在达契亚取得的胜利，图拉真进行了大规模的宣传，而修建议事广场只是其中的一部分。如果图拉真只是想用军事胜利来巩固皇位，那他就不会再去寻觅机会发动一场侵略性的战争了。图拉真的统治深孚众望，比任何一位皇帝都毫不逊色，在此后的几代人的记忆中图拉真就是"最佳元首"，只有奥古斯都本人的威望能与之相比。统治者与元老院的关系是决定其在文献中形象的最重要因素，而图拉真与元老院的关系总的来说非常好。在元老院看来，他的统治既公正又成功。图拉真也有不合乎道德的行为，就是迷恋少年和年轻男子，但在罗马人看来做得并不过分，远称不上恶劣，因此这样的行为得到了宽恕。公元114年，图拉真决定入侵帕提亚，这在狄奥看来是为了赢得名声。

图拉真在其一生中随军征战的时间比多数罗马贵族都长，而且看起来图拉真也很享受军旅生涯。罗马人再一次与帕提亚人开战，还是基于同样的理由：亚美尼亚国王没有对罗马表示臣服。新上任的亚美尼亚国王是由帕提亚国王授予其王冠的，而不是罗马代表。罗马与帕提亚的和平一直都如履薄冰，因为对于罗马人来说，其东方的邻国很不令其放心。帕提亚曾经是罗马的敌人，从没有变成罗马的附庸国，目前仍然保持着独立，而且很强大。图拉真的计划似乎是想获得一劳永逸的胜利，因为其征战从一开始就不仅仅为了取得对亚美尼亚的主导权。图拉真集结了一支由罗马人和盟友组成的庞大军队，在全部的 30 个军团中共有 17 个军团全员（或派出大型特遣队）参加到战争当中。图拉真为了准备这场战争，几年之前就开始在东部为部队搜集补给，因此这次出征的部队有大量的补给作支撑。这位皇帝在内心深处一直渴望复制亚历山大在这一地区进行的伟大征服。几个世纪前，这位伟大的马其顿国王正是从此经过。罗马帝国的文化是希腊罗马文化，因此希腊世界的英雄与罗马人的祖先同样值得效仿。[17]

图拉真的东方战争开局顺利，在接下来的几年内他征服了亚美尼亚、美索不达米亚以及帕提亚大部分地区。帕提亚首都泰西封以及重要城市塞琉西亚都投降了，此后，图拉真顺着底格里斯河航行到了波斯湾。如果图拉真计划继续追寻亚历山大的脚步去征服更远的地方（虽然他似乎不可能有这种计划），那么这一计划也不得不流产，因为公元 116 年，在图拉真所有新征服的土地上都爆发了重大叛乱。罗马纵队不得不奔波于所有新建立的行省之间镇压叛乱。雪上加霜的是，埃及以及其他行省的犹太人社区也发生了大规模叛乱（虽然犹地亚本身没有发生叛乱），需要大量罗马军队前去镇压。图拉真亲自率军包围了阿拉伯的沙漠城市哈特拉。此役中，图拉真自己的骑兵卫队至少参与了一次进攻，而在此期间图拉真在骑马经过城墙时险些被敌军投掷的武器击中。狄奥记载，图拉真身上的衣服没有军衔的象征，希望自己在其他军官中不要太显眼。但他的年龄（他已经 60 岁了）和他花白的头发，让他一看就是地位很高的人。虽然图拉真没有死，但身边的一名骑兵却被击中而身亡了。哈特拉的守军顶住了罗马军队的进攻，后者因极度缺乏水以及其他补给而不得不撤退。皇帝计划发动新一次进攻，却得了中风，很快去世了。[18]

图拉真的亲戚哈德良在他之后继位，不过，图拉真死前是否正式指定哈德良为皇帝是有些疑问的。因此在统治之初，哈德良的位置有些不稳固，这也导致他不愿意用几年的时间离开罗马去完成图拉真的东征计划。此外，哈德良可能也认为罗马的军事资源已经透支，因此放弃了从帕提亚人那里得到的领土。图拉真在多瑙河上修建的大桥也成了牺牲品，哈德良将其部分拆毁，以防止它被敌人占领和利用。在公元 117—138 年哈德良统治的这段时间内，罗马没有发动过征服战争，而且在大多数镇压叛乱的战争中，皇帝不会亲自前往，而是派副帅进行指挥。虽然没有图拉真那样的扩张野心，但是哈德良在统治期内花了很多时间巡视行省，特别是参观和视察部队。据狄奥记载，哈德良"对罗马军团制定了严格的纪律，所以军队虽然很强大，却服服帖帖，和和气气"[19]。罗马有一些代表美德的神，其中有位"纪律之神"。当时，军队中盛行对该神的崇拜，特别是不列颠和北非的军队，而且哈德良本人应该也是鼓励这种崇拜的。即使军队不打仗，哈德良仍

然称得上是一位理想的将军，因为他确保军队得到了良好的训练，并在必要时随时能够投入战斗。据狄奥记载，

> 哈德良亲自走访和调查，面面俱到，他不仅查访了军营的一般设施，比如武器、机械、壕沟、防御土墙和栅栏，而且会调查行伍之人和军官的私人事务——生活、宿营和习惯。有很多次，哈德良发现军队中的一些做法和安排过于奢侈，于是对此做出了改革和纠正。哈德良训练士兵打各种类型的战争，授予一些士兵荣誉，而给予另一些士兵惩罚。哈德良教会了士兵所有应该做的事情。而且，为了在士兵面前起到示范带头作用，他总是表现得充满活力，在所有的地方，他要么步行，要么骑马……无论严寒酷暑，哈德良都不戴帽子。无论是在日耳曼的大雪中，还是在埃及的烈日下，哈德良都光着脑袋四处走动。总之，哈德良以身作则，并且制定严格的纪律，使整个帝国的全部军队都训练有素、纪律严明，即使是现在［一个世纪后］哈德良所创立的这套方法仍然是士兵作战时的准则。[20]

哈德良观看部队操练，表扬并奖励高超的技巧，批评并惩罚拙劣的表现，正如一名指挥官在战斗中所做的那样。一位名叫索拉努斯的辅助兵立了一块石碑，铭文上记载了这位辅助兵作为弓箭手，射术得到皇帝表扬的事——虽然这段拉丁语韵文写得相当拙劣。[21]在北非的兰贝西斯发现了内容更为详尽的铭文，上面记载了哈德良向受检阅的行省部队发表的多次讲话中的一些选段。这些讲话发生在部队经历一系列严苛的训练之后，是整个阅

兵过程的高潮。哈德良演讲的风格很直接，把第三军团"奥古斯塔"称为"他的"军团，把其指挥官称为"他的"副帅。在演讲中，哈德良对该军团近期的历史表现得相当了解，说军团在派了一个步兵大队去邻省服役后实力大减。他还提到，该军团紧接着又抽调了另一个步兵大队去支援另一个军团，还从剩下的人中再次抽调了一些作为补充。哈德良对该军团大加赞扬，说在这种情况下，如果第三军团"奥古斯塔"没有达到自己的高标准也是可以理解的，但该军团却根本不需要找任何借口。军团里的百夫长，特别是高级百夫长单独出列接受皇帝的特别表扬。不论是在这段讲话中，还是在向辅助兵部队发表的讲话中，他都反复向副帅昆图斯·费边·卡图利努斯的勤劳致敬。哈德良对一支混合大队（cohors equitata）中的骑兵部分发表的讲话很好地体现了其演讲的风格：

> 　　对于大队中的骑兵来说，想要奉献一场精彩的表演总是件很难的事，尤其是在人们观看了侧翼骑兵部队的操练之后；侧翼骑兵在平原上占据的空间更广阔，投掷标枪的骑兵更多，而且经常转向右侧，排成紧密的队形表演坎塔布连骑术。此外，侧翼骑兵部队还有更好的马匹和更精良的装备，也有着更高的薪水。然而，尽管天气炎热，你们还是充满活力地完成了该做的一切，克服了这些不利因素。此外，你们还用投石器投射石头，用标枪作战，而且不管在哪都动作迅速。显然，我的副帅卡图利努斯为此付出了大量的努力……

哈德良也会在讲话中提出一些批评，比如严厉批评一支骑兵部队由于追击速度过快而陷入了混乱，一旦敌军反击就很容易溃败。不过总的来说，哈德良力求鼓舞士兵，使其感到自己和所在部队的价值得到了肯定，受到了尊重。除了一些具体细节，哈德良的讲话即使从一位今天的将军或经理口中说出来也基本没有违和之处。[22]

哈德良的继任者安敦尼·庇护不是一个有军人气质的人，没有花时间作战。这也表明这段时间较为安全，安敦尼愿意信任副帅替其指挥重大战争。这段时间的战争全是边境问题引发的。从公元 1 世纪后期开始，罗马帝国边境的军事基地越来越有永久化的趋势。罗马人将旧有的木制堡垒和内部建筑替换为石制的。哈德良在造访各行省时加速了这一进程，他下令建造新的基地和边境分界线。在不列颠北部，罗马军队辛苦修建了哈德良长城。长城从一边的海岸一直修到了另一边，长 80 罗马里。这样的屏障只是为了限制外族，绝不会阻碍罗马军队的活动。相反，长城成了罗马军队安全的基地，可以向外发动进攻。罗马想要主宰其邻居，而不只是打退他们对行省的入侵或袭击。不过，罗马人也很少想要永久地占领新的领土。

I4

一位作战的副帝

尤利安在高卢（公元 356—360 年）

> 如果需要与敌军作战，你得在旗手中间坚守自己的岗位，小心等待正确的时机鼓舞士兵勇敢作战，要身先士卒地做表率，但不要鲁莽。如果他们被压制了，就要及时提供支援。对偷懒者要适度地批评。对于勇敢的或者懦弱的士兵的举动，你都要在现场亲眼见证。因此，在严峻局势的迫使下，你要作为一个勇敢者去带领其他勇敢者。
>
> ——君士坦提乌斯于公元 355 年任命尤利安为副帝后给他的建议 [1]

图拉真扩张领土，而继任的哈德良和安敦尼·庇护则加固边境的防守，或重新组织边境的防线。公元 161 年，安敦尼去世，继位的马可·奥勒留继续对帕提亚作战。由于多瑙河边境仍然存在问题，因此马可·奥勒留在其任期最后 10 年中用了很多时间作战，甚至在公元 180 年去世前不久还在计划于多瑙河东岸建立新的行省。虽然在公元 2 世纪罗马打了很多大型战争，但总的来说，这是一段极为繁荣的时期，罗马帝国在很多方面都达到了极盛。

18世纪，爱德华·吉本把公元96—180年这段时间看作"世界历史中人类生活得最幸福、最繁荣的时期"。在吉本看来，罗马帝国的衰落始于马可·奥勒留的儿子康茂德。此人极为凶残，而且他的继任打破了近来罗马皇帝选择继位者的规矩。此前的几位皇帝都是挑选精明强干的元老做自己的继承人，而不是选择自己的血亲。康茂德之死顺理成章地引发了内战，其规模更甚于尼禄自杀后的"四帝之年"。塞普蒂米乌斯·塞维鲁在内战中最终获胜，他在统治时期主要在与争夺皇位的对手作战，并先后发动了对帕提亚人，以及不列颠北部喀里多尼亚部落的战争。塞维鲁死于约克，临死前给两个儿子的忠告是："善待士兵，别管其余的人。"[2]几个月后，大儿子卡拉卡拉谋杀了弟弟，独揽大权。

卡拉卡拉喜欢军事生活，乐于让人看到自己身着普通士兵的制服，像军团士兵一样用手磨机将定额发放的谷物研磨成面粉。[3]然而，这样的举动并没有让卡拉卡拉逃过被贴身骑兵卫士刺杀的下场。当时，卡拉卡拉正在前往帕提亚的路上，准备再打一场战争，结果当他在灌木丛后面解手时悲剧发生了。在卡拉卡拉之后，罗马皇帝的更迭速度越发令人心惊。多数皇帝都是被谋杀而死，或者遭到对手的处决，还有一些是在与外国敌人作战时死去的。内战经常发生，随着罗马军队的实力在内耗中逐渐衰落，边境的失利也就越来越多。偶尔会出现一个强势的皇帝，能够在若干年，甚至整整十年内维持某种程度的稳定，而后帝国就会再度陷入动荡和混乱之中。

想要详细描述公元2世纪的任何一场战争都极为困难，而由于史料有限，描述公元3世纪的战争则根本不可能。目前的文献自然不允许我们详细考察当时任何一位罗马指挥官的用兵之道，得出任何确定的结论，不过有些故事流传了下来，当中指挥官的行为与几个世纪之前相差无几。不过，虽然表面上的做法没什么不同，这段时期将军与国家之间的关系却发生了彻底的改变。原来的传统是从元老中选择一人担任指挥官，而现在这个传统已经作古。元首与担任副帅的元老间的关系一直以来都很紧张，因为副帅都是皇帝潜在的对手。马可·奥勒留将许多骑士阶层的军官提拔成高级指挥官，不过在此之前通常都会先将其吸纳进元老院。这些人基本上都是职业士兵，多年来一直在指挥部队，而不是像传统模式中的其他人那样交替担任军事职务和民政职务。这是否使其比大部分的元老指挥官有更加出色的军事能力，就不得而知了，不过皇帝显然认为这些人更加忠诚，因为他们的晋升完全取决于皇帝的青睐。塞维鲁助长了这种趋势，他把 3 位长官（由骑士担任）而非副帅（由元老担任）任命为 3 个新军团——第一、第二和第三"帕提亚"军团的指挥官。这 3 个军团是塞维鲁在其任内新组建的。到了公元 3 世纪，骑士取代元老担任了所有高级军事职务，只有寥寥几名元老有过在军中服役的经历。

虽然皇帝对于骑士愈发依赖主要是出于对野心勃勃的下属的恐惧，害怕元老可能会率领皇帝的部队起兵反对皇帝本人，但是从长远来看，这种做法实际上却使篡位容易得多了。马可·奥勒留在统治期间，有近乎一半的时间都是在军队中度过的。塞普蒂米乌斯·塞维鲁也是如此。想要得到皇帝的恩宠，就必须来到皇帝身边，因此在一段时间后，大量的宫廷活动都发生在皇帝所在部队的总部。罗马城的重要性不断降低，因为皇帝待在那里的时间越来越少。元老院的重要性也在下降，既因为皇帝很少光顾，也因为其成员逐渐不再担任军事职务，威望逐渐降低。到了公元3世纪末，元老院在政治上已无足轻重，罗马城的重要性也仅仅是在象征层面而已。政治活动的焦点在军队上，因为只有军队能够公开为皇帝提供安全保障。一个人能够在多长时间里获得大量部队的忠诚，使其足以战胜一切对手，就能在多长时间里掌握权力。在过去，想要成为皇帝就要得到大多数元老的支持（无论元老有多不情愿），而现在则需要得到军队高级军官的默许，这些军官基本上都是骑士。骑士也开始逐渐从自己人中选出领导，使其紫袍加身。如果皇帝没有给拥立自己的那一派军官足够的奖赏和好处，那么皇帝很快就会被谋杀，由另一个人取代。与元首制早期相比，现在想做皇帝要容易得多，想保住元首的位置却难了。新皇帝上任后要向支持自己的军队首领颁发大量荣誉，并大幅提升其军衔，而在其他行省服役之人则基本无法从他们的晋升中获益。因此，每个行省的部队都更想从自己人中推选皇位候选人，并在内战中支持他，渴望与皇帝分享胜利所带来的利益。

一个人想得到整个罗马帝国军队的支持极为困难，而且军队的指挥结构减少了一个层级，这个层级的权力大致与过去行省副帅相当，情况也因此变得更为糟糕。在元首制下，每个行省驻守的军团数量逐渐减少。奥古斯都统治时期，许多行省永久驻有4个军团，但到了公元1世纪末，一个行省副帅指挥3个军团都很罕见。这种趋势延续到了公元2世纪，比如驻有3个军团的不列颠行省又拆成了两个行省。皇帝的安全感越来越低，也越来越不愿意让潜在的对手指挥人数超过2万的军队。到了公元4世纪的时候，多数传统行省已经一分为五或一分为六，而且驻守部队相对规模较小。即使在那个时期，军事和民政职位还是会掌握在不同官员手中，因此想要为一支作战部队准备补给通常是很困难的。

这样的体系能很好地应对边境冲突，但完全无法应对大规模的袭击或入侵。如果真出现了这种情况，皇帝要么得亲赴前线，要么得派一名高级下属率领足够多的部队去作战，但后一种情况有风险，指挥官可能利用这支军队为自己争夺权力。由于不信任自己的高级军官，因此公元3、4世纪的大多数皇帝都在任期内花费了大量时间作战，其履行的义务在过去都是由行省官员履行的。因为一个人一次只能处理一个问题，所以皇帝与一位同事共享权力的情况愈发普遍。第一次出现这种情况是在马可·奥勒留的统治任期内，他任命卢基乌斯·维鲁斯为共治皇帝，两人都是安敦尼·庇护的养子，名义上是兄弟。维鲁斯的称号是"副帝"，他主持了对帕提亚的作战，不过他本人不太可能积极参与了战争，尽管一些极为阿谀奉承的史料把他描述为英雄。[4]

公元3世纪末，戴克里先创造了一个名为"四帝共治"（Tetrarchy）的体系，把帝国分为东、西两部分，每部分由一位皇帝管辖，称为"奥古斯都"，每位皇帝都有一个地位低于自己的副皇帝，称为"恺撒"。有一座雕像刻画了四帝的形象，四人站在一起，每个人都把一条胳膊放在同僚皇帝的肩膀上，象征着共同统治的理想。这种形式的四帝共治在戴克里先去世后立刻就土崩瓦解了，但是多位皇帝共治的原则却成了惯例，只有偶尔会出现一位强人将全部权力收到手里实行单独统治，最著名的就是君士坦丁大帝。如果皇帝对某一地区的问题没有给予足够重视，那么该地区就会觉得自己遭到了忽视。在这种不满情绪的促使下，驻守在这一地区的军队会任命一位新皇帝来更好地满足自己的需求。[5]

尤利安担任高卢的副帝（公元 355 年）

君士坦丁在独自统治了 13 年后于 337 年死去，皇权分散在 3 个儿子君士坦丁二世、君士坦提乌斯以及君士坦斯手中。很快，这三人就开始内斗。到了公元 350 年，只有君士坦提乌斯活了下来，而罗马帝国西边大部分地区都掌握在了篡权者马格嫩提乌斯手中。君士坦提乌斯花了 3 年时间才将此人彻底打败，帝国再一次归于一个皇帝手中。不过，君士坦提乌斯很快便发现至少还需要一位助手辅佐自己统治。多数君士坦丁的家族成员都死于君士坦丁大帝去世后的权力斗争中，剩下的只有君士坦丁大帝同父异母的兄弟尤利乌斯·君士坦提乌斯所生下的两个儿子。公元 351 年，大儿子加卢斯获任为副帝，负责监督东部行省，而君士坦提乌斯则亲自对付马格嫩提乌斯。

在镇压叛乱一年后，君士坦提乌斯将加卢斯处决，因为他已不信任副帝的判断了，并且怀疑副帝有野心。然而，君士坦提乌斯还是分身乏术，而且内战的爆发在边境激生出很多问题。蛮族人不断侵袭高卢，并在那里定居，行省深受其害。这位皇帝派步兵统领（Magister Peditum）西尔瓦努斯恢复高卢的秩序。"步兵统领"一职并不意味着担任该职位的人与步兵有比骑兵更紧密的联系，而是仅仅指称高级将军而已。但是，给予任何人以信任，让其独立指挥部队都有内在的风险，而这一点很快就显现了出来：西尔瓦努斯的部队将其立为皇帝。君士坦提乌斯手下的一位军官贿赂了一些对西尔瓦努斯不满的士兵将其谋杀，这才阻止了一场新内战的爆发。高卢问题依然没有解决，皇帝决定派加卢斯的弟弟尤利安去处理，认为亲戚的可信度要比其他人略微高一些。为了进一步加强亲缘纽带，尤利安娶了君士坦提乌斯的妹妹海伦娜。

公元355年的11月6日，在高卢的一次正式阅兵式上，尤利安获封为"副帝"，士兵用盾牌撞击自己的膝盖来表达赞同。这种仪式公开地展示出政治权力向军事方面的转移。新的副帝时年23岁，从来没有担任过公职，也没有在军队中历练过。与加卢斯一样，尤利安在掌权之前的早年一直过着安逸的囚徒生活，他热衷于学术研究，先是在尼科美迪亚学习，而后来到雅典，在那里深受神秘主义的新柏拉图主义的影响。君士坦丁大帝将基督教作为罗马帝国的官方宗教，而且其家人也都是基督教徒，只是他没有积极地镇压大多数的异教。尤利安对君士坦提乌斯十分憎恶，其兄加卢斯遭到处决更加重了这种憎恶之情，因此尤利安的反叛采取了宗教的形式。尤利安在公开场合信奉基督教，但私下里却信奉异教，因此基督教徒将其描述为叛教者。后来，尤利安声称自己梦到了太阳神，并且太阳神嘱咐其成立一种新的宗教。尤利安试图将这种宗教引入罗马帝国，却未能成功。无论是从尤利安自己撰写的作品中，还是从其他描述中，都能看出尤利安很聪明，但对别人的观点和情感缺乏理解，特别是那些学术以外的观点。作为将军，尤利安是称职的，虽然有些平凡，而我们之所以会在本书中讲到尤利安，更多是因为介绍其作战的材料相对更丰富，而不是因为他比其他公元4世纪的罗马将军更有天赋。[6]

君士坦提乌斯故意向副帝隐瞒了高卢问题的严重性，一直等到他的副手前往该地区时才向其吐露实情。最严重的一条消息是，法兰克人完全攻占了科隆尼亚-阿格里皮内西姆（今天的科隆），而且另一个部落阿拉曼尼人也在高卢各地展开劫掠。在元首制早期，这些部落都不为人知。很多人认为，恺撒和日耳曼尼库斯所面对的小型日耳曼部落在公元2世纪和3世纪联合起来组成了一些更为团结和统一的部落联盟，这些联盟对罗马边境造成的威胁比其祖先要大得多。但是，如果更仔细地审视一下公元4世纪日耳曼人的政治和军事组织，就会发现并没有什么改变。日耳曼人仍然是不同的部落和氏族，各有各的酋长，在政治上并不团结，也没有共同的目标，而且国王或首领的权力一如既往地短暂。这是一些罗马人早就知晓、只是改换了名字的部落，还是一些迁来的新民族，这些都不得而知。但是，这些好战的部落给罗马军队制造的麻烦都是差不多的，而罗马军队用于解决这些问题的方法也与以前大体相同。

只要日耳曼人认为罗马人很脆弱，就会进入行省劫掠。如果取得成功，而且没有受到惩罚，日耳曼人就会发动更多更大规模的袭击，最终可能发动全面入侵，占领罗马的领土。在尤利安担任副帝之前的那些年，莱茵河和上多瑙河守备部队中很多人都被抽调去参加内战了。蛮族的突袭部队能够深入罗马行省的聚居区，带着战利品和荣耀返回，说明罗马的确很虚弱。这样的成功招来了更多、更大规模的进攻，而且，因为没有罗马皇帝或高级官员来到此地，以足够的军力和权威发动对日耳曼人的全面战争，这种劫掠变得越来越常态化了。日耳曼人认为罗马很虚弱，而日耳曼的战争首领也开始利用这一情况。尤利安不仅要恢复边防秩序，而且要再一次让莱茵河对岸的人畏惧罗马的强大。

尤利安处理边境问题的资源绝不可谓充足。在戴克里先和君士坦丁治下，罗马军队服役的总人数似乎显著上升，但同时每支部队的规模却在减小。在尤利安时期，罗马部队分成了两个基本部分，分别是边防部队和机动部队。前者称为"limetani"，负责在边境地区守备和巡逻；后者是称为"comitatenses"的战斗部队，有时也被看作移动的后备部队。不过当初那些不断更迭的皇帝们创立机动部队的初衷更多是为了对付内部的对手，而非与外敌作战。在军队中，每个作战单位的规模缩小了。因此，拥有5000人的军团只能出现在遥远的记忆中了，大多数军团约有1000到1200人。辅助步兵部队的规模也大致相当，可能还要小一些，而骑兵部队的人数则在500左右。每个部队由一位军官指挥，这位军官或是保民官，或是长官（prefectus 或 praepositus）。在作战时，许多部队的规模甚至更小。大多数战地部队会两两合并，但这已经是最高组织形式了，于军队中设立更大规模的建制在当时的罗马人看来并不必要。4世纪的军队是专门为较小规模的战争而设立的，尤利安在高卢的作战也证实了这一印象。

罗马士兵的儿子必须在部队服役，而且从总体上看，当前的情况要比元首制初期更加糟糕。罗马从蛮族部落中征募了大量士兵，包括许多罗马帝国之外的蛮族，而在通常的观点中，部队的蛮族化导致战力下降。然而，罗马人长久以来都有使用外国士兵的成功传统，也很少有事例证明"蛮族"士兵的忠诚度或战斗力不如从行省招募的罗马士兵。在公元1世纪和2世纪，罗马已经出现了从本地招募部队的倾向，而可以肯定的是，现在这种倾向更为明显，而且士兵经常会对所驻扎的地区展现出特别的忠诚。[7]

第一场战争（公元 356 年）

尤利安抵达高卢时已近冬天，无法于当年发动战争。尤利安在维埃纳过冬，收集情报，并处理一些行政事务。6月，有报告称奥古斯托杜努姆（今天的欧坦）受到了一伙阿拉曼尼人的袭击。部落军缺乏打包围战的能力，很少有部落军队攻下壁垒森严的堡垒的记载，但这一次城墙守卫不严，若不是一队退伍老兵斗志饱满地抵挡住了敌军的进攻，城市就陷落了。阿拉曼尼人倒是在那里定居了下来，只是松散地封锁着城市，而大多数战士则分散到周围进行劫掠。尤利安迅速率军驰援，没有遇到什么正式抵抗便于6月24日抵达了那里。

尤利安集合高级军官召开战前会议，决定如何攻击和惩罚蛮族人。会上，尤利安向了解当地地形的人询问通往雷米（今天的

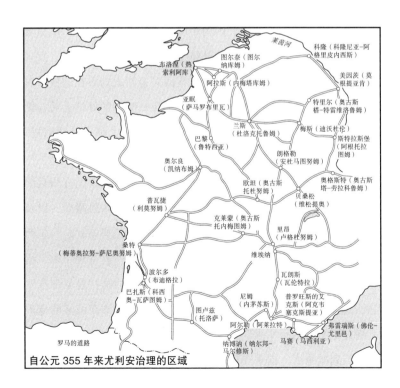

自公元 355 年来尤利安治理的区域

兰斯）的主要道路。此前，尤利安已经命令战斗部队在兰斯集结，并备好一个月的补给。在排除了几条路线后，他选择走一条直达的道路，这条道路要穿越一片茂密的林区。尤利安之所以不惧怕敌军在林区设伏，主要是因为有人告诉他篡位者西尔瓦努斯曾成功地走过这条路。尤利安只带了一队甲骑具装和一队机械投射兵（ballistarii）。这一类重骑兵部队最早是哈德良组建的，不过后来在罗马较为普遍，尤其是在东部行省的军队中。机械投掷兵很可能是弩炮手，也可能只是配备了某种早期弩弓的士兵。这支部队并不适合应付散兵战，但起初罗马人也确实没有遇到劫掠者，且成功穿过了最危险的路段而没有遭受敌军攻击。继续往前行进的时候，有小股阿拉曼尼人袭击了罗马军队，罗马人将其击退，但也没有给其造成重大伤亡，因为甲骑具装的马穿着铠甲，不适合快速追击。罗马这支小部队到达特里卡萨（今特鲁瓦）时，发现城门紧闭。这清晰地显示出当地人在面对蛮族无处不在的侵略时所感到的紧张不安。在向城内的人说了很长时间的好话之后，副帝及其部下才得以进城。在经过短暂休息后，尤利安继续前进，与大部队会合。

尤利安再次召开了战前会议讨论局势。出席会议的有骑兵统领（这是公元 4 世纪另一个高级军官的头衔）玛尔凯路斯，以及前任骑兵统帅乌尔西奇努斯。刺杀篡位者西尔瓦努斯就是乌尔西奇努斯安排的，君士坦提乌斯命令此人在这里一直待到年末，给年轻的副帝出谋划策。会议决定，立刻对最近的阿拉曼尼部落发动惩罚性的攻击。进攻在第二天发起，但日耳曼人在浓雾的掩护下绕过了罗马的行军纵队，并攻击后翼的两个军团。一些辅助兵军团听到喊杀声，前来支援，罗马军队这才勉强抵挡住了敌军的进攻，但这次意料之外的险些失败对尤利安产生了很深的影响。历史学家阿米亚努斯·马塞利努斯当时是乌尔西奇努斯手下的一名军官，很可能随部队出征。他说，这次事件使尤利安"谨慎和小心"（providus et cunctator），他认为这是一名指挥官所应具备的最崇高的美德。罗马军队朝被敌军占领并洗劫的众多城市进发，虽然敌人在占领城市后就已四散到周边地区进行劫掠。在布罗托玛古姆（今布吕马特）城外，有一队战士迎接罗马军队的挑战，尤利安打了第一场重要的仗，虽然这可能不过是一场小规模战役。尤利安让两翼向前，这样阵形就像一个月牙，包围了日耳曼人。多数日耳曼人似乎在包围圈合拢之前就已逃跑，罗马军队只杀死或俘虏了一小部分敌人。然而，这次小胜也足以震慑其他的劫掠部队，并且在一定程度上恢复该地区的秩序。[8]

此后，尤利安挥师北进，重新占领了科隆尼亚-阿格里皮内西姆。罗马军队的到来似乎足以说服离得最近的法兰克人的首领们暂时停止劫掠性的远征，并接受尤利安制定的和平条约。现在，作战季已临近尾声，大多数罗马军队都分散到了冬季营房中。食物可能也开始短缺，阿米亚努斯提到，副帝尤为关心的是为明年的作战提供充足的粮食供应。连年的劫掠和动荡破坏了这一地区的农业，许多土地都抛荒了，没有粮食和饲料。另一个重大的问题是，罗马需要重新建立合适的边防体系，以抵御未来的入侵。尤利安决定在森诺奈（今天的桑斯）过冬。就在此时，有些士兵叛逃到了法兰克人那里。不清楚这些逃兵是因为自己有日耳曼血统而同情敌军，还是出于其他原因而叛逃。阿米亚努斯给出的理由通常是，士兵害怕遭受惩罚。

无论叛逃的动机是什么，逃兵告知日耳曼部落，副帝身边的部队数量较少。一支阿拉曼尼部队立刻攻击了森诺奈，但罗马人早先匆忙修复了城墙，并凭此挫败了敌军的进攻。尤利安身边的部队人数太少，无法出城与敌军在开阔地带作战。日耳曼人包围了整整一个月后撤退了，抱怨说打包围战实在太蠢了，连想都不该去想。部落军队如果无法依靠突袭或叛徒攻入城墙内的话，那么通常等不及对手被迫投降，他们自己就会因缺粮而散去。许多城市在元首制初期并不觉得修建城墙有什么必要性，但在公元 3 世纪和 4 世纪都建起了城墙。同时，军队也耗费了更多精力在基地周边修建坚固的防御土墙和凸出的塔楼。相比于之前的几个世纪，现在的军队要远为重视防御。[9]

阿根托拉图姆（斯特拉斯堡）战役及其经过（公元 357 年）

在森诺奈受围期间，玛尔凯路斯没有率军驰援其指挥官。这是一件很惹眼的事情。在冬季临近尾声时，极富经验的塞维鲁取代了玛尔凯路斯。乌尔西奇努斯也奉命回到罗马，之后很快前往东部边境，那里罗马与波斯之间的战争正在酝酿之中。然而，君士坦提乌斯最关心的仍然是高卢问题，一个最明确的信号便是他从意大利调集了一支 2.5 万人的部队前往高卢，指挥官是步兵统领巴尔巴蒂奥。罗马计划对阿拉曼尼人发动一次大规模进攻，尤利安从北部进攻，巴尔巴蒂奥从南部进攻，而皇帝本人则从雷蒂亚进攻多瑙河上游地区，向阿拉曼尼人施加间接的压力。

组织阵容如此庞大的进攻需要时间。早春时节，来自某阿拉曼尼部落的一支劫掠部队绕过了集结的罗马部队进攻卢格杜努姆

（里昂）。罗马军队再次凭借城市的防御工事化解了蛮族部队的进攻，不过之后日耳曼人在城市周围四处游走，烧杀抢掠。尤利安快速地做出了反应，集结了由 3 个骑兵团组成的部队，并将其派到蛮族部队返回时最可能走的 3 条主路上。劫掠队伍在撤退时总是弱点最明显的，他们携带着战利品，动作迟缓，而且会因为先前的胜利而掉以轻心。罗马历史中，有很多劫掠部队在毫无忌惮地带着战利品返回时，因遭受突袭而全军覆没。通常，大多数战士都喝得酩酊大醉。据阿米亚努斯记载，有一次，一整支劫掠部队在洗澡或把头发染红时遭到了伏击。[10]

起初，罗马军队的行动很顺利，痛击了沿路返回的所有劫掠队伍，只有那些丢下战利品并进入林地的日耳曼人才躲过了罗马骑兵的攻击。然而，虽然巴尔巴蒂奥的军营比尤利安的军营距离主路更近，但巴尔巴蒂奥却没有派军为这 3 个骑兵团提供支援，而且实际上其手下的一名军官明令禁止这些部队守卫蛮族人撤退的主路。这次行动失利后，有两名骑兵保民官遭到开除，成了替罪羊。不过，其中一位保民官此后不久便担任了另一支部队的指挥官，而另一位保民官最终还当上了皇帝，因此对于这一事件的现有记载可能有误。对阿拉曼尼人发动大规模进攻需要尤利安和巴尔巴蒂奥两人的紧密配合，而这场战争以如此方式开始并不是一个好的兆头。

罗马军队发动了主攻，罗马纵队前去攻打阿拉曼尼人在莱茵河西岸的定居点，却发现在多数地方敌人已经撤退，很多是撤到了河中的小岛上。罗马军队进展缓慢，因为蛮族人砍伐了许多树木作为障碍，封锁了主要的道路。罗马军队只有挨个清除所有障碍后，辎重车才得以通过。尤利安认为，向躲在小岛上的日耳曼人发动进攻至关重要，于是请求巴尔巴蒂奥借给自己 7 艘驳船，之前，巴尔巴蒂奥曾征集了一些驳船用以搭建渡河的浮桥。但他不仅拒绝了这一请求，而且还下令烧毁这些驳船。没过多久，巴尔巴蒂奥还销毁了一大部分尤利安为补给军队而收集的粮食。这些事件是阿米亚努斯记载的，很显然，阿米亚努斯厌恶巴尔巴蒂奥而仰慕尤利安。不过，我们没有理由对这些事件拒不采信。

罗马领导人之间的竞争总是很激烈，不过古典晚期这种竞争要比以往其他时期所受到的约束更少，包括公元前 1 世纪的内战。此时罗马公民的政治生涯中没有传统"荣耀之路"那样的正式结构和限制，有可能一下子就能掌握最高权力，也有可能逐步登上权力的顶峰。由于只要有足够军队的支持便可做皇帝，因此具备这种能力的人就会被认为有做皇帝的野心。很可能西尔瓦努斯本来并不想篡权，但既然人们已经认为他就是在密谋反叛皇帝，他也就被迫卷入了这场权力之争。而且就算他仍然服从皇帝的命令，很可能也一样会被处死。家族关系也不能打消猜疑，几乎从尤利安上任伊始，就有人故意在背后议论他，目的就是让君士坦提乌斯怀疑他的忠诚。许多人在宫廷中通过暗算自己的上级、置他们于死地来获得权势，虽然多数这样的人反过来又会落入其他野心家的诡计中。罗马帝国后期的军队和国家领导者几乎没有真正的安全感。

尤利安虽然受到了巴尔巴蒂奥的阻挠，却幸运地俘虏了几名日耳曼侦察兵。在逼问之下，他们交代，夏季可以涉水渡河。尤利安令保民官拜诺鲍德斯率一个辅助兵团发动突袭。这支辅助兵部队也被称作"角营"（Cornuti），可能是指某种盾牌装备或者羽冠。文献中称这些士兵为轻装步兵，这很可能意味着与一般执行此种任务的士兵不同，这些人身上不穿铠甲，也不戴头盔。这些士兵可以蹚过河流较浅的部分，游过较深的部分，用盾牌作浮板，在阿拉曼尼人发现之前就抵达岛上。辅助兵部队在突然之间向日耳曼人发动了凶狠的进攻，屠杀了视线之内所有的日耳曼人，不只是战士，连妇女、儿童和老人也一起杀掉了。此次袭击的目标就是屠杀，以此让其他部落产生恐惧感。鉴于这次作战的性质，突袭部队很难活捉俘虏并将其带回大部队。他们乘坐俘获的船只航行到其他几座小岛上，以相同的方式屠杀了岛上的人。然后，这些辅助部队返回了莱茵河西岸，没有遭受任何伤亡，不过由于一艘船沉了，大部分战利品都丢失了。阿拉曼尼人意识到小岛上并不安全，于是逃到莱茵河东岸躲避罗马人的攻击。尤利安忙于在河岸重建守备部队的据点。现在是收获季节，罗马人利用这个机会收割了日耳曼人种植的庄稼，用这些粮食填满了堡垒中的粮仓，而且为战地部队提供了20天的补给。[11]

　　阿拉曼尼人遭遇了失利。但无论这次突袭给当地人造成多大的恐惧，仅凭着它，罗马人是无法向蛮族证明，罗马在连年衰弱之后突然再一次变得不可战胜的。为数众多的日耳曼战士进入了高卢，突袭并大败巴尔巴蒂奥的部队，夺走了大部分的辎重、随营人员以及驮畜。阿米亚努斯可能夸大了这次失利的规模，不过巴尔巴蒂奥在这一年余下的战斗中基本没怎么发挥作用。他转身来到了君士坦提乌斯的宫廷想阴尤利安一手。几年后，皇帝逐渐认为巴尔巴蒂奥有篡位的野心，他的阴谋诡计导致了自己的死刑。

　　尤利安手头有紧迫的问题。7位阿拉曼尼国王联合了起来，由其中的两位，切诺多玛及其侄子塞拉比奥领导，并集结了一支庞大的部落军队。这支军队是 4 世纪记载的最庞大的部落军队之一。据阿米亚努斯记载，这支部队共有 3.5 万人，由各位国王、10 位王子以及大量的酋长统领。与以往一样，很难弄清这一数字的准确性如何，可能罗马人，甚至阿拉曼尼人自己都搞不清这支部队究竟有多少人。

组成军队的大部分战士有能力配备作战装备，他们与自己的男性亲属和族人并肩作战。这支部队的中坚力量是首领的随从（comites），他们是附属于首领家族的半职业士兵。据说，切诺多玛家里有 200 名这样的战士，个个装备精良，斗志昂扬，不过声望不那么高的首领似乎不太可能有这么多的随从。通常来说，部落军队集结起来需要一些时间，因为每个战士何时报到全凭心情，这支部队也不例外。尤利安在相距 21 英里开外的地方搭建营地时，河对岸的日耳曼军队只到齐了一部分。一名逃兵准确地告诉日耳曼首领，尤利安手下只有 1.3 万出头的士兵，其中可能有 3000 名骑兵和 1 万名步兵。无论部落军队具体的人数是多少，他们相对罗马军队都占有显著的人数优势，日耳曼人的信心也因此大为高涨。此外，他们之前曾轻松击败巴尔巴蒂奥的军队，而且知道其他罗马军队都距此太远，无法支援，因此日耳曼人进一步受到了鼓舞。

日耳曼人向阿根托拉图姆（今斯特拉斯堡）附近的区域推进，并向尤利安派去了使者，指示他撤出他们凭利剑夺取的土地，暗示如果拒不撤退自己就要让他在战场上受到"热情款待"。阿拉曼尼人对待罗马人的方式与对待其他被自己侵占领土的日耳曼部落别无二致。在整个 4 世纪中，罗马人所面对的许多部落都采取了这种姿态。尤利安没有着急给阿拉曼尼使者答复，而是先让部队修复了边境的一座旧堡垒，然后为战斗做准备。尤利安也渴望等阿拉曼尼人在莱茵河西岸集结起一支较大的队伍后再开战，因为只打败一小支先锋部队从长期来看收效甚微，不过尤利安也不想迎战整个阿拉曼尼军队。这样的考量使得我们更难估算接下来的这场战斗中有多少日耳曼战士参战。[12]

拂晓时分，尤利安率军离开营地，排成秩序井然的纵队向敌军前进。步兵在中间，骑兵在两侧，骑兵队伍中不仅有甲骑具装，还有弓骑兵以及更多更为传统的武装骑兵。小队小队的侦察兵在全军之前作为屏障，他们很可能主要是从骑兵中选调出来的。中午，尤利安的部队已接近敌军，但尤利安想停下脚步再搭建一个军营，这样在第二天的战斗之前自己的士兵还能得到休息。尤利安向士兵解释了自己的计划，却遭到了士兵的大声抗议。士兵用长矛杆使劲敲击盾牌——在阿米亚努斯的记载中，这一举动就表示抗议，而用盾牌敲击膝盖则表示欢呼。士兵大喊着恳求尤利安立刻与敌军作战，说在这么一位幸运的将军的指挥下一定会获胜。部队的军官同样渴望作战，认为更好的做法是与整个敌军部队作战并将其打败，而不是等大部队散了之后分头追击每一支小部队。最后，一位旗手出列，请求"最为幸运的副帝"率领军队走向胜利。于是，罗马军队继续前进。[13]

罗马指挥官在与自己的士兵打交道时总是有些浮夸，不过这次事件说明将军与军队的关系已经与早些时候大为不同。尤利安可能本来就计划着那天作战，只不过在斗志昂扬的士兵面前佯装不想作战，这样士兵的热情就会让他们忘却在炎炎夏日长途跋涉的疲惫。然而，阿米亚努斯显然不这样认为。这种伪装对将军来说完全是值得赞扬的表现，阿米亚努斯自然无须隐藏。抛弃自己的判断而冒险作战对于指挥官而言是极为拙劣的表现。恺撒在战记中肯定不会把自己描述成因下属劝说而放弃既定行动方案的形象。出列向尤利安喊话的旗手乍一看与战记中向恺撒进言的士兵和百夫长很像，但需要注意到，恺撒的士兵只是力求向恺撒证明自己的勇气与忠诚，而不会劝说其他事情。由此只能得到下述结论：4世纪的士兵很清楚自己能废黜任何一位将军，并选择一位替代者，因此可以非常肆无忌惮地表达自己的观点。

罗马军队继续向前推进，来到了离莱茵河岸不远的一座低矮的山脊上，3个日耳曼侦察兵骑马飞奔回去警告本方部队罗马军队的到来，而一位步兵战士则被俘虏了。罗马军队从他那里得知在过去的3天里阿拉曼尼人一直在渡河。很快，日耳曼战士在远处形成了一条可见的战线。每个作战单位都排成了一种名为"楔子"（cuneus）的阵形，这个名字可能意味着它大致是三角形的，因为少数最斗志昂扬的战士冲到了其余战士的前面，或者仅仅是意味着战士排成的纵队是窄长形的。阿米亚努斯在别处记载过，士兵给这种"楔子"阵形起绰号为"猪头"（caput porci）。[14] 日耳曼部队右侧的地面地形破碎而且泥泞不堪，里面还有一条废弃的引水道或沟渠。很可能就是因为左边这片区域不适合骑兵作战，因此罗马人把所有骑兵全部集结到了右翼，除了200名尤利安的个人骑兵卫队。作为回应，阿拉曼尼人也把所有骑兵集结到了左翼，与罗马骑兵相对。不清楚日耳曼人共有多少骑兵，但可能数量不是很多，而且以轻装骑兵为主，而不像罗马骑兵，尤其是甲骑具装那样装备完全。阿拉曼尼人沿袭了当初恺撒所遭遇、塔西佗所记载的战术，派一群群灵活敏捷的年轻步兵战士在骑兵周围提供支援。在阿米亚努斯的描述中，切诺多玛是一位豪杰人物，几乎是荷马史诗中的英雄。此役，他指挥日耳曼左翼部队，塞拉比奥指挥右翼部队。[15]

在罗马军队向敌军阵线推进时，指挥军队左翼的塞维鲁愈发怀疑敌军在前方设了埋伏，于是停止了脚步。左翼停下后，部队其他部分也停下来整理队形，而没有继续前进。步兵似乎排成了至少两排。尤利安骑马盘桓于各个军团，挨个发表讲话，因为据阿米亚努斯记载，部队在排成了战斗队形后，指挥官的讲话无法被整个部队听到（而且要注意，向全军发表正式讲话是皇帝独享的权利）。尤利安激励一些士兵勇敢作战，而恳求另一些士兵克制冲动，在没接到命令时不要擅自冲锋。总之，尤利安骑马向每个战斗单位都重复了同样的话。据阿米亚努斯记载，在战争前这段较长时间的空歇中，日耳曼步兵高声呐喊，意思是让国王和王子从骑兵部队中出来，并下马与他们一同战斗。当初，罗马独裁官也在相似观点的影响下不得骑马，而来到步兵的密集方阵中。切诺多玛第一个下马加入行伍，这一举动让人想起公元前 58 年恺撒在面对赫尔维蒂人，以及公元 84 年阿格利古拉在格劳庇乌山的举动。其他的日耳曼首领很快纷纷效仿。[16]

双方都吹响了开战的号角，两军彼此进入了对方的射程，开始互投标枪。之后，日耳曼人发起了冲锋，发出响亮的战吼。首先，日耳曼军队围住了罗马骑兵，双方缠斗了一段时间。之后，在罗马的甲骑具装休息并重整队形时，骑兵指挥官负伤了。几乎就在同一时刻，一位骑兵的坐骑过于疲劳，不堪骑手和它自己铠甲的重负，倒在了地上。这些小事引起了突发性的恐慌，这支甲骑具装部队集体逃跑了。在混乱中，多数罗马骑兵都加入了溃逃的行列，其中有些涌向了罗马步兵。这是个危险的时刻，因为如果恐慌蔓延到步兵中，军队这一侧整个侧翼可能就会土崩瓦解。但是，步兵维持住了军纪，在大量骑兵冲过来时阵形没有乱。尤利安发现了危险，与护卫一道骑马疾驰而来，集结溃逃的军队。尤利安紫色的"龙旗"（draco）标志着其所在的位置，"龙旗"是一个青铜兽头，嘴巴大张，头的后面有一个类似风向袋的东西在飘扬着。这种式样的军旗仿自公元2世纪多瑙河的部落，在图拉真柱上也有描画，画中这种军旗就飘扬在达契亚人以及其他蛮族人的头顶。

看到指挥官到来后，一位骑兵保民官感到羞耻，于是停止逃跑，开始集结周围的士兵。阿米亚努斯把尤利安的行为和苏拉做了对比：苏拉有一次告诉士兵说你们走就走吧，并宣称他们留下了将军一人在亚细亚独自作战，从而阻止住了这些正在逃跑的士兵。但是，想要稳住逃跑的部队是很困难的事，就连恺撒在底拉西乌姆也发现了这点。一些骑兵在尤利安的周围再次排好阵形，而另一些则在重装步兵的掩护下集结起来，不过很可能仍有很多骑兵直接逃离了战场。剩下的骑兵可能也已经惊慌失措，而且文献也没有记载骑兵在接下来的战斗中发挥了什么作用。然而，文献中也没有提到阿拉曼尼骑兵对罗马步兵的侧翼造成了威胁，因此罗马军队可能还是集结了数量足够多的骑兵压制住了日耳曼骑兵。[17]

战斗在整条主战线上激烈地进行着，空中密布着飞舞的标枪和箭镞，而且不时地有部队发起冲锋，与对方军队短兵相接，展开肉搏。在罗马战线最前面的是一支辅助兵部队，由角盔营及其姊妹部队手镯营（Bracchiati）组成。据阿米亚努斯记载，这两支部队发出了一种日耳曼人传统的战吼（barritus），起初是低声细语，而后声音逐渐加大。这可能是因为这些部队本身就是日耳曼人，也有可能只是因为在长年与日耳曼部落作战的过程中发现这种呼喊格外有威慑力。此后不久，两个分别由巴塔维人和雷格尼人组成的辅助兵军团也投入了战线，可能是尤利安或者其手下一位高级军官下的命令。一时间，局势稳住了，但几位日耳曼国王亲自率领一群最为坚毅的战士发起了冲锋，这也使得其他部队纷纷向前。有些罗马军队顶不住了，蛮族人突破了第一条战线向后备部队发动进攻。

承受这次攻击的主要是位于罗马军队第二排中部的首席（Primani）军团。该军团顶住了敌军的进攻，并逐渐开始将敌军打退。日耳曼战士仍旧极其坚定地与罗马军队战斗了 段时间，但由于伤亡过大，他们的士气突然垮掉了。整个部落军队开始撤退，并逐渐转为溃逃。罗马军队急切地追击着，从后面对其发动攻击。阿拉曼尼人逃至河边，发现退路被河流阻挡，而尤利安担心自己的士兵如果过于冲动，跟着敌军下到水中可能会遭遇伤亡。于是，尤利安及其军官骑马在河边四处飞奔，阻止岸上的罗马人继续向前。罗马士兵向试图泅水过河的敌人投掷标枪或发射箭镞。一开始，场面很混乱，切诺多玛成功逃走，但罗马人很快发现他躲在一片小树林中，并将其俘虏。[18]

尤利安第一场重要战役取得了大捷。部队撤退到了临时搭建的营地中，把盾牌成排垒在一起搭成了简易的防御墙。经过盘点，罗马军队损失了 243 人，有 4 个保民官战死。阿米亚努斯没有提及有多少伤员。据称，在战场上有 6000 具敌军士兵的尸体，肯定还有许多敌军士兵在受到追击时死去，或者溺死在莱茵河中。在罗马军队庆祝胜利的时候，士兵开始欢呼尤利安为"皇帝"。这立即招致副帝的谴责，他公开宣誓自己对现有地位之外的职务没有野心。许多廷臣想让君士坦提乌斯猜疑尤利安，但皇帝现在也很高兴，他在官方公告中宣布罗马击败了阿拉曼尼人，而且将胜利归功于自己。据说，君士坦提乌斯甚至宣称自己亲临战场，指挥战斗，而且在战争结束时士兵将切诺多玛带到了自己，而不是尤利安的面前。[19]

在高卢，副帝决定扩大战果，取得彻底胜利，他打算率军渡过莱茵河，蹂躏阿拉曼尼人的领土。起初，部队对此有些抵触情绪，认为战争已经圆满结束，于是尤利安不得不发表讲话进行劝说。尤利安在莱茵河上搭了一座桥，然后率一支纵队进行惩罚性的远征。阿拉曼尼人的心态有过动摇，先是想媾和，而后又决心为了家园抗争到底。一支部落军队开始在正对罗马军队的高地上集结。夜里，尤利安派 800 名士兵乘着数艘小船组成的舰队向上游航行了 2.5 英里，而后士兵登陆并开始劫掠、烧毁附近的村庄。日耳曼人完全没想到罗马人会在这时发动进攻，于是从高地上下来作战。但是，日耳曼人再次丧失了信心，因此罗马人在推进时没有遇到抵抗，得以随意掠夺牲畜、收割粮食，并纵火烧毁所有的建筑。

罗马军队在前进了 10 英里后，来到了一片林地。一名逃兵告诉尤利安，许多战士在此设伏，准备袭击入侵者。罗马军队继续前进了一段路程，然后看到了敌人用砍倒的树木作为障碍挡住了主路。这一标志明确显示出，如果罗马军队再往里走，日耳曼战士就会发动袭击。现在已是早秋时节，天气逐渐转凉，因此尤利安决定撤退，而不是为了蝇头小利冒险在不利的条件下作战。尤利安率军来到了附近一个废弃的堡垒，这里最初是图拉真修建的。罗马士兵开始工作，将堡垒修复，并在此驻扎了一支守备部队，为其留下了补给。这表明，罗马人打算在阿拉曼尼人的领土上永久驻军，而这最终也迫使阿拉曼尼人媾和。有 3 位阿拉曼尼国王来到了尤利安面前，尤利安许以 10 个月的和平期。[20]

这一年的战争似乎结束了，但在罗马军队撤回冬季营房时，塞维鲁所率领的一支纵队却意外遇到了一些正在劫掠罗马行省的法兰克战士。他们后来发现，这群掠夺者共有 600 人，以为尤利安忙于应付阿拉曼尼人，无法对边境其他部分进行周全的防御。因此在劫掠了一个夏天后，这群日耳曼人没有回家，而是决定在两座废弃的罗马堡垒中建立基地，在冬季继续他们的活动。在 12 月和 1 月里，地位仅次于皇帝君士坦提乌斯的高卢的副帝尤利安包围了这群法兰克人 54 天，最终迫使他们投降。为了防止日耳曼人从冻住的河面上逃回去，尤利安实施了一项制度，让罗马士兵定期乘小船去河中破冰。但消息还是传到了其族人那里，于是部落里的人组成了一小支军队来援救这群劫掠者，但发现他们已经投降后便退了回去。这场战争尤利安指挥得当，也取得了胜利，不过哪怕尤利安是一位副帝，他参与这种小规模的战争也表明罗马皇帝在古典时代晚期指挥的战争级别越来越低。尤利安在高卢期间所做的几乎每件事都是罗马共和国时期同执政官或同大法官，或者是元首制下帝国副帅的例行任务。[21]

更多的战事（公元 358—359 年）

尤利安在鲁特西亚（巴黎）度过了冬季余下的时间，处理行政和经济事务。罗马人尚未完全击败阿拉曼尼人，也很清楚许多阿拉曼尼部落和氏族决心为阿根托拉图姆一役复仇。尤利安下令收集粮食以补给军队，但他也知道粮食在 7 月份之前很难弄到。日耳曼人同样清楚局势，因此估计在 7 月之前罗马不会大规模进攻。尤利安确信敌军已经得出了这一结论，于是决定立刻进攻，军队的口粮是用储存在军队基地的谷物烘焙的硬面饼干（bucellatum）。这是一次赌博。因为最终如果无法将粮仓再度填满，那么这些通常用包围战都无法攻下的坚固堡垒可能会因士兵的饥饿而轻易陷落。军队外出作战时，每个士兵配给的定额是 20 天份的硬面饼干。[22]

尤利安首先进攻萨利人。这是法兰克人的一支，在罗马行省内的托克西安达拉定居，大致相当于现代的佛兰德斯地区。在战争打响之前，萨利人似乎不知道尤利安的企图，他们派来一个使团，想让罗马人同意自己继续保有已经占领的土地，并保证不会再骚扰或袭击行省内附近的居民。尤利安故意给出了模棱两可的回复，并在使团启程后快速发动了进攻。萨利人毫无防备，很快就投降了，这也让尤利安可以自行制定和约的条款，并将其强加于萨利人头上。罗马人乘胜追击，又向另一支日耳曼部落——沙马维人发动进攻。沙马维人也定居在罗马行省的内部。这次双方有过一些交战，但罗马人很快镇压了抵抗，并命令日耳曼人退回他们莱茵河以外原本的家园中去。

这些胜利都来得很快，尤利安决定修复并重新占据默兹河沿岸的 3 个堡垒，以在这一地区重新建立更长期的安全。尤利安可以从麾下部队抽出一部分人来组成守备部队，但保障足够的粮食供给、填满堡垒中的粮仓却不容易。军队的硬面饼干还够吃 17 天，尤利安下令将大部分粮食分给守备部队。这引起了士兵的抗议，士兵再一次毫无顾忌地表达了对于将军决定的不满，还嘲讽尤利安是"亚细亚人"或者"小希腊佬"，因为他受过很多东方的教育。庄稼还有几个星期才能成熟，大多数士兵担心在作战时得不到足够的粮食。阿米亚努斯似乎很同情士兵，说士兵并不是在索要额外的薪水或奖赏，尽管实际上自从尤利安指挥军队以来，士兵连正常的薪水都没有收到，更不用说奖励了。君士坦提乌斯不想给尤利安足够的资金，使高卢的部队对副帝过于忠诚。[23]

阿米亚努斯没有具体记载在抗议之后发生了什么，只是说尤利安用好话抚平了士兵的抗议，不过很可能尤利安让步了。此外，尤利安还遇到了其他问题。他之前的得力干将塞维鲁病入膏肓，很快就要死去。在公元358年的最后一役中，尤利安变得近乎病态的谨慎，所以军队没有取得什么成就。不过，尤利安凭借外交手段争取到了阿拉曼尼实力最强的一位国王的支持，而在罗马军队发动了惩罚性的远征，蹂躏了其领土内的一大片土地之后，另一位国王也被迫投降。在这场远征中，罗马军队由一名敌军的战士来引路，这个人是两位保民官去俘获的，因为尤利安明确想要一个俘虏。起初，罗马纵队前进的道路被与此前相似的障碍物阻挡住了，不过罗马军队最终还是穿越了一片阿拉曼尼人认为很安全的区域，促使国王投降。此时已临近夏末，罗马军队再一次分散到了冬季营房，而尤利安也再一次忙于处理行政事务。[24]

来年，罗马军队再一次以一场突袭开启了一年的战事。这次突袭的目标是那些拒不投降的阿拉曼尼人。在战争准备期间，尤利安派出一名说日耳曼语的保民官哈里奥鲍德斯，他表面上是去执行外交任务，实则是打探不同阿拉曼尼首领的意向。此外，尤利安还从不列颠得到了大量的粮食，不仅足够战地部队食用，而且能填满堡垒中的粮仓。他还打算修复一些有围墙的城镇，使其能堪防御之用，而上述粮食也够城内守军食用。罗马军队重新占领了 7 座这样的城镇，甚至连辅助兵也兴高采烈地与其他军队一同辛勤劳动。要知道，辅助兵通常鄙视这样的工作，觉得这不是勇士应该做的事。根据哈里奥鲍德斯提供的情报，尤利安渡过了莱茵河袭击阿拉曼尼人，大部分敌人都逃跑了，罗马军队可以随意烧毁或没收敌人的庄稼。到了年底，几乎所有阿拉曼尼首领都投降了，但和平仍不牢靠，一旦日耳曼人再次认为罗马虚弱，和平可能就会打破。公元 359—360 年的冬天，皮克特人和苏格兰人占领了不列颠北部一大片地区，尤利安觉得亲自去处理这个问题并不明智，于是派塞维鲁的继任者卢皮西努斯率 4 个辅助兵军团渡过英吉利海峡，去恢复不列颠的秩序。这支部队规模不大，体现出 4 世纪罗马军事活动虽然频繁，但通常规模都很小。[25]

尤利安成为皇帝（公元 360—363 年）

尤利安在莱茵河边境作战时，君士坦提乌斯一直在多瑙河作战，但皇帝日渐发现帝国东部边境紧迫的局势更需要自己的关注。3 世纪时，波斯民族建立的萨珊王朝推翻了帕提亚阿萨息斯王朝的统治。公元 359 年，罗马与波斯由来已久的争端终于演变为公开的战争。从战争一开始，罗马人的情况就很不妙。由于缺兵少将，君士坦提乌斯命令尤利安派来 4 个完整的辅助兵军团，并从其他每个军团分别抽调 300 人一同派来。这 4 个辅助兵军团分别是凯尔特人、佩图兰特人、巴塔维人以及赫卢利人。有谣言称，皇帝不仅是想增强部队以对付波斯人，而且也想剪除他大获成功的副手的羽翼。

尤利安对于这个命令感到很困惑,其手下士兵很气愤,再次哗变,拒绝被派往其他地方而与自己的家人和亲族分开,特别是因为这样一来留下来的亲友实际上完全任阿拉曼尼人宰割。士兵再次宣告尤利安为皇帝,而这一次尤利安接受了,尽管阿米亚努斯坚持认为,这只是因为尤利安无法说服士兵服从命令,让自己请求君士坦提乌斯撤回命令。一些士兵将28岁的尤利安放到一块盾牌上,把盾牌举到肩膀的高度。这是在记载中第一次出现罗马皇帝按照日耳曼人任命酋长的传统方式进行加冕。一位旗手给尤利安戴上了象征勇敢的金属项圈,这就成了新皇帝的王冠。(起初的建议是给尤利安戴上其妻子的某条项链,或是更不吉利,给尤利安戴上装饰性的马具,最后才改成了给尤利安戴上金属项圈。)尤利安就这样在军营中游行。这位"勉为其难"当选的新皇帝承诺给每位士兵发放大量的金银以奖励其对自己的支持。即使阿米亚努斯也认为,尤利安并不指望君士坦提乌斯会接受一个与自己地位平等的皇帝,与自己共治帝国。[26]

罗马再次面临内战,不过由于君士坦提乌斯于公元361年初自然死亡,这一次打的仗相对较少。帝国再次归于一人统治,不过尤利安很快就失去了民心。在感觉无须继续假装依从基督教会后,尤利安公开宣扬异教,疏远了此时数量庞大、颇具权势的基督教徒。他颁布法令,禁止基督徒演讲或传教,甚至连一些异教徒都觉得这样的法令不公平。尤利安的其他举措也激怒了别的一些群体,比如东部大城市中的贵族,他们大多是异教徒,原本尤利安可以倚仗这些人的支持的。无论尤利安的出发点如何,其作为皇帝所做出的决策暴露出他缺乏良好的判断力。

公元363年,尤利安派军队大规模远征波斯。这同样体现出尤利安没有清醒的认识。为了这次远征，尤利安集结了 8.3 万人的部队，其中有之前在高卢作战的很大一部分军队，这些人愿意追随自己选出的皇帝来到东方，尽管早些时候他们不愿意到君士坦提乌斯手下去服役。这是 4 世纪罗马在与外敌作战时集结的最大的一支部队，它有能力深入敌军领土，打败遇到的一切敌人。但尤利安没能迫使波斯人与自己进行决战，军队人数众多，征途又远，很快就不可避免地遇到了补给问题。从战争伊始，部队中至少有四分之一的人忙于牵引幼发拉底河中运输补给的船只。

尤利安有些时候的举动似乎是在有意识地模仿早期罗马指挥官。尤利安曾在书中读到，小西庇阿、波利比乌斯以及一小群罗马士兵曾从迦太基敌军把守的城门中杀出一条血路，于是在包围皮里萨博拉时也想复制这一壮举，但敌军将其率领的部队打退。阿米亚努斯为自己的英雄的这次失败找了借口，解释说这次的情形与小西庇阿当时做出这一壮举的情形截然不同。在侦察位于毛加玛恰的另一个要塞时，10 个波斯人对尤利安进行了伏击，其中有两人通过其显眼的制服认出了皇帝，于是冲向了他。皇帝用剑杀了一人，而卫士则解决了另一人。在攻下毛加玛恰城后，尤利安公开效仿亚历山大大帝和大西庇阿，不伤害被俘虏的极为漂亮的贵族女子，甚至连看都不看。文献总是会强化一位伟大的罗马将军所应具备的高贵而理想的行为举止，而尤利安给人的感觉是，他因为过于渴望比肩历史上伟大的指挥官而做了一些刻意的事情。[27]

罗马军队清理了一条运河，并由此抵达泰西封，这条运河是图拉真所修，塞普蒂米乌斯·塞维鲁也曾通过它将补给舰队从幼发拉底河运至底格里斯河。不过抵达后，尤利安及其军官发现部

队无力攻下此城，于是开始撤退。尤利安不顾军官的建议，下令
烧毁运输舰队，吩咐部队离开河边从陆路撤退，因为敌军从来没
有在这片区域阻拦。这一决定引发了士兵的抗议，虽然尤利安而
后下令撤回之前的命令，但为时已晚。在撤退的最初阶段，罗马
人还能很容易地在所经的土地上找到充足的淡水、食物和饲料。
然而，波斯人很快做出了反应，将罗马纵队前方道路上的庄稼烧
毁。尤利安对之前自己草率做出的决定感到后悔，这次更有了额
外的理由：他意识到由于烧毁了船只，军队无法用船只搭建浮桥
再次渡过底格里斯河，将波斯人甩在河对岸。

　　补给的供应情况愈发严峻。罗马部队继续前进，在夜晚与追
在身后的波斯人恶战了几次。有一次，尤利安骑马飞奔出去，试
图指挥战斗，连铠甲都来不及穿。一支标枪射中了尤利安，插在
其体侧，尤利安跌下了马。没人知道是谁掷的标枪，不过利巴尼
乌斯记载了一种流言，说掷出标枪的是一名信奉基督教的罗马士
兵，尤利安对异教的宣扬激怒了他。伤势是致命的，皇帝不久之
后就死在了帐篷中。军官们很快便从自己人中选出了继任者。在
这样一个军心不稳的时刻，罗马除了忍辱与波斯媾和之外几乎没
有其他的选择。[28]

　　在高卢，尤利安证明了自己是一位相当有能力的指挥官，尽
管在担任副帝之前他从没有过任何军事经验。如前所述，尤利安
面对的问题是以前行省总督日常需要处理的事务。到公元4世纪，
只要战争规模超过了蛮族的小股入侵，就只有皇帝才有相对足够
的权威和能力调集足够的资源去平息事态了。尤利安为恢复莱茵河
边境的安全付出了努力，不过事实却是，在接下来的几年，如果
不在这一地区像尤利安这样积极作战，他的努力成果就不可能得

到维持。尤利安打了许多胜仗，也没有遭遇过严重失败，但在这些战争中尤利安没有展现出卓越的军事才能。他的有些决定值得商榷，而且他也缺乏西庇阿或恺撒那样揣度士兵心理的能力。

在波斯战争中，罗马军队是深入敌国领土作战，而不是在环境友好的行省内作战。这样的异域作战存在内在的问题，加之战争的规模这样大，因此尤利安所犯下的错误以及对于士兵不够理解的后果便极大地凸显出来。如果罗马军队规模过于庞大，通常都没有太好的结果，坎尼战役和阿劳西奥战役便是最著名也最悲惨的教训。似乎只要罗马军队的规模超过 4 万人，将军就很难有效地进行控制了。到了公元 4 世纪，当作战单位的规格减小，军队主要是与规模小得多的战争相匹配时，一支 8.3 万人的部队就显得极为臃肿。从尤利安到下边的人，从来没有谁指挥过这么庞大的一支军队，并为其提供补给。这一点，再加上此前困扰图拉真和塞维鲁，令其没能彻底打败帕提亚的问题，使得罗马军队最终遭遇了耻辱性的失败。尤利安的职业生涯之所以有趣，不是因为其作为指挥官的个人能力，而是因为其职业生涯很好地说明了罗马指挥官在帝国后期是在何种状况下履行职责。

15

最后的罗马人之一

贝利撒留和波斯人

因此，贝利撒留这样跟身边的官员说："我不希望把自己的想法透露给所有人。军营之中人多嘴杂，秘密就无法保守……但我现在看到，你们中大部分人都乱作一团，每个人都想自己做战争的最高统帅。现在，我就要告诉你们一些本应保持沉默的事情。但我首先要说的是，如果军队里很多人都按照自己的意志各行其是，那这支部队将一事无成。"[1]

在 4 世纪和 5 世纪初，罗马军队仍然有潜力成为战斗力很强的作战部队。相比于元首制期间，现在对阵战变得更为罕见，因为指挥官更想通过暗中行动和计谋打败敌军，避免冒险与敌军正面交战。然而，罗马人如果选择与敌军打对阵战，那么通常能赢得胜利，而且在状态最好的情况下，罗马军队展现出了对所有敌人的显著优势——尽管也偶有惨败，比如公元 378 年的亚得里亚堡战役。在这次失利中，罗马东部帝国的皇帝以及许多士兵都战死沙场，但此役的影响常常为人所夸大，而且罗马军队也绝没有就此覆灭。部队只有在训练有素，斗志昂扬，纪律严明，且装备得当的情况下，才能展现出很高的军事效率。如果上述某些条件不具备，那么战争的结果通常就是失利，这一点在所有历史时期中都有例证。维持一支部队的良好状态需要大量的人力资源、物质资源，以及最重要的金钱，此外还有使用上述资源的政治能力和意愿。这是罗马帝国在古典时代晚期最根本的问题，因为虽然罗马人依然很清楚如何建立高效的军队，但有利于将其付诸实践的境况却很少出现。由于内战频繁，皇帝权力很弱，地位也不稳固，从公元 2 世纪晚期经济就开始衰退。许多支持军队运转的基础设施，包括道路、建有防御工事的基地、补给线，都已年久失修，既是因为没钱，同时也是因为最高统治者缺乏维护的决心。罗马军队仍然庞大，令人敬畏，但很少能发挥出全部的力量，而且平均来看，现在罗马军队的素质要低于早期的罗马职业军队。

罗马从 3 世纪开始衰退。持续的内部动荡蚕食了中央政府的权力，有很多权力分散到了地方领导者手中，因此罗马的中央领导者难有作为。内部的虚弱也使得罗马军队在边境战争中更频繁地战败，而皇帝如果战死或者因战败而丧失威信，又会引发新的内战，因为有些地区认为，解决外敌威胁问题的方法就是自己立一位皇帝。罗马的实力就这样被逐渐削弱，但由于罗马帝国面积太大、实力太强，即使到了 4 世纪末，它仍旧比任何一个外敌都要强大得多。外敌只能给予罗马分散的、零星的威胁，他们一旦看出罗马的边境领土防备薄弱，很快就会将此作为攻击的目标。

皇帝亲临某一地区作战可以暂时恢复该地区的安全，就像尤利安展现出的那样，但即使皇帝不止一位，也不可能同时出现在每个地区。皇帝的任务是填补缺口，他们希望缺口一旦补上就能长时间安全无虞，从而使他们能够处理其他地区的问题。如果罗马帝国长期保持稳定，不发生内部冲突，那么它依然有复兴的可能，但由于皇权的基础发生了改变，这种希望就破灭了。罗马的衰落是个缓慢而逐步的过程，就算是西部帝国的最终覆灭，也无法简单地归因于某一场灾难。公元410年，哥特人洗劫了罗马城，但这些日耳曼战士及其首领都是罗马军队的一部分，因此这更像是一场内战，而不是外敌侵略。公元476年，西部帝国的最后一位皇帝罗慕路斯·奥古斯图鲁斯遭到废黜，不过他的多数前任皇帝都没有实权，这一事件本身对广大民众的生活也没有太大影响。在5世纪之中，罗马帝国的西部行省有些实行自治，比如不列颠；有些被日耳曼的军阀占领，变成他们自己的王国。许多这些军阀都曾在罗马军队中服过役。就这样，西哥特人、东哥特人、法兰克人和汪达尔人占领了西班牙、高卢、意大利、西西里和北非。

西部帝国分崩离析之时，东部帝国却存活了下来，其首都是君士坦丁堡，领土涵盖巴尔干、希腊、小亚细亚、埃及和叙利亚。从许多方面来说，东罗马帝国相比于更为广阔的罗马帝国是更有凝聚力的整体，而且其北部有更为安全的自然疆界。一个皇帝便可以有效统治东罗马帝国，虽然有时皇帝仍会选择任命一位共治君主，东罗马帝国（现代一般称为拜占庭帝国）再一次拥有了长期以来一直缺乏的政治稳定。到了6世纪，皇帝很少亲自参战，更愿意让别人指挥自己的军队。这表明皇帝的个人安全得到了更大的保障。虽然将军的举动会处于严密监控之下，以查看其是否有不忠诚的迹象，不过在多数方面，皇帝与在外作战的将军的关系开始向元首制时期回归。几个世纪以来，罗马皇帝几乎无法同时在两个战场发动战争，而东罗马皇帝却能做到这一点。

能够获得的军事资源减少了，但数量仍然可观。在领土面积方面，东罗马帝国与其最强大的对手萨珊王朝统治的波斯大致相当，不过罗马人（拜占庭人将自己看作罗马人）可能更为富有，而且人口也更多。帝国面积的减小从某种程度上改变了罗马皇帝对外界的态度，此时显然出现了平等看待波斯国王，甚至认波斯国王为"兄弟"的趋势。这与几个世纪前罗马的外交方针形成了鲜明的对比，之前罗马的外交重在强调罗马相对于其他民族的高高在上。不过至少还是有一些东罗马皇帝仍然有雄心复兴帝国曾经的实力。在查士丁尼统治期间（公元527—565年），东罗马帝国努力收复罗马在西地中海地区失去的领土。经过一系列的征战，东罗马收复了北非、西西里和意大利，不过收复的土地只保留了很短的时间。在这些战争中，最突出的指挥官之一就是贝利撒留，此人第一次当将军是在东部边境与敌军作战的时候。[2]

贝利撒留和达拉战役（公元530年）

贝利撒留是查士丁尼的私人"持矛者"（doryphoroi），这些士兵由查士丁尼出资养活，并在接受训练后于部队中担任军官。贝利撒留是日耳曼人，出生在多瑙河沿岸的一个行省，但这一点在文化上很可能是无足轻重的。然而，与早期的元老院贵族或者醉心学术的尤利安相比，贝利撒留是一位专业得多的士兵。公元526年，查士丁尼派贝利撒留和另一位持矛者西塔斯指挥一支军队突袭萨珊帝国的波斯亚美尼亚地区。罗马人开局不错，获得了大量战利品，但实力更为强劲的波斯军队很快就前来迎战罗马人，并将其击败。在公元502—506年，双方爆发过全面对抗，在之后的数十年间，双方的边境不时就会有零星的冲突，这次作战也是其中之一。那场全面冲突的导火索是波斯国王喀瓦德（罗马文献记载的名字是卡巴德斯）因缺钱而否认自己曾得到过罗马皇帝阿纳斯塔修斯借出或赠送的金钱，并派军远征突袭罗马行省进行劫掠，想要快速获利。最终，双方达成和解，并宣布维持7年的和平。和约中可能规定了罗马向波斯支付一笔钱，并且禁止双方在边境修建新的防御工事。

事实证明，和平并不稳固，而当喀瓦德在6世纪20年代早期强行把波斯的琐罗亚斯德教施加到其伊比利亚子民身上时，局势更为紧张。喀瓦德此举更多是基于政治考虑而非宗教信仰，他担心这些子民叛逃到罗马去。这些伊比利亚人以基督教徒的身份请求罗马提供支持。罗马和波斯也都怂恿自己的盟友攻击对方。此外，年事已高的喀瓦德不喜欢自己的大儿子卡奥塞斯，想让小儿子库思老继位，局势因此变得更为复杂。波斯派使者找到查士丁尼的舅舅、罗马皇帝查士丁，请求其将库思老收为养子，以使查士丁尽全力确保库思老继承波斯王位。查士丁和查士丁尼起初很高兴，但后来怀疑喀瓦德的真正目的是让其子可以主张自己有权继承罗马的皇位，因此没有同意这一提议，而是提出要有限度地收养，使得库思老无法继承罗马的皇位。罗马人经常采用这种方式收养蛮族人的王室后代，但波斯人视此为侮辱。波斯人最初提出的方案，以及罗马人对此感到的恐惧，反映出了双方地位的变化，而这种变化也将是6世纪的主旋律。[3]

双方的关系愈发紧张，一场公开的战争似乎在所难免。在这一地区作战主要依靠堡垒，它可以让部队控制周围的区域。双方交战的情况不多，主要是突袭对方，就像贝利撒留之前指挥的那一次，而要塞则为部队提供了安全的基地，使其得以从这里发动进攻。公元 505 年，罗马人开始在达拉修建一座新堡垒，这里距波斯人占据的尼西比斯大概 15 英里。在双方宣布保持和平关系后，罗马人修建的这一堡垒为波斯人所憎恶，特别是罗马人还逐渐增加了驻守在那里的部队数量。其他的一些举动，比如在边境修建新的要塞或是在边境附近集结军队同样被视为挑衅行为。有时，比如公元 527 年左右罗马人在伊比利亚边境占领了两个堡垒之后，波斯人会做出强烈的反应，迫使罗马人撤退。公元 528 年，贝利撒留负责在明多斯修建一座堡垒。此地的确切位置已不得而知，但肯定离尼西比斯不远。面对着做出反应的波斯大军，这座堡垒也同样没有守住。不过，这次行动的目的可能本来就是分散波斯人的注意力，掩盖罗马人加固达拉防卫的计划。

贝利撒留早期的两次作战都以失败告终，但他展现出了能力和忠诚，这也确保了在查士丁于公元 527 年去世、查士丁尼成为唯一的皇帝后，贝利撒留的职位逐渐升高。公元 530 年，贝利撒留获任指挥官，头衔是东部元帅（Magister Militum per Orientem），其麾下的部队是当时罗马 5 支战地部队的一支。与贝利撒留一道赴任的还有其高级幕僚（accessor）普罗柯比，此人后来在《战记》一书中详细描述了贝利撒留的作战经过。虽然公元 529 年双方在和谈，查士丁尼依旧在为公开的战争做着准备，新上任的贝利撒留在达拉的基地集结了约 2.5 万人，在那个时期算是一支非常庞大的军队了。不知道这支部队里骑兵有多少，可能占部队总人数的 1/3。步兵的战力成疑，部分原因可能是东部边境的战事以突袭为主，步兵作战的机会远比骑兵要少，其主要的军事经验来自作为守备部队的生涯以及维持治安的任务，而不是实际作战。

在整个职业生涯中，贝利撒留一直很倚仗骑兵，而不太信任
步兵。除非作战条件极为有利，否则他不会让步兵部队作战。在
达拉，贝利撒留的骑兵部队包括 1200 名匈人和 300 名赫卢利人。
这些匈人骑兵按照其传统的方式充当弓骑兵作战；赫卢利人则是
多瑙河流域的一个部落，素有剽悍之名。事实证明，在即将来临
的战斗中，这些骑兵战斗力极强。骑兵另一个组成部分是贝利撒
留的护卫队，称为"布契拉里"（bucellarii），由贝利撒留出钱供
养，他们得名自军队所发放的硬面饼干（bucellati），不过这些人
要宣誓向皇帝效忠。不知道贝利撒留在达拉集结了多少名这样的
士兵，不过日后有一支约由 1000 人组成的"布契拉里"队伍追随
他征战。这些人是重装骑兵，身穿铠甲，配有一支长矛或双手握
持的骑枪，以及一把复合弓，不过马匹很可能没有披甲。贝利撒
留的"布契拉里"格外训练有素，即使以这种精锐部队的标准来
看也是如此。[4]

6 月，一支规模更大的波斯部队前来与罗马军队作战。喀瓦
德以三路大军对罗马人发动进攻，这就是其中的主力。这支波斯
部队约有 4 万人，指挥官的名字叫卑路斯或菲鲁兹（希腊语是
Perozes），是贵族米赫兰家族的一员。由于该家族诞生了许多位
波斯指挥官，因此罗马人逐渐以为"米赫兰"是个实实在在的官
衔。与罗马军队相同，波斯军队的主要力量也是骑兵，因为多数
波斯步兵都是征募来的，装备不佳，斗志不强，在多数情况下战
斗力甚至还不如罗马步兵。在主要战斗打响之前，又有 1 万尼西
比斯的守备部队前来增援卑路斯，不过这些部队看起来也强不到
哪去。波斯骑兵几乎清一色都是重装骑兵，马匹和骑手都身着重
甲。这些骑兵配有弓箭，通常喜欢在一定距离外作战，不过必要

之时也会靠近敌军展开肉搏。卑路斯还有"长生军"，一支精锐的骑兵后备部队，得名于被亚历山大征服前的波斯帝国"万王之王"的皇家卫队。不清楚卑路斯全部的 1 万名"长生军"士兵是否都随军出征。[5]

据普罗柯比记载，波斯人很有信心，在仅距罗马阵地几英里的地方安营。波斯人不仅数量明显更多，而且近几十年内在与罗马进行的主要战争中保持全胜，这使得他们士气高昂。卑路斯派了使者嘱咐贝利撒留，让他在达拉准备好沐浴的物事，等候自己第二天晚上的到来。不过实际上，卑路斯及其手下军官一看到罗马军队就震惊了，因为贝利撒留为战斗做了精心准备。贝利撒留将作战地点定在达拉城围墙的主门外数百码的地方。罗马军队的

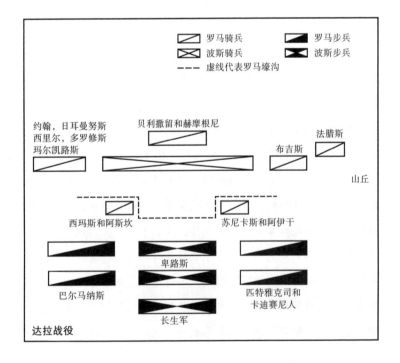

左边是一座山丘，他们挖了一条壕沟来加强主要阵地的防守。在阵地的中央是一道直沟，直沟的两端以90度角向后折回，与平行于第一条的其他直沟相连。罗马军队留了一些壕沟与壕沟相交的地方没有挖，因为这些地方可以为己所用，在激烈而混乱的战场上，波斯人想找到穿过壕沟的道路没那么容易。在壕沟后面，贝利撒留将自己全部的步兵排成了一条战线，其中可能还有小部分的骑兵。后备部队的战线是清一色的骑兵。在中央壕沟的前面，靠近相连的壕沟的两个拐角处，各有一支由600名匈人组成的部队，左边的由苏尼卡斯和阿伊干指挥，右边的由西玛斯和阿斯坎指挥。这4名指挥官自己也是匈人，而且都是贝利撒留的私家"持矛者"。罗马其余的骑兵部队分散在两翼，左翼是由布吉斯和法腊斯指挥的赫卢利人，右翼则由5名指挥官指挥，分别是尼塞塔斯之子约翰、西里尔、玛尔凯路斯、日耳曼努斯以及多罗修斯。

罗马的阵形是为了应对敌军从正面发动进攻，而且达拉城的城墙就在罗马军队身后不远处，如果卑路斯想攻下达拉城的话，正面进攻似乎是唯一可行的选择。如果不先击败罗马军队，就无法展开包围战。在波斯人眼里，罗马军队纪律低下，但是因为壕沟的存在，波斯人无法诱使罗马军队大部前往开阔地带，从而凭借显著的人数优势将其击败。更早期的罗马军队也曾利用工事对某一地点进行防御，比如苏拉和恺撒都曾为了保护侧翼而修建壕沟、防御土墙和堡垒，但像贝利撒留这样用防御工事把几乎整个正面部分都保护起来还是头一次。在之前的冲突中，如果碰到这种防御工事，敌军指挥官一般都会放弃进攻，但卑路斯没有什么选择。他已经受到喀瓦德的命令，必须攻占达拉城，为达此目的，进攻罗马的军队中超过一半都被派给了他。因此，卑路斯在战前鼓励士兵称，罗马人挖壕沟体现出其对波斯人深深的恐惧。[6]

第一天，卑路斯不愿意冒险发动主攻，两军相互对峙了几个小时，但双方都没有任何攻击性的举动。黄昏时分，波斯的一队骑兵独自向罗马的左翼发起冲锋。最前面的罗马骑兵中队向回撤，佯装恐惧，引诱波斯骑兵放松警惕进行追击，而后再突然攻击波斯人。7名波斯骑兵被杀，剩下的逃回了主力部队那里。此次罗马得胜有些令人意外，因为波斯骑兵素以纪律严明著称，不会轻易落入这样一个圈套。这可能说明，波斯军队普遍轻视罗马军队，因此在作战时不够警觉。此后，双方都没有发动进攻，不过一位年轻的波斯战士骑马出列，愿与任何一位罗马人单挑。据普罗柯比记载，一个名叫安德烈斯的人出阵应战。此人不是士兵，而是布吉斯的摔跤教练，并负责伺候主人沐浴。尽管如此，安德烈斯明显也与骑兵一样披坚执锐，并贴身护卫布吉斯。安德烈斯易如反掌地杀死了第一位挑战者。很快，又有一位更有经验的波斯战士出列，安德烈斯再次将其打败。罗马军队的士兵对安德烈斯的胜利欢呼雀跃。天色已晚，波斯部队很快开始撤退。夜幕降临时，罗马人也撤回到达拉城的兵舍中，兴高采烈地唱着胜利之歌。[7]

第二天，双方互相给对方去信。罗马人试图劝说波斯人撤退，而卑路斯则指责罗马人不守信用。后来，卑路斯下令把罗马人的来信全部钉到自己的军旗上。也正是在这一天，从尼西比斯调来的1万名增援士兵抵达。谈判无果后，第三天早上，两军的指挥官都向士兵发表了讲话，明确表示战争即将爆发。据说，贝利撒留强调了敌军步兵的装备之差，斗志之低。两军都排成了战斗队形，波斯人排成了两条主战线，步兵在中间，骑兵在两翼。卑路斯把"长生军"作为后备部队，命令其在自己给出信号前不许向前推进。卑路斯本人与步兵一道坐镇中路，不过他似乎并没有想让步兵发动攻势，而只是想把他们布置在这里，起到阻止罗马步兵的作用。另外，步兵也能够为骑兵提供屏障，使得骑兵能在他们身后重新集结。左翼部队包括了一支强大、凶狠的卡迪赛尼人（Kadiseni）部队，由皮提雅克塞斯指挥，而右翼则由巴拉斯马纳斯指挥。这样排好阵形后，波斯人等待了数小时，没有做出进一步的举动。普罗柯比解释说，由于罗马人习惯中午吃饭，而波斯人晚些时候才会吃饭。因此卑路斯的盘算是，两军都站在 6 月的骄阳下，敌军的体力损耗肯定比己方大。此时，罗马军队却对阵形做出了调整，法腊斯

> 向贝利撒留和赫摩根尼［罗马军队中二号人物］献计道："在我看来，我与赫卢利人待在这里与敌军这样对峙，是不能打败敌人的；但如果我们埋伏在那个山坡上，等波斯人发起进攻时，就可以从他们的后方发起突袭，放箭重创波斯人。"听闻此言，贝利撒留和其他人都十分高兴，让法腊斯依计行事。[8]

法腊斯率领赫卢利人来到了军队左翼的山丘上，在山坡后面一处隐蔽的地点埋伏了下来。

下午，战斗打响了，波斯骑兵从两翼发动进攻，双方都以弓箭发动进攻，阵前箭落如雨。但波斯人是逆风发箭，而且风势很大，因此射出的箭失去了一定的威力。不过根据普罗柯比在别处的记载，罗马人的射箭方法本来就要比波斯人更先进，因为罗马人效法了匈人的技术。每当第一排的波斯骑兵体力不支，或是箭

矢耗尽，第二排的骑兵就顶上来继续对罗马人施加压力。过了一会儿，许多士兵的箭都射光了，双方骑兵都开始发动冲锋，近距离作战。卡迪赛尼人发动了一次凶猛的进攻，冲破了罗马的左翼部队，并急速地追击逃跑的罗马骑兵。苏尼卡斯和阿伊干看到这一幕后，率领匈人去堵住左翼的缺口，而法腊斯则先他们一步率领赫卢利人从山丘后面冲了出来攻击卡迪赛尼人的后部。波斯的右翼部队很快就恐慌不已，陷入了混乱。有些骑兵得以撤回排列紧密的步兵队伍后面寻求庇护，但多数骑兵被罗马人逐出战场，伤亡惨重。据普罗柯比记载，这一阶段共有3000名波斯士兵战死。

　　由于右翼部队溃逃，因此卑路斯把进攻的重心转移到左翼，派"长生军"增援已经在那里的骑兵。看到敌方此举，贝利撒留传令于苏尼卡斯和阿伊干，吩咐他们横穿战场加入其他匈人骑兵。贝利撒留还派后备的其他骑兵去匈人部队后面集结，随时准备从侧面攻击可能会击溃罗马右翼部队的敌军部队。不知道这些部队是驻扎在壕沟的哪一侧，不过匈人部队肯定是在壕沟之前，而其他部队可能也从壕沟某处特意留下的通路穿了过来。巴拉斯马纳斯指挥的军队新获"长生军"的助力，把面前的罗马骑兵打退，并在其后追击。这时，匈人向波斯军队暴露在外的侧翼发动进攻，直接攻入敌军的骑兵部队，把他们与大部队分割开来。苏尼卡斯亲自用长矛杀死了巴拉斯马纳斯的旗手。许多断了后路的波斯骑兵停止了追击，绝望地想要杀出一条血路回到大部队。

　　与此同时，巴拉斯马纳斯率领一队"长生军"试图夺回军旗。由于同时受到罗马军队从不同方向发动的进攻，波斯人的回旋余地很小，他们在冲锋时势必会把侧翼或后部暴露出来。这一次，苏尼卡斯杀死了巴拉斯马纳斯本人，将军一死，波斯士兵尚存的士气也因此全部灰飞烟灭。能逃跑的骑兵都逃了,其恐惧情绪也传染给了附近的许多步兵,致使步兵也丢下武器和盾牌加入了溃逃的队伍。据说,罗马军队在战场的这个区域又杀死了5000名敌军士兵,不过贝利撒留及其军官很快开始阻止士兵追击得太远,因为如果骑兵骑在疲惫的战马上分散地追击敌人,那么敌军只需要派出一小支生力军便可将追击的部队击溃,并进行反击。贝利撒留所取得的胜利已经足够了。罗马军队在对阵战中已经将喀瓦德的主力部队打败,敌军也已深感羞辱。卑路斯本来戴着一条象征其地位的镶有金子和珍珠的头带,而现在这条头带遭到了国王的褫夺。[9]

后来的战事

下一年,一支由1.5万人组成的波斯军队在阿拉伯盟友的指引下突袭了位于南方很远处的幼发拉底河沿岸某地,这里与双方最近作战的地方相距很远。这次袭击出乎贝利撒留的预料,他花了些时间才率军沿河岸向下游进发,在卡利尼库姆附近迎战敌军。贝利撒留认为,向敌方展示自己的武力就足以使入侵者撤退,这样行省内的人民就不会遭受太多损失。贝利撒留麾下有2万人左右,包括2000名当地的盟军以及许多新征募入伍的士兵,因为一些曾打过达拉战役的部队被派去增援边境的守备部队了,以防喀瓦德在己方主力部队南下时发动新一轮进攻。当贝利撒留率军来到距波斯人14英里的地方时,波斯人才知道他的到来,并立刻开始撤退,因为他们也没有要作战的迫切欲望。贝利撒留决定在波斯军队后面一段距离处进行尾随,结果这一决定引起了其手下高级军官以及普通士兵的强烈不满，虽然普罗柯比记载没有人敢当面指责贝利撒留。公元531年的4月18日这一天是耶稣受难日，此前波斯人已经抵达了卡利尼库姆，马上就要进入一片通往其家园的地区。这里土地贫瘠、人烟稀少，如果罗马人跟随波斯人进入这片区域，他们也会像敌军一样难以找到食物，因为那里没有重要的罗马守备部队。

是进入这片地区，还是让波斯人溜走？这个问题最终引发了罗马士兵公开的异议。贝利撒留向士兵发表讲话，解释说现在敌军已经被逐出罗马的领土，此时再与敌军作战没有任何好处。他还说，现在不是作战的好时机，因为他们第二天就要斋戒来准备复活节，所以缺乏打一场艰苦战役的耐力。士兵仍然态度尖刻，开始公开侮辱贝利撒留，后者被迫宣称自己只是在测试士兵的勇气，而且自己一直渴望作战。普罗柯比指出，这并不是贝利撒留为了激发士兵斗志而使用的计谋，而是其想法真的发生了改变。就像尤利安在阿根托拉图姆那样，贝利撒留是被部队逼着作战的，而他本人并不认为目前的条件适合作战。而这一次，作战以失利告终，证明贝利撒留早先的判断是明智的。没有了达拉之战时那种精心布置的战场，罗马军队在与敌军骑兵的混战中表现得非常脆弱，800名罗马士兵和几乎全部的同盟士兵阵亡了。贝利撒留是最后才逃跑的人之一，他一直与自己的"布契拉里"并肩作战，尽全力支援一支被敌军分割开来的阿斯坎所指挥的分遣队，直到阿斯坎阵亡、那支分遣队全军覆没后才撤退。[10]

这次失利很不幸，但并没有抵消达拉战役中罗马军队所取得的成就。喀瓦德同年秋天去世，波斯人打仗的劲头暂时有所减弱，并且在库思老继位后不久，波斯人便与罗马人展开了和谈。查士丁尼也很快将贝利撒留召回君士坦丁堡，决定派其远征，从汪达尔人手中抢回北非。虽然贝利撒留得到的资源有限，只有 5000 名骑兵（包括自己的"布契拉里"和一队匈人士兵）以及 1 万名步兵，但他于公元 533 年从海岸登陆，次年就击败了汪达尔国王盖利默。贝利撒留遇到的一些困难之前的指挥官也曾遇到过，但另一些困难则更多源自 6 世纪时军队发生的变化。战争初期，为部队准备的硬面饼干烘焙得不得当。这种硬面饼干一般要烘焙两次，这样有助于储存，但重量也减少了 1/4。相关官员要为部队提供一定重量的饼干，但此人显然决定借机大赚一笔。他没有付钱让烘焙工正常地烘焙，而是将饼干放到公共浴室的锅炉房中粗糙地加热。饼干看上去没什么问题，并且保持了烘焙之前面粉的重量，却很快开始变质。发现问题时，这些面饼已经导致了 500 名士兵病死。以国家和前线士兵为代价来获取私利，这样的事情并不新鲜。在第二次布匿战争的白热化阶段，一家签订了契约负责为西班牙军团提供补给的船商就曾遭到指控，原因是其将破败不堪的船凿沉，以此向国家索赔船上的货物，而事实上船上压根就没有货物。[11]

在远征之初，另一个重要事件是贝利撒留处决了两名匈人士兵，因为这两人在一场酒后斗殴中打死了一位战友。处决的命令引起了该军团其他士兵的抗议，他们觉得在醉酒状态下，一个人无须为自己的行为负责。许多其他部队也加入了抗议的队伍，害怕将军同样会严厉地惩罚其他违反纪律的行为。这一次，贝利撒留拒不妥协，决心不让士兵肆意劫掠、欺侮平民，以免疏远热心反抗汪达尔统治者的广大民众。贝利撒留鞭笞了一些进行劫掠的士兵作为教训，总体而言，他成功阻止了士兵的不当行为，并给士兵制定了以当时的标准看来十分严格的纪律。[12] 在迦太基投降的时候，贝利撒留特地选择在白天入城，以便更好地观察士兵的举动。尤利乌斯·恺撒也曾在内战期间于马西利亚这样做过。[13] 贝利撒留的匈人部队宣称，入伍时罗马人误导了自己对于服役期限的理解，而且这支部队在整个战役中的忠诚度都很可疑。到了战争末期，匈人部队似乎是根据谁更有可能获胜来决定是继续对贝利撒留保持忠诚还是向盖利默变节。公元 533 年 12 月，罗马军队在特里卡马龙击败汪达尔人后，纪律土崩瓦解，他们开始分散地追击敌军，肆意劫掠。普罗柯比描述了士兵

> 那些贫穷的士兵们，突然间变成了巨额财富和年轻貌美女子的主人，他们陶醉其中难以自拔，不仅沉浸在眼前的好运之中，而且贪得无厌，每个人都想把所有的财富带回迦太基。他们四处游荡，不再是成群结队行走，而是一两个人单独行动……贝利撒留注意到这一情况后，不知如何是好。黎明时分他站在路旁的小山上，重申不复存在的纪律，无论对士兵还是对军官统统加以指责。[14]

达拉战役后，贝利撒留就担心部队出现这种情况，而在此次胜利后这一切出现了，虽然幸运的是，汪达尔人已经无力利用罗马人的弱点进行反击。在直接的恳求以及斥责下，贝利撒留逐渐恢复了一些秩序，但顶多也只是部分的秩序。不久之后，一名喝醉了的低级军官兴致勃勃地用弓瞄准了一只鸟，结果射出的箭却射中了贝利撒留最为得力的一员高级军官的脖子，并致其死亡。后来，在战争基本结束之时，贝利撒留返回了君士坦丁堡，但由

于其旧部发生哗变，又不得不回去平息。[15]

尽管发生了这样不愉快的事情，贝利撒留的阿非利加远征还是取得了巨大的成功，查士丁尼举行了盛大的庆典欢迎其凯旋。这一次，查士丁尼不仅恢复了授予得胜的指挥官凯旋荣誉物的传统，而且允许贝利撒留在凯旋式中行进穿过君士坦丁堡——是字面意义上的行进，因为贝利撒留是徒步而非乘坐双轮战车。在凯旋式上游行队伍所展览的战利品中，人们认出有些东西最初来自耶路撒冷圣殿，在提图斯举行凯旋式的时候运到了罗马，后来又被汪达尔人从罗马劫掠走。如今，这些物品又被送到了耶路撒冷的基督教堂中。在游行的结尾阶段，身为俘虏的盖利默和得胜的贝利撒留都跪倒在皇帝查士丁尼和皇后狄奥多拉的面前。与其族人一样，盖利默也是阿里乌斯派基督教徒，在凯旋式那天一直低语着"虚空的虚空。凡事都是虚空"——《传道书》第二节的一句话。似乎没有必要让一位奴隶来小声提醒这位罗马将军他只是个凡人了，因为很明显，他依然不过是皇帝的仆人。

公元535年，贝利撒留受命以区区7500人的兵力为帝国收复意大利和西西里。东罗马帝国与意大利东哥特王国的关系曾经一直很好，但近年来却开始恶化，因为东哥特王国最新的掌权集团对君士坦丁堡怀有敌意。新掌权集团的行为给查士丁尼提供了发动战争的借口，不过，查士丁尼在阿非利加取得的成功本来也在鼓励他在西部尝试更多的冒险活动。西西里大部分社群都欢迎贝利撒留，因此到了年底，整个西西里岛都在贝利撒留的控制之下了。不过，在意大利的战事从一开始就更为艰难。在那不勒斯战役中，罗马人经过了艰苦的包围战后，发现了一条能够沟通城市内外的废弃已久的水渠，凭此才勉强攻下了那不勒斯。12月，罗马公民纷纷打开城门迎接贝利撒留，但很快哥特人就包围了这支只有 5000 人的罗马军队。[16] 在一场散兵战里，贝利撒留以及 1000 名骑兵意外地遇到了一队刚刚渡过了米尔维安桥的蛮族军队。守备这座桥的罗马部队或是开小差了，或是不战而逃。贝利撒留很快就陷入了激烈的战斗，而且有罗马逃兵大喊攻击那个骑着前额有白斑的灰马的人，于是敌军将贝利撒留与手下分隔开来。据普罗柯比记载，几乎所有哥特人

> 开始向贝利撒留射击，每一个人都为了取得荣誉而急于表现自己的勇敢，尽可能地靠近他，不断地想抓住他，同时愤怒地不断用剑和矛刺他。但贝利撒留不断地来回躲闪，将扑上来的人全部杀死，他的枪兵和卫队也帮了他的大忙，他们在危险时刻仍然保持忠诚，全部围在贝利撒留周围……举起盾牌保护将军及其战马，不仅挡住了射来的箭，而且击退并打败了不时攻上来的敌军士兵。于是，整个战斗围绕着一个人展开……但那天贝利撒留却意外地毫发无伤，没有被任何投射物击中……[17]

接下来，哥特人直接向城墙发动进攻，贝利撒留命令士兵静静等候，在自己射箭之前不要射箭，因为他想让敌军更加靠近，然后再用箭雨伺候敌军。时机一到，贝利撒留射出了第一支箭，它命中并杀死了敌军的一位首领，第二支箭则击杀了一位战士。然后，罗马士兵集体跟上，贝利撒留让自己身边的士兵瞄准正拖着敌军包围工事前进的牛。罗马军队打退了敌军的这次进攻。[18]

罗马军队在包围战中取得的胜利使部队滋生了骄傲的情绪，

与卡利尼库姆一役失利之前状态相似。贝利撒留再次无法控制士兵的亢奋情绪，于是决定既然士兵们一意求战，自己至少应该保证部队在有利的情况下打这场仗。罗马人试图突袭敌军，但以失败告终，因为每次都会有罗马逃兵把计划透露给敌人。最终，贝利撒留率部队出城与敌军作战。一开始，罗马军队取得了胜利，将哥特人打得溃逃，但之后许多罗马士兵四散劫掠，最初的胜利反而导致了混乱。结果，日耳曼人重新集结，发动反击，重创罗马军队。后来，罗马人精心策划了一次突袭，取得了巨大的成功，并终于打破了哥特人的包围圈，使增援部队得以进城。[19]

　　贝利撒留开始转战意大利半岛更北的地区。公元 539 年，宦官纳尔塞斯率领另一支部队与贝利撒留会合。皇帝给纳尔塞斯下达的指示中很显然有一条是严密监视贝利撒留，确保其没有威胁到查士丁尼皇位的野心。两人的合作并不愉快，罗马军队在意大利的作战也一度因此丧失了动力。这一年晚些时候，查士丁尼召回了纳尔塞斯，而贝利撒留也在意大利北部取得了更多的胜利。但公元 540 年，贝利撒留也被调离，并再次被派往波斯边境。宦官将军纳尔塞斯则回来负责意大利的战事，而且展现出了高超的技巧，但他所面对的哥特人实力已有所恢复。贝利撒留通过军事和外交手段帮忙稳住了东部的局势，而后于公元 544 年回到了意大利。罗马城于公元 546 年陷落，又在 548 年收复，然后在 550 年被哥特人再次攻占。此时，纳尔塞斯已回来取代贝利撒留，正是纳尔塞斯于公元 551 或 552 年在塔蒂纳埃打败了哥特人，后又于公元 554 年在卡西利努斯击败了法兰克人，从而完成了对意大利的征服。[20]

　　罗马指挥官在手头资源极为有限的情况下收复了阿非利加、

西西里和意大利，这些胜利非常伟大，但事实证明，东罗马帝国无法长期保有这些地区。贝利撒留在战争中取得了极大的荣耀，也得到了查士丁尼的赞誉，不过后来贝利撒留作战的机会寥寥无几。6世纪的皇帝对于自己的皇位很有信心，能够允许其他人领军打仗，但这不意味着皇帝完全不会怀疑将军企图谋反。公元559年，蛮族人入侵，威胁到了君士坦丁堡，皇帝曾短暂地将贝利撒留召回作战。公元562年，贝利撒留被指控叛国而银铛入狱，不过很快又被释放。贝利撒留的余生在苦闷和落魄中度过，最终于公元565年去世。

*

从某些方面来说，贝利撒留指挥军队的风格与之前几代的罗马将军很相似。虽然有时贝利撒留也会在战斗最激烈的时候挥舞长矛利剑，或者向敌人射箭，但其最主要的职责还是指挥其他人作战，此时他会待在战线之后。然而在6世纪，世界的格局以及战争的性质在很多方面都发生了巨大的改变，其中一个主要的变化就是战争规模的改变。罗马军队在达拉战役中集结的2.5万人在当时是异常庞大的军力。6世纪后期一位军事手册的作者曾指出，一支部队的人数通常在5000到1.5万人之间，而且5000人左右的部队居多。贝利撒留在阿非利加和意大利率领的部队人数也在这个范围之间。除了东部边境偶有例外，罗马的敌人从来没有集结过比这规模更大的战斗部队，即使能够找到足够的兵力，也没有必要。骑兵在部队中所占比例比过去更高，而且战斗也主要是靠骑兵完成，至少在贝利撒留的指挥下是这样的。虽然其规模缩减了，但部队仍然在很大的区域中作战。对阵战很罕见，散兵战、突袭和包围战占了主导地位。

随着战争的风格和规模的改变，罗马军队的基本特征也发生了变化。贝利撒留被认为是一位非常严厉的指挥官，但其麾下的部队却不断地违反纪律，不听从贝利撒留更为明智的判断，在卡利尼库姆和罗马逼迫他作战，并在阿非利加取胜之后完全失控。罗马军队发生哗变并不是新鲜事，即使在共和国时期也比较常见，但6世纪的罗马士兵野蛮好斗，几乎每天都会违抗命令，这是过去几乎从未发生的情况，即使在内战的混乱中也没有过。之前文献中为懒散的士兵制定严格纪律的理想指挥官形象在古典时代晚期的文献中再也没有出现，因为部队管理和惩罚的正式体系已经消失了大半。军事理论仍然强调士兵训练的重要性，但实际上只有一小部分部队接近这一理想——由一位杰出领袖带领的"布契拉里"通常能算在其中。如果军队规模扩大（按照当时的标准），不少士兵变得极不可靠的概率就会增加。几个世纪以来，罗马士兵都可以随心所欲地废立皇帝，这使得士兵不愿意接受严格的纪律。如果将军试图约束其行为就会引起士兵的抱怨、哗变或者叛逃。[21]

贝利撒留的作战带有很强的中世纪的感觉。在之后将近一千年的时间里，欧洲战争的典型特点便是军队规模小，征来的步兵占有相当的比例，其军事价值却不值一提，雇佣军或盟友的忠诚度有时可疑。最有效的部队通常是国王或贵族的家臣，他们是装备精良的骑兵。战争主要依靠建有堡垒的据点，军队可以从这里发动突袭。大多数的战争都是小规模的。有时，这样的据点也会遭到包围，但双方很少打对阵战。即使这个时期最为强大的王国，也完全无力供养能与共和国晚期或元首制下的罗马军队相提并论的队伍。维持那样一支装备精良、组织有序、纪律严明的部队过于昂贵，而且即使是罗马也往往难以控制这样的军队。在几个世纪中，拜占庭军队在礼仪和语言上还保留了一些传统罗马部队的痕迹，但从最重要的方面来说，两者截然不同。西部的罗马军队随着西罗马帝国的崩溃而消失，东部的军队则变成了另一副模样。随着由军团组成的传统军队的消失，罗马的"得胜将军"、罗马的将领及其独特的指挥风格也一道消失了。

16

尾 声

罗马将军的遗产

　　"将军的人格是不可或缺的。将军是首脑，是一支军队的全部。高卢人不是罗马军团征服的，而是恺撒征服的。"拿破仑的这番意见并不令人吃惊，因为他强烈地认同"伟人"塑造周围世界的观点，而且也认为自己的事业与古代的伟人有相似之处。自启蒙运动开始，欧洲的教育、艺术和文化的核心内容就是古代世界的故事。人们在讲述希腊和罗马的历史时，通常将其描述为由一两个个人主导而发生的一系列事件——这些人是哲学家、政治家或者将军，比如苏格拉底和柏拉图，伯里克利和德摩斯提尼，腓力和亚历山大，或者是前面的章节所讨论过的那许多罗马人。古代的传记作家，比如普鲁塔克，关注其描述对象的性格，以及其品德如何引领他（几乎都是"他"，因为古代文献中所记载的重要人物常常都是男性）走向胜利，或其缺点如何导致他的失败。在那个时代，学习（以及将所学内容付诸实践的决心）似乎提供了一种理解和改善世界的途径，因此对个人内在力量的强调是极具吸引力的。

　　至于拿破仑，他的天赋和意志，甚至是运气使他从无名小卒跃升为法国的最高统治者，还使他征服了几乎整个欧洲。我们也可以把拿破仑的成功归功于其他因素——法国大革命时期的政治混乱造成了中心权力的真空；大规模征兵制的引入为拿破仑提供了规模远超乎前人想象的庞大军队；军事改革家奠定了许多战略和战术的基础，而法国大军团（La Grande Armée）正是采取了这些战略和战术才所向披靡。但是，承认上述因素的重要性，并不能得出结论说拿破仑的性格和天赋对其成功没有影响。法国军团体系（d'armee）帮助拿破仑智取更为笨拙的敌军，皇室参谋机构则帮他协调了部队的调动，这些机构不是拿破仑凭空创造出来的，但他却为这一体系打上了自己独特的印记。尤其是参谋处，它是以拿破仑为核心而建立起来的，其向部队下达的书面命令也明显带有拿破仑独特的话语风格。拿破仑将自己的精神真正意义上地倾注于其部队，而这一点他的对手很少能够匹敌。这一时期的战争显然在很大程度上取决于更多实际的事物——士兵的数量、训练和调动部队，以及为其提供食物、衣服、武器、弹药等补给的能力，而且所有这些都需要国家出资。拿破仑本人也一直清楚这一点。尽管如此，也无法改变这样一个事实，那就是如果不考虑皇帝的人格，就无法理解那个时代的战争。[1]

同理，是恺撒征服的高卢这种说法至少也有一定道理。如前所述，恺撒攻打高卢而非达契亚的选择有很大的偶然因素。恺撒渴望获得荣誉来实现自己的政治目标，而这种渴望影响了他做出的许多决定，最著名的便是攻打不列颠。有一种说法是，罗马共和国对外扩张的动力注定会使罗马在某一时间征服高卢，即使没有恺撒在公元前 58 年发动对高卢的战争，也总会有别人在日后完成这件事。不过，这种说法暗含了历史决定论，人的自主行动遭到无视。在这种说法中，潜在的潮流和压力决定了事件必然发生，而"人"这一元素则从历史中被完全抹除了。这些潮流和压力可能是社会的、意识形态的或者是经济的，也可能是科技的发展、人口的增减、气候和环境的变化所创造出的条件。

这种观点很难与人们对现实的观察相吻合，因为生活中充满了有意和无意的决定，而所有的决定都会产生结果。此外，即使具有看似相近的背景和环境，人们的反应和能力也会各不相同。在战争中，每位参与者都能明显地影响事件的走向，因为其决定和行动所造成的结果会极为剧烈地展现出来，这一特点可能是战争以外的活动都不具备的。如果恺撒没有征服高卢，另一位罗马指挥官可能也会在未来的某一时间做这件事，但他不会丝毫不差地按照公元前58—前50年事情的走向来完成征服。恺撒的人格以及参战双方每个人的人格共同塑造了这次战争的走势，但是在组织架构中位于顶端之人肯定要比其他人影响力更大。从本质上说，我们现在回到了出发点，承认领袖和将军的重要性，而且也认为他们在过去和现在一直是决定战争走势和结果的重要因素，即使不是决定性因素。

在本书中，我们着眼于在罗马扩张、巩固，最后挣扎着对抗崩溃的几个世纪中的许多战争和个人。战争和将军是罗马历史永恒的主题。即使本书所讨论的15个人在童年就已夭折（就像许多同时代的人那样），或是在率军作战时阵亡，罗马当然也同样会兴起和衰落。但是，这些人的职业生涯及其取得的胜利代表了这个进程中的重要阶段，而且在很大程度上决定了罗马如何兴衰的细节。在某些时代，有天赋格外高或者决心格外强的领袖将高目标和强动力倾注到罗马的战事中，而其他时代则不是这样。玛尔凯路斯、费边、大西庇阿等人帮助罗马抵御住了汉尼拔的进攻，并最终击败了迦太基。庞培和恺撒可能最终导致了罗马共和国的撕裂，但他们也比其他将军为帝国增加了更多的领土。在屋大维为自己新政权正名的宣言中，对外征服与恢复国内的和平与稳定有着同样的比重。

战争和政治仍然不可分离，因为罗马的国家领袖所能取得的最伟大的成就便是在战争中打败敌人。罗马旧有的传统是，一个人在职业生涯中轮流担任民事和军事职务，但这种传统在古典时代晚期遭到了废除。即使如此，满心感激的查士丁尼还是把从阿非利加归来的贝利撒留任命为执政官。古代世界里战争频发，国家需要有能力的人来获得胜利。在任何时期，赢得战争都意味着赢得威望，而威望又能转化成政治优势。几百年间一直在产生罗马将军的元老贵族阶层为自己的德性感到骄傲，正是这种德性令其成员胜任高级指挥官，但如果某人的军事才能远超过其同侪，元老院就会感到不适。

此刻，审视一下本书的 15 位人物的命运将大有裨益。有两位在战斗中被杀——玛尔凯路斯为迦太基人所杀，尤利安可能为自己人所杀，而图拉真则是在战争过程中自然死亡，马略也是在占领罗马不久后自然死亡。有 3 位遭到谋杀——塞多留为自己的一些军官所杀，庞培为托勒密的廷臣所杀，而恺撒则死于元老的阴谋。科尔布罗则是在尼禄的命令下自杀。小西庇阿和日耳曼尼库斯据说都是中毒而死，在提图斯之后继位的图密善完全没有哀悼哥哥的意思。费边一直留在政坛，但在其长久一生的最后时刻却染上了对声望日隆的大西庇阿的嫉妒。大西庇阿则被迫过早地退出公共生活，苦涩地终了一生。贝利撒留从某种角度来说也是如此。埃米利乌斯·保卢斯必须要克服反对力量才得以举行凯旋式，这对他的晚年是一次打击，而更大的打击则来自两个儿子的死亡。在战争中，罗马指挥官在战线后面一点的位置指挥军队，这个位置有一定的危险。在战争中活下来并赢得巨大荣誉一样会带来危险，这种危险和战场一样真实。

罗马之后

> 我们必须要承认，亚历山大、恺撒、西庇阿与汉尼拔是历史上最为可敬和著名的勇士。但尽管放心……如果他们面临的是日耳曼、法兰西、低地国家以及其他地区在日后建起的防御工事，那么他们的仗也不会打得这样容易。

即使如罗杰·威廉姆斯爵士在 1590 年所写的《战争简述》（*Briefe discourse of Warre*）中暗示的那样，战争中的新生事物（最显著的是现代的工事和改进的大炮）削弱了古代战争对于现代指挥官的示范作用，许多其他的军事理论家还是积极地想借鉴希腊人和罗马人的经验。[2] 这倒不是前所未有，维吉提乌斯于 4 世纪晚期所写的《军事科学摘要》一书就是中世纪抄录最为频繁的世俗手稿之一。很难确定维吉提乌斯的观念对中世纪将军在战场上行为的实际影响有多大，但毫无疑问的是，知识分子对维吉提乌斯评价颇高。书中的许多建议都具有中世纪战争的典型特点，比如除非情况特别有利，否则不要作战；坚守在补给供应良好的堡垒中不出来，直到敌人因缺粮而撤退。然而，在实战中这样做的将军可能是依据经验而做出的决定，并不一定是听从了某位罗马理论家的建议。

到了6世纪，罗马战争本身就已经具有了典型的中世纪特点：比起早年，此时军队规模相对较小，纪律也更松散；相比于大规模战役，劫掠以及其他小规模作战更多。中世纪的王国缺乏财富、资源，中央集权的程度也不高，无力组建在任何一个方面能与罗马鼎盛时期相提并论的军队。直到15世纪末和16世纪，由于国家变得更为复杂，情况才开始转变，更大规模的军队也得以组建。随着士兵数量的增多，使用传统方式控制军队已不再现实，再加上要想让新的轻型火器发挥效果，就需要部队更加有秩序，因此控制军队的问题愈发突出。识字的士兵更多了，引入了印刷机后，士兵更容易接触到书册。有些古代作家再次出现在了人们的视野中，他们的作品被翻译成现代语言后，更多的人可以阅读。到了16世纪末和17世纪，有些领导人有意地试图按照罗马军团的纪律、组织和战术体系打造自己的军队，比如尼德兰拿骚的莫里斯和威廉，以及瑞典的古斯塔夫·阿道夫。1616年，约翰·宾厄姆出版了《埃利安的战术》（*The Tacticks of Aelian*）的英译本，其中不仅有身着17世纪服装的枪兵做单体动作的示意图，而且专门有一部分讲述古代的操练方法如何在调整后用于荷兰军队。这本书的封面更为直接：上边描绘着亚历山大大帝将宝剑交给拿骚的莫里斯。

在按照罗马的模型（至少是军事改革家所认为的罗马模型）创立军队后，人们发现指挥官在几个世纪里都以在很多方面非常类似罗马指挥官的方式行事，这就不足为奇了。在部队的最前面聚集的人数最多不过3万人，这些士兵排成紧密的阵形移动，而且能看到战场的大部分区域。将军的许多作战条件与之前相同，而将军控制军队的能力也没有变化——虽然望远镜让指挥官得以看到更远的地方，但同时火药产生的烟雾却抵消了一部分效果。信息依旧是靠信使骑马传递要更快一些。领导者的参谋与罗马时期一样，通常是其家人或朋友，数量相对较少，没有强烈的使命感，也缺乏正式的训练。如果庞培或恺撒置身古斯塔夫·阿道夫或马尔伯勒公爵所在的战场，那么他们可能不会觉得此时的战争与自己的经验有很大出入。当然，反之亦然。

17 世纪和 18 世纪的指挥官在战场上同样是机动的，他们或是移动到有利地形进行观察，或是骑马在战线后方沿着战线移动，试图揣测下一次的危机或机遇会出现在哪里，而后来到最佳位置准备应对。将军通过亲自观察、委派军官观察，或是通过指挥战线各个部分的下属所递交的报告来努力了解整场战役，像罗马指挥官一样适时派上后备军队。有时，将军也会策马向前带头冲锋。有些指挥官出于意气或责任感而比其他指挥官更多地亲自率军冲锋，但这样做的指挥官大多都会受重伤或者战死，就像古斯塔夫·阿道夫那样。现代投射武器的进步使得指挥官即使待在战线后面，受伤的风险也要远远大于罗马指挥官。

17 世纪和 18 世纪的指挥官在很多场合的行事方式像极了罗马指挥官。在这一时期的艺术作品中，指挥官往往会摆出抓住军旗，努力集结溃逃或意志动摇的军队的姿势，这种对指挥官的千篇一律的描绘一如我们在罗马文献中见到的那样。在现实中，这也是阻止士兵溃逃的可行方法。很难说这些指挥官是否是因为受过良好的古典教育才做出了这一举动，像叛教者尤利安那样有意模仿过去的英雄，又或者，这只是因为相似的战场条件激发了相似的反应。

　　但从某些方面来说，18 世纪的战争与罗马战争显著不同。18 世纪的军队作战时讲究程序，部署谨慎，不愿冒险作战，这些特点更像是亚历山大的继业者所发动的试探性作战，而与罗马人发动战争时的冷酷和坚定不同。另一个区别是指挥官与士兵之间的关系。在现代早期的军事革命中，军事纪律逐渐发展，当时是为了解决有效使用手持火器这一问题。滑膛枪的射程有限，它的引入没有真正为步兵提供一种比弓箭更为有效的武器，只是火枪手要比弓箭手好训练得多。另外，滑膛枪的射击准确率极低，而且装弹速度慢，因此，如果只有一排火枪手，那他们很可能来不及射完第二轮子弹就被冲锋过来的敌军（尤其是骑兵）消灭。因此，部队部署的方法被设计为：火枪手排成几排，轮流射击、装弹。一开始，需要射击的那一排火枪手要先越过前面一排再进行射击。过了一段时间后，装弹的方法有所改进，于是火枪手的排数从原来的 10 排减少到两三排，就能对敌军形成几乎持续不断的射击了，只是这样的改变降低了射击的精确度。在 18 世纪，线列步兵射击时不瞄准（大多数火枪手甚至连瞄准器都没有），只是将火枪举到与敌军相同的高度，然后向前射击。这样做的原因是，指挥官认为，只要射击的距离足够近，那么排列紧密的火枪手同时射出的一轮子弹就一定能给阵形相似的敌军造成伤害。

　　这时期训练的内容意在让部队能够机械性地执行所有按阵形行进和装弹的命令。如果部队的每个人无法彼此协调一致，就会出现混乱，很可能会导致很多意外伤亡。因此，部队的纪律极为死板，这么做的目的就是把士兵转化为机器人，也就是"行走的火枪"。虽然在罗马军队中，步调一致地行进和保持阵形很重要，但在肉搏战中取胜却并不完全依靠这样严格的操练。在罗马的军事理念中，士兵在合适的情况下的自主性和个人的锐气是值得好好鼓励的，因为成败往往由这一小部分人的行为决定。罗马将军最重要的一项任务便是见证和评价个体士兵的行为。军队的战术体系使得罗马将军在统筹麾下部队这一方面发挥着关键的作用，也鼓励将军在必要时干预下级的事情，但不能以牺牲各级军官的高度自主性为代价。副帅、保民官、军事长官以及百夫长都很重要。将军能够骑马沿着战线来回移动，到他认为战斗最关键的地方指挥，一个原因就是将军相信下级军官能够得当地控制战场其他部分的军队。

罗马的目标就是在每个地方都有人鼓舞和指挥军队——将军有足够的权威和声望，相比别人能够更多地提升部队的意志力，不过，当他到别处指挥时，其他许多军官也能够且愿意担起责任。既然有不明智的将军，就有不明智的下级军官，有时一名低级军官的自发行动会使情况恶化，或者致使军队战败（公元前52年，部队指挥官就是用了这一借口解释日尔戈维亚一役的失利）。但总的来说，将军和下级军官的活动互为补充，让罗马军队比其对手拥有大得多的灵活性。

到了18世纪末，欧洲军队才重新具有了这种灵活性。通过军团体系，拿破仑可以有效控制部队的战略移动，而且他所控制的部队是使用传统方法，或罗马人使用的方法，所能控制的最大规模部队的两倍以上。控制这么庞大的部队自然需要给予下级军官，特别是兵团指挥官多得多的行动自由权。只是，部队也没大到皇帝看不全部队、大部分士兵也无法看到皇帝的程度。在战争中，拿破仑多数时间都骑在马上，正式或非正式地到各单位那里去，他的到来往往以有人立刻得到了晋升或表彰为高潮。虽然只有少许大军团的士兵能够成为元帅，但还是有很多士兵的职业生涯足够辉煌，能让其他士兵相信，自己的勇敢行为和优异表现会被皇帝看在眼里，并得到奖赏。纪律很重要，但还没有严格到让士兵盲目服从命令而抹杀一切自主性的地步。这种气质与罗马军队有很多相通之处。

拿破仑的宣传和辞令具有明显的古典风格，特别是罗马的风格——他修建了凯旋拱门、表现头戴桂冠的胜利者凯旋场景的浮雕，他还将鹰旗作为部队的军旗，并为一些部队配上复古的头盔。拿破仑对军事史了如指掌，包括古代世界的军事史。拿破仑认为，从伟大将军的征战中可以学到很多指挥之道，而在他给出的将领名单上，恺撒就占据一席。在奥斯特里茨大战当天，拿破仑说过这样的话："士兵们，我会亲自指挥你们所有的战斗；如果你们凭借着一如既往的勇敢，打得敌军溃不成军，我会置身局外；但如果在某一时刻胜负僵持不下，你们会看到皇帝置身于军队的前列。"这句话如果说是出自罗马将军之口也不足为奇。拿破仑最为活跃的时间是在战斗开始前，他要为部队击溃敌军创造条件，而把实际作战中大部分的战术处理权交给下级军官。拿破仑的部队规模庞大，尤其是在后期的战争中，因此，皇帝的指挥部停留在一个让信使容易定位的固定位置是非常重要的。

威灵顿公爵率领的部队通常规模更小，而且手下控制部队的军官数量要少得多，效率也低下得多，他在战争中的表现具有典型的罗马风格。在滑铁卢，威灵顿公爵非常机动，他骑马在前线附近四处徘徊，力图在关键时刻出现。无论身处何方，威灵顿公爵都在下达命令并接收情报，并在觉得合适的时候进行干预，甚至有时会对个体士兵的表现进行干预——"现在，梅特兰，是你表现的时候了！"通过英国人对于战争的描述可见，公爵总是突然出现，但公爵的指挥风格并不鼓励下级军官提出过多主张。3

滑铁卢之役后，任何部队指挥官都不可能再以如此个性化的方式指挥战争了，至少在欧洲如此，因为民族国家的实力不断增强，而且又出现了铁路、电报这些新事物，军队人数达到了数十万，甚至上百万。同时，武器也在不断改进，这使得部队如果还按照传统的方式排成紧密的阵形只能是白白送死，另外战场的面积也因此扩大了。现在，战争双方进行远距离交战，因此指挥官不可能亲自观察得到战斗的全局。将军如今只能间接地指挥部队，许多诸如在战斗中密切监督、积极鼓励士兵这样的任务完全落到了下级军官的身上。然而，古典作品仍然是教育的核心组成部分，许多国家为年轻军官所提供的军事教育也不例外，而且大多数军事人员都对过去古希腊和罗马的著名战争有一定了解。在多数情况下，很难证明这种教育对军官的行为有直接影响，因为做出与大西庇阿或庞培相似的举动可能只能说明成功的将军有大体相同的行事方式。然而，无论有多遥远，间接影响都难以否认，因为古典的传统是深深印刻在西方文化之中的。有许多将军效仿拿破仑，比如哈夫洛克、麦克莱伦，甚至"瘦小的"富勒①，而他们所仿效的拿破仑则把自己和历史上的那些伟大的将军紧密地联系在了一起。

在后滑铁卢时代，军事理论家就希腊、罗马战争对军事理论的重要性产生了分歧，就像文艺复兴时期那些军事理论家一样为

---

① 就是引言中提到的约翰·弗雷德里克·查尔斯·富勒，英国将军、军事理论家，机械化战争的创始人之一。

此争论不休。克劳塞维茨认为，古代的战争很正式，通常是在双方同意之后才会交战，因此与现代战争几乎没有相似之处。然而，虽然克劳塞维茨对普鲁士以及后来德国的军事产生了重大影响，但在一位军官的教育中，对军事历史，包括古代军事史的研究仍被确立为非常重要的组成部分。冯·施里芬是个极端的例子，他极力追求从古代战争中吸取实际的教训，达到了近乎痴迷的程度。德国军队对过去的战争有着尤为深厚的兴趣，而且不应忘记的是，在同一时期德国学者也是古代世界研究领域的领军人物。不过不只他们是这样的，富有影响力的法国军事理论家阿尔当·迪·比克也从罗马战争中摘取了许多例子，因为在他看来，古代文献比现代文献更愿意如实描述人们在战争中的举动 [4]。

自 19 世纪起，世界发生了改变，其中最大的改变之一就是不再有大批的人关注古典时期，但仍不乏军事方面的作家从罗马战争中为当今找寻经验教训。西方军队以后的战争更可能是非对称性的，要面对的是精密程度不如自己的敌人，而不是战术体系与己方相似、科技水平与己方相当的对手。从某种意义上看，随着这种情况出现的可能性增加，西方军队面临的情况可能与罗马所面临的情况并无二致。在罗马历史中的大部分时间里，罗马军队都比敌军装备更精良，而且更重要的是，罗马军队的组织更为有序、纪律更为严明。用维多利亚时代的人的话来说，许多罗马战争是"小型战争"。或许，对于现在的人来说，应该从罗马人打这些仗的方式，而不是从对抗迦太基或马其顿的著名战役中吸取经验教训。

大事年表

218—201　　**第二次布匿战争。**

217　　　　费边担任独裁官。

216　　　　罗马军队在坎尼遭遇惨重失败。一支规模较小的罗马军队受到高卢人伏击并被击败。

214—205　　**第一次马其顿战争。**

213—211　　玛尔凯路斯经过长时间包围后攻下了叙拉古。

209　　　　大西庇阿攻占新迦太基。费边重夺塔兰托。

208　　　　玛尔凯路斯在侦察时被杀。

206　　　　大西庇阿在伊利帕取得了西班牙战争的决定性胜利。

204　　　　大西庇阿入侵阿非利加。

203　　　　费边去世。

202　　　　大西庇阿在扎马击败汉尼拔。

200—196　　**第二次马其顿战争。**

197　　　　罗马人于库诺斯克法莱决定性地击败了腓力五世。

192—189　　罗马发动对塞琉古国王安条克三世的**叙利亚战争。**

191　　　　罗马人于温泉关击败了入侵希腊的安条克军队。

189　　　　罗马人于马格尼西亚击败了安条克。

约 184　　　大西庇阿去世。小西庇阿出生。

172—167　　**第三次马其顿战争。**

168　　　　罗马人于皮德纳击败了珀尔修斯指挥的马其顿军队。

约 160　　　埃米利乌斯·保卢斯去世。

157　　　　马略出生。

154—138　　**卢西塔尼亚战争。**

153—151　　**第二次凯尔特伊比利亚战争。**

149—146　　**第三次布匿战争。**

146	迦太基、科林斯毁灭。
143—133	**努曼提亚战争。**
139	维里亚修斯遭到谋杀。
137	曼西努斯指挥的罗马军队被打败，向努曼提亚人投降。
133	努曼提亚向小西庇阿投降。
129	小西庇阿去世。
约 125	塞多留出生。
113	执政官格奈乌斯·帕皮里乌斯·卡尔波指挥的罗马军队在诺里亚被辛布里人和条顿人的迁徙部落打败。
112—106	**朱古达战争。**
106	庞培出生。
105	辛布里人和条顿人在阿劳西奥摧毁了一支庞大的罗马部队。
102	马略在阿克韦塞克斯提亚击败条顿人。
101	马略和卡图卢斯在韦尔切利击败辛布里人。
约 100	尤利乌斯·恺撒出生。
91—88	**同盟战争**，罗马的意大利盟友发动的最大规模叛乱。罗马经过一场苦战，将其成功镇压。
88	马略从苏拉手中接过了与米特里达梯作战的指挥权，而苏拉则进军罗马。
86	马略去世。
82—72	塞多留在西班牙作战。
74—66	本都国王米特里达梯彻底战败。
73—70	斯巴达克斯领导了一场大规模的奴隶起义。
67	庞培获得了超过常规的指挥权来清剿地中海的海盗，并

	发动了一场短暂却组织高度有序的战争，取得了胜利。
66	庞培获得了超过常规的指挥权来完结与米特里达梯的战争。
58—50	恺撒获得了山北、山南高卢以及伊利里亚行省的指挥权，并以此为基地征服了长发高卢。
58	恺撒打败了迁徙而来的赫尔维蒂人，同年又击败了日耳曼国王阿利奥维斯塔。
57	恺撒击败了比尔及人部落，赢得了桑布尔河战役的胜利。
55	恺撒第一次在莱茵河上修建桥梁，并率军远征不列颠。
54	恺撒第二次渡过莱茵河，并发动了对不列颠更大规模的入侵。
54—53	高卢人第一次大规模反叛恺撒。
53	帕提亚人在苏雷纳斯的指挥下于卡莱击败并杀死克拉苏。
52	维钦托利领导高卢人发动了第二次大规模反叛。
49—45	恺撒和庞培之间的内战。
48	恺撒在底拉西乌姆受挫，但在法萨卢斯击败了庞培。庞培逃往埃及，并在那里遭到谋杀。恺撒追击至埃及，干预了埃及的权力斗争，将克里奥帕特拉扶上王位。
47	恺撒于泽拉迅速地击败了博斯普鲁斯国王法纳塞斯。
46	恺撒在北非的卢斯比那险些被拉比埃努斯击败，但最终在塔普苏斯击败了庞培党人的军队。
45	恺撒在西班牙蒙达赢得了最终的胜利。
44—42	恺撒遭到暗杀，这引发了策划暗杀的密谋者和以马克·安东尼为首的恺撒支持者之间的新一轮内战。后来，恺撒的甥外孙及养子屋大维也加入了安东尼的队伍。

42	在腓立比发生的两场战争中，布鲁图斯和卡西乌斯战败。
36	安东尼大举进攻帕提亚，但在攻打弗拉普萨失利后，进攻无法继续进行。在接下来的撤退中，安东尼的部队由于感染疾病，加之饥肠辘辘，损失惨重。
31	屋大维在亚克兴海战中打败了安东尼，并成为罗马帝国事实上唯一的统治者。
29	马库斯·李锡尼乌斯·克拉苏在巴尔干地区的作战中获得成功，亲手杀死了巴斯塔奈国王，但屋大维拒绝授予其祭献"最高战利品"的权利。
27—公元 14	**奥古斯都的元首统治。**
15	日耳曼部落突袭罗马行省，并击败了罗利乌斯·乌尔比库斯。日耳曼尼库斯出生。
12—9	提比略征服潘诺尼亚，其弟德鲁苏斯在日耳曼作战。
9—7	提比略在日耳曼作战。

公元后

4—5	提比略再次得到了日耳曼的指挥权，并完成了对延伸至易北河的一片土地的征服，而后将其划为罗马的新行省。
6—9	潘诺尼亚和达尔马提亚发生大规模叛乱。罗马派出了大军镇压，其中还包括由解放的奴隶组成的步兵大队。许多叛军士兵之前曾做过罗马军队的辅助兵。提比略和日耳曼尼库斯最终镇压了叛乱。
9	切鲁西部落的阿米尼乌斯领导日耳曼反叛，在条顿堡森林歼灭了瓦卢斯指挥的 3 个罗马军团。
10—11	提比略和日耳曼尼库斯稳固了莱茵河边境，并率军发

动了对日耳曼部落一次简单快速的惩罚性远征。

14	屋大维去世，莱茵河和多瑙河的军团发生哗变，日耳曼尼库斯与提比略之子德鲁苏斯镇压了哗变。
14—37	**提比略的元首统治。**
15	日耳曼尼库斯率领莱茵河的罗马军队与日耳曼人作战，并埋葬了瓦卢斯部队战死的士兵。
16	日耳曼尼库斯在伊狄斯塔维索击败了阿米尼乌斯，但没有取得这场战争的最终胜利，而后被召回罗马。
19	阿米尼乌斯被敌对的酋长所杀。日耳曼尼库斯去世。
37—41	**盖乌斯（卡利古拉）的元首统治。**
41—54	**克劳狄乌斯的元首统治。**
41	提图斯出生。
43	克劳狄乌斯发动对不列颠的入侵。
47	科尔布罗镇压弗里西人。
53	帕提亚国王沃洛吉斯一世占领了亚美尼亚，并将弟弟梯里达底扶上了王位。
54—68	**尼禄的元首统治。**
55	科尔布罗获得东部的指挥权。
56	图拉真出生。
64	科尔布罗在亚美尼亚展示军力。梯里达底接受了和平解决争端的方案，从尼禄手里领取了王冠。
66—74	**犹太人叛乱。**
66	叙利亚总督塞斯提乌斯·加卢斯率军远征耶路撒冷，但被迫撤退，而且在敌军的追击下伤亡惨重。
67	韦帕芗得到了犹太战争的指挥权，制伏了加利利人。

约塔帕塔陷落后，约瑟夫斯向韦帕芗投降。科尔布罗被强行命令自杀。

| 68—69 | **四帝之年**。尼禄死后，各行省的部队拥立自己的指挥官为皇位的继承者，又一场内战由此爆发。 |

68—69　**四帝之年**。尼禄死后，各行省的部队拥立自己的指挥官为皇位的继承者，又一场内战由此爆发。

70—79　**韦帕芗的元首统治**。

70　提图斯经过长时间包围后攻下耶路撒冷。

79—81　**提图斯的元首统治**。

81—96　**图密善的元首统治**。

85　达契亚国王德塞巴鲁斯入侵默西亚行省，行省总督惨败。

86　科尔内利乌斯·福斯库斯在达契亚被打败。

88　另一支罗马军队入侵达契亚，并于塔帕伊打败了德塞巴鲁斯。

96—98　**涅尔瓦的元首统治**。

98—117　**图拉真的元首统治**。

101—102　**第一次达契亚战争**。

105—106　**第二次达契亚战争**。达契亚被吞并为罗马省。

113—117　图拉真发动帕提亚战争。

117—138　**哈德良的元首统治**。

138—161　**安敦尼·庇护的元首统治**。

161—180　**马可·奥勒留的元首统治**。

324—337　**君士坦丁成为无可争议的皇帝**。

332　尤利安出生。

337　帝国权力被君士坦丁的儿子们一分为三，分别是西部的君士坦丁二世，阿非利加、意大利和伊利里亚的君士坦斯，以及东部的君士坦提乌斯二世。

340	君士坦丁二世在与君士坦斯的作战过程中被杀。
355	尤利安被任命为西部的副帝。
356	尤利安与阿拉曼尼人作战。
357	尤利安于斯特拉斯堡在一场对阵战中战胜阿拉曼尼人。
358	尤利安与法兰克人作战。
360—361	尤利安的部队宣布尤利安为皇帝。君士坦提乌斯去世。
363	尤利安大规模入侵波斯。
429	汪达尔人入侵并夺取阿非利加。
451	埃提乌斯在沙隆打退阿提拉率领的匈人的进攻。
469—478	西哥特人夺取西班牙。
476	西罗马帝国的最后一位皇帝罗慕路斯·奥古斯图鲁斯被奥多亚塞罢黜，后者在意大利创立东哥特王国。
502—506	罗马人与波斯人进行了阿娜斯塔西亚战争。波斯人攻占了阿米达，但在双方签订合约后此地最终归还了罗马。
505	贝利撒留出生。
528	贝利撒留在明多斯战败。
530	贝利撒留取得达拉大捷。
531	贝利撒留在卡利尼库姆战败，并不再担任东部指挥官。
533—534	贝利撒留在阿非利加击败了汪达尔人。
535—554	贝利撒留以及他之后的纳尔塞斯率军试图重夺意利。罗马城数度易主。
552	纳尔塞斯在塔吉那伊击败托提拉指挥的东哥特部队。
553	纳尔塞斯在维苏威山附近再次击败哥特人。
554	纳尔塞斯在卡西利努斯击败入侵的法兰克人。
565	贝利撒留去世。

词汇表

侧翼辅军（ala）：（1）罗马盟军的一个作战单位，规模大致与一个罗马军团相当（公元前 3 世纪到前 2 世纪）。每个侧翼都为一个罗马军团提供支援。（2）辅助骑兵的一个作战单位，规模大致与罗马帝国时期一支步兵大队相当（公元 1 世纪末到公元 4 世纪）。

鹰旗掌旗官（aquilifer）：举着军团**鹰旗**的旗手。鹰旗是一座小的鹰的雕像，起初是银制，后来为金制（公元前 1 世纪到公元 3 世纪）。

权威（auctoritas）：罗马元老具有的威望和影响力。取得军事成就就可极大地扩大元老的权威。

辅助兵（auxilia/auxiliaries）：罗马共和国晚期以及帝国时期征召入军队的非公民士兵。到了公元 3 世纪，辅助兵与由公民组成的罗马军团区别似乎已经不大了。

投射机（ballista）：一种两臂扭力石弩，既可发射弩箭又可发射石头，而且精准度很高。投射器大小不一，通常在包围战中使用（公元前 3 世纪到公元 6 世纪）。

布契拉里（bucellarii）：由一位特定指挥官雇佣、供养，并成为该指挥官家臣的士兵。这些士兵仍然是常规军的组成部分，原则上效忠于皇帝。这个名字来自部队定量发放的口粮——硬面饼干（bucellatum），而且强调了指挥官对这些士兵的供养义务（公元 4 世纪末到 6 世纪）。

甲骑具装（cataphract）：身着沉重铠甲的骑兵，通常其所骑的战马也穿着沉重的铠甲。罗马人在东部与敌军作战时第一次遇到这样的战士，后来自己也使用了这种骑兵。

百夫长（centurion）：在罗马军队的大部分历史时期中很重要的军官等级，最开始一名百夫长所指挥的百人队通常有 60 到 80 名士兵。军团中级别最高的百夫长是**首席百夫长**（primus pilus），这一职位地位很高，任期仅为一年（公元前 4 世纪到公元 3 世纪）。

百人队（century/centuria）：罗马军队的基本次级单位，由一名百夫长指挥，通常包含 60 名士兵，后来增至 80 名（公元前 4 世纪到公元 3 世纪）。

车载投射机（carroballista）：为增强机动性安装在骡车上的**蝎弩**（scorpion）（公元前 1 世纪到公元 6 世纪）。

步兵大队（cohort/cohors）：到了公元前 1 世纪，步兵大队取代**支队**（maniple）成为罗马军团的基本战术单位。辅助步兵也编成步兵大队。一个步兵大队通常包含 6 个 80 人的百人队，共有 480 人（公元前 1 世纪到公元 3 世纪）。

统领（comes）：后期罗马军队的军官，级别低于**统帅**（Magistri Militum）（公元 3 世纪末期到 6 世纪）。

机动部队（comitatenses）：地方部队的作战单位，并不固定于某个边境行省（公元 4 世纪到 6 世纪）。

战友（commilito；pl. commilitones）：罗马将军在向部队发表讲话时通常使用这个熟悉的称谓，特别是在内战时期。

执政官（consul）：每年选举产生的两位执政官是罗马共和国的高级官员，在重要战争中指挥部队。有时在任期满后，元老院会延长其指挥权，此时其头衔为**同执政官**（proconsul）。

十人长（decurion）：骑兵军官，起初指挥 10 名士兵。在帝国时期，十人长指挥一支约有 30 名骑兵的**骑兵中队**（公元 1 世纪到 3 世纪）。

独裁官（dictator）：在出现严重危机时会任命一人在 6 个月的时间里成为独裁官。在此期间，独裁官掌握民事和军事的最高权力。后来，诸如苏拉和尤利乌斯·恺撒等内战的胜利者将此头衔作为获得更为长久的权力的基础（公元前 5 世纪到公元前 1 世纪）。

督军（dux）：后期罗马军队的军官（公元 3 世纪末期到 6 世纪）。

边防督军（dux/duces limitis）：罗马帝国后期，边境的行省被划分为若干个地区，每个地区所有**边防部队**（limitanei）的指挥官统称为边防督军（公元 3 世纪后期到 6 世纪）。

私人骑兵（equites singulares）：帝国时期隶属行省总督的骑兵卫队。一支这样的骑兵卫队约有 500 人，而且是从辅助兵**侧翼骑兵**（alae）征募而来的（公元 1 世纪到 3 世纪）。

皇帝的私人骑兵（equites singulares augusti）：帝国时期前三个世纪里皇帝自己的骑兵卫士，是支援禁卫军的精英骑兵部队（公元 1 世纪到 3 世纪）。

蛮族联盟（foederati）：有义务为罗马皇帝服兵役的蛮族盟友。这些士兵通常按照自己的作战单位服役，有时也由自己的指挥官指挥，但这名指挥官拥有罗马军衔（公元 4 世纪到 6 世纪）。

短剑（gladius）：这个拉丁语单词的意思是"剑"，传统上用以描述**西班牙短剑**（gladius hispaniensis）。在公元 3 世纪之前，这种剑一直是罗马军队标准携带的武器。这种剑用质量上乘的铁铸成，可以用于砍削，但最主要是用于捅刺敌人（公元前 3 世纪到公元 3 世纪）。

青年兵（hastatus；pl. hastati）：罗马共和国时期军团第一排的重装步兵，从年轻人中征募（公元前 4 世纪后期到公元前 2 世纪）。

元首像旗手（imaginifer）：手持**元首像旗**（imago）的旗手，上边有皇帝的上身像（公元 1 世纪到 3 世纪）。

绝对统治权（imperium）：执政官和同执政官在任职期间具有的军事指挥权（公元前 3 世纪到公元 3 世纪）。

副帅（legatus；pl. legati）：下级军官，拥有将军授予的**绝对统治权**（imperium），而非自己直接行使这个权力。**副帅**由官员任命，而非选举产生。（公元前 3 世纪到公元前 1 世纪）。

（1）**同大法官级皇帝副帅**（legatus augusti pro praetore）。帝国时期，这一头衔授予发生战事的行省的总督。获得这一头衔的总督作为皇帝的代表指挥军队作战（公元 1 世纪到 3 世纪）。

（2）**军团副帅**（legatus legionis）。帝国时期，这一头衔授予军团的指挥官

（公元 1 世纪到 3 世纪）。

军团（legion/legio）：本义是"征兵"，后来成为罗马历史绝大部分时期中罗马军队主要的作战单位。在共和国和帝国时期，军团是庞大的方阵，主要由步兵组成，人数约为 4 千到 5 千，但在古典时代晚期军团的规模似乎缩减为 1 千人左右。

边防部队（limitanei）：罗马帝国后期，行省被划分为若干个地区，不同地区（尤其是边境地区）的军事指挥官边防督军（duces limitis）所统领的部队称为边防部队（公元 4 世纪到 6 世纪）。

统帅（Magistri Militum）：帝国后期授予军队高级军官的头衔（公元 4 世纪到 6 世纪）。

骑兵统帅（Magister Equitum）：（1）指挥权限仅次于共和国时期的**独裁官**。传统上骑兵统帅负责指挥骑兵，因为独裁官不得骑马（公元前 5 世纪到前 1 世纪）。（2）帝国后期授予部队高级军官的头衔，地位与**步兵统帅**（Magistri Peditum）相同（公元 4 世纪到 6 世纪）。

步兵统帅（Magistri Peditum）：帝国后期授予部队高级军官的头衔（公元 4 世纪到 6 世纪）。

支队（maniple/manipulus）：共和国时期罗马军团的基本战术单位。一个支队包含两个百人队（公元前 4 世纪后期到公元前 2 世纪）。

小凯旋式（ovatio/ovation）：形式更简单的凯旋式，将军骑马游行穿越城市，而非乘坐战车（公元前 5 世纪到公元 1 世纪）。

皇家军队（palatini）：比**机动部队**（comitatenses）地位和威望更高的部队，在古典时代晚期也是战地部队的一部分（公元 4 世纪到 6 世纪）。

标枪（pilum；pl. pila）：罗马历史绝大部分时期士兵标准配备的重标枪（公元前 3 世纪到公元 3 世纪）。

营地长官（praefectus castrorum）：帝国时期军团中的三把手。担任此职务的是经验丰富的军官，在此之前通常担任过**首席百夫长**（primus pilus）（公元 1 世纪到 3 世纪）。

长官（prefect/praefectus）：辅助步兵大队或**侧翼辅军**（ala）的指挥官，出身骑士阶级（公元 1 世纪到 3 世纪）。

大法官（praetor）：每年选举出来的官员，在共和国时期管理重要性较低的行省，并指挥部队打一些规模较小的战争。

禁卫军（Praetorian Guard）：帝国时期皇帝的军事卫队，由两名禁卫军指挥官指挥，禁卫军保民官辅助指挥。312 年，君士坦丁在禁卫军支持其对手马克森提乌斯后将禁卫军解散（公元 1 世纪到 4 世纪）。

壮年兵（princeps；pl. principes）：共和国时期罗马军团第二排重步兵，从壮年人中征募（公元前 4 世纪末到前 2 世纪）。

财务官（quaestor）：主要负责财政事务的官员，也是担任地方总督的执政官的副手，通常拥有低级别的军事指挥权（公元前 3 世纪到前 1 世纪）。

棋盘式阵形（quincunx）：共和国时期罗马军团排出的阵形，样子仿佛国际象棋的棋盘。整个军团分为三排，每一排中每两个支队间空出较大间距，空缺处由后一排的支队填补（公元前 4 世纪后期到前 2 世纪）。

蝎弩（scorpion）：罗马军队在阵地战和包围战中所使用的轻型**投射机**（ballista），用以发射箭镞。蝎弩射程远，准度高，能够射穿各种铠甲（公元前 1 世纪到公元 6 世纪）。

旗手（signifer）：在百人队中扛**军旗**（signum）的人（公元前 3 世纪到公元 3 世纪）。

同盟军（socii）：罗马共和国的意大利盟军。在同盟战争（公元前 90—前 88 年）之后，意大利半岛大部分地区的居民普遍获得了罗马公民身份，同盟军不复存在，所有意大利人都被征入罗马军队（公元前 4 世纪到前 2 世纪）。

最高战利品（spolia opima）：凯旋将军能够申请获得的最高荣誉就是在卡庇托山的朱庇特大神庙的殿堂上祭献**最高战利品**。想要获得这种权利，必须要在单挑中杀死敌军将领，获得这一权利的人屈指可数。

龟甲形攻城阵（testudo）：著名的龟甲形阵形。罗马军团士兵将长盾牌互相重叠，从而在前方、侧方和上方形成保护，在攻击防御工事时最常使用（公元前 3 世纪到公元 3 世纪）。

成年兵（triarius；pl. triarii）：共和国时期罗马军团第三排的重装步兵，也是年纪最大的一排，从老兵中征募（公元前 4 世纪后期到前 2 世纪）。

军事保民官（tribunus militum /military tribune）:（1）共和国时期的每个军团都有 6 名被选举或任命的军事保民官，任何时刻总有两人担任指挥职务（公元前 3 世纪到前 2 或 1 世纪）。

（2）帝国时期，每个军团有 1 名元老出身的高级军事保民官以及 5 名骑士阶级出身的军事保民官（公元 1 世纪到 3 世纪）。

平民保民官（tribune of the plebs/tribunicia potestas）：虽然这一政治职位没有直接的军事责任，但每年选举出的 10 位平民保民官可以在任何问题上制定法律。在罗马共和国后期，许多诸如马略和庞培这样有野心的将军都会争取平民保民官的帮助，来为自己获得重要的指挥职务。

凯旋式（triumph）：得胜的将军经过元老院批准而举行的盛大庆典。游行队伍穿过罗马用于举行仪式的主路"圣道"，并展示胜利所带来的战利品和俘虏。凯旋式的高潮是举行仪式处决俘虏的敌军将领。得胜的罗马指挥官坐在马车里，穿着打扮一如朱庇特的雕像，有一名奴隶将一个象征胜利的桂冠举在指挥官的头上。这名奴隶还要小声提醒指挥官，他只是个终有一死的凡人。在元首制下，只有皇家成员才能举行凯旋式，但有其他指挥官获得过凯旋荣誉物（**凯旋饰品** ornamenta triumphalia）（公元前 5 世纪到公元 4 世纪）。

骑兵中队（turma）：罗马历史大部分时期里骑兵部队的基本次级单位。一个骑兵中队约有 30 人。在元首制时期，骑兵中队由十人长指挥（公元前 4 世纪后期到公元 3 世纪）。

轻步兵（veles；pl. velites）：共和国时期罗马军团的轻步兵，从穷人或过于年轻无法胜任重装步兵的人中征募。轻步兵的另一个称呼是 rorarii，不清楚这个词与 veles 所指完全相同，还是被后者取代（公元前 4 世纪后期到前 2 世纪）。

特遣队（vexillation/ vexillatio）:（1）独立行动的一支分队，人数既可以是几个人，也可以是数千人。一支特遣队的士兵可能来自若干个军团（公元 1 世纪到 3 世纪）。

后来的战地部队中许多骑兵部队被称为特遣队，规模与传统的**侧翼辅军**（alae）接近（公元 4 世纪到 6 世纪）。

军旗（vexillum）：横挂在一根杆子上的方形军旗，用来标记将军的位置，而且某支部队派出的分遣队也会携带这种旗子（公元 1 世纪到 3 世纪）。将军的**军旗**似乎通常是红色的。

注　释

引　言　开端：从头领和英雄到政客和将军

1. Onasander, *The General* 33. 6 (Loeb translation, slightly modified).

2. 有关罗马军事理论，参见 J. Campbell, "Teach yourself how to be a general", *Journal of Roman Studies* 77 (1987), pp. 13–29 and K. Gilliver, *The Roman Art of War* (2000)；关于指挥官任命的决定因素，对比 E. Birley, *The Roman Army, Papers 1929–1986* (1988), pp. 75–114 and J. Campbell, "Who were the *viri militares*?", *Journal of Roman Studies* 65 (1975), pp. 11–31。

3. 关于人们通常对罗马指挥官持有的贬低意见，参见 Maj. Gen. J. Fuller, *Julius Caesar: Man, Soldier and Tyrant* (1965), pp. 74–75; W. Messer, "Mutiny in the Roman Army of the Republic", *Classical Philology* 15 (1920), pp. 158–175, esp. p. 158; F. Adcock, *The Roman Art of War under the Republic* (1940), p. 101。老毛奇的评论"在战争中，因为冲突规模巨大，因此即使平庸也是巨大的成就"引用于 M. Van Creveld, *Command in War* (1985), p. 13。

4. 有关对于罗马早期历史的最近研究，参见 T. Cornell, *The Beginnings of Rome* (1995).

5. *Iliad* 12. 318–321 (translation R. Lattimore, University of Chicago Press, 1951).

6. 贺拉提乌斯三兄弟和库里亚提乌斯三兄弟，Livy 1. 23–27，"独眼"贺拉提乌斯，2. 10–11。

7. 关于罗马早期的军事组织，参见 Cornell (1995), pp. 173–197; B. D'Agustino, "Military Organization and Social Structure in Archaic Etruria", in O. Murray and S. Price (eds.), *The Greek City* (Oxford, 1990), pp. 59–82; E. McCarteney, "The Military Indebtedness of Early Rome to Etruria", *Memoirs of the American Academy at Rome* 1 (1917), pp. 122–167; M.P. Nilsson, "The introduction of Hoplite Tactics at Rome", *Journal of Roman Studies* 19 (1929), pp. 1–11; E. Rawson, "The Literary Sources for the Pre-Marian Roman Army", *Papers of*

the *British School at Rome* 39 (1971), pp. 13–31; L. Rawlings, "Condottieri and Clansmen: Early Italian Warfare and the State", in K. Hopwood, *Organized Crime in the Ancient World* (Swansea, 2001); and A.M. Snodgrass, "The Hoplite Reform and History", *Journal of Hellenic Studies* 85 (1965), pp. 110–122。

8. 关于希腊军队中指挥官的作用，参见 E. Wheeler, "The General as Hoplite", in V. Hanson (ed.), *Hoplites: the Classical Greek Battle Experience* (1991), pp. 121–170。

9. Plutarch *Pyrrhus* 16 (Penguin translation).

10. Livy 10. 26–30, esp. 28；有关单挑的讨论，参见 S. Oakley, "Single Combat and the Roman Army", *Classical Quarterly* 35 (1985), pp. 392–410。

11. 有关贵族德性的本质的讨论，参见 N. Rosenstein, *Imperatores Victi* (1990), esp. pp. 114–151。

12. 有关罗马共和国军队的发展，参见 L. Keppie, *The Making of the Roman Army* (1984), and E. Gabba, *The Roman Republic, the Army and the Allies* (Oxford, 1976), trans. P. J. Cuff。

13. 关于指挥环境，参见 Van Creveld (1985), pp. 17–57。关于罗马世界中对地图及其他地理信息的利用，参见 A. Betrand, "Stumbling through Gaul: Maps, Intelligence, and Caesar's *Bellum Gallicum*", *The Ancient History Bulletin* 11. 4 (1997), 107–122, C. Nicolet, *Space, geography and politics in the early Roman empire* (1991), and B. Isaac, "Eusebius and the geography of Roman provinces", in D. Kennedy (ed.), *The Roman army in the east. Journal of Roman Archaeology Supplementary Series* 18 (1996), pp. 153–167。

1 "罗马的盾与剑"：费边与玛尔凯路斯

1. Frontinus, *Strategems* 1. 3. 3.

2. 关于第二次布匿战争开局阶段的叙述，参见 J. Lazenby, *Hannibal's War* (1978), pp. 1–66, A. Goldsworthy, *The Punic Wars* (2000), pp. 143–190。

3. 关于布匿军队，参见 Goldsworthy (2000), pp. 30–36。

4. Livy 22. 7. 6–14, 8. 2–7, Polybius 3. 87.

5. Plutarch, *Fabius Maximus* 1–5；关于费边的第一个执政官任期，参见 S. Dyson, *The Creation of the Roman Frontier* (1985), pp. 95–96。

6. Plutarch, *Fabius Maximus* 5, Livy 22. 9. 7–10. 10.

7. Plutarch, *Fabius Maximus* 4.

8. Polybius 3. 89. 1–90. 6, Livy 22. 12. 1–12, Plutarch, *Fabius Maximus* 5.

9. Plutarch, *Fabius Maximus* 5.

10. Livy 22. 15. 4–10.

11. Livy 22. 13. 1–18. 10, Polybius 3. 90. 7–94. 6, Frontinus, *Strategems* 1. 5. 28.

12. Polybius 3. 100. 1–105. 11, Livy 22. 18. 5–10, 23. 1–30. 10.

13. 关于坎尼战役的详细讨论，参见 A. Goldsworthy, *Cannae* (2001)。

14. Plutarch, *Marcellus* 12 and discussion in Lazenby (1978), pp. 94–95.

15. Plutarch, *Marcellus* 1–3.

16. Plutarch, *Marcellus* 4–7；将军阻止不祥之兆的出现以避免部队士气受到打击，Frontinus, *Strategems* 1. 12. 1–12。

17. Plutarch, *Marcellus* 8.

18. Livy 23. 15. 7–17. 1

19. 关于在这些年中意大利战争的概览，参见 Goldsworthy (2000), pp. 222–229；Livy 23. 15. 7–16. 1, Plutarch, *Marcellus* 10, *Fabius Maximus* 20；罗马的剑与盾，Plutarch, *Fabius Maximus* 19, *Marcellus* 9。

20. 锡拉库扎，参见 Goldsworthy (2000), pp. 260–268；塔兰托，参见 ibid. pp. 229–233, 235–236；玛尔凯路斯之死，Livy 27. 26. 7–27. 14；普鲁塔克，*Marcellus* 29–30, Polybius 10. 32。

2 罗马的汉尼拔：西庇阿·阿非利加努斯

1. 原文为 *Imperator me mater, non bellatorem peperit*，引自 Frontinus, *Stratagems* 4. 7. 4。

2. Livy 26. 19. 3–9, Gellius, *Attic Nights* 6 (7). 1. 6.

3. Polybius 10. 2. 1–5. 10; F. Walbank, *A Historical Commentary on Polybius* 2 (Oxford, 1967), pp. 198–201. 波利比乌斯记载，大西庇阿与其弟于同年被选为营造官。F. Walbank 在书中指出，这个记载是不正确的。

4. Polybius 10. 3. 3–6; Pliny *Natural History* 16. 14; Livy 21. 46. 10.

5. Livy 22. 53. 1–13; Frontinus, *Strat.* 4. 7. 39.

6. Livy 222. 61. 14–15; cf. N. Rosenstein, *Imperatores Victi* (1993), pp. 139–140.

7. Livy 26. 18. 1–19. 9; cf. H. Scullard, *Scipio Africanus: Soldier and Politician* (London, 1970), p. 31, J. Lazenby, *Hannibal's War* (Warminster, 1978), and B. Caven, *The Punic Wars* (London, 1980).

8. 关于西班牙早期的战争，参见 Goldsworthy (2000), pp. 246–253。

9. Polybius 10. 6. 1–9. 7; Walbank 2 (1967), pp. 201–2.

10. Polybius 10. 7. 3–5; Walbank 2 (1967), p. 202, cf. Lazenby (1978), p. 134.

11. Polybius 10. 9. 4–7, Livy 26. 42. 1.

12. Polybius 10. 9. 7, Livy 26. 42. 6; Walbank 2 (1967), pp. 204–205.

13. 对于这次进攻的描述，Polybius 10. 9. 8–17. 5, Livy 26. 42. 6–46. 10, Appian *Spanish Wars* 20–22; Walbank 2 (1967), pp. 192–196, 203–217。

14. Polybius 10. 13. 1–4.

15. Sallust, *Bellum Catilinae* 7. 6.

16. Plutarch, *Marcellus* 18, Polybius 8. 37. 1.

17. Polybius 10. 15. 4–5. 欲了解罗马暴行的证据，参见 A. Ribera I Lacomba con M. Calvo Galvez, "La primera evidencia arqueológica de la destrucción de Valentia por Pompeyo", *Journal of Roman Archaeology* 8 (1995), pp. 19–40，虽然此次暴行是在内战中实施的。有关对罗马劫掠的讨论，参见 A. Ziolkowski "*Urbs direpta*, or how the Romans sacked cities", in J. Rich and M. Shipley, *War and Society in the Roman World* (London, 1993), pp. 69–91，不过并非所有的结论都为人所普遍接受。

18. Livy 26. 48. 5–14.

19. Polybius 10. 18. 1–19. 7, Livy 26. 49. 11–50. 14, cf. Plutarch, *Alexander* 21.

20. Polybius 10. 39. 1–40. 12; Livy 27. 17. 1–20. 8, 28. 1. 1–2. 12, 1. 13–4.4.

21. Polybius 11. 20. 1–9, Livy 28. 12. 10–13. 5.

22. Polybius 11. 21. 1–6, Livy 28. 13. 6–10.

23. 关于这次战斗的总体情况，参见 Polybius 11. 21. 7–24. 9, Livy 28. 14. 1–15. 11。关于作战地点以及大西庇阿部署的讨论，参见 Lazenby (1978), pp. 147–149, Walbank 2 (1970), pp. 296–304, and Scullard (1970), pp. 88–92。

24. 有关对阿非利加战争更为详细的描述，参见 Goldsworthy (2000), pp. 286–309。

25. 有关这一时期，参见 Scullard (1970), pp. 210–44。

26. Livy 35. 14.

3　马其顿的征服者：埃米利乌斯·保卢斯

1. Livy 44. 34.

2. 关于对第一次马其顿战争的简要描述，参见 J. Lazenby, *Hannibal's War* (1978), pp. 157–169, and Goldsworthy (2000), pp. 253– 260。关于对罗马在此次战争中动机的批判性观点，参见 W.V. Harris, *War and Imperialism in Republican Rome 327–70 BC* (1979), pp. 205–208。

3. Livy 31. 6. 1；对于宣战的描述，参见 Livy 31. 5. 1–8. 4；评论参见 Harris

(1979), pp. 212–218, F. Walbank, "Polybius and Rome's eastern policy", *Journal of Roman Studies* 53 (1963), pp. 1–13, P. Derow, "Polybius, Rome and the east", *Journal of Roman Studies* 69 (1979), pp. 1–15，总体情况参见 J. Rich, *Declaring War in the Roman Republic in the period of Transmarine Expansion. Collection Latomus 149* (1976)。

4. 弗拉米尼努斯和腓力五世的谈判，Polybius 18. 1. 1–12. 5, Livy 32. 32. 1–37. 6; Cynoscephalae, Polybius 18. 18. 1–27. 6, Livy 33. 1. 1–11. 3。

5. 马格尼西亚战役，Livy 38. 37–44, Appian, *Syrian Wars* 30–36。

6. 关于与加拉太人的战争，Livy 38. 12–27, 37–41；关于对伍尔索行为的争论，Livy 38. 44–50；关于卢基乌斯·弗拉米尼努斯的丑闻，Livy 39. 42–43。

7. 关于战争的起因，参见 Livy 42. 5–6, 11–18, 25–26, 29–30，评论参见 Harris (1979), pp. 227–233。

8. 部队的规模，Livy 42. 31；斯普里乌斯·利古斯提努斯，Livy 42. 32–35。

9. 战争伊始珀尔修斯的部队，Livy 42. 51。对于希腊军队最好的研究之一是 B. Bar Kochva, *The Seleucid Army* (1976)；关于装备，参见 P. Connolly, *Greece and Rome at War* (1981), pp. 64–83。

10. Livy 42. 49. 53, 43. 17–23, 44. 1–16; Cassius Longinus, Livy 43. 1. 4–12.

11. Livy 44. 4. 10 – "*cum Romanus imperator, maior sexaginta annis et praegravis corpore*".

12. 保卢斯在西班牙，Livy 37. 2. 11, 37. 46. 7–8, 57. 5–6；在利古里亚，Livy 40. 18, 25, 28. 7–8, Plutarch *Aemilius Paullus* 6；保卢斯的儿子，Plutarch, *Aemilius Paullus* 5。

13. 军队的规模，Livy 44. 21. 5–11。

14. Livy 44. 34. 3.

15. Livy 44. 32. 5–34. 10; see also F. Walbank, *A Historical Commentary on Polybius* 3 (1979), pp. 378–391.

16. Plutarch, *Aemilius Paullus* 15–16, Livy 44. 35；关于战役的具体讨论，参见 N. Hammond, "The Battle of Pydna", *Journal of Hellenic Studies* 104 (1984), pp. 31–47。

17. Livy 44. 36. 12–14.

18. Hammond (1984), pp. 38–39.

19. Livy 44. 36. 1–4.

20. Livy 44. 37. 5–9, Plutarch, *Aemilius Paullus* 17.

21. Plutarch, *Aemilius Paullus* 17–18, Livy 44. 37. 10–40. 10, Frontinus, *Stratagems*.

2. 3. 20, and Hammond (1984), pp. 44–45.

22. Plutarch, *Aemilius Paullus* 18, and Hammond pp. 45–46.

23. Plutarch, *Aemilius Paullus* 19.

24. Plutarch, *Aemilius Paullus* 20.

25. Plutarch, *Aemilius Paullus* 19.

26. Plutarch, *Aemilius Paullus* 19–22, Livy 44. 41. 1–42. 9.

27. 波利比乌斯讨论了军团和长枪阵相对的优劣势，18. 28. 1–32. 13。

28. Plutarch, *Aemilius Paullus* 21, Livy 44. 44. 1–3

29. Plutarch, *Aemilius Paullus* 30–32, Livy 45. 35. 5–39. 19.

30. Plutarch, *Aemilius Paullus* 32 (translation by R. Waterfield, *Plutarch: Roman Lives* (Oxford 1999)).

31. Plutarch, *Aemilius Paullus* 34 (Oxford translation, 1999).

32. Livy 45. 32. 11.

4 "小型战争"：西庇阿·埃米利亚努斯和努曼提亚的陷落

1. Appian, *Spanish Wars* 87.

2. 关于泰拉蒙战役的描述，参见 Polybius 2. 23–31。

3. Livy 34. 9. 1–13, 11. 1–15. 9, Appian, *Spanish Wars* 40.

4. 关于对这些战争的分析，参见 S. Dyson, *The Creation of the Roman Frontier* (1985), pp. 174–198。

5. Polybius 32. 9. 1–2.

6. 关于小西庇阿的性格，参见 Polybius 31. 23. 1–30. 4。关于小西庇阿生活和职业生涯的总体情况，参见 A. Astin, *Scipio Aemilianus* (1967)。

7. Appian, *Spanish Wars* 44–50.

8. Polybius 35. 1. 1–4. 14, with Walbank 3 (1979), pp. 640–648; Appian *Spanish Wars* 49.

9. 卢库鲁斯的作战，参见 Appian, *Spanish Wars* 50–55，评论参见 Dyson (1985), pp. 202–203；关于伽尔巴，参见 Appian, *Spanish Wars* 58–60。

10. Polybius 35. 5. 1–2.

11. 第四军团的保民官，Cicero *De Re Publica* 6. 9；；关于小西庇阿在第三次布匿战争中的作用，参见 Goldsworthy (2000), pp. 342–356。

12. Appian, *Spanish Wars* 61–75, with Dyson (1985), pp. 206–213.

13. Appian, *Spanish Wars* 76–83, Plutarch, *Tiberius Gracchus* 5–6, with Dyson (1985), pp. 214–217.

14. Appian, *Spanish Wars* 84.

15. Appian, *Spanish Wars* 85.

16. Frontinus, *Strat.* 4. 1. 1, 1. 9.

17. Frontinus, *Strat.* 4. 3. 9.

18. Appian, *Spanish Wars* 86–89.

19. 关于包围战的总体情况，参见 Appian, *Spanish Wars* 90–98。

20. Frontinus, *Strat.* 4. 7. 27.

21. Appian, *Civil Wars* 19–20.

5 "献身战争之人"：盖乌斯·马略

1. Plutarch, *Marius* 7 (translation by R. Waterfield, *Plutarch: Roman Lives* (Oxford 1999)).

2. Plutarch, *Marius* 3.

3. Plutarch, *Marius* 2.

4. Plutarch, *Marius* 3 and 13.

5. Plutarch, *Marius* 4–6, Sallust, *Bellum Jugurthinum* 68. 1–7 and G.M. Paul, *A Historical Commentary on Sallust's Bellum Jugurthinum* (1984), pp. 166–171, and R.J. Evans, *Gaius Marius* (1994), pp. 19–60.

6. Sallust, *Bellum Jugurthinum* 27. 1–.36. 4.

7. Sallust, *Bellum Jugurthinum* 44. 1–45. 3.

8. Sallust, *Bellum Jugurthinum* 85. 13–17.

9. Sallust, *Bellum Jugurthinum* 103–114, Frontinus, *Stratagems* 3. 9. 3.

10. 有关讨论参见 L. Keppie, *The Making of the Roman Army* (1984), pp. 57–79, E. Gabba, *Republican Rome: the Army and Allies* (1976), and F. Smith, *Service in the Post-Marian Roman Army* (Manchester, 1958)。

11. Sallust, *Bellum Jugurthinum* 87–88, 100, "more by their sense of shame than punishment", 100. 5.

12. Valerius Maximus 2. 3. 2, Frontinus, *Strat.* 4. 2. 2；关于训练方法参见 Vegetius, *Epitoma Rei Militaris* 1. 11–19。

13. Plutarch, *Marius* 13–14, Polybius 6. 37.

14. Plutarch, *Marius* 11, S. Dyson, *The Creation of the Roman Frontier* (1985), pp. 161–164.

15. Appian, *Celtica* 13.

16. Velleius Paterculus 2. 12. 2, Orosius 5. 16. 1–7, Plutarch, *Sertorius* 3.

17. Plutarch, *Marius* 12, Strabo *Geography* 4. 1. 13.

18. Plutarch, *Marius* 14–15, *Sulla* 4, *Sertorius* 3.

19. Plutarch, *Marius* 15 (Oxford translation by R. Waterfield, 1999).

20. Plutarch, *Marius* 25 (Oxford translation by R. Waterfield, 1999).

21. 关于对这一时期战争的更详细讨论参见 A. Goldsworthy, *The Roman Army at War 100 BC–AD 200* (1996), pp. 171–247。

22. Plutarch, *Marius* 15–18, Frontinus *Strat.* 4. 7. 5.

23. Plutarch, *Marius* 17.

24. Plutarch, *Marius* 19；有关军队随从的讨论，参见 J. Roth, *The Logistics of the Roman Army at War, 264 BC–AD 235* (1999), pp. 91–116。

25. Plutarch, *Marius* 20, Frontinus, *Strat.* 2. 9. 1.

26. Plutarch, *Marius* 21–22.

27. Plutarch, *Marius* 23–27.

28. Appian, *Civil Wars* 1. 28–33, Plutarch *Marius* 28–30.

29. Plutarch, *Marius* 33–35, *Sulla* 8–9, Appian *Civil Wars* 1. 55–63.

30. Plutarch, *Marius* 45.

31. Plutarch, *Marius* 33 (Oxford translation by R. Waterfield, 1999).

6 流亡的将军：塞多留和内战

1. Plutarch, *Sertorius* 10 (Penguin translation).

2. Plutarch, *Sertorius* 3–4, cf. Livy 27. 28. 1–13.

3. Plutarch, *Sertorius* 4–6, Appian *Civil Wars* 1. 71–75.

4. Plutarch, *Sertorius* 7–12, Appian *Civil Wars* 1. 108; cf. S. Dyson, *The Creation of the Roman Frontier* (1985), pp. 227–234. 关于对塞多留作战的一份有用的研究，参见 P. Greenhalgh, *Pompey: The Roman Alexander* (1980), pp. 40–57。

5. Plutarch, *Sertorius* 14, Appian, *Civil Wars* 1. 108.

6. Plutarch, *Sertorius* 14; Caesar, *Bellum Civile* 1. 41.

7. Plutarch, *Sertorius* 16, Frontinus, *Stratagems* 1. 10. 1; 4. 7. 6, cf. 1. 10. 2.

8. Frontinus, *Strat.* 1. 11. 13.

9. Plutarch, *Sertorius* 18.

10. cf. G. Castellvi, J. M. Nolla and I. Rodà, "La identificación de los trofeos de Pompeyo en el Pirineo", *Journal of Roman Archaeology* 8 (1995), pp. 5–18.

11. 关于劳伦战役，参见 Plutarch, *Sertorius* 18, Frontinus, *Strat.* 2. 5. 31, and Greenhalgh (1980), pp. 46–48。

12. Plutarch, *Sertorius* 18–19 and *Pompey* 19.

13. Plutarch, *Sertorius* 20–22, Appian, *Civil Wars* 110, Sallust, *Histories* 2. 98.

14. 与米特里达梯的条约，Plutarch, *Sertorius* 23–24, Appian, *Mithridates* 68。

15. Plutarch, *Sertorius* 22.

16. 最后的这些战役，Plutarch, *Sertorius* 25–27, Appian, *Civil Wars* 111–115, Greenhalgh (1980), pp. 54–57。

7 罗马的亚历山大：“伟人”庞培

1. Pliny, *Natural History* 7. 95 – translation taken from Greenhalgh, *Pompey: the Roman Alexander* (1980), p. 122.

2. 关于庞培一生的总体情况，参见 P. Greenhalgh, *Pompey: the Roman Alexander* (1980) and *Pompey: the Republican Prince* (1981)。

3. Appian, *Civil Wars* 1. 40, 47, 63–64, 68, Plutarch, *Pompey* 3, Greenhalgh (1980), pp. 1–11.

4. Plutarch, *Pompey* 4.

5. Plutarch, *Pompey* 5–8, Appian, *Civil Wars* 1. 80–81.

6. Plutarch, *Sulla* 29.

7. Appian, *Civil Wars* 1. 95–103, Plutarch, *Pompey* 10–11 and *Sulla* 30–35.

8. Plutarch, *Pompey* 11–12.

9. Plutarch, *Pompey* 14；关于庞培从早年至此时的指挥经历，参见 Greenhalgh (1980), pp. 12–29。

10. 关于雷必达的事情，参见 Plutarch, *Pompey* 15–16, Appian, *Civil Wars* 1. 105–106, and Greenhalgh (1980), pp. 30–39。

11. A. Ribera i Lacomba con M. Calvo Galvez, “La primera evidencia arqueológica de la destrucción de Valentia por Pompeyo”, *Journal of Roman Archaeology* 8 (1995), pp. 19–40.

12. 关于奴隶叛乱，参见 Plutarch, *Crassus* 8–11, Appian, *Civil Wars* 1. 116–121。

13. Greenhalgh (1980), pp. 64–71.

14. Plutarch, *Pompey* 22.

15. 海盗问题和庞培的上任，参见 Appian, *Mithridates* 91–93, Plutarch, *Pompey* 24–25。

16. 围绕《加比尼乌斯法》有一些争议，关于对这些争议的详细文献回顾，参见 Greenhalgh (1980), pp. 72–90。

17. 与海盗的战争，参见 Appian, *Mith.* 94–96, Plutarch, *Pompey* 26–28。

18. 梅特卢斯的情况，Plutarch, *Pompey* 29。

19. Cicero, *de imperio Cnaeo Pompeio* 28, Plutarch, *Pompey* 30–31.

20. 关于卢库鲁斯的作战，参见 Appian, *Mith.* 72–90, Plutarch, *Lucullus* 7–36; Tigranes' comment, Appian, *Mith.* 85。

21. Plutarch, *Pompey* 32; Appian, *Mith.* 97.

22. Frontinus, *Sratagems* 2. 5. 33.

23. Appian, *Mith.* 98–101, Dio 36. 45–54, Plutarch, *Pompey* 32, Frontinus, *Strat.* 2. 1. 12；关于对这场战役的详细叙述和文献来源的讨论，参见 Greenhalgh (1980), pp.105–114。

24. Plutarch, *Pompey* 33, Appian, *Mith.* 104.

25. Plutarch, *Pompey* 34.

26. Strabo, *Geography* 11. 3. 499–504, Plutarch, *Pompey* 35, Frontinus, *Strat.* 2. 3. 14, Appian, *Mith.* 103.

27. Plutarch, *Pompey* 41–42, Appian, *Mith.* 107–112.

28. 关于庞培在东方的其他战争及其在东方做出的安排，参见 Greenhalgh (1980), pp. 120–167。

8 恺撒在高卢

1. Suetonius, *Julius Caesar* 60.

2. 哪怕是因为法国阿斯泰里克连环漫画的第一页。

3. 有些文献研究恺撒的《高卢战记》，对于这些文献的介绍，参见 the collection of papers in K. Welch and A. Powell (eds), *Julius Caesar as Artful Reporter: The War Commentaries as Political Instruments* (1998)。

4. 关于恺撒的生平，参见 C. Meier (trans. D. McLintock), *Caesar* (1995), and M. Gelzer (trans. P. Needham), *Caesar: Politician and Statesman* (1985). 与海盗之间发生的事情，Suetonius, *Julius Caesar* 4。

5. 关于这一时期，参见 Meier (1995), pp. 133–189；关于在对喀提林阴谋的辩论中发生的事情，参见 Plutarch, *Brutus* 5。

6. Meier (1995), pp. 204–223.

7. Caesar, *Bellum Gallicum* 1. 2–5.

8. 数字，*BG* 1. 29；渡过阿勒河 1. 13；提古林尼 1. 7, 12。

9. *BG* 1. 7–8；他在高卢的军队，参见 H. Parker, *The Roman Legions* (1928), pp. 48–71。

10. *BG* 1. 8–10.

11. *BG* 1. 11–20.

12. *BG* 1. 21–22.

13. *BG* 1. 52.

14. *BG* 1. 23–26.

15. *BG* 1. 27–29.

16. 军队的规模，*BG* 1. 31，全部军队中很可能包括了新近抵达的 24,000 名阿鲁德斯人；"王和罗马人民的朋友"，*BG* 1. 35。

17. 与阿利奥维斯塔的战争，*BG* 1. 30–54。

18. *BG* 2. 20.

19. *BG* 2. 25.

20. BG 1. 52；与比利时人的战争，参见 *BG* 2. 1–35。

21. Meier (1995), pp. 265–301.

22. Plutarch, *Cato* 51.

23. Suetonius, *Julius Caesar* 47.

24. *BG* 5. 24–58, 6. 1–10, 29–44, Suetonius, *Julius Caesar* 57.

25. *BG* 7. 1–2.

26. *BG* 7. 3–10.

27. 关于叛乱，参见 A. Goldsworthy, *The Roman Army at War, 100 BC – AD 200* (1996), pp. 79–95。

28. *BG* 7. 11–15.

29. *BG* 7. 16–31.

30. *BG* 7. 47.

31. 日尔戈维亚附近的战争以及拉比埃努斯在战争中的情况，*BG* 7. 32–62。

32. *BG* 7. 66–68.

33. *BG* 7. 69–74.

34. *BG* 7. 75–78.

35. *BG* 7. 79–80.

36. *BG* 7. 88.

37. *BG* 7. 81–89, Plutarch, *Caesar* 27.

9 **恺撒战庞培**

1. Cicero, *Letters to Atticus* 7. 3 (Loeb translation).

2. 关于内战爆发的过程，参见 C. Meier, *Caesar* (1995), pp. 330–363；关于恺撒渴望做第一的言论，Plutarch, *Caesar* 12。

3. Appian, *Civil Wars* 2. 34–35, Plutarch, *Caesar* 32.

4. 关于战争的早期阶段，参见 Meier (1995), pp. 364–387；"跺脚"，Plutarch, *Pompey* 57, 60。

5. Caesar, *Bellum Civile* 3. 3–5, Plutarch, *Pompey* 63–64, Appian, *Civil Wars* 2. 40, 49–52.

6. 第九军团的哗变，Appian, *Civil Wars* 2. 47。

7. Caesar, *Bellum Civile* 3. 6–10.

8. Caesar, *BC* 3. 11–30, Appian, *Civil Wars* 2. 50–59, Plutarch, *Caesar* 65.

9. Caesar, *BC* 3. 34, 39–44, Appian, *Civil Wars* 2. 60–61.

10. Caesar, *BC* 3. 45–53, Suetonius, *Julius Caesar* 68. 3–4.

11. Caesar, *BC* 3. 54–56, 58–72, Appian, *Civil Wars* 2. 61–63, Plutarch, *Caesar* 65.

12. Caesar, *BC* 3. 73–76.

13. Caesar, *BC* 3. 77–81, Plutarch, *Caesar* 41.

14. 有关法萨卢斯的文献，参见 Caesar *BC* 3. 82–99, Appian, *Civil Wars* 2. 68–82, Plutarch, *Caesar* 42–47 and *Pompey* 68–72。

15. Plutarch, *Pompey* 73–79, 80 and *Caesar* 48, Appian, *Civil Wars* 2. 83–86, 89–90.

16. 对于内战后期战争的描述，参见 Meier (1995), pp. 402–413；恺撒和克里奥帕特拉，参见 Plutarch, *Caesar* 48–49 and Suetonius, *Julius Caesar* 58；泽拉，参见 Plutarch, *Caesar* 50。

17. Caesar, *African War* 82–83.

18. Plutarch, *Caesar* 53.

19. Meier (1995), pp. 414–486.

20. 关于这一时期的军队，参见 L. Keppie, *The Making of the Roman Army* (1984), pp. 80–131。

21. Suetonius, *Julius Caesar* 68，比较 Caesar *BC* 1. 39，其中记载恺撒从百夫长和保民官那里借了一笔钱来支付部队薪水。

22. Suetonius, *Julius Caesar* 67.

23. Suetonius, *Julius Caesar* 65.

24. Suetonius, *Julius Caesar* 57, cf. Plutarch, *Caesar* 17；士兵受到鼓舞去装饰武器装备，Suetonius, *Julius Caesar* 57。

25. Caesar, *Bellum Gallicum* 1. 42.

26. 斯凯瓦，*BC* 3. 53，斯凯瓦部队，*Corpus Inscriptiones Latinarum* 10. 6011；克拉斯提努斯，Appian, *Civil Wars* 82。

27. Appian, *Civil Wars* 2. 47, 92–94, Suetonius, *Julius Caesar* 69–70.

10 帝国"王子":莱茵河另一边的日耳曼尼库斯

1. Velleius Paterculus, *Roman History* 2. 129. 2.

2. 关于屋大维的崛起和元首制的创立,参见 R. Syme, *The Roman Revolution* (1939)。

3. 屋大维和士兵,Suetonius, *Augustus* 25;关于这一时期军队的总体情况,参见 L. Keppie, *The Making of the Roman Army* (1984), pp. 132–171。

4. 关于克拉苏和最高战利品,参见 Dio 51. 24。

5. Suetonius, *Claudius* 1.

6. Suetonius, *Tiberius* 18–19, Velleius Paterculus, *Roman History* 2. 113. 1–115. 5.

7. Velleius Paterculus, *Roman History* 2. 104. 4.

8. Suetonius, *Caius* 23.

9. 参见 M. Todd, *The Early Germans* (1992);关于这一时期莱茵河边境的战略位置,参见 C. Wells, *The German Policy of Augustus* (1972)。

10. 关于恺撒对高卢人的刻画,参见 K. Welch and A. Powell (eds), *Julius Caesar as Artful Reporter: The War Commentaries as Political Instruments* (1998), and especially the papers by Barlow, "Noble Gauls and their other in Caesar's propaganda", pp. 139–170, and L. Rawlings, "Caesar's portrayal of the Gauls as warriors", pp. 171–192。

11. 第五军团"云雀"的失利,参见 Dio 54. 20, Velleius Paterculus *Roman History* 2. 106. 1;关于战争的总体情况,参见 Wells (1972); Tiberius' decision to divide his army in Pannonia, Velleius Paterculus, *Roman History* 2. 113. 1–2。

12. Velleius Paterculus, *Roman History* 2. 117. 1–119. 5, Dio 56. 18–22.

13. Dio 56. 23–24, Suetonius, *Augustus* 23.

14. 公元 3 世纪庆祝日耳曼尼库斯生日的部队,参见 R. Fink, *Roman Military Records on Papyrus* (1971) No. 117; Suetonius, *Caius* 5, 9。

15. Suetonius, *Augustus* 24–25.

16. Tacitus, *Annals* 1. 16–45, 48–49;"这不是解决问题的方法,而是灾难!", 1. 49。

17. Caesar, *Bellum Gallicum* 8. 3.

18. Tacitus, *Annals* 1. 50–51.

19. 关于对日耳曼战争的讨论,参见 A. Goldsworthy, *The Roman Army at War 100 BC–AD 200* (1996), pp. 42–53;关于罗马军队惩罚性远征的目的和方法,参见 ibid. pp. 95–105。

20. Tacitus, *Annals* 1. 55–58.

21. Tactitus, *Annals* 1. 61–2.

22. Tacitus, *Annals* 1. 59–63.

23. Tacitus, *Annals* 1. 63–69.

24. Tacitus, *Annals* 1. 70–71.

25. Tacitus, *Annals* 2. 5–8.

26. Tacitus, *Annals* 2. 9–11.

27. Tacitus, *Annals* 2. 12–13.

28. Tacitus, *Annals* 2. 14.

29. Tacitus, *Annals* 2. 14–18.

30. Tacitus, *Annals* 2. 19–22.

31. Tacitus, *Annals* 2. 23–26.

32. Suetonius, *Caius* 2, 4–6.

33. Tacitus, *Annals* 2. 88.

11　帝国副帅：科尔布罗和亚美尼亚

1. Frontinus, *Stratagems* 4. 7. 2.

2. 关于元首与军队的关系，参见 B. Campbell, *The Emperor and the Roman Army, 31 BC–AD 235* (1984)。

3. Suetonius, *Augustus* 25. 4. 第二个标签实际上是引自 Euripides, *Phoenisae* 599，书中的使用是讽刺性的。Appian, *Iberica* 87 也表达了大致相同的观点。

4. 有关讨论参见 D. Potter, "Emperors, their borders and their neighbours: the scope of imperial *mandata*", in D. Kennedy, *The Roman Army in the Near East. Journal of Roman Archaeology Supplementary Series 18* (1996), pp. 49–66。

5. *Inscriptiones Latinae Selectae* 986 (translation from Campbell (1984), pp. 359–361).

6. Tacitus, *Annals* 11. 18.

7. Tacitus, *Annals* 11. 19–20.

8. 关于帕提亚军队，参见 A. Goldsworthy, *The Roman Army at War 100 BC–AD 200* (1996), pp. 60–68；关于帕提亚王国，参见 N. Debevoise, *The Political History of Parthia* (1938), M. Colledge, *The Parthians* (1967)；关于罗马与帕提亚的关系，参见 B. Isaac, *The Limits of Empire* (1992), pp. 19–53, B. Campbell, "War and Diplomacy: Rome and Parthia, 31 BC–AD 235" in J. Rich and G. Shipley, *War and Society in the Roman World* (1993), pp. 213–240, and D. Kennedy, "Parthia and Rome: eastern perspectives" in Kennedy (1996), pp. 67–90。

9. 克拉苏和卡莱，Plutarch, *Crassus* 17–33。

10. Plutarch, *Antony* 37–51.

11. Tacitus, *Annals* 13. 6–8.

12. Tacitus, *Annals* 13. 9. 关于征兵，参见 J. Mann, *Legionary Recruitment and veteran settlement during the Principate* (1983) and P. Brunt, "Conscription and volunteering in the Roman Imperial Army", *Scripta Classica Israelica* 1 (1974), pp. 90–115。

13. See B. Isaac, *The Limits of Empire* (1992), pp. 24–25 and E. Wheeler, "The laxity of the Syrian legions", in Kennedy (1996), pp. 229–276.

14. Tacitus, *Annals* 13. 35.

15. Tacitus, *Annals* 13. 3；关于科尔布罗指挥的军队的身份，参见 H. Parker, *The Roman Legions* (1957), p. 133–135。

16. Tacitus, *Annals* 13. 36 and Frontinus, *Strat.* 4. 1. 21 and 28.

17. Tacitus, *Annals* 13. 37–39.

18. Tacitus, *Annals* 13. 39.

19. Tacitus, *Annals* 13. 40–41.

20. Frontinus, *Strat.* 2. 9. 5.

21. Tacitus, *Annals* 14. 23–26.

22. Tacitus, *Annals* 15. 1–3.

23. Tacitus, *Annals* 15. 4–6.

24. Tacitus, *Annals* 15. 7.

25. Tacitus, *Annals* 15. 8–17.

26. Tacitus, *Annals* 15. 18. 24–31.

27. 保利努斯，Tacitus, *Annals* 14. 29–39；阿格利古拉，Tacitus, *Agricola passim*；卢库鲁斯，Suetonius, *Domitian* 10。

28. 关于阿尼乌斯在东部战争中的作用，Tacitus, *Annals* 15. 28；关于这次涉嫌阴谋背后的政治，参见 M. Griffin, *Nero: the End of a Dynasty* (1984)。

12 年轻的恺撒：提图斯和公元 70 年的耶路撒冷之围

1. Josephus, *Bellum Judaicum* 5. 59–61 (Loeb translation).

2. 对四帝之年不错的叙述，K. Wellesley, *The Long Year: AD 69* (1989)。

3. 关于韦帕芗，参见 B. Levick, *Vespasian* (1999)。

4. Josephus, *BJ* 5. 97 (Loeb translation).

5. 关于约瑟夫斯，参见 T. Rajak, *Josephus: The Historian and his Society* (1983), and S. Cohen, *Josephus in Galilee and Rome* (1979)。关于这一时期的犹地亚，参见 E. Schurer, *The History of the Jewish People in the Age of Jesus Christ*, rev. ed. G.

Vermes, F. Millar, M. Black, M. Goodman (Edinburgh, 1973–87), A. Smallwood, *The Jews under Roman Rule* (1976), and M. Avi-Yonah, *The Jews of Palestine* (1976)。B. Isaac, *The Limits of Empire* (1992) 也有很大价值。

6. 对于犹太教的性质，人们普遍不清楚。这一点可以参见塔西佗对犹太历史的简要概述。这部分概述写在其叙述耶路撒冷城的陷落之前，*Hisories* 5. 2–13。另参见 M. Whittaker, *Jews and Christians: Greco-Roman Views* (1984)，其中收集了描述异教徒态度的文献。

7. 关于这一时期犹太的贵族，参见 M. Goodman, *The Ruling Class of Judaea: Origins of the Jewish Revolt against Rome, AD 66–70* (1987)。

8. 关于塞斯提乌斯·加卢斯的作战，参见 S. Brandon, "The Defeat of Cestius Gallus in AD 66", *History Today* 20 (1970), pp. 38–46。

9. Tacitus, *Histories* 2. 5.

10. 约瑟夫斯的投降，Bell, J., 3. 340–408。

11. 护民官，Suetonius, *Titus* 4；第十五军团"阿波罗"的副帅，Josephus, *BJ* 3. 64–69；雅法，*BJ* 3. 289–305；塔里卡埃，*BJ* 3. 462–502；嘉马拉，*BJ* 4. 70–83。

12. *BJ* 5. 44.

13. 提图斯的军队，*BJ* 5. 40–46, Tacitus, *Histories* 5. 1。关于耶路撒冷战争中的军队，参见 A. Goldsworthy, "Community under Pressure: the army at the Roman siege of Jerusalem", in A. Goldsworthy and I. Haynes, *The Roman Army as a Community in Peace and War, Journal of Roman Archaeology Supplementary Series* 34 (1999), pp. 197–210. 百夫长，参见 E. Dabrowa, *Legio X Fretensis: A Prosopographical Study of its Officers I–III AD. Historia Einzelschriften* 66 (Stuttgart, 1993), No. 19, p. 89, with the review by B. Isaac in *Scripta Classica Israelica* 14 (1995), pp. 169–171。铭文分别是 *Corpus Inscriptiones Latinarum* III. 30, *Inscriptiones Latinae Selectae* 8759a and *L'Aunée Epigraphique* 1923. 83。

14. 约瑟夫斯对于耶路撒冷纪念碑的描述，*BJ* 5. 136–247。

15. 守军人数，*BJ* 5. 248–250，总人口，6. 420–434, Tacitus, *Histories* 5. 13。

16. *BJ* 5. 47–51.

17. *BJ* 5. 52–66.

18. *BJ* 5. 86–7 (Loeb translation).

19. *BJ* 5. 67–97.

20. *BJ* 5. 98–135.

21. *BJ* 5. 258–274；炮石的威力，3. 245–7；每个军团的人数，Vegetius, *Epitoma Rei Militaris* 2. 25。

22. *BJ* 5. 275–283；约塔帕他发生的事件，3. 229–232。

23. *BJ* 5. 284–303.

24. *BJ* 5. 310–311 (Loeb translation).

25. *BJ* 5. 304–341, Suetonius, *Titus* 5.

26. *BJ* 5. 346–355，讨论参见 Goldsworthy (1999), p. 203。

27. See P. Connolly, *The Jews in the Time of Jesus* (1994), pp. 77, 86.

28. *BJ* 5. 356–360, 460–490.

29. *BJ* 5. 491–511, Dio 65. 5. 4.

30. *BJ* 5. 548–561.

31. *BJ* 5. 522–526, 6. 1–32.

32. *BJ* 6. 33–92, cf. Josephus, *Vita* 361–363.

33. *BJ* 6. 93–5, 118–163.

34. *BJ* 6. 164–192, 220–235.

35. *BJ* 6. 236–266.

36. *BJ* 6. 316–413.

37. *BJ* 7. 5–16 (Loeb translation).

38. 对内战再度爆发的恐惧，Suetonius, *Titus* 5；凯旋式，*BJ* 7. 123–157，韦帕芗的评论，Suetonius, *Vespasian* 12；关于韦帕芗的任期以及提图斯的角色参见 Levick (1999), pp. 79–106, 184–195。

39. 临终之言，参见 Suetonius, *Vespasian* 23；葬礼，Suetonius, *Vespasian* 19；提图斯在成为皇帝前不得民心，以及与贝勒尼基的恋爱，Suetonius, *Titus* 6–7。

13　最后一位伟大的征服者：图拉真和达契亚战争

1. Cassius Dio, 68. 18. 2–3 (Loeb translation).

2. 关于元首和军队之间的关系，参见 B. Campbell, *The Emperor and the Roman Army 31 BC–AD 235* (1984)；；关于克劳狄乌斯在不列颠的情况，参见 Dio 60. 19. 1–22. 2 and Suetonius, *Claudius* 17。

3. Dio 67. 6. 16, 7. 2–4.

4. 关于图拉真背景和职业生涯的总体情况，参见 J. Bennett, *Trajan: Optimus Princeps* (2nd edn. 2001)。

5. Bennett (2001), pp. 11–19.

6. Pliny, *Panegyricus* 15. 1–3.

7. Bennett (2001), pp. 19–26, 42–62.

8. Dio 67. 6. 1 (Loeb translation).

9. 有关达契亚战争的文献很稀少，对这些文献的研究参见 Bennett (2001), pp. 85–103, S. S. Frere and F. Lepper, *Trajan's Column* (1988), L. Rossi, *Trajan's Column and the Dacian Wars* (1971), I. Richmond, *Trajan's Army on Trajan's Column* (1982)。

10. 图拉真柱上猎取人头的场景，scenes 57–58, 140, 183–184, 302–303；对于罗马军队这一现象的讨论，参见 A. Goldsworthy, *The Roman Army at War 100 BC–AD 200* (1996), pp. 271–276；在盾牌上写名字，Dio 67. 10. 1；关于奖章，参见 V. Maxfield, *The Military Decorations of the Roman Army* (1981)。

11. 塔帕伊战争以及绷带的故事，Dio 68. 8. 1–2。

12. 在一处堡垒中找到被敌人俘获的装备，Dio 68. 9. 3。

13. Dio 68. 9. 1–2, 4–7.

14. Dio 68. 10. 3–12. 5.

15. Dio 68. 13. 1–6.

16. 提比略·克劳狄乌斯·马克西穆斯的碑文，*L' Année Epigraphique* 1969/70, p. 583，评论见 M. Speidel, "The Captor of Decebalus", *Roman Army Studies 1* (1984), pp. 173–187。

17. 图拉真的性格，参见 Dio 68. 6. 1–7. 5；关于帕提亚战争，参见 Dio 68. 17. 1–31. 4，总体情况参见 F. Lepper, *Trajan's Parthian War* (1948), and Bennett (2001), pp. 183–204。

18. 哈特拉，Dio 68. 31. 1–4。

19. Dio 69. 5. 2 (Loeb translation).

20. Dio 69. 9. 2–4 (Loeb translation).

21. *Inscriptiones Latinae Selectae* 2558, cf. Dio 69. 9. 6.

22. *Inscriptiones Latinae Selectae* 2487, 9133–5；关于对拉姆比斯的哈德良讲话的讨论，参见 Campbell (1984), pp. 77–80。

14　一位作战的副帝：尤利安在高卢（公元 356—360 年）

1. Ammianus Marcellinus 15. 8. 13.

2. Dio 56. 15. 2.

3. Herodian 4. 7. 4–7, 12. 2.

4. 对于维鲁斯的行为有许多夸张的描述，讽刺作家琉善在其作品 *Quomodo Historiae* 中对这些描述进行了讽刺。

5. 对这一时期罗马战争的最佳研究是 H. Elton, *Warfare in Roman Europe, AD 350–425* (1996)。为尤利安做的传记有很多，较为出名的是 R. Browning,

The Emperor Julian (1976), and G. Bowersock, *Julian the Apostate* (1978)。对于主要的文献和尤利安时期的研究，参见 J. Matthews, *The Roman Empire of Ammianus* (1989)。

6. Ammianus Marcellinus 15. 8. 1–17.

7. 科隆尼亚-阿格里皮内西姆的失利，Ammianus Marcellinus 15. 8. 19。关于晚期的罗马军队，参见 Elton (1996), K. Dixon and P. Southern, *The Late Roman Army* (1996), and A. Ferrill, *The Fall of the Roman Empire* (1986)。关于记载这一时期罗马军团规模的为数不多的文献，参见 T. Coello, *Unit Sizes in the Late Roman Army. British Archaeological Review Series 645* (1996) and W. Treadgold, *Byzantium and its Army, 281–1081* (1995)。

8. 关于一开始的几次作战，参见 Ammianus Marcellinus 16. 2. 1–13；"谨慎和小心"，16. 2. 11。

9. Ammianus Marcellinus 16. 3. 1–4. 5；关于防御工事，以及部落军队为包围战所做的极为不充分的准备，参见 Elton (1996), pp. 82–86, 155–174。

10. Ammianus Marcellinus 27. 1–2.

11. 公元 357 年战争的早期阶段，参见 Ammianus Marcellinus 16. 11. 1–15。

12. 军队的规模，Ammianus Marcellinus 16. 12. 1–2, 12. 24–26, 12. 60。

13. Ammianus Marcellinus 16. 12. 1–18.

14. 关于"楔子"阵形及其绰号，参见 Ammianus Marcellinus 17. 13. 9, Tacitus, *Germania* 6, and Vegetius, *Epitoma Rei Militaris* 3. 17。

15. Ammianus Marcellinus 16. 12. 19–26.

16. Ammianus Marcellinus 16. 12. 27–35.

17. Ammianus Marcellinus 16. 12. 36–41；另注意 H. Delbrück (trans. W. J. Renfroe), *The Barbarian Invasions. History of the Art of War, Volume 2* (1980), pp. 261–268, esp. 263–264 对一位指挥官以这种方式集结军队的实际问题的评论。Delbrück 对这场战争的评论同以往一样很有意思，但他认为（几乎到了偏执的地步）蛮族勇士骁勇彪悍，文明国家除非用数量远超过勇士人数的兵力与之作战，否则不能击败对手。这一观点没有基于任何证据，使得其很多结论不够可信。

18. Ammianus Marcellinus 16. 12. 42–66.

19. 损失，Ammianus Marcellinus 16. 12. 63；君士坦提乌斯的反应，16. 12. 67–70。

20. Ammianus Marcellinus 17. 1. 1–14.

21. Ammianus Marcellinus 17. 2. 1–4. Libanius 的叙述也明显偏向尤利安，其中称法兰克军队人数为 1,000 人，Libanius, *Opera* 18. 70。

22. Ammianus Marcellinus 17. 8. 1–2.

23. Ammianus Marcellinus 17. 8. 3–9.

24. Ammianus Marcellinus 17. 10. 1–10.

25. Ammianus Marcellinus 18. 2. 1–16, 20. 20. 1. 13.

26. Ammianus Marcellinus 20. 4. 1–5. 10.

27. 关于皮里萨博，参见 Ammianus Marcellinus 24. 2. 15–17；毛萨马尔察，24. 4. 1–5。

28. Ammianus Marcellinus 24. 7. 1–25. 3. 23.

15 最后的罗马人之一：贝利撒留和波斯人

1. Procopius, *Wars* 2. 18. 5–6 (Loeb translation).

2. 关于晚期罗马军队在东方的表现，参见 W. Treadgold, *Byzantium and its Army, 281–1081* (1995)。关于对拜占庭战争更广泛的研究，参见 J. Haldon, *The Byzantine Wars* (2001)。关于与波斯的冲突，参见 G. Greatrex, *Rome and Persia at War, 502–532* (1998)。

3. 参见 Greatrex (1998), esp. pp. 120–165；关于贝利撒留的身世，参见 Procopius, *Wars* 3. 9. 21；大约发生在 526 年的突袭，*Wars* 1. 12. 20–3。

4. 明多斯，Procopius, *Wars* 1. 13. 2–5；任命为指挥官，1. 12. 24；达拉的部队，1. 13. 23 and Greatrex (1998), pp. 169, 173，关于对这一时期部队的总体性讨论，pp. 31–40。

5. Procopius, *Wars* 1. 13. 23, 1. 14. 1，讨论见 Greatrex (1998), pp. 175–176。

6. Procopius, *Wars* 1. 13. 19–23；关于苏拉对战地工事的使用，参见 Frontinus, *Strategems* 2. 3. 17，恺撒对工事的使用，参见 *Bellum Gallicum* 2. 8。

7. Procopius, *Wars* 1. 13. 24–39.

8. Procopius, *Wars* 1. 14. 33 (Loeb translation).

9. 关于这场战斗，参见 Procopius, *Wars* 1. 14. 1–55，讨论见 Greatrex (1998), pp. 171–185 and Haldon (2001), pp. 28–35；关于对卑路斯的惩罚，参见 *Wars* 1. 17. 26–8。

10. Procopius, *Wars* 1. 18. 1–50 with Greatrex (1998), pp. 195–207.

11. 贝利撒留被召回并获任新的指挥职务，Procopius, *Wars* 1. 21. 2, 3. 9. 25, 3. 10. 21, 3. 11. 18；军队的规模，3. 11. 2；饼干事件，3. 13. 12–20；第二次布匿战争期间的欺诈行为，Livy 25. 3. 8–4. 11。

12. Procopius, *Wars* 3. 12. 8–22；贝利撒留下令鞭笞士兵，3. 16. 1–8。

13. Caesar, *Bellum Civile* 1. 21, 2. 12.

14. Procopius, *Wars* 4. 4. 3–7 (Loeb translation).

15. Procopius, *Wars* 4. 3. 23–4. 25；后来发生的哗变以及与摩尔人的战争，4. 14. 7–15. 49。

16. Procopius, *Wars* 5. 5. 1–7；对那不勒斯的包围，5. 8. 5–10. 48；在罗马的军队规模，5. 22. 17。

17. Procopius, *Wars* 5. 18. 9–15 (Loeb translation)；对于此次行动全面的描述，5. 18. 1–29。

18. Procopius, *Wars* 5. 22. 1–10.

19. Procopius, *Wars* 5. 28. 1–29. 50.

20. See C. Fauber, *Narses: the Hammer of the Goths* (1990), Haldon (2001), pp. 35–44, and H. Delbrück (trans. W.J. Renfroe), *The Barbarian Invasions. History of the Art of War, Volume 2* (1980), pp. 339–383.

21. 关于共和国时期的军纪，参见 W. Messer, "Mutiny in the Roman Army in the Republic", *Classical Philology* 15 (1920), pp. 19–29。

16　尾　声：罗马将军的遗产

1. 关于对拿破仑指挥风格的讨论，参见 M. Van Creveld, *Command in War* (1985), pp. 58–102。

2. 关于罗杰·威廉姆斯，参见 G. Parker, *The Military Revolution* (1988), p. 6。

3. 关于战争中的威灵顿公爵，参见 J. Keegan, *The Mask of Command* (1987), pp. 145–154。

4. 对于这一时期的讨论，参见 Creveld (1985), pp. 103–147。

出版后记

　　本书作者阿德里安·戈兹沃西毕业于牛津大学，是古罗马历史，特别是军事史领域的专家。在本书中，他以通俗流畅的语言描述了 15 位罗马名将的生平和他们的征战历程，同时也探讨了罗马军事的变革与罗马帝国的兴衰。如果读者对这方面有进一步的兴趣的话，还可以参阅我们同时推出的同一作者的另两部作品：《布匿战争》与《罗马和平》。

　　需要特别在此说明的是，书中涉及大量古罗马的文献，其中的一部分我们借鉴了现有的中译本，并根据上下文做了一定调整。其中包括任炳湘译恺撒《高卢战记》，任炳湘、王士俊译恺撒《内战记》，王志勇译约瑟夫斯《犹太战记》，王以铸、崔妙因译塔西佗《编年史》，魏止戈译弗龙蒂努斯《谋略》，张竹明等译苏维托尼乌斯《罗马十二帝王传》，席代岳译《希腊罗马名人传》，崔艳红译普罗柯比《战史》等，在此特别表示感谢。

服务热线：133-6631-2326　188-1142-1266

读者信箱：reader@hinabook.com

后浪出版公司

2022 年 1 月

图书在版编目（CIP）数据

以罗马之名：缔造罗马伟业的将军们 /（英）阿德
里安·戈兹沃西著；敖子冲译. — 广州：广东旅游出版
社，2022.4
　　书名原文：In the Name of Rome: the Men who
Won the Roman Empire
　　ISBN 978-7-5570-2155-9

　　Ⅰ.①以… Ⅱ.①阿… ②敖… Ⅲ.①罗马帝国—历
史—通俗读物 Ⅳ.① K126-49

中国版本图书馆 CIP 数据核字 (2022) 第 036225 号

In the Name of Rome: the Men who Won the Roman Empire by Adrian Goldsworthy
Copyright © Adrian Goldsworthy 2003
First published by Weidenfeld & Nicolson, a division of the Orion Publishing Group,
London
This edition arranged with The Orion Publishing Group through Big Apple Agency, Inc.,
Labuan, Malaysia.
Simplified Chinese edition copyright © 2022 Ginkgo (Beijing) Book Co., Ltd.
All rights reserved.

本书简体中文版权归属于银杏树下（北京）图书有限责任公司。
图字：19-2021-241 号
审图号：GS（2022）1930 号

出 版 人：刘志松　　　　　　选题策划：后浪出版公司
著　　者：［英］阿德里安·戈兹沃西　译　者：敖子冲
出版统筹：吴兴元　　　　　　责任编辑：方银萍
编辑统筹：张　鹏　　　　　　特约编辑：侯　畅　吴　琼　刘佳玥　孟熙元
责任校对：李瑞苑　　　　　　责任技编：冼志良
装帧设计：墨白空间·陈威伸　营销推广：ONEBOOK

以罗马之名：缔造罗马伟业的将军们
YI LUOMA ZHI MING: DIZAO LUOMA WEIYE DE JIANGJUNMEN

广东旅游出版社出版
（广州市荔湾区沙面北街 71 号）
邮编：510000
印刷：鸿博昊天科技有限公司　　　　　开本：889 毫米 × 1194 毫米　1/32
字数：375 千字　　　　　　　　　　　印张：16.75
版次：2022 年 4 月第 1 版第 1 次印刷　定价：92.00 元